Johann Hermann Heinrich Schmidt

Die Kunstformen der griechischen Poesie und ihre Bedeutung

Johann Hermann Heinrich Schmidt

Die Kunstformen der griechischen Poesie und ihre Bedeutung

ISBN/EAN: 9783743627116

Hergestellt in Europa, USA, Kanada, Australien, Japan

Cover: Foto ©Thomas Meinert / pixelio.de

Weitere Bücher finden Sie auf **www.hansebooks.com**

Die

Kunstformen

der griechischen Poesie

und ihre Bedeutung.

Die

Eurhythmie

in den Chorgesängen der Griechen.

— ⚬ ⚭ —

Allgemeine Gesetze

zur

Fortführung und Berichtigung der Rossbach-Westphalschen
Annahmen.

Text und Schemata
sämmtlicher Chorika des Aeschylus.

Schemata
sämmtlicher Pindarischer Epinikien.

Von

Dr. J. H. Heinrich Schmidt.

— — — — — —

Leipzig,
F. C. W. Vogel.
1868.

Herrn

Professor Dr. Karl Lehrs

in Verehrung und Dankbarkeit

gewidmet.

Vorwort.

Die vorliegende Arbeit, auf umfassenden und anstrengenden Vorarbeiten beruhend, ist bestimmt, in dem schwierigsten und brennendsten Punkte der antiken Rhythmik, nämlich der Eurhythmie in den chorischen Compositionen, eine neue und zuverlässige Grundlage zu schaffen. Der Kundige wird sehr leicht unterscheiden, was ich den scharfsinnigen und gelehrten Arbeiten Rossbach's und Westphal's verdanke, was dagegen auf eigenen Forschungen beruht. Dass unsere Systeme ganz bedeutend von einander abweichen, wird sich besonders in der Praxis, d. h. der Anwendung auf die Strophen des Aeschylus und Pindar zeigen. Man wird finden, dass ich in keinem einzigen Punkte zu grösserer Willkührlichkeit gelangt bin, als jene verdienstvollen Forscher, dass vielmehr überall an Stelle des Schwankenden und Unsicheren die feste Norm und Regel getreten ist. Somit sind die schönen Resultate des Rossbach-Westphal'schen Werkes in keinem Punkte aufgegeben, sondern haben nur, wie vorurtheilsfreie Leser gewiss erkennen werden, ihre Abrundung und Berichtigung erhalten.

Rossbach und Westphal haben auf dem Studium

der alten Rhythmiker und Metriker ihr System gegründet;
dadurch musste ihr Werk freilich einen hohen wissenschaft-
lichen Werth gewinnen, dagegen aber auch ausserordentlich
schwierig für das Studium, mindestens der Anfänger, werden.
Es wäre vergebliche Mühe gewesen, denselben Weg noch
einmal einzuschlagen. Was aus der kümmerlichen Tradition
Gutes zu holen ist, ist von jenen Forschern überreichlich
zu Tage gefördert; und gewiss, es ist ihnen gelungen, manche
Erscheinungen zu erklären, für welche die alten Metriker
nicht das leiseste Verständniss mehr hatten. So konnte ich
denn das so schon erkannte einfach als feststehende Resultate
wieder vorführen, ohne das Buch mit einer Menge von Ci-
taten und schwierigen Untersuchungen zu überladen. Doch
hoffe ich, dass auch so das Buch seinen selbständigen wissen-
schaftlichen Charakter offenbaren wird. Sind doch die überlieferten metrischen Theorien so schwankend, einander wider-
sprechend, unzuverlässig in jeder Beziehung, und dabei so
oberflächlich, dass man aus ihnen mit leichter Mühe die
aller-widerstreitendsten Lehrsätze beweisen kann. Was haben
also da Citate aus Metrikern zu bedeuten? Es gibt vielmehr
ein aktenmässiges, ganz unfehlbares Material, das der vorhandenen Productionen selbst; aus ihnen ist, wie schon
Hermann richtig erkannte, unsere Kenntniss der antiken
Rhythmik zu schöpfen. Zu diesen Acten verhalten sich die
Aufzeichnungen der alten Metriker wie Legenden und Sagen
zur wahren Geschichte. Zu entbehren sind auch die letztern
nicht, aber sie dürfen nur sehr vorsichtig zu Rathe gezogen
werden; im entgegengesetzten Falle können sie der Wissenschaft nur schaden. Wem aber darum zu thun sein sollte,
das wenige brauchbare, welches die alten Metriker (mehr
als dunkle Ahnungen) überliefert haben, herauszufinden, der
möge sich getrost der Führung Rossbach's und Westphal's
anvertrauen. Er wird so erkennen, dass man auch in späterer Zeit noch Silben von grösserer Länge unterschied, als

der, welche zweien Kürzen gleich ist; dass man die πόδες
ἄλογοι, namentlich den kyklischen Dactylus und den Spondeus mit der rhythmischen Geltung des Trochäus noch kannte,
ebenso den Trochaeus disemus ‿, welcher nur den Werth
einer einzelnen Länge hat u. s. w. Für den vorliegenden
Leitfaden aber, in welchem möglichste Kürze, Anschaulichkeit und Klarheit erstrebt wurde, mussten solche Citate nur
als störende Elemente betrachtet werden.

Der Beweis meiner Theorien wird vielmehr schon in
den Texten dieses Bandes gefunden werden können. Her-
vorgegangen sind dieselben aus einer Verarbeitung der sämmtlichen auf uns gekommenen lyrischen Schöpfungen des Alterthums. Ueberall suchte ich objectiv zu beobachten und erst
da meine Folgerungen zu machen, wo eine grosse Menge
von Thatsachen vorlagen. Nirgend habe ich Lehrsätze vorher gebildet, wobei man immer zu willkührlicher Deutung
der Thatsachen geneigt ist, sondern überall hinterher die
Lehrsätze aufgestellt und dann allerdings in erneuerten Prü-
fungen auch um so sicherer bewährt gefunden. Hiebei war
fast immer der Erfolg, dass bisher für möglich gehaltene
Willkührlichkeiten als auf falscher Anschauung überlieferter
Thatsachen beruhend erkannt wurden.

Ich hätte nun mindestens mit einer grossen Anzahl ci-
tirter Verse überall die Lehrsätze belegen können; ich hätte
auch Sophokles, Euripides und Aristophanes reichlich an-
ziehen können, um so dem Buche einen gelehrteren Anschein
zu geben. Doch vor nichts habe ich mich gerade sorgfältiger
gehütet. Mein Bestreben war vielmehr überall darauf gerichtet, auch dem angehenden Philologen klar und verständlich zu bleiben und ihm einen möglichst raschen Ueberblick
zu gewähren. Ausserdem haben solche Citate wissenschaft-
lich eigentlich gar keinen Werth. Es geht damit, wie mit
Bibelsprüchen, welche man aus dem Zusammenhange heraus-
reisst, und womit man Alles beweisen, ja jede religiöse Ueber-

zeugung mit Leichtigkeit widerlegen kann. Das führt mindestens auf den flachsten Rationalism. Auf ähnliche Abwege
führen so citirte Verse, die als Belege für rhythmische oder
metrische Theorien gelten sollen. Denn wer sagt mir, in
welchem Zusammenhange sie vorkommen? Wie soll ich z. B.
erkennen, ob ich kyklische oder wahre Dactylen, Päonen
oder Trochäen mit Synkopen vor mir habe, wenn mir nicht
die ganze Strophe bekannt ist? Ja, wer bürgt auch nur
dafür, dass die citirten Verse wirklich Verse sind? Man
vergleiche doch nur einige Chorgesänge, etwa bei Sophokles,
und sehe in wie verschiedene Verse sie von Dindorf, Schnei-
dewin und Andern eingetheilt sind, und man wird leicht begreifen, dass von der Citirung bestimmter „Verse" ganz
abgesehen werden muss, so lange jene Gedichte nicht nach
festen Normen abgetheilt sind. Mein Plan ist vielmehr, die
gesammte lyrische Literatur, namentlich die lyrischen Partien der Dramatiker in wohl geordneter Gestalt nach und
nach herauszugeben. Hier kann jeder ohne Schwierigkeit
dann die Belege massenweise finden. Zugleich wird so aber
ein höheres Verständniss der rhythmischen Productionen ermöglicht, indem nicht mehr der Einzelvers als Object der
Betrachtung hervortritt, sondern der ganze Chorgesang als
eine einheitliche Composition bald ins Bewusstsein kommt.
So habe ich denn sogar unterlassen, zu meinen Lehrsätzen
über die Dochmien Citate zu sammeln (die mir reichlich zur
Hand waren); ich hätte sonst z. B. den Amphidochmius in
einer ganzen Reihe Euripideïscher Stellen nachweisen können.
    Eine grosse Menge metrischer Freiheiten, die Westphal
und die Schüler Hermann's zum Theil noch für gestattet
halten, habe ich ohne weiteres dadurch zu beseitigen gesucht, dass ich sie ignorirte. Wozu das Gedächtniss Stu-
dirender mit unfruchtbaren Kategorien überladen? Ich will
hier nur erwähnen die Katalexis im Innern päonischer Verse,
die Westphal für gestattet hält, indem er scheinbare Spon-

deen von der Geltung ⌣ _ annimmt. Diese kommen nirgends vor, wären aber ihrerseits schon genügend, unsere
ganze Kenntniss des γένος ἡμιόλιον unsicher und schwankend
zu machen, wenn sie vorkämen. Ebenso sind verschiedene
„τρόποι" Westphal's, so die „Dactylo-Trochäen", welche auf
Verwechslung und Verwirrung der aller-verschiedensten Erscheinungen beruhen, mit Stillschweigen, wie so vieles Andere,
übergangen. Auch war der vorliegende Band nicht der
geeignete Ort, von den τρόποι zu reden. Für diejenigen nur,
die etwa fürchten sollten, dass sie, wenn sie der rhythmischen Anschauung sich anschlössen, die sicheren Resultate
der modernen Metrik aufgeben müssten, sei hier kurz bemerkt, dass diese Furcht eine ganz unbegründete ist. Sie
werden auch jenen Metrikern gegenüber erkennen, dass hier
nur feste Principe für eine haltlose, schwankende, unsichere
Empirie geboten werden. Ich will, um das wahre Verhältniss zur Anschauung zu bringen, ein paar Beispiele geben.
Die philologischen Metriker (wohl zu unterscheiden von
den Metrikern κατ᾽ ἐξοχήν, nämlich den griechischen und
römischen), haben besonderes Gewicht auf Uebereinstimmung
der Strophe und Gegenstrophe (antistrophische oder metrische
Responsion) gelegt. Hier sind ihre Leistungen bedeutend und
für die Texteskritik zum Theil erfolgreich gewesen. Und doch
fehlt es ihnen auch hier an einer festen Grundlage. Es gibt
noch jetzt Gelehrte, welche es für möglich halten, dass ein
erster Glyconeus einem zweiten in der Gegenstrophe entspreche
(⌣⌣ ⌣|_ ⌣|_ ⌣|_ gleich _ ⌣|⌣ ⌣⌣|_ ⌣|_), welche im
ersten Takt logaödischer Verse (der sogenannten äolischen
Basis) das allerwidersprechendste in metrischer Responsion
für gestattet halten, z. B. ⌣ ⌣, sogar _ ⌣⌣ u. s. w. Dies
Alles muss vom rhythmischen Standpunkte aus entschieden
verworfen werden — obgleich in den rein lyrischen, nicht
für gleichzeitigen Tanz componirten (lesbischen) Strophen
allerdings grössere Freiheit herrscht (die in der chorischen

Eurhythmie nicht zur Sprache kommen kann). Ferner, nach
ihren Theorien wird es fast überall gestattet sein, dass eine
Länge durch zwei Kürzen vertreten werde und umgekehrt.
Vom rhythmischen Standpunkte aus, wo immer eine Eintheilung in feste Takte nachzuweisen ist, treffen sich aber
viele Fälle, wo dies rein unmöglich ist. So könnten sich
z. B. nach unsern Theorien Verse wie die folgenden nicht
entsprechen:

1) — ∪ — ∪ ∪ ∪ ∪ ∪ — ∪

2) — ∪ — ∪ — ∪ ∪ — ∪,

denn diese wären rhythmisch:

1) — ∪ | ∪ ∪ | ∪ ∪ ∪ | — ∪ ‖

2) — ∪ | — ∪ | ∪ ∪ | — ∪ ‖,

wo unmöglich der zweite und dritte Takt beide in Strophe
und Gegenstrophe so divergiren könnten. Freilich, nach
Westphal, der auch einen irrationalen Proceleusmaticus annimmt, wäre Alles in Ordnung, man würde schreiben:

1) — ∪ | — ∪ | ∪ ∪ ∪ ω | — ∪ ‖

2) — ∪ | — ∪ | ∪ ∪ | — ∪ ‖;

aber ein kyklischer Proceleusmaticus gehört ebenfalls unter
die Abweichungen, welche ich guten Grund hatte, unerwähnt
zu lassen.

Mit dem vorliegenden Bande sind, wie der allgemeine
Titel besagt, meine rhythmischen Forschungen nicht abgeschlossen. Es haben sich durch sorgfältige Prüfung der überlieferten Schöpfungen des Alterthums eine Menge anderer
Resultate ergeben, die ich in drei weiteren Bänden nieder-
zulegen gedenke, so fern meine bisherige Gesundheit erhalten
bleibt. Zwar kann ich noch nicht genau übersehen, was den
einzelnen Bänden zufallen wird, doch will ich wenigstens
einige Andeutungen über den Inhalt geben.

Die griechische Dichtkunst und Musik hat sich im
Wesentlichen nach vier Typen entwickelt, die auch bei anderen Völkern ursprünglich wohl meist zu Grunde liegen.

Während aber wir die noch geretteten Formen gegenwärtig fast ohne Unterschied anwenden, ist in der alt-klassischen Literatur ihre Bedeutung und Entstehung noch auf das Schönste zu erkennen; man sieht unverkennbar, wie alle die Formen aus dem Leben selbst sich entwickelt haben. Diese Formen sind:

1) Die recitative Poesie, ursprünglich mit einförmig musikalischem Vortrage, dann allmälig rein declamatorisch werdend oder für die blosse Lectüre bestimmt. Hier kommt, je weiter jener Stufe sich angenähert wird, desto mehr ein Streben nach festen, durch Wortende bezeichneten Cäsuren auf, während zu der Zeit, als der Vortrag noch ein mehr musikalischer war, die Verhältnisse ganz anders liegen. Herr Professor Lehrs hat in seinen Epimetra zur zweiten Ausgabe des Aristarch zuerst die rationellen und rhythmischen Grundsätze aufgestellt; auch ich muss auf dem Standpunkte beharren, die vielerlei Cäsuren des Hexameters besonders, die dem Rhythm widerstreiten, für nicht vorhanden zu erklären.

2) Die rein lyrische Poesie, für Gesang und Leier, strophisch, erst sehr spät (bei den Römern) declamatorisch werdend; hiebei stellt sich dann ebenfalls das Bedürfniss bestimmter Cäsuren (Horaz) ein.

3) Die Marschtypen, worin Principien herrschen, die fast genau mit dem Usus unserer gewöhnlichen modernen Lieder-Poesie und -Musik stimmen. Zu diesen Erscheinungen gehören die „emmetrische Pause“, oftmalige τονή im vorletzten Takte trotzdem die Arsis (was man vulgo Thesis nennt) einen starken Neben-Ictus hat u. s. w.

4) Die chorische Lyrik, für Gesang und kunstvollen Tanz. Die eurhythmischen Gesetze in letzterer bilden den Hauptinhalt des gegenwärtigen Bandes, freilich mit den allgemeinen Theorien verwebt, die für das Verständniss von Anfängern absolut nöthig waren.

Der zweite Band, der, wie ich hoffe, binnen Jahres-

frist wird erscheinen können, wird einen allgemeinen Ueberblick dieser vier Typen und eine Charakteristik derselben
geben. Da hiebei historische Entwickelung unerlässlich ist,
so wird bis zur Ausbildung der kunstvollsten Formen der
chorischen Lyrik vorgeschritten werden. Es wird sich zeigen,
wie aus dem Dithyrambus die antike Tragödie sich entwickelt hat, wie bei Aeschylus noch durch ein ganzes Drama
hindurch Einheit in der Composition herrscht, so evident
und unverkennbar, dass, wenn man den Dialog fortlässt, ein
in sich rhythmisch durchaus einiger Dithyramb zurückbleibt,
von dem die einzelnen Chorlieder nur Partien sind. Ja die
ganze Orestie wird sich als eine einheitliche, in drei grosse
Abtheilungen zerfallende rhythmisch-musikalische Composition herausstellen und sichere Kennzeichen gefunden werden
für die Stelle, welche die übrigen erhaltenen Dramen des
Dichters in den Trilogien eingenommen haben. Nur im
Prometheus hört diese Einheit fast schon auf, wie bei Sophokles, bei dem die einzelnen Chorgesänge keinen rhythmischen
Connex mehr mit einander haben. Hiemit wird ein näheres
Eingehen auf die musikalische Composition, wofür sich ganz
sichere Anhaltspunkte ergeben haben, verbunden sein; nur
Höhe und Tiefe der Noten ist natürlich unbestimmbar.
Ebenso wird hier näher auf die πόδες ἄλογοι eingegangen
werden können, die im vorliegenden Bande nur flüchtig, nach
Bedürfniss berührt sind. Der zweite Band wird demgemäss
den Titel erhalten: Die vier Grundtypen der griechi-
schen Poesie und Musik und die Composition der
Schöpfungen des Aeschylus und Sophokles. Text
und rhythmische Schemata der lyrischen Partien
in Sophokles und Aristophanes.
   Der scheinbar sehr bunte Inhalt dieses Bandes wird
leicht durch leitende Gesichtspunkte in ein wohl geordnetes
Ganze gebracht werden können. Es sind diejenigen weiteren
Theorien entwickelt, worin in dem Bande selbst auch die

Belege zu finden sind in den angefügten Texten. Im ersten Bande konnte selbst auf die grossen Compositions-Ideen des Aeschylus nicht eingegangen werden, weil durchaus eine Vergleichung mindestens mit Sophokles hierzu erforderlich ist.

Für den dritten Band habe ich eine genaue Besprechung der Monodien, die ich in den ersten Bänden ignorire, bestimmt. In ihnen tritt uns eine eigenthümliche individuelle, nicht volksmässige Ausbildung der Kunst entgegen. Dieser Band wird den Titel haben: Die Gestalt der tragischen Monodien. Text und rhythmische Schemata der lyrischen Partien bei Euripides.

Der vierte Band wird enthalten eine allgemeine Metrik der griechischen Poesie auf rhythmischer Grundlage, nebst den grösseren Fragmenten der Lyriker. Es wird hierin ein allgemeiner, mehr äusserlicher Ueberblick gewährt werden, die einzelnen Taktformen, Kola, Verse nach Häufigkeit ihres Vorkommens, Verwendung u. s. w. aufgezählt, dann die lesbischen und anderen gewöhnlichen Strophen, auch wo sie nur von Horaz erhalten sind, behandelt werden u. s. w.

Mein Bestreben wird darauf gerichtet sein, jedem Bande eine möglichst selbständige Abrundung zu geben, alle lästigen Wiederholungen aber zu vermeiden. Die Gründe, welche mich bestimmen, meine Forschungen in dieser Form zu veröffentlichen, sind besonders folgende. Ich durfte nicht hoffen, meinem Systeme Eingang zu verschaffen, wollte ich die blossen Theorien in einem schwerfälligen Bande, der eine lange und anstrengende Beschäftigung damit erfordert hätte, in corpore systematisch veröffentlichen. Wie viele Theorien werden nicht aufgestellt, die an sich so plausibel erscheinen, leider aber nachher an „des Lebens grünem Baum" zerschellen! So gebe ich denn in jedem Bande eine Disciplin abgesondert für sich, die man in den beigefügten Texten sogleich bewährt und bewiesen finden kann, so dass man

keinen Grund hat, sich vor luftigen Theorien zu fürchten.
Dann aber habe ich den wesentlich pädagogischen Zweck,
angehenden Philologen, oder solchen die überhaupt Interesse
für die schönen dichterischen Schöpfungen des Alterthums
haben, das Studium möglichst zu erleichtern und angenehm
zu machen. Wer sich im ersten Bande orientirt hat, wird
auch in die schwierigeren Darstellungen des zweiten leicht
eindringen; die folgenden Bände aber sind verhältnissmässig
nicht schwierig. Die Texte gebe ich in der Reihenfolge wie
die Chorlieder in den Dramen auf einander folgen. Zunächst
ist der Zweck ein äusserer. Ich denke dabei besonders an
Gymnasiallehrer, welche den griechischen Unterricht in Prima
leiten. Diese werden alles mühsamen Aufschlagens sich über-
hoben finden und fast ohne sich weiter vorzubereiten, mit
den geordneten Texten und Schemen zur Hand, ihren Schülern ein anschauliches Bild der verschiedenen Strophen ent-
werfen können. Dann aber hat eine solche Zusammenstellung auch einen innern Werth. Nur durch sie kann der
schöne Zusammenhang aller Theile eines Gesanges begriffen
werden, nicht aber, wenn man in verschiedenen Quellen hier
die jambischen, dort die dactylischen Strophen u. s. w. nach-
zuschlagen hat, eine grosse und nutzlose Arbeit, welche der
Gesammt-Anschauung entfremdet.

Anfängern möchte ich besonders den Rath ertheilen,
durch genaues Memoriren einiger Chorgesänge (z. B. der
schönen Parodos im Agamemnon), durch häufiges Recitiren
derselben mit Beobachtung der Haupt-Icten (die immer auf
den ersten Takt eines Kolon gelegt werden können) und
durch ähnliche Accentuation (d. h. wohlverstanden, Modula-
tion, Unterschied höherer und tieferer Töne) der respondirenden Kola, sich die schönen antiken Formen auch inner-
lich zu eigen zu machen. Ein blosses Kennen ohne das
Können wird immer kalt lassen, nie zu einem wahren Ge-
nusse führen. Hier hilft allein liebevolles Eingehen auf den

Gegenstand und häufige Uebung; eigentliche Kenntniss der Musik aber wird durchaus nicht erfordert.

Ich habe die Absicht, in vielleicht nicht ferner Zeit einen ganz kurzen Abriss meines Gesammtsystems für Schulen (auf 4—5 Druckbogen) zu schreiben. Es wird so gelingen, an Stelle der fruchtlosen, geisttödtenden und fast nie verstandenen (übrigens auch kaum verständlichen!) alten Metrik, wie sie noch jetzt lateinischen Grammatiken angefügt wird, eine Darstellung zu setzen, die den Schülern ein ganz leichtes Verständniss selbst der chorischen Strophen in höchstens derselben Zeit eröffnet, als es bisher möglich war, auch nur bis zur Bildung der Horazischen Strophen (die ebenfalls zu berücksichtigen wären) vorzudringen. Gerne würde ich Wünsche und Winke thätiger Schulmänner so viel als möglich hiebei berücksichtigen.

Was meinen Text des Aeschylus anbetrifft, so denke ich, wenigstens keine unlesbaren Stellen zurückgelassen zu haben. Ich habe mich möglichst an Hartung angeschlossen, nur bin ich überall bemüht gewesen, der Ueberlieferung näher zu kommen. Hartung hat sich, so verschieden man auch über ihn urtheilen möge, die grössten Verdienste um die Textes-Kritik bei Aeschylus erworben; er hat Schäden geheilt, die vorher fast unheilbar schienen. Freilich, seine Willkühr im Aendern verdient häufig auch den grössten Tadel; aber wo wäre nicht Licht und Schatten beisammen zu finden? Uebrigens habe ich nicht selten auch Emendationen von Hermann, Dindorf und Anderen aufgenommen, wo diese den handschriftlichen Lesarten näher kamen und dennoch dem Sinne, Metrum und Rhythm genügten. Man wird in einem Buche über Rhythmik nicht verlangen, dass überall die Urheber der Emendationen angegeben werden, wodurch der Umfang desselben unnöthig gewachsen wäre; ebenso wenig konnte ich mich zu einer Vertheidigung der Emendationen berufen fühlen und habe auch meist still-

schweigend die handschriftlichen Lesarten wieder hergestellt,
wo sie Sinn und Metrum hatten. Meine eigenen Emendationen habe ich dagegen ganz kurz vertheidigt, zuweilen auch
den Weg angegeben, wie ich zu ihnen gelangte. Aber bekannte Sachen, die eher in eine Schulausgabe des Dichters
gehörten, z. B. die nicht seltene Anakoluthie des sogenannten
absoluten Nominativs habe ich auch hier übergangen, ein-
gedenk des eigentlichen Zweckes des Buches. Dass man
von meinen Emendationen mehrere acceptiren werde, hoffe
ich zuversichtlich, da in der Eurhythmie sich ein neues ganz
wesentliches Kriterium hat finden lassen; sollte man auf
andern Stellen Hülfe schaffen können bei einem noch näheren
Anschluss an das Ueberlieferte, so würde mich dies ungemein erfreuen.

Nur Eins muss ich noch hervorheben. Wenn man die
grossen classischen Meisterwerke auf Grund mangelhafter
Ueberlieferung, mit zum Theil ganz unverständlichem Texte
herausgibt, so halte ich das für eine nicht zu verzeihende
Sünde. Soll denn unsere Jugend, statt sich geistig zu er-
frischen an diesen erhabenen, ewig mustergültigen Schöpfungen
sich durch barbarische Texte hindurchwürgen und leider nur
zu oft einen wahren Abscheu gerade vor dem Allerschönsten
erhalten? Da bleibt kein anderer Weg, als der der Emendation, und so lange bis ein neuer Herausgeber einen noch
näheren Anschluss an das Ueberlieferte ermöglicht hat, müssen
die Conjecturen seines Vorgängers bleiben. Oder sollten alle
Anstrengungen unserer grossen Forscher, zu denen auch
Hartung neben Hermann gehört, vergeblich gewesen sein?
Ich wenigstens halte es für ganz ungerechtfertigt, eine Lesart,
die ganz bestimmt nicht vom Dichter stammt, wieder abzu-
drucken und dagegen Emendationen zu ignoriren, die wenigstens wahrscheinlich sind. Ist freilich gar keine Rettung in
einer Stelle vorhanden, so lasse man sie einfach aus, selbst
wenn es ganze Strophen sind; die Erfahrung zeigt, dass da-

mit bei den Dramatikern so gut wie nichts eingebüsst wird,
denn fast überall, wo der Zusammenhang leiden würde, sind
auch durch diesen neue Hülfsmittel für die Herstellung geboten, während die wenigen rettungslosen Strophen auch
ursprünglich sehr wenig Inhalt hatten und daher ohne
Schaden entbehrt werden können. Mir wenigstens ist es
immer ein Greuel gewesen, mitten in einem köstlichen Drama
ein ἡσυδουπια ταπιτα oder ιοφ ὁμ zu finden, und ich pflege
nichts mehr zu beklagen, als dass die Handschriften dort
nicht lieber eine Lücke hatten, wodurch uns das schreckliche
Silbengeklapper erspart wäre. Es wäre endlich an der Zeit,
auch in Aeschylus reines Haus zu machen und die wenigen
unheilbaren und leicht entbehrlichen Strophen hinauszuwerfen,
ohne das Auge durch Lücken-Anzeigen zu stören. Es kann
doch wahrlich gleichgültig sein, ob wir namentlich in den
Hiketides ein par Verse mehr oder weniger zählen; oder
es müssten denn in der That die Dionysiaka des Nonnos
grössern Werth als die Iliade haben, weil ihr Umfang bedeutender ist.

Die rhythmischen Eintheilungen, welche ich gegeben
habe, mögen im Einzelnen noch mancher Besserung fähig
sein; ich selbst habe dieses wiederholt erfahren. Als ich
meine einschlagenden Studien mit Pindar begann und hier
zuerst die Hauptprincipe erkannte, da legte ich in einer Ab-
handlung die gewonnenen Resultate nieder und zeichnete
die Schemen sämmtlicher Epinikien auf. Später begann ich,
Aeschylus in ähnlicher Weise zu bearbeiten, fand Vieles neu
und gelangte zu viel strengeren und deshalb auch schöneren
Formen. Mit den gemachten Erfahrungen bereichert kehrte
ich zu Pindar zurück, bei dem ich nun im Stande war, eine
viel lichtvollere Ordnung zu schaffen. Aus dem so erneuerten Studium Pindars ergaben sich aber neue Resultate,
die auf Aeschylus angewandt, hier manches besser gestalten
liessen. Jetzt eröffnete Euripides ganz neue Gesichtspunkte,

**2

dann Sophokles, zuletzt Aristophanes, und mit so reichen
Erfahrungen und einem umfassenden Ueberblick ausgerüstet
ging ich erst an Abfassung meines Werkes. Trotzdem wird
noch manches besser erkannt werden können, und ich selbst
denke zahlreiche Belege davon in den folgenden Bänden zu
geben. Es handelt sich dabei um Erklärung von manchen
Erscheinungen, die bisher mir wie Anderen ein Räthsel waren
oder ganz unbeachtet blieben. Dagegen haben sich nirgend
Widersprüche mit den aufgestellten Principien gefunden, so
dass ich oft zu erstaunen Gelegenheit hatte, wie ausnahmlos
gerade die allerschärfsten Gesetze gelten. Oft wurden Neben-
Entdeckungen gemacht, an die ich gar nicht dachte und
schlagende Beweise stellten sich hinterdrein für die gefundenen Principien an unzähligen Stellen heraus.

Aristophanes hat in den Fröschen viele Verse aus Aeschylus und Euripides citirt und daraus ganze Gedichte gemacht, die ein komisches Bild der rhythmisch-musikalischen
Composition der beiden einander so scharf entgegenstehenden
Dramatiker geben sollen. Ich will hier lieber sogleich bemerken, dass dieses Bild ein ganz verschrobenes ist. Die
Verse der beiden Tragiker sind nicht richtig citirt, z. B.
schon sogleich die aus der Parados des Agamemnon nicht.
Aeschylus hat andere Kola und andere Verse. Ebenso verkehrt ist das Bild, welches Aristophanes von den Monodien
des Euripides entwirft; so buntscheckige jämmerliche Pro-
ducte sind auch aus der Feder des letzteren nicht hervor-
gegangen. Ebenso wenig kommen bei ihm Dehnungen einer
Silbe mehrere Takte hindurch vor, wie Aristophanes durch
εἰειειειειλίσσετο und εἰειειειλισσόμενος zu erkennen gibt: das
sind ungeheure Uebertreibungen, die als solche in meinem
dritten Bande zu erkennen sein werden. Es war gar kein
Grund, wie Westphal es thut, zu verzagen, die richtige Gestalt der Monodien zu finden; nur darf man den Hohn des
Komikers nicht als ernste wissenschaftliche Regel auffassen.

Ich komme hierauf zu sprechen, um von vornherein meinen
Standpunkt gegen diejenigen darzulegen, welche etwa die
Kola, in welche Aristophanes Aeschyleische Partien getheilt
hat, in meinem Texte des Aeschylus finden zu müssen glauben.
Noch möchte ich mir eine kurze Bemerkung über die
bei der Periodologie gebrauchte Nomenclatur erlauben. Es
hat seine Richtigkeit, wenn ich S. 66 sage, dass schon Rossbach die verschiedenen Arten der Perioden mit Ausnahme
der palinodisch-antithetischen und palinodisch-mesodischen
anschaulich beschrieben habe (S. 198 sq.). Trotzdem aber
konnte ich seine und Westphals Nomenclatur nicht acceptiren. Bei Rossbach hat die palinodische Periode keinen
eigenen Namen, sondern es ist nur eine Definition gegeben;
Westphal verwirrt sie aber ganz mit der eigentlichen stichischen Periode (die Rossbach scharf als ἀμετάβολον sondert).
Ich habe dem Ausdrucke παλινῳδικός eine andere Bedeutung
geben müssen, als er bei den griechischen Metrikern hat,
eine Bedeutung, die aber durchaus im Einklang mit der
Etymologie ist. Die genaue Sonderung aller vorkommenden
Periodenarten, wie sie weder von den alten Metrikern, noch
von den neueren Forschern durchgeführt wurde, machte aber
auch eine streng geregelte Nomenclatur nothwendig und so
meinte ich, keine Bedenken tragen zu müssen, den einmal
vorhandenen Ausdrücken eine bestimmte Geltung zu geben.

Auf einer Stelle habe ich die Quantitirung ἄκτᾱς angenommen (Ag. IV, Str. α'). Dieselbe ist wenig wahrscheinlich,
obgleich nicht unmöglich, da auch πτ, στ u. s. w. wiederholt
ohne Position vorkommt; trotzdem würde ich mich freuen,
eine genügende und wahrscheinlichere Emendation an Stelle
der meinigen kennen zu lernen.

Für eine saubere und die Ueberschaulichkeit erleich-
ternde Ausstattung hat der Herr Verleger weder Kosten
noch Mühe gespart, und trotz der ganz ungewöhnlichen
typographischen Schwierigkeiten ist in dieser Beziehung mehr

geleistet, wie ich nur für möglich hielt. So möge denn dieses auch dem Buche zu seiner Empfehlung gereichen.

Wo ich Westphal citirt habe, da ist die „Griechische Metrik nach den einzelnen Strophengattungen, Leipzig 1856", und wo ich Rossbach citirt habe, dessen „griechische Rhythmik, Leipzig 1854" zu verstehen. Der neuen Auflage des Westphal'schen Werkes gegenüber hat sich mein Standpunkt nicht geändert.

Rostock, im Juni 1868.

J. H. Heinrich Schmidt.

Inhalt.

—

§ 1. Einleitung.

Betrachtet man ein metrisches Schema von einem Pindarischen Epinikion oder einem dramatischen Chorgesange, ein Schema, worin nur die langen und kurzen Silben durch Striche und Haken unterschieden werden, ausserdem aber die Versschlüsse zu erkennen sind, so muss man erstaunen darüber, wie der Dichter eine scheinbar so unregelmässige und verwirrte Reihenfolge von Grössen in Gedanken festhalten konnte, so dass er im Stande war, in jeder folgenden Strophe mit nicht nennenswerthen Abweichungen sie zu wiederholen. Man begreift dann aber auch schwer, wozu diese unrhythmische Folge von „lang" und „kurz" denn eigentlich wiederholt wurde. Denn macht man, namentlich bei Pindar, den Versuch, mit dem metrischen Schema zur Hand, ein solches Gedicht zu recitiren, so kann man in den meisten Fällen zu keinem Resultate kommen. Man wird nichts als eine ausserordentlich willkührliche Folge von langen und kurzen Silben finden, die zwar partienweise eine erkennbare regelmässige Abwechslung haben, keineswegs aber in ihrer Verbindung zum Verse und zur Strophe Grössen bilden, die einer rhythmischen Gliederung fähig erscheinen.

A. Rossbach und R. Westphal nun gebührt das unsterbliche Verdienst, in dieser ambrosischen Finsterniss Licht geschaffen zu haben. Sie haben in ihrer „Metrik der griechischen Dramatiker und Lyriker" gezeigt, wie zunächst die Gleichheit der Takte gewahrt ist; wie dann die Takte sich zu Reihen (κῶλα) verbinden, die als rhythmische Ganze erscheinen durch die Icten verschiedener Stärke, welche die einzelnen Takte tragen; endlich, wie diese Kola

mittelst einer streng mathematischen Responsion (von Rossbach und
Westphal leider nicht immer beobachtet!) nach verschiedenen Principien sich zu einer höheren rhythmischen Einheit, der Periode,
verbinden, und dann die Strophe meistens aus mehreren solchen
Perioden zusammengesetzt ist. Sieht man nun diese künstlerischen
Perioden an, wie Rossbach sie z. B. bei einer Anzahl äolischer
Strophen, Westphal bei den dorischen Strophen Pindars nachgewiesen hat, so kann man nicht umhin, mit Bewunderung erfüllt zu
werden von der rhythmischen Kunst der griechischen Dichter.

Aber eine sorgfältigere Prüfung jener Schemata, wie sie nun
rhythmisirt sind und sich sehr hübsch auch schon dem Auge darstellen als stichische, palinodische, antithetische, mesodische Perioden, kühlt sogleich die Begeisterung um ein Bedeutendes ab. Wir
wissen nämlich, dass in den Strophen Pindars und der Dramatiker
nicht nur die Takte und Kola sich genau an denselben Stellen
wiederholen, sondern auch gewisse Pausen; und während bei der
Eintheilung in Takte demjenigen, der die rhythmische Darstellung
einer Strophe unternimmt, immer noch grosse Freiheit bleibt, so
dass er z. B. in einem dactylischen Verse einen Spondeus oft ganz
nach Belieben auffassen kann als Einzeltakt ($\llcorner$ $\lrcorner$) oder als Doppel-
takt ($\llcorner\lrcorner$ | $\llcorner\lrcorner$); während eine noch grössere Freiheit herrscht
für die Eintheilung in Kola bestimmter Ausdehnung, so dass z. B.
10 auf einander folgende Trochäen verbunden werden könnten zu
2 Pentapodien, oder zu einer Hexapodie und folgenden Tetrapodie,
oder umgekehrt zu einer Tetrapodie und folgenden Hexapodie, oder
auch als eine Tetrapodie betrachtet werden könnten, die von zwei
Tripodien umschlossen ist u. s. w. u. s. w.; während also der wei-
teste Spielraum gelassen ist für Constituirung der Takte und Kola,
ist dagegen die Stellung der Pausen, sowie ihre Anzahl auf das
Genaueste vom Dichter vorgezeichnet durch die Versschlüsse.

Auch dem Unbefangensten muss sich nun nothwendig die Betrachtung aufdrängen, dass diese Pausen, durch welche die Strophe
auf das Allerunzweifelhafteste in bestimmte Abtheilungen, die Verse
zerlegt wird, und welche vom Dichter selbst gegeben sind, während, wie erwähnt, die Anzahl und Gliederung der Takte und
Kola in bedeutendem Grade in die Willkühr des modernen For-
schers gestellt sind, doch wohl nicht, wie Rossbach und Westphal
meinen, so ganz „ausserhalb der Eurhythmie" stehen können. Ja,

man kann sich des Glaubens nicht leicht erwehren, dass es wohl am Ende zwei Gliederungsarten der Strophe geben müsse, eine antike, wonach die Strophe in verschiedene Abtheilungen zerfällt, die durch Pausen wohl von einander getrennt sind, und eine moderne, welche zwar Takte und Kola zu schönen Perioden verbindet, die Pausen aber ganz unbeachtet lässt.

Beide Eintheilungsarten aber leiden an bedeutenden inneren Mängeln. Betrachten wir hier zunächst diejenige Art, welche wir, um sie kurz zu bezeichnen, die „moderne" vorläufig genannt haben. Wir nehmen die erste beste Periode, welche Rossbach bei Pindar constituirt hat; es sind die beiden ersten Verse der Strophen in Ol. I.

$$\cup \vdots \sqsubseteq \mid \smile\cup\mid \smile\cup\mid \sqsubseteq \parallel \dot{\sqsubseteq}\cup\mid \smile\cup\mid \smile\cup \parallel$$
$$\smile\cup\cup\mid \smile\cup\mid \sqsubseteq \parallel \dot{\sqsubseteq}\cup\mid \smile\cup\mid \smile\cup\mid \sqsubseteq \cup \rrbracket$$

Wir finden vier logaödische Kola, die zwei Tripodien und zwei Tetrapodien bilden in der Reihenfolge:

$$\begin{array}{c} 4 \\ 3 \\ \cdot \\ 3 \\ 4 \\ \cdot \end{array}$$

Also: auf eine Tetrapodie folgt eine Tripodie und dann eine Verspause; hierauf findet die umgekehrte Reihenfolge statt: eine Tripodie, eine Tetrapodie und dann eine Verspause. Wir haben eine antithetische Periode 4 | 3 | · | 3 | 4 | · |, an der sich nichts aussetzen lässt. Denn die Verbindung 4 + 3 ist vollkommen äquivalent der Verbindung 3 + 4 und die symmetrische Anordnung

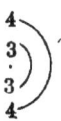

musste für Musik und Gesang, wie für die Orchestik gleich bezeichnend und wirksam sein und macht sich selbst unserem Gefühle leicht als rhythmisch bemerkbar. Vergleichen wir hiermit aber eine andere scheinbar ganz ähnliche Periode Westphals, welche er in den Epoden von Py. 3, v. 3 b—5 annimmt:

$$\dot{\smile} > \mid \sqsubseteq \bar{\smile} \parallel$$
$$\dot{\smile} > \mid \sqsubseteq > \parallel \dot{\smile}\cup\cup\mid \smile\cup\cup\mid \sqsubseteq \sqsubseteq \parallel$$
$$\dot{\smile}\cup\cup\mid \smile\cup\cup\mid \sqsubseteq \sqsubseteq \parallel \dot{\smile} > \mid \sqsubseteq \sqsubseteq \parallel \dot{\smile} > \mid \sqsubseteq \sqsubseteq \rrbracket$$

Hier ist die Folge: eine Dipodie — Verspause — eine Dipodie — eine Tripodie — Verspause — eine Tripodie — eine Di-

podie — eine Dipodie — Verspause. Bezeichnen wir nun, um
uns das Verhältniss klar zu machen, die Verspause mit x statt
mit einem Punkte, da sie jedenfalls irgend eine Grösse sein muss,
d. h. irgend eine Zeit beansprucht, wenn diese auch nach Belieben
ausgedehnt werden kann vom Recitator wie vom Tänzer und Sänger: so erhalten wir folgendes Schema:

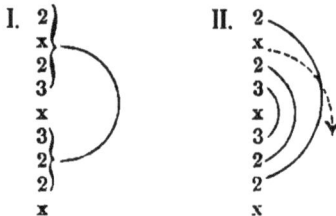

Die Bezeichnung I. macht anschaulich, dass zwei verschiedene
Grössen $(2 + x + 2 + 3)$ und $(3 + 2 + 2)$ vorliegen, die
mathematisch sich nicht entsprechen können; in II wird der Mangel
an Symmetrie offenbar; denn der Responsionsbogen von x ver-
läuft ins Leere.

Noch anschaulicher werden uns diese Verhältnisse in der palinodischen und stichischen Periode. Betrachten wir die von Westphal Nem. 9, str. v. 3—4 statuirte Periode:

$$
\begin{array}{ccc}
3 & & 3 \\
3 & & 3 \\
2 & \text{d. h.} & 2 \\
. & & x \\
2 & & 2 \\
3 & & 3 \\
3 & & 3 \\
2 & & 2 \\
2 & & 2 \\
. & & . \\
\end{array}
\quad
\begin{array}{l}
\alpha \\
\\
\beta \\
\end{array}
$$

Wie kann β hier als eine Wiederholung derselben Grösse
α betrachtet werden? Wie könnte deshalb β eine Musik enthalten,
welche der von α entspräche? Noch mehr aber, wie könnte die
begleitende Orchestik beider Grössen stimmen? Schon der blosse
Recitator einer solchen „Periode", wenn er genau taktirt und die
Icten, wie es sich gebührt, hervorhebt, wird sich nur in die Vorstellung hineinzwingen können, dass zwei gleiche Grössen auf
einander gefolgt sind, dass er also eine rhythmische Periode recitirt habe. Dass aber die Pause in der Praxis, d. h. dem melodischen und recitirenden Vortrage bei jedem Volke und überall noch

eine viel grössere Bedeutung hat, dass sie nicht einzig als mathematische Grösse betrachtet sein will, sondern als heterogenes Element die Scheidungen und Gruppirungen viel auffälliger macht,
wird sich später zeigen; um so mehr muss eine willkührliche
Setzung derselben die Eurhythmie zerstören, wenn nicht auf dem
Papier, so sicher in der Anwendung.

So gewährt denn auch uns, die wir die lyrischen Meisterwerke
der Alten nur lesen, nicht mehr singen können, eine solche Eintheilung in Perioden (und namentlich fast alle grösseren Perioden
Rossbachs und Westphals leiden an den eben erkannten Fehlern)
nicht den leisesten Nutzen. Uns werden die Strophen dadurch
nicht mundgerecht, so viel wir uns auch mit ihnen beschäftigen
mögen; vielmehr sind wir kaum im Stande, die sich häufenden
Regellosigkeiten den Gedanken einzuprägen; nie aber wird unser
rhythmisches Gefühl, das wir eben so gut wie die Alten besitzen,
befriedigt werden.

Versuchen wir es nun aber mit der zweiten Art der Eintheilung, die unverkennbar schon vom Dichter selbst durch die Verspausen angekündigt ist und die wir deshalb schlechthin die „antike"
nannten. Wir nehmen die erste der Epinikien, die im dorischen
Masse geschrieben ist, als Beispiel, nämlich Ol. III; in einem Epinikion in äolischem Masse würde die Anzahl der Takte sich mit
geringerer Bestimmtheit angeben lassen, da man eine gedehnte
Anakruse auch als ganzen Takt auffassen kann ($\smile\llcorner$), einen Spondeus entweder als einen irrationalen Takt ($\llcorner\,>$) auffassen, oder
ihm den Werth eines doppelten Taktes ($\llcorner\,|\,\llcorner$) geben kann u. s. w.
In dem angeführten Epinikion haben die einzelnen Verse der
Strophen und der Epoden folgende Anzahl von Takten:

Strophen.	Epoden.
1. V. 8	1. V. 7
2. V. 5	2. V. 9
3. V. 8	3. V. 8
4. V. 11	4. V. 8
5. V. 6	5. V. . . . . . 6.

Die Verse in den Strophen wie in den Epoden haben weder
gleiche Anzahl von Takten, was eine einfache, aber gut rhythmische
Ordnung (die stichische) wäre, noch lässt sich irgend eine andere
Art der Aufeinanderfolge erkennen, die den Namen einer rhythmi-

schen verdiente. Und wie bei diesem, so würden wir fast bei
jedem anderen Pindarischen Epinikion oder dramatischen Chorgesang aus der Ausdehnung der Verse für sich keinerlei rhythmische Ordnung erkennen können.

Sollten nun die Chorgesänge wirklich einer rhythmischen Gliederung ermangelt haben, sie, die stets als die allerkunstvollsten
Compositionen betrachtet wurden? Man muss dieses für unmöglich halten, wenn man bedenkt, wie genau sich die Hauptabschnitte
dieser Gedichte, die Strophen und ihre Gegenstrophen entsprechen;
wenn man bedenkt, dass Strophe und Gegenstrophe nicht nur in
der Taktzahl sich gleichen, sondern auch in den Taktformen (mit
den geringfügigen Ausnahmen, die durch sogenannte syllabae ancipites, durch Auflösungen und Zusammenziehungen entstehen) und
in der Grösse der Abschnitte, die durch die ständigen Pausen her-
vorgebracht werden (die Verse) und die ausserdem durch Gestattung des Hiatus, stets eintretenden Wortschluss und dadurch recht
deutlich werden, dass vor ihnen die Kürze die Stelle der Länge
vertreten kann und umgekehrt. Und wenn wir nun den Vers in
Kola zerlegen können und gewöhnlich zerlegen müssen, weil die
Anzahl seiner Moren grösser ist, als dem κῶλον zukommt (Aristides gibt genau die mögliche Ausdehnung des κῶλον an, nur dass
er, von bloss mathematischer Anschauung ausgehend, es ebenfalls
πούς nennt, wie den Takt), und weil uns directe Zeugnisse über
στίχοι δίκωλοι, τρίκωλοι u. s. w. von Seiten der Metriker vorliegen; wenn dann eben sowohl das Kolon in sich rhythmisch gegliedert ist, wie der einzelne Takt: sollte da einzig das Kolon in
keinerlei rhythmischer Beziehung zum Ganzen, der Strophe, stehen und
ebenso die durch Pausen deutlich getrennten Abschnitte, die Verse,
keinerlei rhythmischen Connex haben? Wer wollte dieses zu behaupten wagen! Und wenn der Begriff des Schönen wirklich darin
liegt, dass alle Theile eines Ganzen sich nach einem einheitlichen
Principe zusammenfügen: wer wollte, indem er den grössten griechischen Dichtern rundweg dieses Princip abspräche, ihnen zugleich
auch den Sinn für das Schöne streitig machen? Noch mehr aber:
jene Gedichte wurden gesungen, sie wurden mit musikalischen In-
strumenten, ausserdem mit Orchesis begleitet. Unmöglich konnte
die Melodie aus Sätzen (κῶλα) der verschiedensten Ausdehnung bestehen, die keinerlei Beziehung auf einander hatten, weder einander

auflösten noch ergänzten, noch in irgend anderer Art respondirten; und eben so wenig konnten die Pausen, die ein oder mehrere κῶλα von einander trennten, planlos durch die ganze Composition zerstreut sein. Die Melodien der Epinikien, Hyporchemen, Stasima u. s. w. konnten keine ἄτακτα μέλη sein, denn als solche würden sie nothwendig erscheinen, wenn die ganze Einheit der Compositionen in der gleichen Ausdehnung der Takte bestanden hätte, ganz abgesehen noch von dem Falle, dass in den einzelnen Theilen der Strophe auch ein verschiedener Takt, ganz wie nicht selten in unseren musikalischen Compositionen, herrscht.

Die Hauptaufgabe dieser Schrift besteht nun in dem Nachweise der wirklich rhythmischen Gestaltung der antiken Strophen; wir werden erkennen, dass freilich jene Perioden Rossbachs und Westphals in der That existiren, aber durchaus nur in tadelloser mathematischer Form. Nicht nur alle ungenauen Responsionsarten, die von ihnen angenommen werden, sind von der Liste der rhythmischen Perioden zu streichen, sondern besonders auch die Verspause wird zu ihrem Rechte kommen. Es wird sich zeigen, dass sie am allerwenigsten ausserhalb der Eurhythmie steht, dass vielmehr gerade sie die hervorstechenden Einschnitte und Abtheilungen macht und deshalb als der eigentliche Modulus der rhythmischen Perioden zu betrachten ist. Hieran werden sich minder wichtige Sätze über die nicht respondirenden Glieder, die Proodika u. s. w. reihen.

Von jener Hauptanschauung aus aber wurde lediglich ausgegangen und nur sie leitete auch auf genauere metrische Regeln.

§ 2. Metrum, Rhythmus, Melos.

1. Bekannt genug ist, dass man in den antiken Sprachen
zweierlei Quantität der Silben, die Länge und die Kürze, bezeichnet
durch _ und ‿ unterscheidet, ferner, dass im Allgemeinen zwei
kurze Silben die Zeitdauer Einer langen in Anspruch nehmen. So
darf also z. B. im Hexameter der Spondeus unbedenklich den
Dactylus vertreten. Diese Längen und Kürzen wechseln nun eben
sowol in der Prosa wie in der Poesie mit einander; der Unterschied besteht lediglich in der Gesetzlichkeit, die in letzterer
herrscht, in ersterer fehlt.

Für den Deutschen beginnt hier aber die Schwierigkeit sogleich, die Form der antiken poetischen Erzeugnisse richtig aufzufassen und zu verstehen. Er ist gewohnt, in seiner Sprache allen
Silben ziemlich dieselbe Zeitdauer zu geben — eine Praxis, die in
dem folgenden Paragraphen näher besprochen werden wird. Er
spricht deshalb z. B. jeden Dactylus ‿́ ‿ ‿ wie einen Tribrachys
‿́ ‿ ‿, jeden Trochäus wie einen Pyrrhichius ‿́ ‿ oder Spondeus
‿́ _ aus. Bei dieser Methode wird aber der Charakter der Takte
geradezu umgekehrt, das Wesen der antiken Rhythmik aber kann
schlechterdings gar nicht begriffen werden.

Man gewöhne sich also zunächst, schon beim heroischen
Hexameter und beim jambischen Trimeter an eine richtige Quantitirung, die durchaus nichts mit den Accenten der Worte, ebenso
wenig etwas mit den rhythmischen Accenten zu thun hat. Man
schlage sich also zu einem Dactylus den Takt und achte nun darauf, dass beim Recitiren von den vier Schlägen genau zwei auf die

Länge fallen, während jede der Kürzen nur einen Schlag erhält:

1.2. 3. 4. 1.2. 3. 4.   1.2. 3.   4. 1.2. 3. 4.   1.2. 3. 4. 1.2. 3.4.

ἄνδρα μοι ἔννεπε, Μοῦσα, πολύτροπον, ὃς μάλα πολλὰ.

Am Schlusse des Verses kann natürlich auch die Kürze zwei
Schläge erhalten, denn sie gilt hier ganz dasselbe als eine Länge
(syllaba anceps); die Stimme ruht auf der letzten Silbe so lange,
als das Taktgenus es erfordert.

Bei einiger-Uebung wird man so bald zu einer richtigen Aussprache des Hexameters u. s. w. gelangen und den sehr verschiedenen Charakter des deutschen Hexameters u. s. w. erkennen. Man
wird also einsehen, dass Voss z. B. den Homer nicht in deutsche
dactylische Hexameter übertragen habe (ein Metrum, das uns
ganz fehlt), sondern in Trochäen mit vielen Auflösungen. Den
Goethe'schen Vers:

dienen lerne bei zeiten das weib nach seiner bestimmung

können wir also, so lange _ und ⌣ als Quantitätszeichen gelten,
durch den Acut aber der Taktictus bezeichnet wird, nur bezeichnen als:

$$\acute{\smile}\, \smile \mid \acute{\smile}\, \smile\, \smile \mid \acute{\smile}\, \smile\, \smile \mid \acute{\_}\, \smile \mid \acute{\smile}\, \smile\, \smile \mid \acute{\_}\, \smile$$

Die Metrik lehrt nun, wie aus diesen Silben von verschiedener Zeitdauer Takte von gleicher Ausdehnung gebildet werden;
in der Prosa folgen die verschiedenartigsten Takte ohne bestimmte
Regel einander.

2. In der Prosa wie in der Poesie werden die Silben mit
verschiedener Stärke intonirt; wiederum aber unterscheidet sich die
Poesie in der streng geregelten Ordnung dieser verschiedenen
Grade der Intonation. Wir pflegen die stärkere Intonation den
Ictus zu nennen; derselbe ruht z. B. im Dactylus wie im Spondeus,
der die Stelle eines solchen vertritt, auf der ersten Silbe:

$$\acute{\_}\, \smile\, \smile \quad \text{oder} \quad \acute{\_}\, \_$$
1.2.3. 4.   1.2.3.4.

Hier müssen wir uns sogleich vor der zweiten groben Verwechslung hüten. Uns gilt der Wortton und der Ictus als gleich,
aus dem einfachen Grunde, weil wir uns daran gewöhnt haben,
auch in der Poesie immer den Ictus auf diejenigen Silben zu legen,
die den Wortton haben. Und doch haben beide eigentlich gar
nichts mit einander zu thun, und beim ersten griechischen oder

lateinischen Hexameter, den wir lesen lernen, bemerken wir, wie selten beide zusammenfallen.

Der Wortaccent ist aber im eigentlichen Sinne ein Ton. In unserer Sprache unterscheiden wir fast nur den Hochton (acutus) und den Tiefton (gravis). Der erstere ruht fast immer auf der Stammsilbe, wie in „Liébe", der andere auf Flexionssilben, den meisten Vorsilben u. s. w. („Liébè", „gèlóbèn" u. s. w.).

Im Griechischen wird der Hochton durch den Acut, der Tiefton durch den Gravis oder auch gar nicht bezeichnet. Dazu kommen noch Silben, die beide Töne in sich vereinigen, so dass auf den Hochton noch der Tiefton folgt und welche mit dem Circumflex bezeichnet werden. In der That sind diese Silben fast alle aus der Zusammenziehung zweier Silben entstanden, welche dieselbe Reihenfolge der Töne hatten, so

$$\tau\iota\mu\tilde{\omega} = \tau\iota\mu\grave{\acute{\omega}} \text{ aus } \tau\iota\mu\acute{\alpha}\grave{\omega};$$

aus diesem Verhältniss nur leuchtet ein, weshalb eine contrahirte Silbe den Acut behält, nicht den Circumflex erhält, wenn die zweite, nicht die erste Silbe vor der Contraction den Acut hatte.

Im Deutschen tritt diese Betonung nur in seltenen Fällen ein, so in Ausrufen der Verwunderung: „Sô!" Dagegen sind die Engländer sehr daran gewöhnt; sie betonen auf diese Art viele einsilbige, besonders gedehnte Wörter, wenn sie am Ende des Satzes stehen, so no, go, die u. s. w.

Viel häufiger ist dagegen bei uns ein Accent, der den Griechen fehlt: es ist die Folge des Hochtons auf den Tiefton in einsilbigen Wörtern, auf welchen das Hauptgewicht in Fragesätzen ruht, z. B. „Ist er dä?" „Ĭch? — Diese Beispiele sind wichtig für das Verständniss der griechischen Accente. Man bezeichnet sie am besten durch Noten, welche zugleich die Quantität genau ausdrücken und bei denen man den Ictus durch > bezeichnen kann. Dass der Hochton und der Tiefton gerade um einen Ton verschieden sei, ist freilich ungenau, doch lassen sich die sehr verschiedenen Stufen nicht gut anders bezeichnen.

Obige beide Hexameter lauten demnach:

$\overset{>}{\alpha}\nu\delta\rho\alpha \; \mu o\iota \quad \overset{>}{\varepsilon}\nu\nu\varepsilon\pi\varepsilon, \quad M o\tilde{\upsilon}\sigma\alpha, \; \pi o\lambda\acute{\upsilon}\tau\rho o\pi o\nu, \quad \overset{\circ}{o}\varsigma \; \mu\acute{\alpha}\lambda\alpha \; \pi o\lambda\lambda\alpha$

dienen lerne bei zeiten das weib nach seiner be - stimmung.

Man sieht, dass im griechischen Hexameter nur zufällig der rhythmische Ictus in den ersten vier Tacten mit dem Hochtone verbunden ist, während in den letzten beiden derselbe mit dem Tieftone verbunden ist, im fünften Takte auch eine Silbe mit Hochton ohne Ictus ist. Dagegen fällt in dem deutschen Verse jedesmal Hochton und Ictus zusammen. Die antike Aussprache des Hexameters wie jeden anderen Verses bestand folglich in folgenden drei Punkten:

1) Die Zeitdauer der Silben wurde genau beobachtet — gegen unsere Praxis.

2) Die Icten waren nur stärkere Intonationen, die ebenso wohl mit dem Tieftone als dem Hochtone verbunden sein konnten; — wiederum ganz gegen unsere Art, da wir auch im griechischen Hexameter u. s. w. der Silbe mit Ictus immer zugleich den Hochton geben, gleichviel, ob sie den Acutus habe oder nicht.

3) Der Wortaccent wurde auch im Verse streng innegehalten, gleichviel, ob der Ictus damit verbunden war oder nicht. — Auch hier haben wir eine ganz verkehrte Praxis, indem wir auf die Wortaccente nicht im mindesten achten.

Freilich erfordert eine solche antike Aussprache für uns viele Mühe und Uebung und Mancher würde es nie zu einiger Geläufigkeit in ihr bringen. Dafür aber sind solche Verse denn auch eine verständliche Sprache, während wir in unserer gewöhnlichen Recitation eigentlich auf eine neue Sprache stossen, indem wir alle Accente falsch setzen, gegen unsere Gewohnheit in der Prosa.

Zugleich lässt sich aus Obigem leicht erkennen, dass die gewöhnliche Theorie „die Griechen und Römer dichteten nach metrischen, wir nach rhythmischen Principien" — grundfalsch sei. Wir bauen vielmehr im Allgemeinen mit gleichen metrischen Grössen, die Alten mit Grössen von verschiedener Ausdehnung. Doch können auch sie Verse aus lauter Längen oder lauter Kürzen bauen, in denen sie, ohne ihre eigenthümliche Metrik zu verlassen, ganz unserer Praxis sich anschliessen. Gar nicht selten sind z. B. spondeische Verse in Hymnen, die zu-

weilen ganz daraus bestehen u. s. w. — Ferner rhythmisch sind die
Productionen der Alten und die unseren in gleichem Grade; wir
werden auch völlig entsprechende Principien finden. — Die Divergenz in Setzung der Icten hat aber mit dem Rhythmus nichts zu
thun, sondern streift, wie wir weiter unten sehen werden, eher in
das Gebiet der Melopöie. Denn die Rhythmik lehrt nur die Vertheilung der Icten ohne Rücksicht auf Hoch- und Tiefton.

Uebrigens verbinden auch wir im Fragesatze nicht selten den
Ictus mit dem Tieftone. Wir werfen dann den Hochton auf nach-
folgende sonst unaccentuirte Silben:

$$\text{„Bist dù dà géwésén?“}$$
$$\text{„Wèr sàgt és?“}$$

Ob nun auch in Prosa bei den Griechen Ictus und Wortaccent
unabhängig von einander gewesen seien und der erstere mehr auf
den Stammsilben geruht habe, lässt sich nicht entscheiden; doch
scheinen hierfür alte alliterirende Verse bei Hesiod und in Orakeln
zu sprechen. Die Besprechung dieser Sachen gehört wenig zu
unserem Zwecke, da selbst die nach deutschen Principien aus-
gesprochenen Verse immer noch rhythmisch bleiben. Doch will
ich noch eine eigenthümliche Erscheinung in der deutschen Sprache
anführen, die noch nicht beachtet scheint und doch auf das Wesen
der griechischen Oxytona ein eigenthümliches Licht wirft. Auch
bei uns nämlich ziehen manche Oxytona, namentlich Fremdwörter,
den Accent zurück, wenn keine Interpunction auf sie folgt. Wir
sagen demnach zwar: „Er ist ein Candidát“; dagegen: „Cándidat
Müller.“ Derselbe Fall findet statt bei „Advocát und Ádvocat“,
„einmál und eínmal“ u. dgl. m.

3. Wir sahen, dass die Poesie sich von der Prosa in der
Form durch regelmässiges Metrum und streng geordneten Rhythmus unterscheidet; dagegen theilt das recitirte Gedicht mit der
Prosa die unregelmässige Vertheilung der Töne. Freilich ist dies
im deutschen Gedichte anders: hier wechseln Hoch- und Tiefton
regelmässig, indem ersterer dem starken, letzterer den schwachen
Takttheilen zukommt: doch ist der Unterschied beider Töne nicht
mathematisch bestimmbar, zum Theil ein verschwimmender. — Im
Melos endlich, d. h. dem gesungenen Liede, sind auch die Töne

der einzelnen Silben mathematisch geregelt, d. h. in genau be-
stimmbaren Distanzen ausgeprägt.

Hieraus geht zur Genüge hervor, dass der recitirte Vers sich
von dem gesungenen weder im Metrum noch im Rhythmus unterscheide soll, dass vielmehr der Unterschied lediglich in den Tönen
bestehe. Ja, jene beiden Normen der „gebundenen Rede" können
selbst in Anwendung bleiben, wo die Worte, die Λέξις, fehlen:
man kann die rhythmische Gliederung einer Melodie oder eines
Gedichtes dem Gehöre deutlich machen durch Trommeln mit den
Fingern auf dem Tische, durch Stampfen des Bodens mit dem
Fusse; selbst dem Auge lässt sich wenigstens das Princip der
Gliederung deutlich machen durch die Bewegungen des Taktstockes
in der Luft.

Wir dürfen unbedenklich annehmen, dass in der Melodie
jedes einzelnen griechischen Chorgesanges die langen Noten mit
den langen Silben zusammenfielen und umgekehrt; ferner, dass die
Icten des Melos mit denen der recitirten Λέξις zusammentrafen.
Auch bei uns findet dies Verhältniss der Hauptsache nach statt:
ein Lied würde ausserordentlich schlecht componirt sein, wenn der
Sänger die gewichtigsten Töne unbetonten Flexionssilben zu geben
hätte. Und da in der That die Silben doch auch in unserer
Sprache nicht sämmtlich von metrisch gleichem Werthe sind, vielmehr die Stimme auch etwas länger auf den betonten Silben als
den unbetonten verweilt, so sind es jene, nicht diese, welche in
der Composition die längeren Noten erhalten.

§ 3. Takte.

1. Der Takt (πούς, pes, auch in unsern Grammatiken u. s. w
wunderbarer Weise „Fuss", „Versfuss" genannt) ist das eigentliche
Grundelement jeder rhythmisch-metrischen Composition. Die griechische Benennung rührt von dem Gebrauche her, durch Stampfen
mit dem Fusse den Rhythmus jeder musikalischen Production beim
Unterricht u. s. w. bemerkbar zu machen. Man trat mit dem Fusse
nieder beim schweren Takttheil, der den Ictus trug: daher hiess
dieser θέσις; man hob den Fuss empor beim leichten Takttheile,

der aus diesem Grunde ἄρσις hiess. So ist beim Dactylus die Länge die θέσις, die beiden folgenden Kürzen die ἄρσις:

θέσις ἄρσις.

$$- \;\; \cup \;\; \cup$$

Erst in ganz späterer Zeit drehte man die Bedeutung dieser beiden Benennungen um, ein Gebrauch, wonach sich unsere Hand-bücher leider immer noch zu richten pflegen, und deutete nun höchst verkehrt ἄρσις als die „Erhebung", θέσις als die „Senkung der Stimme." — Wir werden natürlich den Ausdrücken ihren antiken Sinn lassen.

2. Die griechischen Takte wurden ursprünglich nach dem Principe gebaut, dass die langen Silben die Thesen, die kurzen die Arsen bildeten. Frühzeitig aber gewöhnte man sich daran, auch in der Arsis die Länge zu dulden, so dass z. B. der Spondeus den Dactylus vertreten konnte:

$$\overset{.}{-} \;\; \cup\cup$$

(Der Ictus wird am besten, wie hier geschehen und künftig immer geschehen wird, durch einen übergesetzten Punkt bezeichnet, da der Acut ja ein Wortaccent ist, d. h. den Hochton bezeichnet, der im Griechischen mit dem Ictus keinerlei Beziehung hat.)

Es werden 3 Takt-Genera unterschieden, nämlich:

1) das γένος ἴσον, wo Thesis und Arsis die gleiche Zeitdauer haben, folglich sich wie 1 : 1 verhalten;

2) das γένος διπλάσιον, wo Thesis und Arsis sich wie 2 : 1 verhalten;

3) das γένος ἡμιόλιον, wo das Verhältniss wie 3 : 2 ist.

Nimmt man nun an, dass durchschnittlich die kurze Silbe etwa den Werth einer Achtelnote, folglich die lange Silbe den einer Viertelnote habe, so erhält man folgende Stammarten von Takten:

1) γένος ἴσον.

$$\overset{.}{-} \cup \cup \quad \delta \acute{α}κτυλος = {}^{4}/_{8}\text{-Takt.}$$

$$\overset{.}{-} \;\; - \quad \sigma πον δεῖος = {}^{2}/_{4}\text{-Takt, oder auch als Stellvertreter}$$
des Dactylus.

2) γένος διπλάσιον.

$$\overset{.}{-} \;\; \cup \quad \tau ρο χαῖος, \text{ der } {}^{3}/_{8}\text{-Takt.}$$

$$\left. \begin{array}{l} \overset{.}{-} - \cup \cup \; \text{ἰωνικός} \\ \overset{.}{-} \cup \cup - \chi ορ \acute{ι}α μβος \end{array} \right\} \text{ der } {}^{6}/_{8}\text{-Takt.}$$

$$\overset{.}{-} - - \quad μολοσσός, \text{ der } {}^{3}/_{4}\text{-Takt.}$$

3) γένος ἡμιόλιον.

$$\overset{\_}{\cdot}\,\smile\,\_\ \Big\} \ \pi\alpha\acute{\iota}\omega\nu,\ \text{der } {}^5/_8\text{-Takt.}$$

$$\overset{\_}{\cdot}\,\smile\,\smile$$

$$\overset{\_}{\cdot}\,\_\,\_\,\_\,\_\ \pi\alpha\acute{\iota}\omega\nu\ \grave{\epsilon}\pi\iota\beta\alpha\tau\acute{o}\varsigma,\ \text{der } {}^5/_4\text{-Takt.}$$

3. Bei der weiteren Entwickelung der musischen Kunst gelangte man dahin, auch in der Thesis an Stelle der Länge zwei Kürzen eintreten zu lassen (Auflösung, διάλυσις), so dass nun die Takte eine mannigfache äussere Form erhielten, während ihr Hauptwesen dasselbe blieb, indem nicht nur die Ausdehnung bewahrt wurde, sondern auch Thesis und Arsis ihr Zeitverhältniss nicht veränderten. — Den Namen neuer Taktarten verdienen diese Verbindungen nicht: sie bedeuten nur eine verschiedene Ausfüllung des feststehenden Taktes durch lange und kurze Noten (resp. Silben).

Diese Nebenformen sind:

1) im γένος ἴσον.

$\smile\,\smile\,\smile\,\smile$ προκελευσματικός.

$\smile\,\smile\,\_$ scheinbarer Anapäst, mit dactylischer Betonung

2) im γένος διπλάσιον.

$\smile\,\smile\,\smile$ τρίβραχυς, die Stelle des Trochäus vertretend.

3) im γένος ἡμιόλιον

$\smile\,\smile\,\smile\,\_$ παίων τέταρτος

$\smile\,\smile\,\smile\,\smile\,\smile$ aufgelöster Päon.

4. Obige Takte, in ihren verschiedenen Formen, sind sämmtlich thetisch, d. h. bei ihrer Anwendung beginnt jeder Vers sogleich mit dem vollen Takte. Der Auftakt aber war bei den Griechen ebenso gebräuchlich, als bei uns, und da er jedem Taktgenus ein eigenthümliches Gepräge gibt, nämlich den Rhythmus viel lebhafter erscheinen lässt, so hat man dann diesen Versen auch eigene Namen gegeben. Man nennt also z. B. einen trochäischen Vers mit Auftakt einen jambischen, den dactylischen mit Auftakt anapästisch u. s. w. Ja die Alten gingen bekanntlich in ihrer Nomenclatur noch viel weiter: sie veränderten auch die Namen der Takte, da sie in ihrer Theorie sogleich mit der ersten Silbe auch den ersten Takt beginnen liessen. Demgemäss theilten sie die Reihe

$$\smile\,\_\,\smile\,\_\,\smile\,\_\,\smile\,\_$$

in die Takte

$$\smile\,\overset{\_}{\cdot}\,|\,\smile\,\overset{\_}{\cdot}\,|\,\smile\,\overset{\_}{\cdot}\,|\,\smile\,\overset{\_}{\cdot}$$

während wir den Auftakt (von Hermann Anakruse, ἀνάχρουσις genannt) absondern und so lauter thetische Takte erhalten:

$$\cup \vdots \_ \cup \mid \_ \cup \mid \_.$$

Man sieht, die Icten fallen bei beiden Theilungsarten ganz gleich, die Praxis wird also nicht dadurch verändert, nur Theorie und Nomenclatur sind verschieden. Wir thun aber Recht, die Bezeichnungsweise, die wir in unserer Notenschrift gewohnt geworden sind, nicht zu verlassen, da sie die Uebersicht der schwierigeren rhythmischen Schemen wesentlich erleichtert. Auch sind die Benennungen (für die Verse, nicht für die Einzeltakte) wichtig, da, wie erwähnt, anakrusische Verse einen lebhafteren Rhythmus haben als thetische. Wir theilen also z. B. den jambischen Trimeter ab:

$$\vee \vdots \_ \cup \mid \_ \vee \mid \_ \cup \mid \_ \vee \mid \_,$$

behalten aber die Benennung, der wir nur eine theoretisch modificirte Bedeutung geben, bei.

Die anakrusischen Takte der Alten sind:

1) im γένος ἴσον.

    $\cup \cup \_$ ἀνάπαιστος.

    $\_\_$ anakrusischer Spondeus.

2) im γένος διπλάσιον.

    $\cup \_$ ἴαμβος.

    $\cup \cup \_\_$ ἰωνικὸς ἀπ' ἐλάσσονος.

    $\_\_\_$ anakrusischer Molossus.

3) im γένος ἡμιόλιον.

    $\begin{rcases} \_\_\cup \\ \cup\cup\_\cup \\ \_\cup\cup\cup \end{rcases}$ anakrusischer Päon.

5. In allen obigen Taktformen, ob sie thetisch oder anakrusisch seien, ist wenigstens stets das richtige Verhältniss zwischen Thesis nd Arsis gewahrt; doch auch diese Schranke wird schliesslich in einigen seltenen Fällen in der griechischen Lyrik überschritten, so dass dann die Takte nur noch in ihrer Ausdehnung stimmen. Dies findet statt 1) im γένος ἡμιόλιον. Da nämlich die Päonen zum Ausdrucke enthusiastischer Begeisterung oder einer leidenschaftlich aufgeregten Stimmung dienen, so wird nicht selten ihre regelmässige Folge durch sogenannte Bacchien (ich wähle die älteste Benennung) $\_\_\cup$, $\cup\cup\_\cup$ unterbrochen, in welchen Thesis nd Arsis sich wie 2:3, statt wie 3:2 verhalten. Diese

Bacchien treffen wir in zahlreichen päonischen Compositionen der Alten, bei Pindar wie bei den Dramatikern; sie haben meist Auftakt: ‿ : ＿ ＿ ‿ ⋯ u. s. w.

2) In ein paar vereinzelten Fällen ist Pindar aber noch weiter gegangen. Er hat nämlich in seinen logaödischen Strophen nicht nur den Trochäus in einen Tribrachys aufgelöst, sondern diesen auch wieder zu einem scheinbaren Jambus, ‿ ＿, zusammengezogen, ein Takt, in welchem ebenfalls Thesis und Arsis in dem umgekehrten Verhältnisse, 1 : 2 statt 2 : 1 stehen. Die Analogie der Scheinanapäste in den dorischen Strophen desselben Dichters zeigt, dass dieser Fall nur angenommen werden kann, wenn der Takt in der antistrophischen Responsion auch durch einen Tribrachys ‿‿‿ ersetzt werden kann. In derselben Weise werden nämlich jene Scheinanapäste auch durch Spondeen ersetzt, ‿‿ ＿. So finden wir Ol. I, v. 9 der Strophen den ersten Takt bald als Tribrachys, bald als scheinbaren Jambus ausgedrückt und derselbe Fall ist Py. VI mitten im sechsten Verse.

Hier hat Rossbach sich auf zwei verschiedene Arten zu helfen gesucht. Ol. I, str., v. 9 scheint er eine antistrophische Responsion von ‿ ‿ ‿ und ‿ : ⌊ anzunehmen. Es ist aber unmöglich, dass zwei so verschiedene Grössen oder vielmehr Combinationen sich antistrophisch entsprechen sollten. Schlimmer aber ist das Auskunftsmittel, welches er Py. VI, str. v. 3 wählt, wo er schreibt:

$$\breve{} \breve{} \breve{} \mid \breve{} \breve{} \breve{} \mid \_ \_ \breve{} \mid \breve{} \breve{} \wedge \parallel \_ \breve{} \mid \_ \wedge \parallel$$

(vgl. seine Rhythmik S. 213 und 207).

Hiermit wäre eine unentbehrliche Fundamentalregel umgestossen, dass nämlich innerhalb des Verses keine Pausen angenommen werden dürfen zur Completirung der Takte. Man sieht leicht, dass in beiden Fällen dieselbe Erklärung der Taktformen stattfinden muss und daher ‿‿‿ zu schreiben ist. Str. v. 3 in Py. VI ist dann zu construiren:

$$\breve{} \breve{} \breve{} \mid \breve{} \breve{} \breve{} \mid \_ \mid \breve{} \breve{} \breve{} \mid \_ \breve{} \mid \_ \wedge \parallel$$

6. Endlich, die übrigen sogenannten „Versfüsse" sind blosse Verbindungen und Gruppirungen von langen und kurzen Silben, die durchaus nicht den Namen von Takten verdienen. Ihre Annahme beruht theils auf der mangelhaften Theorie der alten Rhythmiker (die für die Praxis freilich unbequem war, keineswegs aber zu Fehlern verleitete, wie wir oben bei Besprechung der anakrusischen

Takte sahen), theils auf gänzlich falschen Anschauungen späterer
Metriker. Für uns haben die Benennungen keinen anderen Werth,
als dass wir bestimmte Aufeinanderfolgen von langen und kurzen
Silben damit kurz angeben können. So ist z. B. der ἀντίσπαστος
weder ein Einzel- noch ein Doppeltakt: wir verstehen darunter nur
die Aufeinanderfolge ◡ _ _ ◡ wie in ἀκοῦσεσϑε̆, die sehr verschiedene rhythmische Geltung haben kann. Es kann also z. B.
ἀκοῦσεσϑε Theile zu zwei bacchiischen oder auch zu zwei päonischen Takten hergeben:

$$\ldots\ldots\,◡\,|\,{\_}\,\_\,◡\,| \quad \text{oder} \quad \ldots\ldots\,◡\,\_\,|\,{\_}\,◡\ldots$$

Diese Silbencombinationen, die keine Takte bilden, folglich
auch keine „Versfüsse" sind, sind folgende:

◡ _ _ ◡   ἀμφίβραχυς.

◡ _ _ ◡   ἀντίσπαστος.

◡ _ _ _   ἐπίτριτος πρῶτος.

_ _ ◡ _   ἐπίτριτος τρίτος.

_ _ _ ◡   ἐπίτριτος τέταρτος.

◡ _ ◡ ◡   παίων δεύτερος.

Der sogenannte δισπονδεῖος _ _ _ _ und der διτρόχαιος
_ ◡ _ ◡ wie der διίαμβος ◡ : _ ◡ _ sind dagegen echte Takte,
die wir aber als zusammengesetzte erst in einem späteren Abschnitte kennen lernen werden. Ein ganz anderer Fall ist noch
mit dem sogenannten ἐπίτριτος δεύτερος _ ◡ _ _, worüber unser
§ 5, 7 nachzusehen ist.

Dem Anfänger kann nicht genug anempfohlen werden, sich
die hier gebotene strenge Unterscheidung zwischen Takten und
blossen Grössencombinationen genau einzuprägen, da ohne sie die
folgenden Darstellungen unverständlich sind.

---

§ 4. Κατάληξις und τονή.

1. Der letzte Takt eines Verses wird nicht immer vollständig
durch die Silben der λέξις oder die Töne der Melodie ausgefüllt;
z. B. kann bei trochäischem Masse für den letzten Takt nur eine
Silbe da sein, statt zweier. Diese Erscheinung heisst bekanntlich
Katalexis. Dass ausserdem die schliessende Silbe des Verses eine

syllaba anceps ist, ist bekannt genug, so dass im Falle der *κατά-
ληξις* selbst eine kurze Silbe, die nun die Geltung einer langen
hat, den ganzen letzten Takt ausmachen kann. Die noch fehlende
kurze Silbe wird durch die metrische Pause ∧ ersetzt, ein Zeichen,
das schon den Alten bekannt war. Bei einem katalektischen jambischen Verse, etwa

$$\cup \,\vdots\, \underline{\,\cdot\,} \cup \mid \underline{\,\cdot\,} \cup \mid \underline{\,\cdot\,} \cup \mid \underline{\,\cdot\,} \cup \mid \underline{\,\cdot\,} \cup \mid \underline{\,\cdot\,} \wedge \parallel$$

wäre nun die Anschauung möglich, dass nur unsere Theorie eine
verkehrte wäre, denn nach antiker Auffassung würde auch der
letzte Takt vollständig sein:

$$\cup \underline{\,\cdot\,} \mid \cup \underline{\,\cdot\,} \mid \cup \underline{\,\cdot\,} \mid \cup \underline{\,\cdot\,} \mid \cup \underline{\,\cdot\,} \mid \cup \underline{\,\cdot\,} \parallel \cdot$$

Aber in thetischen Versen findet ganz dasselbe Verhältniss statt, so
im trochäischen Tetrameter:

$$\underline{\,\cdot\,} \cup \mid \underline{\,\cdot\,} \smallsmile \mid \underline{\,\cdot\,} \cup \mid \underline{\,\cdot\,} \smallsmile \parallel \underline{\,\cdot\,} \cup \mid \underline{\,\cdot\,} \smallsmile \mid \underline{\,\cdot\,} \cup \mid \underline{\,\cdot\,} \wedge \parallel$$

εἶα δή, φίλοι λοχῖται, τοὔργον οὐχ ἑκὰς τόδε.

2. Aber auch inmitten des Verses, also selbst wo nicht nothwendig ein Wortschluss stattfindet, kann eine Silbe, hier aber nur
eine lange, durch Dehnung, *τονή*, über ihre gewöhnliche Zeitdauer verlängert werden und selbst einen ganzen isorrhythmischen
(dactylischen) oder diplasischen Takt ausfüllen. Findet das letztere
statt, so hat man dies die Synkope (*συγκοπή*) genannt, eine Benennung, welche die Alten nicht in diesem Sinne anwandten.
Die deutsche Lyrik bietet genug dergleichen Synkopen; so in
dem Liede:

$$\underline{\quad} \_\mid \sqcup \_\mid \quad \mid \underline{\quad}\_\_\mid \sqcup \_ \parallel$$

Morgenroth, morgenroth,

$$\underline{\quad}\_\_\mid \quad \_\mid \sqcup \_\mid \quad \_\_\mid \sqcup \_ \parallel$$

leuchtest mir zum frühen tod.

Man sieht, der zweite Takt des ersten Verses besteht nur aus
Einer Silbe, die durch Dehnung die Dauer zweier Längen hat, wofür das Zeichen ⊔ eingeführt ist. Dieser Fall tritt in der griechischen Lyrik ungemein häufig ein, so bei trochäischen Versen, wo
eine dreizeitige Länge, ⊏, dann den Takt ausfüllt, wie bei Aesch.
Ag. 980 sq.:

$$\underline{\quad}\ \cup \mid \_ \cup \mid \_ \cup \mid \_ \parallel \_ \ \cup \mid \_ \cup \mid \_ \cup \mid \_ \wedge \parallel$$

οὐδ' ἀποπτύσας δίκαν δυσκρίτων ὀνειράτων

$$\underline{\quad}\ \cup \mid \_ \cup \mid \_ \cup \mid \_ \parallel \_ \ \cup \mid \_ \cup \mid \_ \cup \mid \_ \wedge \parallel$$

Ͽάρσος εὐπειϿὲς ἵζει φρενὸς φίλον Ͽρόνον;

Wo diese Synkope stattfindet, zeigt fast immer zweifellos das
ganze Metrum.

3. Eigenthümlich ist aber die Synkope im vorletzten Takte des Verses. Man kann hier nicht selten schwanken, ob man akatalektischen Ausgang annehme oder diese Synkope, z. B.

$$\cup \,\vdots\, \underline{\cdot}\, \cup \,|\, \underline{\cdot}\, \cup \,|\, \underline{\cdot}\, \cup \,\|\ \text{oder auch}$$

$$\cup \,\vdots\, \underline{\cdot}\, \cup \,|\, \underline{\cdot}\, \cup \,|\, \underline{\cdots}\, |\, \underline{\cdot}\, \wedge\, \|$$

Hier kann nur die Eurhythmie — welche später zu genauerer Besprechung kommen wird — entscheiden. Die gleiche Erscheinung ist auch in unserer Lyrik; so in einem schönen Kirchengesange:

> Warum sollt' ich mich denn grämen?
> Hab' ich doch
> Christum noch:
> Wer will mir den nehmen?

$$\underline{\cdot}\, \_\, |\, \_\, \_\, |\, \_\, \_\, |\, \_\, \_\, \|$$
$$\underline{\cdot}\, \_\, |\, \_\, \overline{\wedge}\, \|$$
$$\underline{\cdot}\, \_\, |\, \_\, \overline{\wedge}\, \|$$
$$\underline{\cdot}\, \_\, |\, \_\, \_\, |\, \sqcup\, |\, \_\, \overline{\wedge}\, \|$$

Der vierte Vers reimt mit dem ersten und hat auch eine entsprechende Melodie; die letztere zeigt deutlich, dass er wie der erste viertaktig sei und daher nicht geschrieben werden dürfe:

$$\underline{\cdot}\, \_\, |\, \_\, \_\, |\, \_\, \_\, \|$$

Beim blossen Recitiren wird man dies freilich nicht beobachten, theils weil uns die rhythmischen Kunstformen nicht mehr geläufig sind, theils weil die grosse Gleichartigkeit in der Quantität unserer Silben diese Hervorhebung schwierig macht.

4. Endlich ist der Fall noch besonders zu merken, wo eine lange Silbe τονή hat, ohne doch den ganzen Takt auszufüllen. In diesem Falle hat sie immer die Geltung von zwei Längen oder vier Kürzen, nicht etwa von drei Kürzen. Der Fall tritt zunächst ein, wie Westphal nachgewiesen hat, bei scheinbaren Dactylen, die den Jonicis oder Choriamben beigemischt sind, also in Versen wie

$$\cup\, \cup\, \_\, \cup\, \cup\, \_\, \_\, \cup\, \_\, \_,\ \text{die zu schreiben sind:}$$

$$\cup\, \cup\, \vdots\, \sqcup\, \cup\, \cup\, |\, \underline{\cdot}\, \_\, \cup\, \cup\, |\, \underline{\cdot}\, \_\, \overline{\wedge}\, \|$$

Einen ganz analogen Fall werden wir bei den Dochmien kennen lernen, wo Scheintrochäen die Bacchien vertreten können, also

$$\cup\, \vdots\, \sqcup\, \cup\, |\, \_\, \wedge\, \|\ \text{statt}\ \cup\, \vdots\, \underline{\cdot}\, \_\, \cup\, |\, \_\, \wedge\, \|$$

5. So sind wir denn bereits über die blosse Unterscheidung von kurzen und langen Silben oder Achtel- und Viertelnoten hin-

weggekommen. Die sämmtlichen, von den griechischen Rhythmikern eingeführten metrischen Zeichen aber sind:

χρόνοι.

μακρός πεντάσημος ⊔⊔

  „   τετράσημος ⊔

  „   τρίσημος ∟

  „   δίσημος —

βραχύς oder πρῶτος ◡

χρόνοι κενοί, d. h. Pausen.

die halbe Pause, —

die ³/₈-Pause, oder

die ¹/₄-Pause,

die ¹/₈-Pause,

Das Zeichen ⊔⊔ kann zur Anwendung kommen, wo ein päonischer Vers katalektisch mit nur Einer Silbe im letzten Takte schliesst,

aber die Bezeichnung

ist ebenso correct, da man im Schlusstakte mit demselben Rechte die metrische Pause als τονή annehmen kann. Wir ziehen die Schreibart mit Pause vor.

6. Nachträglich kann noch bemerkt werden, dass die unter 4. dargestellte Art der τονή eigentlich in unserer Poesie überall da stattfindet, wo wir in demselben Takte eine lange und eine kurze Silbe unterscheiden; so in jenem trochäischen Hexameter:

Dienen lerne bei zeiten das weib nach seiner bestimmung.

Wir bemerken hier τονή an drei Stellen, d. h. dreien der Silben ist ihr doppelter Zeitwerth zuertheilt worden.

§ 5. Irrationale Silben und Takte.

1. Die sechs ersten Silben des Ausrufes ὀτοτοτοτοτοτοῖ, die sämmtlich auf einen geschärften Vocal ausgehen, lassen sich mit ungemeiner Geschwindigkeit aussprechen. Bei einer sechsmaligen Aussprache etwa von γλαύξ, also γλαὺξ γλαὺξ γλαὺξ u. s. w. würde man mindestens die doppelte Zeit gebrauchen; aber auch Silben mit kurzem Vocal, wenn sie mit einem Consonanten endigen, lassen sich nicht so schnell hinter einander aussprechen, z. B. τὸν τὸν τὸν τὸν u. s. w. Die Natur selbst also lehrt das Princip, welches durch die ganze griechische Metrik herrscht:

Kurz sind nur die Silben, welche auf einen kurzen Vocal enden, lang alle anderen.

Als lange Silben gelten demnach:

1) diejenigen mit gedehntem Vocal und consonantischem Ausgang, wie τῶν;
2) die auf einen gedehnten Vocal endenden, wie τώ;
3) die mit kurzem Vocal, aber consonantischem Ausgang, wie τὸν.

Nun hat die griechische Sprache einen grossen Reichthum an Kürzen. Für Wörter wie πα-ρε-γε-νό-με-ϑα u. dgl. hat z. B. die deutsche Sprache nicht 'die geringste Analogie. Bei uns vielmehr haben fast sämmtliche Silben entweder einen gedehnten Vocal oder einen consonantischen Auslaut; selbst das schliessende e in unbetonten Silben ist eher lang als kurz und darf höchstens als mittelzeitig betrachtet werden, z. B. Glaubĕ, Liebē. Nur in ein par Interjectionen, wie in dem niederdeutschen jĕ, dann in nå, ăhă, der Bezeichnung für das Lachen hăhăhăhă, endlich in păpå und mămå kennen wir den kurzen vocalischen Auslaut.

Im Griechischen also ist die Zeitdauer der Silben so stark verschieden, dass dies Verhältniss im Allgemeinen am genauesten durch 2:1 bezeichnet wurde; und Grössen, welche in diesem Verhältnisse stehen, setzen daher der Hauptsache nach ihre Metra zusammen; ja, durch τονή konnte der langen Silbe mit Leichtigkeit auch die Dauer von drei und vier kurzen verliehen werden. Bei uns dagegen, wo die Unterschiede lange nicht so bedeutend sind, lag das Verhältniss 1 : 1 nahe, daher haben unsere Silben in den recitirten Takten meistens gleiche Zeitdauer.

Wer das Verhältniss in den alten Sprachen richtig beurtheilen will, und wer es zu einer antik-rhythmischen Recitation der Verse zu bringen gedenkt, der hat sich durchaus an eine genaue Unterscheidung gedehnter und geschärfter Vocale zu gewöhnen; er spreche weder τώπος noch τόππος, sondern, wie es die Schrift zeigt, τό-πος; er unterscheide auch im Lateinischen den Nom. sing. ómnĭs genau von dem Acc. plur. ómnīs und spreche weder hómĭnĕs noch hómmĭnĕs, sondern hŏ-mĭ-nēs.

2. Ich bezeichnete oben Silben, wie τὸν, gegen die gewöhnliche Annahme, als lang. Bekannt ist, dass sie es nur sind, wenn das folgende Wort (die folgende Silbe) mit einem Consonanten beginnt. Weshalb nicht, wenn das folgende Wort mit einem Vocal anlautete? Weil man in der Aussprache den auslautenden Consonanten dazu hinüberzog, wie in dem Hexameter:

ὦ πόποι, ἦ μέγα πένθο -σ'Αχαιΐδα γαῖα -νίκάνει.

Ohne diese Annahme würde sich die sogenannte „Position", wo Silben von der erwähnten Form für lang gelten, weil das folgende Wort mit einem Consonanten anfängt, gar nicht begreifen lassen. Dass aber die Wörter so eng zusammen gesprochen wurden, wird durch die Krasen anlautender und auslautender Vocale bewiesen, ferner durch die inschriftliche Orthographie τὸγ καλόν, τὴμ μητέρα u. dgl. und selbst durch homerische Verbindungen, wie κὰγ κεφαλήν. Noch zweifelloser wird dies durch die Position, welche anlautende Doppelconsonanten, ja selbst einfache Consonanten in gewissen Fällen mit auslautenden kurzen Vocalen machen. Daher ἀνᾶ σκήπτρῳ, nicht ἀνᾰ σκήπτρῳ u. s. w. Auf diese Praxis wird übrigens jeder richtig Quantitirende bald von selbst geführt.

Unterscheidet man nun Doppelconsonanten, welche keine Position und solche, welche Position machen, so ist hiermit zugleich eine Regel für die richtige Aussprache gegeben. Ist z. B. τέκνον bei den Attikern gewöhnlich τέ̆κνον, seltner τε̄κνον zu quantitiren, so ist damit der Wink gegeben, dass die Attiker mehr zu der Aussprache tĕ-knon, als zu der tek-non neigten.

3. Consequent ist aber auch von den Griechen diese strenge Unterscheidung der langen und kurzen Silben nicht durchgeführt worden. Der Unterschied war nicht in allen Fällen so bedeutend,

dass die lange Silbe immer den doppelten Zeitwerth der kurzen hatte; vielmehr konnte sie, namentlich in der Arsis, wo kein Hauptictus auf ihr ruhte, leicht auch ziemlich die Geltung einer Kürze zu haben scheinen, und dieser Fall findet zunächst bei dem jambischen Trimeter und trochäischem Tetrameter, überhaupt den diplasischen Versarten statt, die der erzählenden u. s. w. Darstellung dienen, ohne für eine musikalische Composition verfasst zu sein. Jeder gerade, d. h. zweiter, vierter, sechster Takt kann hier irrational sein, d. h., kann durch einen scheinbaren Spondeus statt durch einen Trochäus ausgefüllt sein:

$$\overline{\smile} \, \vdots \_ \smile \, | \_ \overline{\smile} \, | \_ \smile \, | \_ \overline{\smile} \, | \_ \smile \, | \_ \wedge \, \|$$
$$\_ \smile \, | \_ \overline{\smile} \, | \_ \smile \, | \_ \overline{\smile} \, \| \_ \smile \, | \_ \overline{\smile} \, | \_ \smile \, | \_ \wedge \, \|$$

Die irrationale Grösse, also wo die Länge die Kürze oder umgekehrt die Kürze die Länge vertritt, wird künftig durch > bezeichnet werden. So lauten obige Verse:

$$\overset{>}{\smile} | \_ \smile \, | \_ \overset{>}{\smile} | \_ \smile \, | \_ \overset{>}{\smile} | \_ \smile \, | \_ \wedge \, \|$$
$$\_ \smile \, | \_ \overset{>}{\smile} | \_ \smile \, | \_ \overset{>}{\smile} \| \_ \smile \, | \_ \overset{>}{\smile} | \_ \smile \, | \_ \wedge \, \|$$

ὦ κοινὸν αὐτάδελφον Ἰσμήνης κάρα.
$$> \quad \_ \smile \_ \smile \_ \smile \_ > \_ \smile \_$$

Diese Freiheit ist keine willkührliche und zwecklose. Vielmehr sollte durch diese irrationalen Takte der allzu feurige und hastige Gang der diplasischen Takte gleichsam gedämpft und gehemmt werden; zugleich wurde so ein näherer Anschluss an den prosaischen Ausdruck erreicht. Aus diesem Grunde kommen diese irrationalen Takte äusserst selten in melischen Liedertexten vor und sind bei den Dramatikern fast ganz auf den Dialog beschränkt.

4. Wenn aber umgekehrt die kurze Arsissilbe die Geltung einer Länge erhält, so ist das keine Retardation, sondern eine Acceleration des Tempos. So vertreten denn Trochäen oder Tribracheis nicht selten in dactylischen Strophen die Spondeen oder Dactylen, $\_ \smile$ oder $\smile \smile \smile$, d. h. $\_ >$ oder $\smile \smile >$ statt $\_ \_$ oder $\_ \smile \smile$. Aus diesem Grunde kommen diese irrationalen Takte gerade wieder ausschliesslich dem Melos zu und fehlen dagegen im erzählenden Hexameter wie in der Elegie, die meistens eben so wenig eine geeignete Grundlage zu einer musikalischen Composition bildet.

Besonders spielen diese Takte eine wichtige Rolle in den dactylo-epitritischen Strophen, die hauptsächlich aus der dactylischen

Tripodie _ ◡ ◡ | _ ◡ ◡ | _ _ und der „epitritischen" Tetrapodie
_ > | _ _ | _ > | _ _ | bestehen. Ein oberflächliches Verständniss
hat die letztere in zwei wunderbare Takte zerlegt, die man ἐπίτρι-
τοι δεύτεροι nennt: _ ◡ _ _ , _ ◡ _ _.

5. Die Griechen haben ferner das diplasische Metrum in einer
eigenthümlichen Form, der logaödischen ausgeprägt, die sich
theils durch ihre irrationalen Spondeen (d. h. _ _ = _ >) wie jene
jambischen Trimeter u. s. w. der Prosa annähert (daher auch der
Name), theils durch corripirte Dactylen einen rascheren und kräf-
tigeren Gang erhält.

Diese Dactylen, kyklische genannt, erhalten in logaödischen
Versen die Geltung von Trochäen. Also gerade die lange Thesis
wird etwas corripirt, so dass sie mit der folgenden, sehr hastig
gesprochenen kurzen Silbe zusammen nur die Geltung einer einzigen Länge hat, was durch Zusammenschreiben, nach Westphal
u. s. w. bezeichnet werden kann:

⌣◡ ◡ = _ ◡.

So ist denn z. B. die Gestalt der drei Glyconeen:

1) ⌣◡ ◡ | _ ◡ | _ ◡ | _ ∧ ‖
2) _ ⌇ | ⌣◡ ◡ | _ ◡ | _ ∧ ‖
3) _ ◡ | _ ⌇ | ⌣◡ ◡ | _ ∧ ‖

6. Dieselbe Corripirung einer langen Silbe bei folgender Kürze
findet noch zuweilen statt

1) unter Päonen. Die beiden so gebildeten Taktformen sind:

⌣◡ ◡ _ und

_ ◡ ⌣◡

2) unter Jonicis. Bei den Dramatikern finden sich solche unregelmässige Takte nicht, wo der Vers ohne zweisilbige Anakruse beginnt, sonst aber z. B. bei Aesch. Ag. II. stasimon,
str. α', v. 5 ◡ ◡ : ⌣◡ _ ◡ ◡. Ohne diese Anakruse würde
die Eigenthümlichkeit des Taktes zu sehr verdunkelt sein.

Nachgewiesen hat schon Westphal alle diese verschiedenen irrationalen Takte, auch durch die Zeugnisse antiker Schriftsteller belegt. Wo man dieselben anzunehmen habe, zeigt das Gesammt-
metrum eines Verses oder einer Strophe: nur wo das päonische
Mass z. B. unverkennbar ist, hat man jenen trochaeus disemus anzunehmen; sonst aber lassen Silbenverbindungen wie

_ ◡ _ _ ◡ _ _ ◡ _ ◡ _

auch eine andere Auffassung zu, nämlich als Trochäen mit Synkopen:

$$\_ \cup | \_ | \_ \cup | \_ | \_ \| \_ \cup | \_ \cup | \_ \cup | \_ \wedge \|$$

Dies ist die gewöhnliche Geltung; selten die päonische:

$$\_ \cup \_ | \_ \cup \_ \| \_ \cup \_ \widetilde{\cup} | \_ \cup \_ \|$$

7. Man hat auf verschiedene Weise in den irrationalen Takten
die Zeitdauer der Silben berechnen wollen. So sollten z. B. im
kyklischen Dactylus die beiden ersten Silben die Geltung von Triolen haben. Verleitet wurde man zu einer solchen Annahme durch
den Ausspruch des Aristoxenus, dass „die Länge immer die doppelte Dauer der Kürze habe". Man rechnete also: der Dactylus
enthält eigentlich vier Moren, der kyklische nur drei. Folglich
haben die beiden ersten Silben nur zwei Zeitmoren statt drei: es
ist also die Länge $= \frac{4}{3}$ Moren, die Kürze $= \frac{2}{3}$. Aristoxenus
geht von rein mathematischer Anschauung aus, gelangt aber durch
die Strenge seiner peripatetischen Logik hier in ein Gebiet, wo
eigentlich alles Disputiren aufhört. Denn welches Gehör ist scharf
genug, um zu unterscheiden, ob nach Triolen recitirt werde oder
nicht? In so unscheinbaren Zeitmomenten ist dem Usus des Einzelnen einiger Spielraum gelassen; am allerwenigsten aber konnte
die Melodie in diese spanischen Stiefeln geschnürt werden. Wir
haben freilich schon oben bemerkt, dass der musikalische Componist nicht nach Belieben die langen und kurzen Noten auf die
einzelnen Silben, ohne Rücksicht auf ihre Quantität, vertheilen
konnte; aber wir fanden auch, dass namentlich der langen Silbe
durch τονή und Synkope eine sehr verschiedene Geltung gegeben
wurde, wie die λέξις sie an und für sich nicht erheischte. Daher
werden in Praxi manche Unterschiede zwischen der Zeitdauer der
Silben und ihrer musikalischen Noten gewesen sein. Es ist gar
nicht denkbar, dass die griechische Sprache allein ihren Componisten so die Hände sollte gebunden haben.

Der Recitirende wird immer darnach gestrebt haben, nicht
nur den Takten eine gleiche Ausdehnung zu geben, sondern auch
möglichst das legale Verhältniss zwischen Thesis und Arsis zu be-
wahren. Er wird also z. B. den Epitritus secundus ziemlich wie
einen Dispondeus recitirt haben, dagegen weder nach mathematischer Berechnung hier der Länge den Werth von $\frac{8}{3}$, der Kürze
den von $\frac{4}{3}$ Moren gegeben haben, so dass der Scheintrochäus in

der That eine diplasische Gliederung (2 : 1) erhalten hätte, die
richtige Aussprache aber nur durch einen sehr künstlichen Chro-
nometer zu moderiren gewesen wäre; noch auch wird er der
Länge die Dauer von drei Moren gegeben haben, wodurch die
ganz ungewöhnliche Taktgliederung 3 : 1 entstand. Es wurde also
z. B. das Enkomiologikon

recitirt   _ ◡ ◡ _ ◡ ◡ _ _ _ ◡ _ _

_ ◡ ◡ |_ ◡ ◡ |_ _|_ _|_ _, nicht etwa

_ ◡ ◡ |_ ◡ ◡ |_ _ |_ ◡ |_ _ oder

_ ◡ ◡ |_ ◡ ◡ |_ _|_ ◡ |_ _.

Wenn wir bei den Dochmien sogar den Takt ⊔ ◡ | mit der
Gliederung 4 : 1 annehmen, so ist das bei einem so unregel-
mässigen Metrum, das die schärfsten Contraste, die fürchterlichste
Aufregung bezeichnen soll, nichts Auffälliges: hier musste auch der
Recitirende der musikalischen Quantitirung folgen, wenn nicht das
Ganze wie Prosa erscheinen sollte. Auch hat schon beim Bacchius
die Gliederung 4 : 1 eben so viel Wahrscheinlichkeit, als die 2 : 3,
bei welcher die Thesis geringer wird als die Arsis. Ausserdem
liegen, wie wir sehen werden, dort ziemlich directe Beweise für
die angezeigte Messung vor. Aber bei der Recitation eines feierlichen, gemessenen und ernsten Chorgesanges in Dactylo-Epitriten
wird niemand eine so ungleiche Gliederung hervorgehoben haben.

Es entsteht nun die Frage: Wozu denn diese Scheintrochäen,
wenn sie doch wie Spondeen recitirt wurden? Weshalb konnten
sie nicht auch durch wirkliche Spondeen ersetzt werden? Die
Frage beantwortet sich aus der musikalischen Bedeutung der
Epitriten. Im Melos allerdings wird die epitritische Tetrapodie folgende Noten erhalten haben:

Dieser rhythmische Satz ist in den Melodien aller Völker überaus häufig, effectvoll, und konnte durch keine andere Silbenver-
bindung in der λέξις angezeigt werden, als die epitritische. Leug-
nen wir denselben, so machen wir die griechische Tonkunst zu
der allerlangweiligsten, die gedacht werden kann. Und doch hatte
die griechische Musik einen kunstvollen rhythmischen Satz, wie die
keines anderen Volkes. — In keinem Falle konnten auch die

Epitriten als lauter musikalische Accelerandos betrachtet werden:
denn wo wäre dann der Grundtakt so mancher Chorlieder geblieben? — Vgl. übrigens § 7, 2.

8. Wir beobachten bei den irrationalen Takten unserer Poesie
in der Recitation eine ähnliche Praxis, als von den Griechen angenommen werden musste. Wo also überschüssige Silben sind, wie
im kyklischen Dactylus der Griechen, da werden diese sehr schnell
gesprochen, damit das richtige Verhältniss von Thesis und Arsis
gewahrt bleibe. So in den folgenden Goethe'schen Versen, wo die
überschüssigen Silben durch kleinere Bezeichnung unterschieden
werden:

1) Als noch verkannt und sehr gering
2) unser herr auf der erden ging
3) und viele jünger sich zu ihm fanden,
4) die sehr selten sein wort verstanden —

Vers 1 in unserem Beispiel ist ohne „irrationale" Takte;
V. 2 hat eine überschüssige Silbe, die zur Arsis des zweiten Taktes
gezogen wird; V. 3 und 4 eine solche, die mit der Thesis desselben Taktes verbunden wird

9. Dass im Uebrigen unseren Componisten viel mehr freier
Spielraum für die metrische Behandlung eines vorliegenden Lieder-
textes als den griechischen gegeben ist, ist auch leicht ersichtlich.
Gedichte aus lauter dreisilbigen Takten z. B. sind selten (doch z. B.
„Seht, wie die tage sich sonnig verklären" u. s. w.), unsere Sprache
eignet sich wegen ihrer schweren Silben nicht gut hierzu; trotzdem aber ist der $^3/_8$- und der $^3/_4$-Takt ein ganz gewöhnlicher.
Es wird also das in zweisilbigen Takten geschriebene Gedicht, das
hiernach eigentlich im $^2/_4$- oder $^4/_8$-Takte componirt sein sollte,
mit einer Melodie in $^3/_8$- oder $^3/_4$-Takt versehen, wobei besonders
die betonten Silben die Unterlage für die längeren Noten bilden
müssen. Aehnliche Verhältnisse dürfen wir bei den Griechen nicht
voraussetzen, da ihre Sprache bequem jede Taktart auch in den
nicht gesungenen Wörtern schon ausdrücken konnte. Man darf

also aus Analogien keine Schlüsse ziehen, die den positiven Thatsachen keine Rechnung tragen.

---

§ 6. Die rhythmischen Sätze (κῶλα).

1. Der Takt ist die niedrigste rhythmische Einheit, denn
seine einzelnen Silben oder Töne sind für sich nur metrische
Grössen, die nur einen einzelnen Ictus tragen, entweder den stärkeren (in der Thesis), oder den schwächeren (in der Arsis); Rhythmus aber entsteht erst, wo Icten verschiedener Stärke zu einander
in Verhältniss treten. Der metrisch gegliederte Takt erscheint dann
als eine rhythmische Einheit dadurch, dass der stärkere Ictus den
schwächeren beherrscht, genau so, wie ein Wort als Einheit erscheint dadurch, dass eine stärker betonte Silbe das Uebergewicht
vor den übrigen erhält. Es gibt also keine Wörter mit zwei gleich
starken Accenten: wohl aber können neben dem Hauptaccente
noch ein oder zwei Nebenaccente auftreten:

Heimàten, Gesúndheitspflège, Ármencollègiùm.

Diese Worte haben die Ictenverhältnisse:

$$\dot{\cup}\,\cup\,\cup, \quad \cup\,\dot{\cup}\,\cup\,\cup\,\cup, \quad \dot{\cup}\,\cup\,\cup\,\dot{\cup}\,\cup\,\cup$$

wobei die schwächsten Icten (denn deren hat jede Silbe) unausge-
drückt bleiben. So sind z. B. in einzelnen Takten folgende Ictenverhältnisse:

im Dactylus	$\dot{-}\,\cup\,\cup,$
im Päon	$\dot{-}\,\cup\,\dot{-},$
im Jonicus	$\dot{-}\,\dot{-}\,\cup\,\cup,$
im Choriamben	$\dot{-}\,\cup\,\cup\,\dot{-}.$

2. Aus Wörtern werden Sätze zusammengesetzt. Diese erscheinen dem blossen Gehöre als eine Einheit dadurch, dass der
Hauptsatzton die Nebenaccente beherrscht. In dem Satze „Verlasse dich auf den Herrn" hat z. B. das Wort „Herrn" den Hauptictus, die Silbe -las- den ersten, die Präposition „auf" den zweiten
Nebenictus, so dass der Satz rhythmisch notirt werden könnte:

$$\cup\,\dot{\cup}\,\cup\,\cup\,\cup\,\cup\,\dot{\cup}.$$

Zwei gleich starke Icten sind in keinem einfachen Satze, wohl
aber in einer Periode, die aus solchen einfachen Sätzen zusammen-

gesetzt ist. Die Ausdehnung des einfachen Satzes aber ist sehr beschränkt, indem er nur Ein Subject u. s. w. enthalten kann, da z. B. ein solcher mit zwei Subjecten eigentlich immer schon eine elliptische Zusammenziehung von zwei Sätzen ist; „Gold und Reichthum machen nicht glücklich", d. i. „Gold macht nicht glücklich" und „Reichthum macht nicht glücklich."

Wie nun in der Prosa die Wörter zu Sätzen vereinigt werden, so werden in der rhythmisch gebundenen Rede, resp. dem Gesange die Takte auch zu rhythmischen Sätzen oder κῶλα verbunden. Auch diese haben nur Einen Hauptictus, die Icten in den Thesen der übrigen Takte, obgleich in den Takten selbst Haupticten, werden zu Nebenicten des Kolon, ganz wie in obigem Satze der Hauptaccent in dem Worte „verlasse" im ganzen Satze nur die Rolle eines Nebenaccentes spielte.

Die rhythmischen und deshalb auch musikalischen κῶλα überschreiten ebenfalls das Mass einer gewissen Ausdehnung nicht: bei allzu grosser Länge würde ein zweiter Hauptictus nöthig werden, wodurch eben das Eine Kolon in zwei zerspalten würde. Elliptische Zusammenziehungen wie die grammatischer Sätze sind natürlich unmöglich und undenkbar.

3. Werfen wir zunächst, um die griechischen Erscheinungen besser begreifen zu können, einen Blick auf die Composition in unsern deutschen Liedern. Bei uns sind ganz vorzüglich viertaktige Kola (Tetrapodien) in Gebrauch, die häufig erst durch Dehnung der vorletzten Silbe hierzu werden; neben ihnen treten Tripodien auf, doch pflegen wir dann meistens im Gesange einen ganzen Takt hindurch zu pausiren, um die gleiche Anzahl der Takte herzustellen. So haben die Verse

> Ich weiss nicht, was soll es bedeuten,
> dass ich so traurig bin —

scheinbar das Metrum:

$$\cup \;\vdots\; \cup\cup\cup \,|\, \cup\cup\cup \,|\, \_\cup \,\|$$
$$\cup \;\vdots\; \_\cup \,|\, \_\cup \,|\, \_\wedge \,\|,$$

werden aber in der melischen Composition ausgedehnt zu.

$$\cup \;\vdots\; \cup\cup\cup \,|\, \cup\cup\cup \,|\, \_\,|\,\_$$
$$\cup \;\vdots\; \_\cup \,|\, \_\cup \,|\, \_\wedge\,|\,\overset{\llcorner}{\wedge} \,\|.$$

Wir bemerken hierbei ferner, dass nach dem ersten Kolon

keine Pause ist, vielmehr die Vorsilbe des nächsten Verses erst
den letzten Takt voll macht:

$$\cup\ \vdots\ \cup\ \cup\ \cup\ |\ \cup\ \cup\ \cup\ |\ \llcorner\ |\ \llcorner\ \rrbracket\ \cup\ \rVert\ \llcorner\ \cup\ |\ \llcorner\ \cup\ |\ \llcorner\ \wedge\ |\overset{\llcorner}{\swarrow}\rVert$$

Durch die geschwungene Linie ⦃ habe ich den immer nothwendig eintretenden Wortschluss (Cäsur) bezeichnet.

Jedes dieser Kola nun ist ein musikalischer Satz, und aus
solchen Einzelsätzen bestehen alle Melodien; über die Verbindung
dieser Einzelsätze kann aber erst später gesprochen werden.

Unsere deutschen Verse sind aber zum Theil nur κῶλα nach
antikem Begriffe, und das κῶλον wird erst dann zum Verse, wenn
eine Pause dahinter eintritt, was bei dem ersten jener Heine'schen
„Verse" nicht der Fall war. Die antike Theorie hätte also jene
Strophe nur in zwei Verse zerlegt:

Ich weiss nicht, was soll es bedeuten, dass ich so traurig bin;
ein mährchen aus alten zeiten, das will mir nicht aus dem sinn.

Ausserdem zeigt die Melodie dieses Gedichtes, dass je zwei der
gewöhnlich durch den Druck abgesonderten Strophen zu einer
einzigen zu verbinden sind.

Ein bedeutsamer Unterschied der griechischen und der deutschen Composition tritt hier nun gleich zu Tage. In der griechischen Lyrik nämlich schliessen die κῶλα nicht nothwendig mit
einem Wortende, sondern das neue Kolon kann mitten in einem
Worte anfangen. So entsprechen sich bei Aeschylus, Ag. I. stas.
str. und antistr. β′ die Verse:

$$\cup\ \vdots\ \llcorner\ |\ \llcorner\ \cup\ |\ \llcorner\ \quad\cup\ |\ \llcorner\ \rVert\ \llcorner\ \cup\ |\ \llcorner\ \quad\cup\ |\ \llcorner\ |\ \llcorner\ \wedge\rVert$$
κλόνους λογχίμους τε καὶ ναυβάτας ὁπλισμούς

und

$$\cup\ \vdots\ \llcorner\ |\ \llcorner\ \cup\ |\ \llcorner\ \cup\ |\ \llcorner\ \rVert\ \quad\cup\ |\ \llcorner\ \quad\cup\ |\ \llcorner\ |\ \llcorner\ \wedge\rVert$$
πάρεισιν δόκαι φέρουσαι χάριν ματαίαν.

Das zweite Kolon im zweiten dieser Verse (die einander genau
entsprechen) beginnt in einem Worte, das noch zweien Takten
des ersten Kolon angehört. Bei uns dagegen, wie in der citirten
Strophe, hat das Wortende seinen bestimmten Platz, gewöhnlich
in der Thesis des letzten Taktes, so dass der folgende Schein-
vers nur noch die Arsis dazu liefert.

Die Verse bestehen demnach bei den Griechen so gut aus
mehreren κῶλα, wie aus einem einzelnen, es gibt στίχοι μονόκω-

λοι, δίκωλοι, τρίκωλοι, τετράκωλοι u. s. w. Die Bedeutung nun des κῶλον als eines musikalischen und rhythmischen Satzes ist leicht verständlich; jedes deutsche Lied erklärt dieselbe, wenn man ins Auge fasst, dass seine Verse eben nichts als κῶλα sind.

Der Vers aber unterscheidet sich durch die Pause, welche hier in der Melodie eintritt; über ihre specielle Bedeutung in der griechischen Composition kann erst später gesprochen werden. Nur so viel sei hier gleich bemerkt, dass der griechische Vers immer mit einem Worte schliesst, dass Wortbrüche zu Ende desselben nie vorkommen.

4. Die Ausdehnung der griechischen κῶλα ist durch die bestimmtesten Principe geregelt, die wir durch Aristoxenus, Aristides u. s. w. kennen lernen. Die Hauptregeln sind:

I. Die Takte haben im κῶλον dieselben rhythmischen Beziehungen zu einander, als die Zeitmomente im Takte. Es gibt also nur eine isorrhythmische, diplasische und hemiolische Gliederung der κῶλα.

Hiernach sind z. B. gestattet:

Die Tetrapodie, da sie in 2 + 2 Takte zerlegt werden kann, was eine isorrhythmische Gliederung ist; die Hexapodie, welche diplasisch in 4 + 2 Takte zerlegt wird (2 : 1); die Pentapodie, hemiolisch in 3 + 2 Takte zerlegt. Nicht gestattet ist dagegen die Heptapodie, da die Eintheilung in 4 + 3 Takte mit keiner dieser Eintheilungsarten stimmt.

II. Es können höchstens ausgedehnt werden
die isorrhythmisch gegliederten κῶλα zu 16 Moren;
die diplasisch gegliederten zu 18;
die hemiolisch gegliederten zu 25 Moren.

Hiernach ist also beispielsweise die päonische Pentapodie, welche 25 Moren (= kurze Silben) enthält, gestattet, weil ihre Gliederung hemiolisch (in 3 + 2 Takte) ist; dagegen kommt die päonische Tetrapodie, welche 20 Moren enthalten würde, nicht vor, weil dieses κῶλον nur isorrhythmisch in 2 + 2 Takte zerlegt werden könnte, bei dieser Gliederung aber nur eine Ausdehnung bis zu 16 Moren gestattet ist.

In den trochäischen und jambischen Tetrapodien und Hexapodien fasst man je zwei Takte als ein Ganzes, den ⁶⁄₈-Takt zusammen, also

$$\_ \cup \_ \gtrless | \_ \cup \_ \gtrless |$$
$$\_ \cup \_ \gtrless | \_ \cup \_ \gtrless | \_ \cup \_ \gtrless |$$

Daher kann die Hexapodie nicht isorrhythmisch in 3 + 3 Takte zerlegt werden:

$$\_ \cup | \_ \gtrless | \_ \overset{\frown}{\cup} | \_ \gtrless | \_ \cup | \_ \gtrless$$

wobei, wie man sieht, auch die Stellung der irrationalen Takte ganz verschoben werden würde. Ebenso sind die logaödischen Kola zu zergliedern, welche ja nur eine andere metrische Form haben, im Rhythmus aber mit den trochäischen (oder jambischen) Versen stimmen.

5. Nach diesen Principien gibt es folgende reine thetische Kola:

I. Trochäische Kola.

Monopodie $\_ \cup \|$
Dipodie $\_ \cup | \_ \cup |$
Tripodie $\_ \cup | \_ \cup | \_ \cup \|$
Tetrapodie oder Dimeter $\_ \cup \_ \cup | \_ \cup \_ \cup \|$
Pentapodie $\_ \cup | \quad \cup | \_ \cup | \_ \cup | \_ \cup \|$
Hexapodie oder Trimeter $\_ \cup \_ \cup | \_ \cup \_ \cup | \_ \cup \_ \cup \|$

II. Dactylische Kola.

Monopodie $\_ \cup \cup \|$
Dipodie $\_ \cup \cup | \_ \cup \cup \|$
Tripodie $\_ \cup \cup | \_ \cup \cup | \_ \cup \cup \|$
Tetrapodie $\_ \cup \cup | \_ \cup \cup | \_ \cup \cup | \_ \cup \cup \|$
Pentapodie $\_ \cup \cup | \_ \cup \cup | \_ \cup \cup | \_ \cup \cup | \_ \cup \cup \|$

III. Päonische Kola.

Monopodie $\_ \cup \_ \|$
Dipodie $\_ \cup \_ | \_ \cup \_ \|$
Tripodie $\_ \cup \_ | \_ \cup \_ | \_ \cup \_ \|$
Pentapodie $\_ \cup \_ | \_ \cup \_ | \_ \cup \_ | \_ \cup \_ | \_ \cup \_ \|$

IV. Jonische Kola.

Monopodie $\_ \_ \cup \cup \|$
Dipodie $\_ \_ \cup \cup | \_ \_ \cup \cup \|$
Tripodie $\_ \_ \cup \cup | \_ \_ \cup \cup | \_ \_ \cup \cup \|$

Von selbst leuchtet ein, dass für die anakrusischen, die katalektischen u. s. w. Kola ganz dasselbe gilt; ferner, dass die Lagaö-
den dieselbe Ausdehnung als die Trochäen, die Spondeen die der
Dactylen, die Choriamben die der Jonici haben u. s. w.

6. Für die Ictenvertheilung in diesen rhythmischen Sätzen
sind uns folgende Regeln überliefert:

1) Bei isorrhythmischer Gliederung kommen nur zwei Icten zur
   Anwendung; ein starker (thetischer) und ein schwacher (für
   die Arsis).

> Anm. Wie im Takte, so wird auch im Kolon Thesis
> und Arsis unterschieden. So ist in der dactylischen Di-
> podie $\perp \cup \cup | \perp \cup \cup \|$ der erste Takt die Thesis, der
> andere die Arsis.

2) Bei diplasischer Gliederung unterscheidet man: starke Thesis,
   schwache Thesis, Arsis (mit dem schwächsten Ictus).

3) Bei hemiolischer Gliederung unterscheidet man: starke Thesis,
   schwache Thesis, zwei Arsen von gleicher Stärke.

Nehmen wir nun vorläufig an, dass der erste Takt eines Kolons
immer die stärkste Thesis bilde, so zeigen obige Kola folgende
Ictenverhältnisse:

A. Isorrhythmisch gegliederte Kola.

1) Dactylus.
   $\perp \cup \cup \|$

2) Trochäische Dipodie.
   $\perp \cup | \perp \cup \|$

3) Dactylische Dipodie.
   $\perp \cup \cup | \perp \cup \cup \|$

4) Päonische Dipodie.
   $\perp \cup - | \perp \cup - \|$

5) Jonische Dipodie.
   $\perp - \cup \cup | \perp - \cup \cup \|$

6) Trochäische Tetrapodie.
   $\perp \cup - \cup | \perp \cup - \cup \|$

7) Dactylische Tetrapodie.
   $\perp \cup \cup | \perp - \cup \cup | \perp \cup \cup | \perp - \cup \cup \|$

B. Diplasisch gegliederte Kola.

1) Jonicus.
   $\perp \perp \cup \cup \|$

2) Trochäische Tripodie.

$$\underline{\acute{-}} \,\cup\, | \underline{\acute{-}} \,\cup\, | \underline{-} \,\cup\, \|$$

3) Dactylische Tripodie.

$$\underline{\acute{-}} \,\cup\, \cup\, | \underline{\acute{-}} \,\cup\, \cup\, | \underline{-} \,\cup\, \cup\, \|$$

4) Päonische Tripodie.

$$\underline{\acute{-}} \,\cup\, \_\, | \underline{\acute{-}} \,\cup\, \_\, | \underline{-} \,\cup\, \_\, \|$$

5) Jonische Tripodie.

$$\underline{\acute{-}} \,\_\, \cup\, \cup\, | \underline{\acute{-}} \,\_\, \cup\, \cup\, | \underline{-} \,\_\, \cup\, \cup\, \|$$

6) Trochäische Hexapodie (Trimeter)

$$\underline{\acute{-}} \,\cup\, \_\, \cup\, | \underline{\acute{-}} \,\cup\, \_\, \cup\, | \underline{\acute{-}} \,\cup\, \_\, \cup\, \|$$

C. Hemiolisch gegliederte Kola.

1) Päon epibatus.

$$\underline{\acute{-}} \,\_\, \_\, \underline{\acute{-}} \,\_\, \|$$

2) Trochäische Pentapodie.

$$\underline{\acute{-}} \,\cup\, | \underline{\acute{-}} \,\cup\, | \_\, \cup\, | \underline{\acute{-}} \,\cup\, | \underline{-} \,\cup\, \|$$

3) Dactylische Pentapodie.

$$\underline{\acute{-}} \,\cup\, \cup\, | \underline{\acute{-}} \,\cup\, \cup\, | \_\, \cup\, \cup\, | \underline{\acute{-}} \,\cup\, \cup\, | \underline{-} \,\cup\, \cup\, \|$$

4) Päonische Pentapodie.

$$\underline{\acute{-}} \,\cup\, \_\, | \underline{\acute{-}} \,\cup\, \_\, | \_\, \cup\, \_\, | \underline{\acute{-}} \,\cup\, \_\, | \underline{-} \,\cup\, \_\, \|$$

Westphal nimmt bei hemiolischer Gliederung eine andere Ver-
theilung der Icten an (Fragmente der Rhythmiker, pag. 151 sq.).
Hiernach walteten z. B. in der trochäischen Pentapodie folgende
Verhältnisse:

$$\underline{\acute{-}} \,\cup\, | \underline{\acute{-}} \,\cup\, | \underline{\acute{-}} \,\cup\, | \underline{\acute{-}} \,\cup\, | \underline{-} \,\cup\, \| \quad \text{oder auch}$$

$$\underline{\acute{-}} \,\cup\, | \_\, \cup\, | \underline{\acute{-}} \,\cup\, | \_\, \cup\, | \underline{-} \,\cup\, \| \,.$$

Aber diese Annahme, auf so schönen Theorien und Berechnungen
sie auch ruhen mag, widerspricht doch dem wohl beglaubigten
Satze, „dass bei hemiolischer Gliederung Eine starke Thesis, eine
schwache Thesis, zwei Arsen von gleicher Stärke vorhanden seien."
Und alle diese Berechnungen sind im höchsten Grade fruchtlos und
unnütz, denn wir erfahren dadurch nichts über die Eintheilung der
griechischen Verse in Kola und es lassen sich nicht die geringsten
Consequenzen für die Kritik der Texte daraus ziehen. Ja, nicht
einmal die richtige Intonirung der etwa gewonnenen Kola erfahren
wir daraus, denn

7. Keineswegs fiel aber immer der Hauptictus des Kolons
auf den ersten Takt. Vielmehr ist uns gerade für Zwei der gebräuchlichsten Metra ein ganz anderes Verhältniss überliefert,
nämlich für den dactylischen Hexameter, der nach obigen Sätzen

in zwei Tripodien zerfallen muss, und für den jambischen
Trimeter:

$$\text{\_\_ \cup \cup \cup | \_\_ \cup \cup \cup | \_\_ \cup \cup || \_\_ \cup \cup \cup | \_\_ \cup \cup \cup | \_\_ \_\_ ||}$$
$$\text{\textgreek{?} \vdots \_\_ \cup \_\_ \textgreek{?} | \_\_ \cup \_\_ \textgreek{?} | \_\_ \cup \_\_ \wedge ||}$$

Diese von Westphal (in „Fragmente der Rhythmiker") er-
mittelte Betonungsart des Trimeters hat aber wenig Einleuchtendes
für sich. Es ist vielmehr wahrscheinlicher, dass die Icten auf die
erste Thesis je einer Dipodie fielen und folglich der Trimeter im
Allgemeinen intonirt wurde:

$$\text{\textgreek{?} \vdots \_\_ \cup \_\_ \textgreek{?} | \_\_ \cup \_\_ \textgreek{?} | \_\_ \cup \_\_ \wedge ||}$$

Beweisen lässt sich freilich für den antiken Gebrauch nichts; doch
ist hier ein Fall, wo dem feinen Gefühle eines Bentley u. A. mehr
Gewicht beizulegen ist, als den Theorien späterer Metriker, die fast
alle Benennungen u. s. w. umkehren. Die metrischen Erscheinungen
aber lassen sich mit beiden Betonungsarten in Einklang bringen.
Gewissermassen ist also die Form auch des Hexameters eine anakrusische. Wir lernen hieraus aber weiter nichts, als dass auch
der antike Recitator, indem er gerade gegen das Ende des Verses
sich stärkerer Icten bediente, die Aufmerksamkeit der Hörenden
aufrecht zu halten wusste. Denn wer mit starken Accenten anfängt, mit schwachen aufhört, der wird bald ein Gefühl der Schläfrig-
keit bei seinen Hörern erwecken; so recitiren nur Leute, die nicht
recitiren können. Auch in der Melodie fällt selten der stärkste
Ictus auf den ersten Takt. Immer aber sind jene Grade der Intonation in der isorrhythmischen u. s. w. Gliederung vorhanden.
    In der mehrfach erwähnten Heine'schen Halbstrophe beobachtet
man z. B. folgende Ictenverhältnisse, sowohl beim Recitiren, als
beim Gesange:

Ich weiss nicht, was soll es bedeuten, dass ich so traurig bin;
ein mährchen aus alten zeiten, das will mir nicht aus dem sinn.

$$\text{\cup \vdots \cup \cup \cup | \cup \cup \cup | \_\_ | \_\_ | \} \cup || \_\_ \_\_ \cup | \_\_ \cup | \_\_ \wedge | \overline{\wedge} ||}$$
$$\text{\cup \vdots \cup \cup \cup | \_\_ \cup | \_\_ | \_\_ | \} \cup '|| \_\_ \_\_ | \_\_ \cup \cup | \_\_ \wedge | \overline{\wedge} ||}$$

    8. Es war nothwendig, anzugeben, auf welche Weise das
Kolon zu einer Einheit höherer Ordnung als der Takt würde; und
man wird die genaue Analogie mit dem grammatischen Satze nicht
verkennen. Wer ferner den rhythmischen Genuss der chorischen
Compositionen haben will, wem diese nicht in eine Art „rhythmi-

scher Prosa" verschwimmen sollen, in welcher man hin und wieder, zum Beweise, dass man die poetischen Formen der Griechen
gar nicht verstehe, deutsche sogenannte Dithyramben schreibt: der
muss sich gewöhnen, jedem Kolon seinen Haupticlus zu geben und
darf dabei auch die Nebenicten nicht vernachlässigen, damit die
Gliederung des Kolons ins Bewusstsein trete. Dem Gefühle aber
muss dann lediglich überlassen werden, ob man anakrusisch in-
tonire oder thetisch. Nur darf nicht die Reihenfolge der Icten umgekehrt werden. Bezeichnen wir z. B. den diplasischen Haupticlus
(⁚) mit 1, den ersten Nebenictus (⁚) mit 2, den schwächsten
(·) mit 3, so ist nicht nur die Folge 1, 2, 3 rhythmisch, sondern auch 2, 3, 1, dann 3, 1, 2, nimmermehr aber die Ver-
werfungen 3, 2, 1 oder 1, 3, 2. Es ist nämlich jeder mögliche
Anfang recht; dann aber muss richtig bis 3 gezählt werden, und
nun erst fängt man wieder mit 1 an. So kann der στίχος τρί-
κωλος

$$\_ \cup \cup | \_ \cup \cup | \_ \cup \cup \| \_ \cup \cup | \_ \cup \cup | \_ \cup \cup \| \_ \cup \cup |$$
$$\_ \cup \cup | \_ \cup \cup \|$$

intonirt werden:

1) $$\_ \cup \cup | \_ \cup \cup | \_ \cup \cup \| \_ \cup \cup | \_ \cup \cup | \_ \cup \cup \| \_ \cup \cup |$$
$$\_ \cup \cup | \_ \cup \cup \|$$

2) $$\_ \cup \cup | \_ \cup \cup | \_ \cup \cup \| \_ \cup \cup | \_ \cup \cup | \_ \cup \cup \| \_ \cup \cup |$$
$$\_ \cup \cup | \_ \cup \cup \|$$

3) $$\_ \cup \cup | \_ \cup \cup | \_ \cup \cup \| \_ \cup \cup | \_ \cup \cup | \_ \cup \cup \| \_ \cup \cup |$$
$$\_ \cup \cup | \_ \cup \cup \|$$

Falsch wäre aber:

$$\_ \cup \cup | \_ \cup \cup | \_ \cup \cup \|$$ u. s. w.

Aus diesen Gründen habe ich den Gebrauch, den auch Westphal noch fortsetzt, nämlich den Anfang eines Kolons durch einen
Ictus auf seiner ersten Thesissilbe bemerkbar zu machen, verlassen. Dafür setze ich den doppelten Taktstrich als Zeichen des
Schlusses eines Kolon.

§ 7. Stellung der irrationalen Takte.

1. Nachdem Begriff, Wesen und Ausdehnung der Kola dargestellt sind, können wir näher auf ihre metrische Gestalt eingehen. Von höchster Bedeutung ist es hier besonders, die Stellen zu kennen, wo irrationale Takte stehen dürfen. Es haben sich in dieser Beziehung mehrere Regeln feststellen, andere genauer fassen lassen, die von Bedeutung, theils für die Kritik der Texte, theils für die Eintheilung der Verse in κῶλα sind. Denn alle diejenigen Zerlegungen, bei denen irrationale Takte an eine unrechte Stelle kommen, sind entschieden zu verwerfen. Um ein einfaches Beispiel zu geben, so dürfte die Verbindung

$$\_\ \_\_\ \_\_\ \cup\ \_$$

nimmermehr als jambische Tripodie

$$\_ : \_ > \mid \_ \cup \mid \_ \wedge \|$$

aufgefasst werden, sondern entweder als trochäische Tetrapodie

$$\cup\_ \mid \_ > \mid \_ \cup \mid \_ \wedge \|,$$

oder viel richtiger noch als jambische Tetrapodie:

$$> : \cup\_ \mid \cup\_ \mid \_ \cup \mid \_ \wedge \|.$$

2. Die Bedeutung der irrationalen Takte ist nach § 5 eine sehr verschiedene. Bestimmter lässt sich dieses so aussprechen:

I. Irrationale Trochäen (d. h. $\_\ \_$ mit der rhythmischen Geltung $\_ >$) an den geraden Taktstellen diplasischer Metra (also zwischen Trochäen und Jamben) sind retardirend und nähern der Prosa; derselbe Fall ist, wo sie in logaödischen Versen auftreten. Wir nennen sie deshalb retardirende Trochäen.

II. Irrationale Spondeen, d. h. scheinbare Trochäen, welche die metrische Dauer von Spondeen haben ($\_ \cup$ mit der Geltung $\_ >$) und irrationale Dactylen, d. h. Tribracheis, die den Werth von Dactylen haben ($\cup \cup \cup$ mit der Geltung $\cup \cup >$) acceleriren, und können deshalb accelerirte Spondeen und Dactylen genannt werden.

Anm. Der Ausdruck darf nicht im Westphal'schen und Rossbach'schen Sinne aufgefasst werden, da wir nicht an endlose Accelerandos in den Dactylo-Epitriten z. B.

glauben können. Aber auch nach unserer musikalischen Auffassung des Epitriten als

$$\text{♩. ♪ | ♩ ♩ |}$$

erhält das Metrum im ersten Takte einen lebhafteren Gang, in welchem Sinne hier der Ausdruck „accelerirt" zu fassen ist.

III. Die kyklischen Dactylen, bei denen die Correption in der Thesis stattfindet, bezeichnen demgemäss einen lebhafteren, feurigeren Gang. Sie sind eigentlich verstärkte Takte.

3. Ueber die Stellung der retardirenden Trochäen ist schon gesprochen worden (§ 5. 3), und schon Westphal hat hier das richtige Verhältniss dargestellt. Ueber Aeschylus kann hier aber noch specieller bemerkt werden:

1) Die jambische oder trochäische Dipodie tritt nur katalektisch und als Einzelvers auf: hier kann demnach kein irrationaler Trochäus vorkommen.

2) Die gleichnamige Tripodie ist selten und bildet entweder στίχοι τρίχωλοι wie Cho. III. str. β' v. 2:

$$\text{⌞ | ‿ ⌞ ‖ ‿ ‿ | ‿ ‿ | ‿ ‖ ⌞ | ‿ ‿ | ⌃ ‖,}$$

oder sie wechselt mit logaödischen Sätzen, wie Eum. VIII. str. β'

$$\text{‿ : ‿ ‿ | ‿ ‿ | ‿ | ⌃ ‖}$$
$$\text{‿ : ⌞ | ‿ ‿ | ‿ | ⌃ ‖.}$$

In ihr kommen keine retardirenden Trochäen vor, liessen sich aber vertheidigen.

3) Die Tetrapodie, gewöhnlich das Grundthema jambischer oder trochäischer Strophen, hat äusserst selten einen retardirenden Trochäus an zweiter oder vierter Stelle, so dass man leicht zu dem Glauben gelangt, es liegen überall Fehler in der Ueberlieferung vor, wo sie sich finden. Entschuldigt scheint ein solcher Takt noch am ersten zu sein, wo ein voraufgehender Tribrachys gewissermassen einen Anklang an das logaödische Metrum anzeigt. Trotzdem sind die handschriftlichen Lesarten nicht absolut zu verwerfen, wo sie einen solchen Takt zeigen, der doch eigentlich gegen die allgemeinen Gesetze nicht verstösst. Unsere Schemen werden eine schnelle Vergleichung aller einzelnen Fälle leicht machen.

4) Bei der Pentapodie sind zwei Gliederungen gleich wahrscheinlich:

⏓ ◡ | ⏟ ◡ | ⏟ ◡ | ⏓ ◡ | ⏟ ◡ ‖, d. h. 3 + 2 Takte, und

⏓ ◡ | ⏟ ◡ | ⏓ ◡ | ⏟ ◡ | ⏟ ◡ ‖, d. h. 2 + 3 Takte.

Bei ersterer Gliederung durfte z. B. der vierte Takt nicht irrational sein, wohl aber bei letzterer, wie denn auch Sept. III. str. γ'
v. 2 vorkommt. Durch solche Erscheinungen lässt sich denn zuweilen die Stellung der Icten in einem Kolon erkennen.

5) Bei der Hexapodie, auch mitten in melischen Strophen,
kommen dagegen irrationale Takte häufiger vor, wenn auch
lange nicht so häufig, wie im Trimeter des Dialogs. Man
scheint eben von ihm her an solche Takte in der Hexapodie gewöhnt zu sein. Vgl. Cho. I. str. α' v. 3, str. γ'
v. 3 u. s. w.

4. Es geht schon aus der Natur der accelerirten Takte hervor, dass sie die entgegengesetzte Stellung, als die retardirenden
haben; d. h. sie stehen an den ungeraden Stellen. Denkt man
aber an die wahrscheinliche musikalische Bedeutung des accelerirten
Spondeus, über die wir § 5, 7 gesprochen haben, so sollte man
auch die Verbindung ⏟ > | ⏟ > bei den Dactylo-Epitriten u. s. w.
für legal erachten: und in der That finden sich hierfür Beispiele
genug. So bei Pindar Ol. X die Tetrapodien

⏟ > | ⏟ > | ⏟ > | ⏟ ⏟ ‖ und

⏟ > | ⏟ ⏟ | ⏟ > | ⏟ > ‖.

Beide musikalische Sätze sind bei allen Völkern überaus häufig,
so bei uns:

Gestern, brüder, könnt ihr's glauben,

wo man gewöhnlich ♩. ♪ | ♩. ♪ | ♩. ♪ | ♩ ♩ ‖ singt, wäh-
rend man im nächsten Kolon

gestern, bei dem saft der trauben

dann mit ♩. ♪ | ♩ ♩ | ♩ ♩ | ♩ ♩ ‖ abzuwechseln pflegt. Recht
sind also im γένος ἴσον die drei Verbindungen:

⏟ ⏟ | ⏟ ⏟ , ⏟ > | ⏟ ⏟ und ⏟ > | ⏟ > |;

falsch ist einzig die Verbindung ⏟ ⏟ | ⏟ >.

Wir bemerken hierzu, dass auch bei uns der Tonsatz

♩♩ | ♩. ♪ | ♩♩ | ♩. ♪ ‖ minder gebräuchlich ist.

Für den accelerirten Dactylus gelten dieselben Stellungsregeln. Man hat aber auch hier die zweifache Theilung, welche bei der Pentapodie möglich ist, in Betracht zu ziehen.

5. Die kyklischen Dactylen sind a) verstärkte Takte _ und dies ist ihre gewöhnliche Bedeutung bei den Logaöden. Sie können so an beliebigen Stellen zwischen zweisilbigen Takten stehen, wie im Glyconeus:

‿◡◡ | _ ◡ | _ ◡ | _, _ ◡ | ‿◡◡ | _ ◡ | _, _ ◡ | _ ◡ | ‿◡◡ | _,

oder auch es folgen ihrer mehrere auf einander:

‿◡◡ | ‿◡◡ | _ ◡ | _, _ ◡ | ‿◡◡ | ‿◡◡ | _, ‿◡◡ | ‿◡◡ | ‿◡◡ | _.

b) Treffen sie dagegen mit Tribracheis zusammen, so lässt der entstehende Contrast sie eher als retardirende Takte erscheinen, und in diesem Falle sind sie auch in gewissem Grade den Regeln über letztere unterworfen. Theilt man nämlich eine logaödische Tetrapodie oder Hexapodie dipodisch ab, wie man es bei den gleichen trochäischen Metren thut, so sind nur die Dipodien

◡◡◡ | ◡◡◡, ◡◡◡ | ‿◡◡ und ‿◡◡ | ‿◡◡, nicht aber die Dipodie

‿◡◡ | ◡◡◡

gestattet. Diese Regel ist von grosser Wichtigkeit bei der Zerlegung logaödischer Verse in Kola, wobei dergleichen Vereinigungen nie angenommen werden dürfen. Sie wird theils durch die Analogie der accelerirten Spondeen und Dactylen, theils durch ihre ausnahmlose Geltung bewiesen. Besteht aber ein ganzes Kolon aus einer Dipodie, so ist gegen die Form ‿◡◡ | ◡◡◡ ‖ nichts einzuwenden. Denn hier gehören beide Takte nicht mehr in dieselbe dipodische Zusammenfassung, sondern treten einander als Thesis und Arsis des ganzen Kolons gegenüber. Der Fall ist Pind. Ne. VI ep. v. 2 eingetreten.

Da die Pentapodie auch mit der schwächsten Arse beginnen kann,

_ ◡ | ⊥ ◡ | _ ◡ | ⊥ ◡ | _ ◡ | ⊥ ◡ |,

so sind hier freilich scheinbare Ausnahmen gestattet, wie Pind. Ol. XI. ep. v. 3:

‿◡◡ | ⊥ ◡ ◡ | ⊔ | ⊥ ⊔ ◡ ◡ | ⊔ ‖,

wo die verschiedene Folge von kyklischem Dactylus und Tribrachys
sich aus der Stellung der Icten erklärt, die den zweiten und dritten,
nicht den ersten und zweiten Takt als Dipodie erscheinen lassen.
So ist denn bei der Pentapodie keine so feste Regel zu geben.

Auch bei der Tripodie, wie wir unten § 6. 8 sahen, gibt es
eine Ictenvertheilung,

$$\_ \cup \mid \stackrel{\_}{\cdot} \cup \mid \stackrel{\_}{\cdot} \cup \|,$$

wodurch nicht der erste und zweite, sondern der zweite und dritte
Takt als Dipodie zusammengefasst erscheinen, so dass ein Kolon wie

$$\stackrel{\_}{\cup} \cup \mid \stackrel{\_}{\cdot} \cup \cup \mid \stackrel{\_}{\cdot} \wedge \|$$

nichts Auffälliges und gegen die Regel Verstossendes hat.

Ueberhaupt ist obige Regel durchaus nur in ihrer präcisen
Fassung in Geltung. Es kann also auch in der Tetrapodie und
Hexapodie der Tribrachys auf den kyklischen Dactylus folgen, wenn
beide nämlich zu verschiedenen Dipodien gehören, z. B.

$$\_ \cup \mid \stackrel{\_}{\cup} \cup \mid \cup \cup \cup \mid \_ \cup \mid \_ \cup \mid \wedge \|$$

Dergleichen Kola kommen gar nicht so selten vor.

6. Die eben geschilderte zweifache Natur des kyklischen Dactylus geht noch aus einer anderen Erscheinung hervor. Zuweilen
nämlich kann ein Tribrachys der Strophe durch einen kyklischen
Dactylus in der Gegenstrophe vertreten werden oder umgekehrt;
es ist also die antistrophische Responsion

$$\stackrel{\_}{\cup} \cup \qquad \text{oder} \qquad \cup \cup \cup$$

gestattet. Dieser kyklische Dactylus ist ein verstärkter Takt. Zuweilen wird er auch reinen Jamben oder Trochäen beigemischt,
namentlich, wo zwei Tetrapodien einen Vers ausmachen: hier beginnt gern die zweite Tetrapodie mit ihm, wenn die erste mit
einem Tribrachys anfängt:

$$\cup \cup \cup \mid \_ \cup \mid \_ \cup \mid \_ \| \stackrel{\_}{\cup} \cup \mid \_ \cup \mid \_ \mid \wedge \|$$

Die andere Natur aber, als retardirender Takt zeigt sich unzweifelhaft, wo er antistrophisch mit einem retardirenden Trochäus
(Scheinspondeus) respondirt, was man unrhythmisch (eigentlich unmetrisch) mit $\_ \smile$ bezeichnet. Die Schreibart $\stackrel{\_}{\cup} \cup$ wäre hier
ganz verkehrt: auf diese Art würden $\stackrel{\_}{\cup}$ und $\_$, $\cup$ und $>$ einander entsprechen, was ganz unglaublich ist. Vielmehr findet hier
die Correption in beiden Kürzen statt, die die Geltung einer
einzigen haben und demgemäss als 16tel-Noten ♪ ♪ erscheinen.

Man kann diese Geltung durch ω bezeichnen, so dass diese Responsion anzudeuten wäre durch

$$- \overset{>}{\omega}.$$

Wir werden diese Schreibart immer beobachten.

7. Päonen und Jonici sind Takte von so grosser Ausdehnung, dass ihr Charakter nicht wesentlich durch „überschüssige" Silben verändert erscheint. Päonen also von der Form

$$- \cup \overset{\smile}{\smile} \quad \text{oder} \quad \overset{\smile}{\smile} \cup -$$

und Jonici von der Form

$$\overset{\smile}{\smile} - \cup \cup,$$

ebenso ungenaue Choriamben,

$$- \cup \cup \overset{\smile}{\smile}$$

können an beliebigen Stellen ihrer Kola placirt sein.

So selten nun der Gebrauch dieser Takte ist, so gibt sich ihr Vorkommen doch aus manchen Stellen unzweifelhaft kund; ja Aeschylus hat selbst den jonischen Takt $- > - \cup$ gebildet, dessen Charakter fast unkenntlich sein würde, wenn nicht die zweisilbige Anakruse vorherginge. Die Stelle ist Suppl. IX, str. α', v. 4:

$$\cup \cup : - > - \cup \mid - - \overline{\wedge} \|$$

Die Auffassung $- - \overset{\smile}{\smile}$ oder $- - > \cup$ ist durch keinerlei Analogie gerechtfertigt.

8. Da hier bereits ungenaue Responsionen zur Sprache gekommen sind, wie $- \overset{>}{\omega}$, so möchte die Bemerkung an ihrem Orte sein, dass überall, wo eine lange und zwei kurze Silben einander entsprechen, in der musikalischen Composition die erstere zwei Noten erhalten zu haben scheint. Der Witz des Aristophanes über Euripides' εἰειειειλισσόμενος ist bekannt: gerade aber bei diesem Dichter kommt man auch ohne den Spott des grossen Komikers auf den häufigen Gebrauch vieltöniger Silben, der nicht allein aus dieser Responsion hervorgeht. Die Sache ist in einer Einleitung zu den Euripidischen Schemen näher zu besprechen; hier wenigstens durfte die Gelegenheit nicht verfehlt werden, auf die musikalische Bedeutung metrischer Formen von Neuem aufmerksam zu machen.

§ 8. Die rhythmische Periode.

1. Wir sahen, wie der rhythmische Takt dem einzelnen Worte,
das rhythmische χῶλον dem einfachen grammatischen Satze entsprach.
Die Analogie aber geht noch weiter. Wie nämlich die einfachen
Sätze in der mannigfaltigsten Weise zu sogenannten „Perioden"
oder zusammengesetzten erweitert und verbunden werden, so auch
die rhythmischen χῶλα, die nach verschiedenen Principien zu einer
περίοδος zusammentreten können. Diese genaue Analogie ist schon
von den Alten nicht verkannt worden, und als die Wissenschaft der
Rhetorik und Grammatik sich auszubilden begann, da nahm man
aus der Rhythmik die schon ausgebildete Terminologie mit hinüber:
χῶλον und περίοδος bezeichnen die analogen rhythmischen wie
rhetorischen Grössen.

Demnach muss die Erkenntniss der Verhältnisse in einer
richtig gebauten grammatischen Satzperiode, aber ohne Ellipsen
u. dgl. das Verständniss des rhythmischen Periodenbaues erleichtern.
Nehmen wir Ps. 104, 9:

> Du hast eine grénze gesetzt,
>
> darüber kommen sie nicht,
>
> und müssen nicht wieder das érdreich bedecken.

Die Periode zerfällt in drei Sätze; jeder derselben hat einen
Hauptaccent und mehrere Nebenaccente; keineswegs aber ist Ein
Hauptaccent vorhanden, der alle anderen überragte und die ganze
Periode zu einer Einheit zusammenfasste. Wodurch nun aber wird
diese Einheit auch dem Gehöre bemerkbar, wenn sie im Allgemeinen nicht hervorspringt durch einen allerstärksten Ictus, der
einem der Sätze verliehen wäre? Dies geschieht durch die Stufen-
folge der Töne, indem der Ictus in dem einen Satze mit einem
höheren, in dem anderen mit einem tieferen Tone verbunden ist.
Am deutlichsten wird dieses bei Anthithesen. Nehmen wir als Beispiel die Periode:

> Dem góttlosen folgt die strafe,
>
> aber dem geréchten der lohn.

Beide Sätze haben auch hier einen Hauptictus, aber man wird geneigt sein, mit dem Ictus in „gottlosen" einen tieferen, mit dem

in „gerechten" einen höheren Ton zu verbinden. So wird also die Einheit durch ein musikalisches Princip hergestellt.

2. In ähnlicher Weise verbinden sich die rhythmischen κῶλα zu Perioden. Während aber die verschiedenen Tonhöhen in der ungebundenen Rede schwer bestimmbar sind, da ihre Distanzen schwankend und ungenau sind, tritt in der Melodie die grösste Genauigkeit ein: die Töne stehen in einem leicht messbaren mathematischen Verhältnisse.

Und noch in einem zweiten Punkte entsprechen sich grammatische und rhythmische Perioden. Es herrschen im Bau zusammengesetzter Sätze bestimmte Gesetze hinsichtlich der Ausdehnung der einzelnen Glieder; und bekannt genug ist z. B., dass eine solche Periode für unschön gilt, welche mit einem sehr langen Satze beginnt und mit einem sehr kurzen und unbedeutenden schliesst. Mit ausserordentlicher Sorgfalt und feinem Gefühle haben namentlich die alten Redner ihre Perioden gebaut, die durch ihren streng geregelten, aber freilich ausserordentlich mannigfaltigen Tonfall auch auf unser Ohr noch einen musikalischen Eindruck machen. Mit Recht also spricht man von rhythmischen Principien in ihrer Prosa.

In der eigentlich rhythmischen Composition sind nun auch diese Grössenverhältnisse nach den strengsten mathematischen Principien geordnet, die sich in ihr viel leichter erkennen lassen, als in der Prosa. Oft tritt eine grosse Anzahl von κῶλα zu einer einzigen περίοδος zusammen, in der wir freilich die Tonverhältnisse (Höhe und Tiefe der Noten) nicht mehr unterscheiden, wohl aber genau angeben können, welche κῶλα Antithesen zu einander bilden u. s. w. Auch tritt selbst bei der Recitation die Zusammengehörigkeit der κῶλα in einer einzelnen Periode deutlich ins Bewusstsein durch die strengen, dem Gefühle sich leicht bemerkbar machenden Formen in der Gruppirung.

Die Hauptarten dieser Gruppirungen sind auch in der deutschen Poesie und Musik zur Anwendung gekommen. Wir wollen sie an einigen der bekanntesten Lieder kennen lernen.

3. In der deutschen Poesie kommen fast nur Tetrapodien und Tripodien, sehr selten Dipodien vor. Vgl. § 6, 3. Die einfachste Gruppirung ist nun, wenn zwei Kola derselben Ausdehnung einander folgen: dann enthält das erste den musikalischen Vorder-

satz, das zweite den Nachsatz, und mit diesem ist die Periode abgeschlossen. Eine solche Periode heisst eine stichische, und ihr Bild ist:

$$\left.\begin{array}{l}\text{a}\\\text{a}\end{array}\right)$$

Eine solche stichische Periode bilden die Strophen des Volksliedes:

Mein schatz ist ein reiter, ein reiter muss es sein:
das pferd gehört dem kaiser, der reiter gehört mein.

$$\left.\begin{array}{l}\cup \vdots \; \cup \cup \cup \; | \; \cup \cup \cup | \cup \cup \cup \cup | \_ \wedge \|\\\cup \vdots \; \cup \cup \cup \; | \; \cup \cup \cup | \cup \cup \cup \cup | \_ \wedge \mathbb{]}\end{array}\right) \quad \left.\begin{array}{l}4\\4\end{array}\right)$$

(4 bedeutet die Tetrapodie, wie 3 die Tripodie u. s. w.).

Eigentlich wäre freilich, nach griechischer strengerer Anschauung obige Strophe als Ein Vers zu schreiben gewesen (vgl. § 6, 3); doch wird es nicht schaden, die alte Schreibart beizubehalten, so lange man nur die rechte Vorstellung damit verbindet. Erst unser Abschnitt über die Pausen wird über das Verhältniss das rechte Licht verbreiten.

Was die Melodie' dieser Periode anbetriff, so bemerken wir, dass das zweite Kolon vom ersten sich nur dadurch unterscheidet, dass es im ·Grundton (der Octave) schliesst. Dies ist aber nicht das einzige legale Verhältniss, vielmehr können zwei einander respondirende Kola

1) auch völlig gleichen Tonsatz haben;

2) im Tonsatze viel stärker abweichen, so dass nur die Grundzüge stimmen.

4. Wird ein Kolon gleicher Ausdehnung mehrere Mal wiederholt, so entsteht die repetirte stichische Periode, deren Bild ist:

$$\left.\begin{array}{l}\text{a}\\\text{a}\\\text{a}\end{array}\right\} \quad \text{oder} \quad \left(\begin{array}{l}\text{a}\\\text{a}\\\text{a}\end{array}\right) \quad \left.\begin{array}{l}\text{a}\\\text{a}\\\text{a}\\\text{a}\end{array}\right\} \quad \text{u. s. w.}$$

Im folgenden Volksliede haben wir eine dreigliederige Periode; freilich hat hier zufällig der Text der Strophen nur zwei Verse, aber der zweite wird doppelt gesungen, mit verschiedenem Tonsatze:

Es zogen drei burschen wol über den Rhein,
bei einer frau wirthin, da kehrten sie ein;
bei einer frau wirthin, da kehrten sie ein.

Es ist dies zugleich ein Beispiel für stark variirten Tonsatz in den Sätzen.

5. Eine palinodische Periode entsteht, wenn nicht ein einzelnes Kolon, sondern eine Verbindung mehrerer Kola in derselben Reihenfolge wiederholt wird. Das Bild derselben ist:

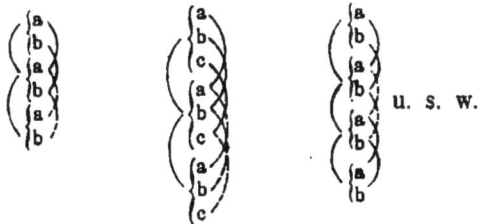

Die Bogen links geben an, wie die Gruppen (ein terminus, den wir beibehalten werden), die Bogen rechts, wie die einzelnen Kola sich entsprechen (respondiren). Auch repetirte palinodische Perioden sind in häufigem Gebrauch. Ihr Bild ist:

Keine Periode ist in unserer Poesie und Musik häufiger, als die palinodische; die Repetition wird gewöhnlich auch durch Wiederholung derselben Verse angezeigt.

Lehrreich ist eins unserer Kinderlieder durch sehr variirten Tonsatz der respondirenden Kola:

Mir ist eine gans gestohlen,
das ist mir nicht lieb;
wer mir die gans gestohlen hat,
das ist der gänsedieb.

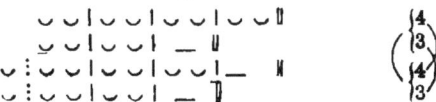

Wir bemerken hierbei, was für das Verständniss griechischer Periodologie von ungemeiner Wichtigkeit ist, Folgendes:

1) Es kann ein Kolon mit Anakruse einem solchen ohne Anakruse entsprechen;
2) es können katalektische und akatalektische Kola einander respondiren.

Eine repetirte palinodische Periode bildet die Liederstrophe:

> In einem kühlen grunde,
> da geht ein mühlenrad;
> meine liebste ist verschwunden,
> die dort gewohnet hat.
> Meine liebste ist verschwunden,
> die dort gewohnet hat.

6. Ueber obige beide Grundtypen gehen unsere Lieder nicht leicht hinweg; das Kirchenlied aber zeigt noch kunstreichere Formen. In ihm folgt auf jeden Vers eine Pause von beliebiger Ausdehnung, die man meistens durch Zwischenspiele ausfüllt. So wird denn die Anakrusis eines Verses nicht mehr als Arsis für den letzten Takt des voraufgegangenen Verses benutzt, die Tripodie wird nicht mehr durch eine Pause von bestimmter Ausdehnung zur Tetrapodie u. s. w. (vgl. § 6, 3). Ueber dies Alles werden wir noch näher zur Sprache kommen. Hier war der Leser vorläufig zu orientiren über das Pausenzeichen, den Punkt, dessen ich mich bei Angabe der Responsion im Kirchenliede bediene, z. B.

wo jeder Punkt einen Versschluss und folglich eine Pause bedeutet.

Im Kirchenliede nun ist auch die antithetische Periode in häufiger Anwendung. Sie besteht in der umgekehrten Wieder-

holung einer Gruppe, wodurch eine strenge symmetrische Anordnung entsteht von der Form:

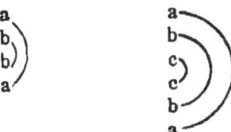

Das folgende Lied zeigt den musikalischen Werth dieses
Periodenbaues; man vergleiche die Melodie der respondirenden
Glieder mit einander, und man wird leicht finden, dass auch in
ihr der vierte Vers nicht dem zweiten oder dritten, sondern dem
ersten entspricht, während der zweite und dritte Vers zusammen-
gehören.

> Warum sollt' ich mich denn grämen?
>> Hab' ich doch
>> Christum noch:
> Wer will mir den nehmen?
> Wer will mir den himmel rauben,
>> den mir schon
>> Gottes sohn
> beigelegt im glauben?

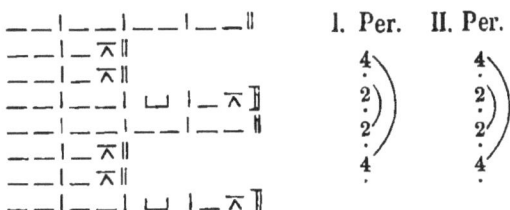

Man sieht, dass die Strophe aus zwei gleichen Perioden zusammengesetzt ist. Schon der Reim zeigt den Bau dieser Perioden
richtig an. Zugleich wird uns hier ein bedeutsamer Wink gegeben.
Der vierte und der achte Vers der Strophe besteht aus einer
scheinbaren Tripodie: ‿ ‿ | ‿ ‿ | ‿ ‿ ‖. Hätten wir aber eine
solche angenommen, so wäre keine rhythmische Verbindung entstanden, denn die Folge der κῶλα: 4, 2, 2, 3 hätte keinerlei der
bereits erkannten Perioden gebildet. Diese Beobachtung führte auf
Constituirung der Tetrapodie ‿ ‿ | ‿ ‿ | ⌣ | ‿ ∧ ‖, wodurch die

Periodologie hergestellt war. Und vergleicht man die Melodie, so findet man diese Annahme durchaus bestätigt. Wie sollte auch eine Melodie ohne Eurhythmie denkbar sein?

Also: auch in den chorischen Liedern der Griechen leitet die rhythmische Periodologie auf richtige Constituirung der κῶλα. Aus ihr erkennen wir, wo τονή in der vorletzten Silbe u. s. w. stattfinde oder nicht: ein Grundsatz, den schon Rossbach und Westphal aufgestellt haben, der aber bei ihnen nur zu schrankenloser Licenz führen konnte, da ihre Perioden fast durchgängig nach unmathematischen, folglich auch unrhythmischen Principien gebaut sind.

Wir sehen zugleich, wie nahe wir der melischen Composition treten, sobald die richtigen Perioden erkannt sind. Aber auch in der Recitation kann man, wie bereits bemerkt, im Griechischen das wahre Verhältniss leichter hervortreten lassen, da in dieser Sprache der Unterschied langer und kurzer Silben sehr bedeutend ist, folglich auch die τονή in der Aussprache leichter hervortritt.

7. Unsere jetzige tetrapodische Einförmigkeit ist zur Herrschaft gekommen, seit der Paarentanz den Sieg über die alten, im Heidenthum begründeten kunstvollen Reigentänze u. s. w. davongetragen hat. Jene Tänze zu Ehren der Gottheiten waren Kunstproductionen, die einen mannigfachen rhythmischen Satz erforderten. In den griechischen chorischen Liedern, die bekanntlich in enger Beziehung mit jenen Culten stehen, haben sich die kunstvollsten rhythmischen Sätze unversehrt erhalten: denn meist waren ja auch diese Gesänge von einer ὄρχησις noch wirklich begleitet, im dramatischen Chorgesange eben so wohl, als in dem wirklich zu Ehren des Dionysos aufgeführten Dithyrambus; selbst das Epinikion entbehrte meist nicht der Orchesis. Darf deshalb der streng rhythmische Bau dieser Strophen wunder nehmen? Wäre er nicht vielmehr von vornherein vorauszusetzen? Die Schwenkungen der Tänzer sind aber leicht gefunden, sobald man die rhythmischen Perioden kennt, die im gleichzeitigen Gesange herrschten; eine Reproduction könnte gar nicht so schwer fallen. Aber für die Musik sind diese Perioden in gleicher Weise effectvoll und selbst für die Recitation. So lange wir sie nicht kennen in einer Strophe, ist diese, wie wir sie auch in Takte und Kola zerlegen mögen, nichts denn Prosa, ja nicht einmal eine solche wie die der grossen

Redner u. s. w. Die Strophen enthalten ein unerträgliches Silbengeklapper und hohlen Bombast, wo die ergreifende Form fehlt.

Als allmählig der heidnische Tanz verschwand, da verschwand doch noch nicht so schnell eine entsprechende Reigencomposition. Noch tief ins Mittelalter hinein hat die Leichpoesie sich fortgesetzt; als aber die tiefere Bedeutung der alten Tänze nicht mehr verstanden wurde, vielmehr dieselben anfingen, lediglich dem geselligen Vergnügen zu dienen, da schwand auch ihre strengere und würdevolle Form. Die Leiche unserer Minnesänger sind auch im Rhythmus zum Theil überkünstelt: die Form ist so hohl und leer, wie der Inhalt. Ein genaues Analogon hat die griechische Literatur in ihrer Enkomienpoesie. Auch hier muss die ursprünglich religiöse Form dem Menschlichen dienen; statt des Preises einer Gottheit ertönt das Lob eines olympischen Siegers! Daher überspannt sich hier in jeder Beziehung die Kunst. Der Dichter weiss nicht genug kühner Metaphern zu finden, nicht weit genug in der Darstellung auszuholen; Götter- und Heroensage, würdige historische Erinnerungen und ein unbedeutender Sieg im Wettlaufe u. dgl., alles wird in gesuchtester Weise mit einander combinirt, einander gegenübergestellt u. dgl. Und dem entspricht auch genau die rhythmische Composition. Sind auch die Perioden mathematisch untadelhaft, so sind ihre Formen doch zum Theil gekünstelt: die schöne Einfachheit ist eingebüsst.

Bei beiden so bedeutungsvollen Culturvölkern, den Deutschen wie den Griechen findet aber eine Rückkehr zu einer einfacheren und schöneren Form statt, sobald ein würdevollerer Gegenstand für die Poesie gefunden ist. In der griechischen Tragödie ist der chorische Gesang zum Ausdrucke der höchsten moralischen und religiösen Empfindungen bestimmt: daher ist die Form freilich zu höchster Mannigfaltigkeit und Kunst entwickelt, aber immer in dieser höchsten Entwickelung durchaus in Uebereinstimmung mit den einfachsten Principien, nie überkünstelt. (Das Verhältniss, welches in den Monodien herrscht, wird erst später zur Sprache kommen.) Und auch in unserer Literatur hat derselbe Reinigungsprocess sich vollzogen. Nachdem die Form des Leiches bereits auf manche Gedichte übertragen war, die nicht für den Reigentanz, ja nicht einmal für den Gesang mehr bestimmt waren, wie so manche gnomische Gedichte u. s. w., fanden endlich die noch

nicht aus dem Gedächtniss verschwundenen Formen des Rhythmus
und der Musik in dem Kirchenliede den allerwürdigsten Gegenstand.
In ihm treten deshalb die alten Kunstformen in grösster Reinheit
und Durchsichtigkeit wieder hervor.

Dann endlich kommt bei den Griechen wie bei den Deutschen
die Zeit, wo die alten Kunstformen gänzlich verschwinden, ja nicht
einmal mehr begriffen werden.   Nun registrirt der griechische Metriker fast nur noch lange und kurze Silben, der Dichter schreibt
kümmerliche 'Ανακρεοντεῖα oder gar στίχοι πολιτικοί, seit auch
die Quantität der Silben sich verschoben hat.   Und eben so klagt
der moderne Musiker über die unrhythmischen Formen der Kirchen-
melodien, weil ihm hier die Eintheilung in lauter Tetrapodien nicht
mehr gelingen will.   Die einzigen noch vorhandenen rhythmischen
Compositionen von tieferer Kunst gelten also für unrhythmisch.
Man ist selbst so weit gegangen, viele dieser Compositionen zu
,,rhythmisiren", d. h. die modernen στίχοι πολιτικοί herzustellen;
ein Verfahren, das freilich entschuldigt werden kann durch die
Praxis der Gemeinden, die allerdings nur gewinnen kann, wenn
für gänzlich unverstandene Formen leicht begreifliche geboten
werden.

Wir aber wollen uns den Genuss dieser altehrwürdigen schönen
Compositionen nicht verderben, vielmehr uns glücklich schätzen, in
den herrlichen Kirchenliedern ein kostbares Vermächtniss der alten
Zeit zu besitzen, das uns auch das Verständniss der prachtvollen
griechischen Compositionen erleichtern wird.   Und warum sollten
wir nicht mit Freuden in dem Heimatlichen die Belehrung suchen,
die in dem Fremden nur so mühsam zu gewinnen ist?

Unsere Kirchenlieder haben also im Wesentlichen rhythmisch
folgenden Charakter:

   1) Text und Melodie ist in genauen Takten gegliedert.

   2) Die Takte werden stets zu regelmässigen κῶλα verbunden.

   3) Diese κῶλα bilden immer rhythmische Perioden von der genauesten Gliederung.

   4) Die Verse werden durch eine Pause geschlossen, welche keine
      bestimmte Dauer hat, wohl aber immer so stark sondert, dass
      die Anakruse des einen Verses nicht zur Vervollständigung des
      vorhergehenden schliessenden Taktes benutzt werden kann.
   Hier also haben wir ausserdem ganz genau die Pause der

Alten, und es ist kaum begreiflich, wie Rossbach und Andere nach Analogie in unserer Literatur vergebens suchen konnten. Gerade diese Pause der Kirchengesänge, in ihrer richtigen Bedeutung nicht erkannt, hat hauptsächlich den Glauben veranlasst, die Melodien seien unrhythmisch. Wir werden später sehen, dass gerade dadurch der Rhythmus kunstgerechter wird, dass die Pausen als Grössen für sich betrachtet werden.

8. Eine rhythmische Darstellung einiger Strophen von Kirchenliedern wird am besten die Principe erläutern, nach welchen die griechischen Strophen componirt sind. Als Zeichen für den Abschluss einer Periode habe ich ⫴ eingeführt, das schon in einigen Beispielen zur Anwendung gekommen ist. So haben nun die drei rhythmischen Abschnitte: Takt, Satz (κῶλον) und Periode ihre entsprechende Bezeichnung erhalten: ı, ǁ und ⫴. Ausserdem rücke ich den ersten Vers einer jeden Periode ein und bediene mich hier auch in griechischen Texten der Majuskel.

I.

Aus meines herzens grunde
sag' ich dir lob und dank
in dieser morgenstunde,
dazu mein lebelang,
O Gott, in deinem thron,
dir zu lob, preis und ehren
durch Christum unsern herren,
dein'n eingebornen sohn.

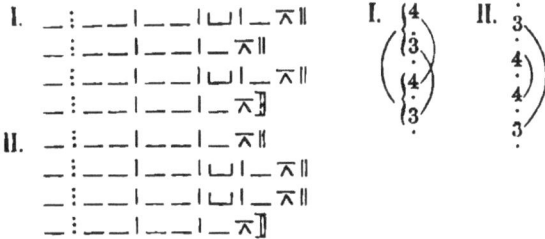

Die Strophe „Warum sollt' ich mich denn grämen" enthielt freilich, wie wir fanden, zwei Perioden, aber diese waren gleich. Hier tritt uns bereits eine Strophe entgegen mit zwei nach ganz verschiedenen Principien gebauten Perioden.

II.

O Gott, du frommer Gott,
du brunnquell aller gaben,
ohn' den nichts ist, was ist,
von dem wir alles haben:
Gesunden leib gib mir,
und dass in solchem leib
ein' unverletzte seel',
ein rein gewissen bleib'.

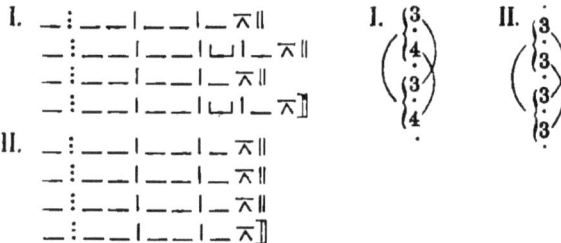

Die Strophe ist merkwürdig durch das Vorherrschen der Tripodien, die auch aus der Melodie in keiner Weise zu entfernen sind. Ferner wird uns in der zweiten Periode durch Reim und Melodie der bedeutsame Wink gegeben, dass wir nicht jede Aufeinanderfolge von κῶλα gleicher Ausdehnung als rein stichisch betrachten dürfen, wie hier nicht:

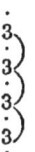

Im Griechischen wird hier für die Gruppirung der κῶλα, da der Reim fehlt, ihre metrische Gestalt entscheiden müssen, so dass also vier Tripodien gruppirt werden können:

III.

Traurige seele, was quälest du dich?
Gott, dein gerechter freund wird dich nicht lassen.
Fühlst du im herzen gleich schmerzliche stich':
er wird dich dennoch mit liebe umfassen.
Ist er doch allezeit bei dir im leiden,
kann nichts von seiner lieb' doch dich scheiden!
Halt du nur still
wie es sein·will',
so gibt er endlich nach leiden viel freuden.
Halt du nur still
wie es sein will',
so gibt er endlich nach leiden viel freuden.

Die erste Periode besteht nur als Tetrapodien, aber die palinodische Anordnung gibt sich hier auch im Deutschen durch die
metrische Gestalt der κῶλα kund; bestätigt wird sie durch Reim
und Melodie.

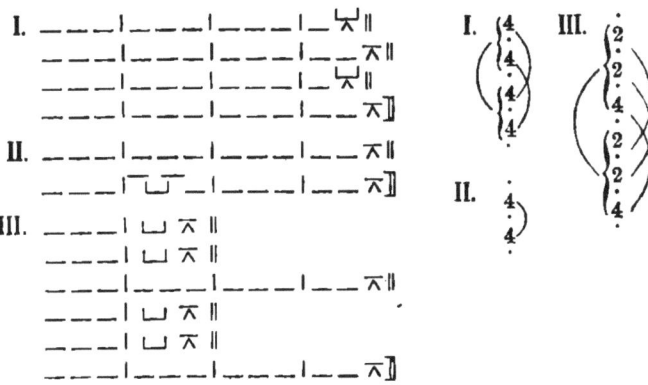

IV.

Wie schön leucht't uns der morgenstern
am firmament des himmels fern!
Die nacht ist nun vergangen:
all' creatur macht sich herfür,
des edlen lichtes pracht und zier
mit freuden zu empfangen.

.   Was lebt,
        was schwebt,
            Hoch in lüften,
        tief in klüften,
            Lässt zu ehren
        seinem Gott ein danklied hören.

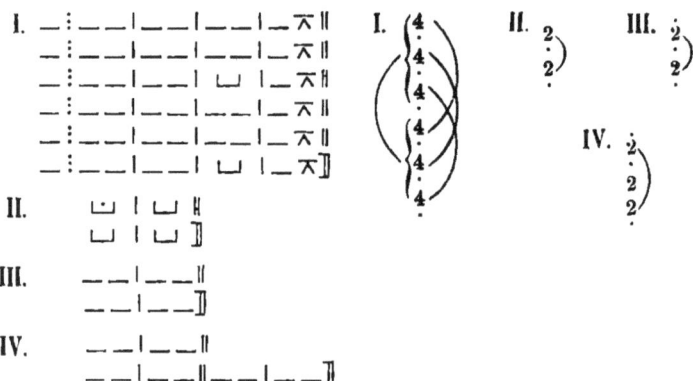

Die mesodische Periode IV wird § 9 zur Sprache kommen.

Per. II und III zeigen, dass eine Folge von Kola gleicher Ausdehnung selbst in mehrere Perioden zerlegt werden muss, wenn die metrischen Unterschiede dieses andeuten.

Per. IV ist eng mit Per. III durch metrische Gestalt und Melodie verbunden. Auf ähnliche Verhältnisse werden wir oft in den chorischen Strophen der Griechen geführt.

V.

Wachet auf vom schlaf, ihr sünder!
erwacht! denn euch, o Menschenkinder,
erwartet tod und ewigkeit.
Lohn und strafe, tod und leben
hat Gott in eure hand gegeben:
erwacht! noch ist's zur büsse zeit.
    Gerecht, gerecht ist Gott;
er hört der frevler spott.
Frevler zittert!
    Wisst, was er spricht
gereut ihn nicht;
Er kommt gewiss und hält gericht.

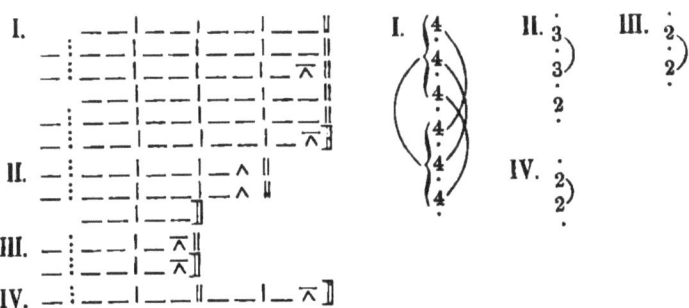

Ueber die nicht respondirende Dipodie in Per. II wird § 9 Aufschluss geben.

9. Wir lernten die stichische, palinodische und antithetische Periode auch in deutschen Beispielen kennen. Künstlichere Combinationen sind in unserer Poesie nicht mehr gebräuchlich. In den mittelhochdeutschen Leichen freilich findet man auch Belege für die künstlicheren Perioden der Griechen; da uns aber diese Poesie auch bereits sehr fern liegt, so wird von nun an lediglich der Weg der mathematischen Deduction einzuschlagen sein; die Belege aber sind sehr leicht in den metrischen Schemen Pindar's und Aeschylus' zu finden.

Wir haben nun bei den palinodischen Perioden gesehen, wie mehrere Kola zu einem Ganzen zusammengefasst, als solches respondiren mit einer „Gruppe" nicht nur von derselben Ausdehnung, sondern auch von derselben Gliederung. Denkt man sich nun in einer Reihenfolge, z. B. a b c d e mehrere Kola in derselben Weise zu einer Gruppe vereinigt, etwa ab̂ cd̂ e, oder ab̂c de, so ist die fünfgliedrige Reihenfolge zu einer dreigliedrigen oder zweigliedrigen geworden. Gibt man dann den fünf Kolis eine antithetische Ordnung, so respondiren nicht mehr die Einzelkola, sondern die Gruppen. Wir erhalten also für beide Arten der Eintheilung:

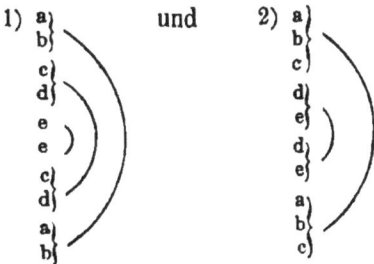

Perioden von dieser Form verdienen den Namen der palinodisch-antithetischen. Ihr mathematisches Princip ist so
einfach wie durchsichtig, ihre musikalische Bedeutung ebenfalls
nicht zu verkennen. In der ersten der beiden obigen Formen
sind also die Kola a und b, ebenso die Kola c und d zu einem
musikalischen Ganzen vereinigt, das so fest verbunden ist, dass
seine Theile auch bei antithetischer Anordnung der ganzen Reihenfolge nicht verrückt werden dürfen; auf diese Art setzt sich das
palinodische Princip auch in der antithetischen Periode fort. Man
unterscheidet also in dieser Periode

A. Die Gruppen als Grössen erster Ordnung; hierzu gehören
    auch die Kola, welche in keinen Gruppenconnex eingetreten
    sind;
B. Die Einzelkola als Grössen zweiter Ordnung.

Die Responsion der Gruppen und losen Einzelkola für sich ist
eine streng antithetische; die der zu Gruppen verbundenen Einzelkola ist dagegen palinodisch. Bezeichnen wir deshalb wie bei der
palinodischen Periode die Gruppenresponsionen durch Bogen links,
die der Kola durch solche rechts, so gewähren obige beiden Perioden die Bilder:

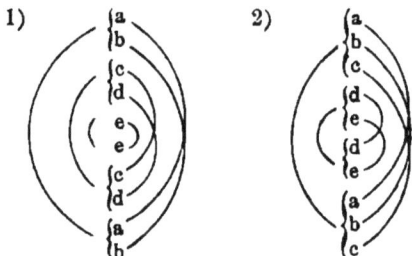

Diese Perioden können freilich zu grosser Mannigfaltigkeit entwickelt werden, sind aber weit davon entfernt, auf blosse Künste-
leien hinauszulaufen. Vielmehr erscheinen sie in manchen Fällen
als eine viel natürlichere Verbindung wie die rein antithetischen
Perioden. Folgen z. B. auf einen Vers, der aus zwei Tetrapodien
besteht, zwei andere, die je eine Hexapodie enthalten, dann wieder
einer aus zwei Tetrapodien: so ist die palinodisch-antithetische Anordnung viel natürlicher, als die rein antithetische. Wir schreiben

also die Periode, wenn die metrische Gestalt der Kola nicht die
rein antithetische Anordnung fordert,

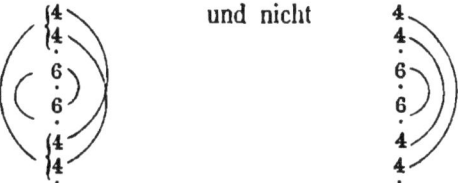

und nicht

Denn jene octapodischen Verse entsprechen sich als Ganze und
auch der Recitator fühlt sogleich heraus, dass das erste Kolon des
einen Verses dem ersten des andern, das Schlusskolon von diesem
dem Schlusskolon von jenem entspricht — nicht umgekehrt, worauf die rein antithetische Anordnung führen würde. Erläuternde
Belege bieten unsere Schemen in Menge.

Suchen wir jetzt einen Ueberblick über die möglichen Combinationen zu gewinnen.

I. Die Reihenfolge von drei Kola, a b c lässt zwei Gruppirungen
zu: a͡b c und a b͡c. Dies gibt die entsprechenden palinodisch-antithetischen Perioden:

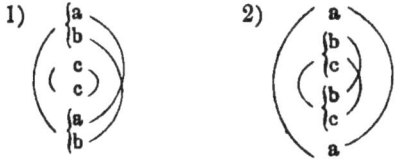

II. Die Reihenfolge von vier Kola, a b c d kann in folgende
Gruppen zerlegt werden:

1) a͡b c d.　　2) a b͡c d.　　3) a b c͡d.

4) a͡b͡c d.　　5) a b͡c͡d.　　6) a͡b c͡d.

Die entsprechenden Perioden sind:

1)

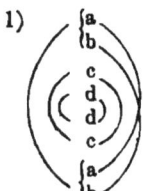

2)

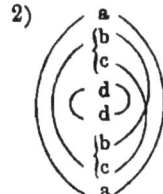

3)

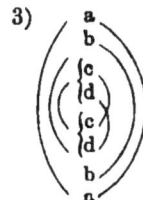

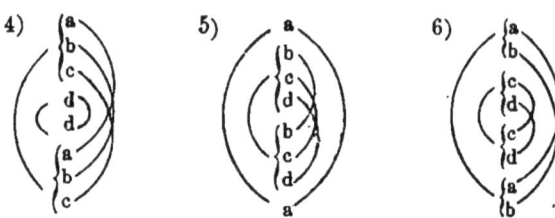

III. Wenden wir nun das Princip auf die Reihenfolge von 5 Kola an, a b c d e. Es ist eigentlich auch der Fall ins Auge zu fassen, dass keine der Kola zu Gruppen verbunden sind, dann, dass alle zusammen eine einzige Gruppe bilden. So erhalten wir 16 Combinationen und eben so viele Perioden:

1) a b c d e.   2) a͡b c d e.   3) a b͡c d e.

4) a b c͡d e.   5) a b c d͡e.   6) a͡b c d e.

7) a b͡c d e.   8) a b c͡d e.   9) a b͡c d e.

10) a b͡c d͡e.   11) a͡b c d͡e.   12) abcd e.

13) abcde.   14) a͡b c d͡e.   15) a b c d c.

16) a͡b c d e.

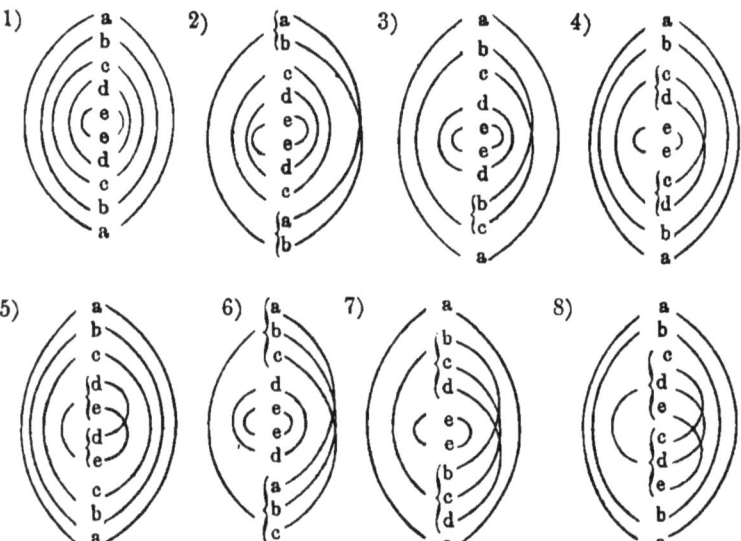

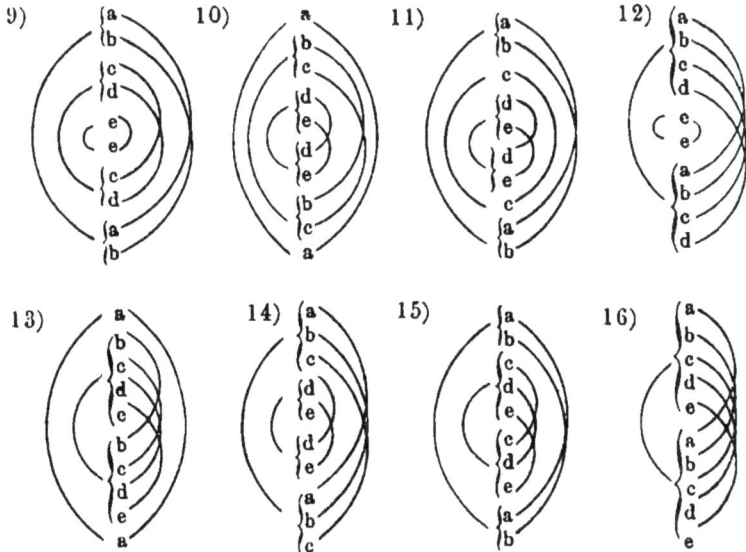

Man sieht, die beiden Extreme sind die streng antithetische (1) und die streng palinodische Periode (16); der Uebergang beider in einander ist ein fast unmerklicher. Dasselbe konnte bereits an der aus 3 oder 4 Kola bestehenden Reihenfolge nachgewiesen werden, woraus Perioden von je 6 und 8 Kola entstehen. Es war jedoch von Interesse, die grosse Mannigfaltigkeit sich zu vergegenwärtigen, welche in einer Periode von mehr Kolis möglich ist. Eine grossartige Periode lernen wir in Pind. Dith. fr. 3 kennen. Sophokles aber hat noch grössere rhythmische Perioden auch von dieser Art gebaut. Die grösste ist wohl in der ersten Strophe der kommatischen Parodos im Oedipus auf Kolonus. Ich führe sie hier mit der richtigen Versabtheilung an, um einen allgemeinen Vorbegriff von der grossartigen Entwickelung der rhythmischen Kunst der Alten zu geben. Diese Parodos ist ausserdem in allen ihren Theilen merkwürdig durch die Aufschlüsse, welche sie über die melische Composition gibt: doch ist die Besprechung dieses Gegenstandes für einen hoffentlich erscheinenden zweiten Band dieses Werkes aufzusparen.

Ὅρα· τίς ἄρ' ἦν; ποῦ ναίει;

ποῦ κυρεῖ ἐκτόπιος συθεὶς ὁ πάντων

ὁ πάντων ἀκορέστατος;

Προσδέρχου, λεῦσσέ νιν,

5 προσπεύθου πανταχῆ.

πλανάτας,

πλανάτας τις ὁ πρέσβυς, οὐδ' ἔγχωρος· προσέβα γὰρ οὐκ ἂν ποτ'
ἀστιβὲς ἄλσος ἐς

τᾶνδ' ἀμαιμακετᾶν κορᾶν

ἃς τρέμομεν λέγειν καὶ

10 παραμειβόμεσθ' ἀδέρκτως, ἀφώνως, ἀλόγως τὸ τᾶς εὐφήμου
στόμα φροντίδος

ἱέντες, τὰ δὲ νῦν τιν' ἥκειν

λόγος οὐδὲν ἄζονθ',

ὃν ἐγὼ λεύσσων περὶ πᾶν οὔπω

δύναμαι τέμενος γνῶναι ποῦ μοί

15 ποτε ναίει.

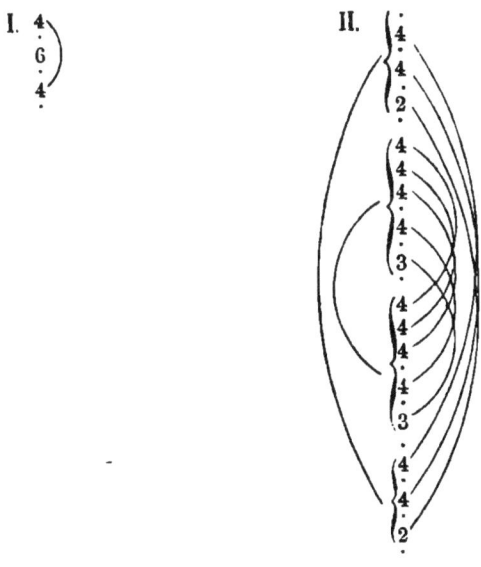

---

§ 9. Die mesodische Periode.

1. Bisher betrachteten wir nur Perioden, die aus lauter respondirenden Gliedern gebildet waren. Es ist aber auch eine streng symmetrische Anordnung der Kola um ein Centrum möglich, dem kein anderes Glied entspricht; dies ist die **mesodische Periode**. Ihr Bild ist:

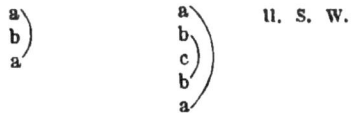

Die mesodische Periode kommt in den chorischen Strophen sehr häufig zur Anwendung und in unsern Schemen sind deshalb leicht eine Menge Belege zu finden. Auch trafen wir bereits eine kleine Periode von der Art in unserem Gesange „Wie schön leucht't uns der morgenstern", § 8, 8, IV.

Sophokles hat auch diese Periode in grossartigem Massstabe ausgebildet. So besteht z. B. die ganze erste Strophe im dritten Stasimon des Oedipus Rex aus einer einzigen solchen Periode, die wir als Seitenstück zu jener grossen palinodisch-antithetischen Periode anführen.

'Ιὼ γενεαὶ βροτῶν,
ὡς ὑμᾶς ἴσα καὶ τὸ μηδὲν ζώσας εὐαριϑμῶ.
τίς γάρ, τίς ἀνὴρ πλέον
τᾶς εὐδαιμονίας φέρει
5 ἢ τοσοῦτον ὅσον δοκεῖν
καὶ δόξαντ' ἀποκλῖναι;
τὸν σόν τοι παράδειγμ' ἔχων,
τὸν σὸν δαίμονα, τὸν σὸν ὦ τλάμων Οἰδιπόδα, βροζῶν
οὐδὲν μακαρίζω.

2. Die musikalische Bedeutung der mesodischen Perioden ist leicht zu verstehen. Von dem antithetischen Satze einer Melodie geben unsere Kirchenlieder uns den klarsten Begriff (vgl. § 8, 6 und § 8, 8, I). Denkt man sich nun in der Mitte einer solchen Periode einen musikalischen Satz (κῶλον), der in sich abgeschlossene Toncadenzen hat, so dass kein zweites Kolon eine befriedigende und auflösende Fortführung desselben zu bringen braucht, so hat man ein vollkommenes Bild der mesodischen Periode in musikalischer Beziehung.

Aber auch der Fall ist denkbar, dass der Mittelsatz (Mesodikon) eine nothwendige Vermittelung zwischen den beiden umgebenden Gliedern bilde, einen scharfen Contrast mildere u. dgl. Endlich kann das Mesodikon selbst den Contrast gegen die beiden sich ganz oder völlig gleichen umgebenden Glieder bilden, und dieser Fall findet z. B. in der kleinen mesodischen Periode des citirten Kirchenliedes statt.

Eine geregelte und effectvolle Musik ist überall möglich, wo der rhythmische Bau der Perioden auf einfachen, strengen und untadelhaften Gesetzen beruht; dabei ist aber die grösste Mannigfaltigkeit für die Melopöie nicht ausgeschlossen. Nur wo der rhythmische Satz ungeordnet ist, da wird auch nothwendig der melische in die ἀταξία mit fortgerissen.

3. Die orchestische Bedeutung des Mesodikons kann ebenfalls eine verschiedene sein. Es sind drei Fälle wohl zu unterscheiden:

A. Das Mesodikon hat eine isorrhythmische Gliederung, ist also eine Dipodie oder Tetrapodie.

Hier kann der Chor in der ersten Hälfte des Kolon eine Schwenkung gemacht haben, die in der zweiten Hälfte desselben nach der entgegengesetzten Seite gemacht wurde. Es wären dies im kleineren Zeitmasse die Bewegungen bei der stichischen oder palinodischen Periode, und durch sie würde der streng antithetische Charakter der ganzen Periode trefflich gewahrt.

B. Das Mesodikon hat eine hemiolische Gliederung, ist also eine Pentapodie.

Hier kann der Chor beim mittleren Takte in seinen orchestischen Bewegungen pausirt haben, während die Schwenkungen in den beiden ersten Takten denen in den beiden letzten entsprachen. Durch diese Form des Mesodikons würde also der Charakter der ganzen Periode noch deutlicher hervortreten.

C. Das Mesodikon hat eine diplasische Gliederung, ist also eine Tripodie oder Hexapodie.

Hier mussten die orchestischen Bewegungen entschieden pausiren, da eine Symmetrie derselben in keiner Weise herzustellen gewesen wäre. Dasselbe konnte übrigens auch bei den anderen Gliederungen des Mesodikons der Fall sein, obgleich dies im Allgemeinen nicht mit solcher Bestimmtheit ausgesprochen werden durfte, wie Rossbach es thut. Vielmehr werden wir späterhin auch einen sehr verschiedenen Pausensatz beim Mesodikon kennen lernen, wodurch die Ansicht einer verschiedenen orchestischen Praxis bei demselben nicht wenig an Halt gewinnt.

4. Setzt man ein solches Mesodikon als Centrum in eine

antithetische oder palinodisch-antithetische Periode, so entsteht die palinodisch-mesodische Periode, womit die Reihe der rhythmischen Perioden abgeschlossen ist. Ihr Bild ist:

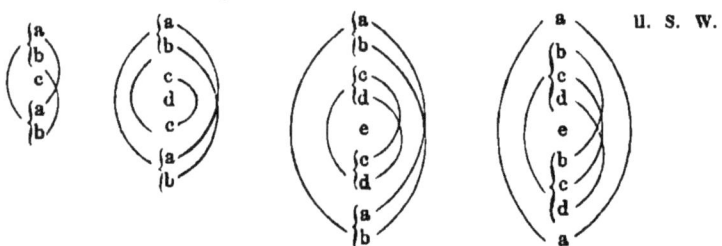

Zu dieser Gattung der Perioden gehört die bereits erwähnte palinodisch-antithetische Periode in Pind. Dith. fr. 3. Andere Belege bieten unsere Schemen in reichlicher Anzahl, so Eum. IV str. α' u. s. w.

---

§ 10. Uebersicht der Perioden. Falsche Perioden.

1. Mit Ausnahme der palinodisch-antithetischen und palinodisch-mesodischen Periode sind die verschiedenen Arten der rhythmischen Periode schon von Rossbach anschaulich beschrieben worden; zugleich hat er die Zeugnisse des Hephästion für diese Regeln der Anordnung angeführt. Die letzterwähnten Gattungen sind aber weder von ihm noch von Westphal in ihrer einfachen und strengen Gesetzlichkeit erkannt worden. Zwar kommt der letztere in seinen rhythmischen Schemen hin und wieder auf Perioden dieser Art, doch verkennt er das einfache Princip, welches in ihrem Baue herrscht. Ganz verkehrt ist es aber, eine Periode wie

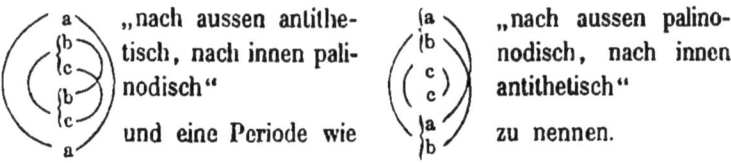

„nach aussen antithetisch, nach innen palinodisch" und eine Periode wie

„nach aussen palinodisch, nach innen antithetisch" zu nennen.

Schon unsere Bogen links zeigen das strenge und einheitliche Princip.

2. Es wird nun von Nutzen sein, in einer anschaulichen Zusammenstellung der verschiedenen Periodenarten einen raschen Ueberblick über dieselben zu gewinnen.

Nehmen wir vier Kola von verschiedener (unter Umständen auch gleicher Ausdehnung), a b c d, nebst einem mesodischen Kolon e, so lassen sich folgende Perioden damit bilden:

I. Stichische Periode.

A. Nicht repetirt.

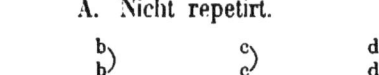

Kola verschiedener Ausdehnung können also nicht eine einzige stichische Periode bilden, sondern zerfallen nothwendig in mehrere derselben.

B. Repetirt.

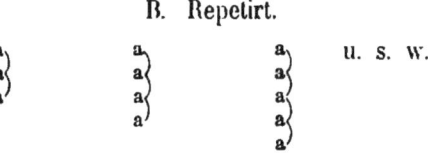

II. Palinodische Periode.

A. Nicht repetirt.

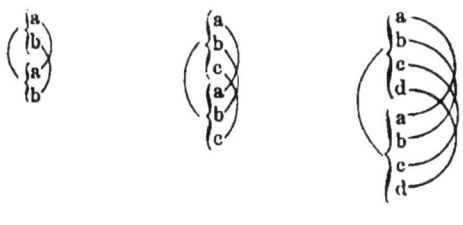

B. Repetirt.

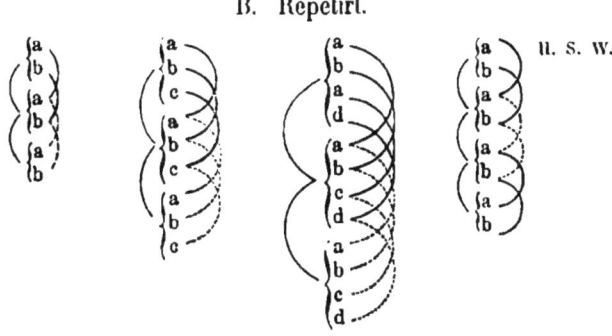

III. Antithetische Periode.

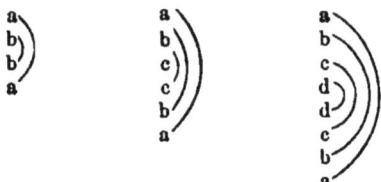

IV. Mesodische Periode.

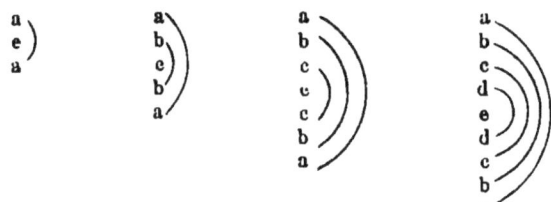

V. Palinodisch-antithetische Periode.

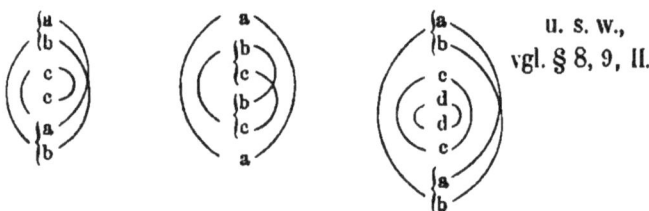

u. s. w.,
vgl. § 8, 9, II.

VI. Palinodisch-mesodische Periode.

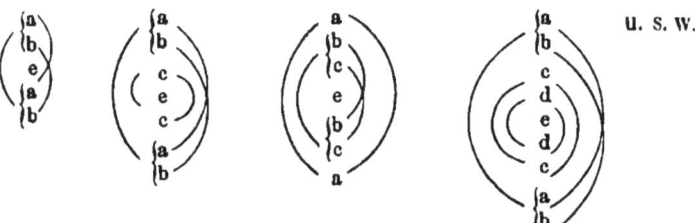

u. s. w.

3. Alle diese Bildungsgesetze sind einfach und streng; und wie ihre rhythmische, so lässt auch ihre musikalische und orchestische Bedeutung sich leicht erkennen. Diese Perioden sind die höchste rhythmische Einheit, aus ihnen als additiven Posten werden die Strophen gebildet. Die letzteren bilden demgemäss keine rhythmische Einheit, ausgenommen, wo sie aus einer einzigen

Periode bestehen; unser Kirchengesang veranschaulicht dies schon
auf das Schönste.

Sind also die früher schon gezogenen Analogien wohl begründet, d. h. entspricht das Wort dem Takte, der einfache grammatische Satz dem κῶλον, der zusammengesetzte der rhythmischen
Periode: so wird erst da von einer correcten rhythmischen Composition gesprochen werden können, wo auch die κῶλα in legaler
Weise einander entsprechen, gerade wie die einfachen Sätze nur
nach bestimmten grammatischen und rhetorischen Regeln zu einer
zusammengesetzten Periode verbunden werden dürfen. Wer also
im mündlichen oder schriftlichen Ausdrucke nicht nur die Wörter
richtig wählen, sondern sie auch zu tadellosen Einzelsätzen verbinden würde, dagegen aber diese in fehlerhafter Weise mit einander verbände, z. B. credo ut deus est: der spräche trotz alledem
grundfalsch. Und dieselbe Correctheit dürfen wir von den grossen
Dichtern und Componisten des Alterthums im Bau ihrer rhythmischen Perioden erwarten. Als falsch aber müssen alle Perioden
gelten, die nach keinem mathematischen Principe gebaut sind.

Von den Rossbach'schen und Westphal'schen Perioden laborirt
eine grosse Anzahl in der Form. Ich werde die hauptsächlichsten
falschen Combinationen in dem Folgenden zusammenstellen.

4. Rossbach glaubt annehmen zu dürfen, dass häufig zwei
mesodische Perioden einer Strophe durch Gleichheit ihrer Mesodika
näher mit einander verbunden würden, nach dem Schema:

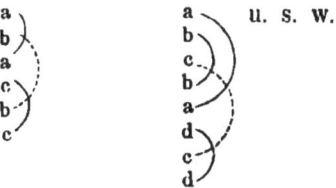

Wenn zwei mesodische Perioden in Umfang u. s. w. ungleich
sind, so kann durch die Gleichheit des Mesodikons keine nähere
Beziehung derselben zu einander bezeichnet sein. Denn das Mesodikon, dem jedenfalls in vielen Fällen die Orchesis fehlt, ist, da es
nicht respondirt, auch nicht der Träger des Rhythmus; auch melisch
kann seine Bedeutung nicht gross gewesen sein, wenn man an
fünfzehngliedrige u. s. w. Perioden denkt. Welche Beziehung haben

also diese Perioden zu einander? Keine. Eher würde eine Art
Responsion durch Gleichheit ihrer antithetischen Kola entstehen, z. B.

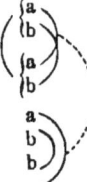 Aber auf diese Art würden schliesslich alle Perio-
den mit einander verschwimmen, auch die palinodi-
schen mit den antithetischen, wenn ihre Hauptglieder
stimmten, z. B.

Solche Anschauungen führen zu der grössten Un-
klarheit. Halten wir also fest, dass jede Periode ein
abgeschlossenes Ganze bilde; Analogien im Tonsatz u. s. w.
sollen damit nicht geleugnet werden, aber die sind unter
den verschiedensten Verhältnissen denkbar.

    5. Rossbach (S. 215) findet bei Pind. Ol. I:

4
3
3
3
4
3
4 ἐπῳδικόν.

Ebenso S. 208 aus Pind. Pyth. 6:

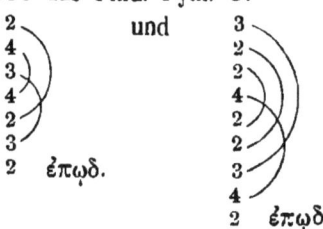

2   und   3
4   2
3   2
4   4
2   2
3   2
2 ἐπῳδ.   3
                  4
                  2 ἐπῳδ.

Abgesehen von dem ἐπῳδικόν, worüber § 11 zu vergleichen,
so ist auf den ersten Blick der Mangel eines einheitlichen Principes
zu erkennen. Weder die Orchesis konnte bei diesen durchbrochenen
antithetischen Perioden eine wohl geregelte sein, noch kann man
zu einer klaren Vorstellung über die musikalische Bedeutung derselben gelangen. In keinem Falle wird das rhythmische Gefühl befriedigt. Wir verwerfen also einen unklaren und unverständlichen
Periodenbau, den wir nirgends mit Sicherheit in den chorischen
Strophen der Alten vorfinden und auf den nur die Nichtbeobach-
tung der Verspausen führt.

    6. Wunderbarer noch sind die verschlungenen Perioden Ross-
bachs, wo die Hinterglieder einer antithetischen oder mesodischen

Periode zugleich die Vorderglieder einer neuen Periode bilden sollen. So findet er (S. 211) in Ol. 4 folgende Perioden:

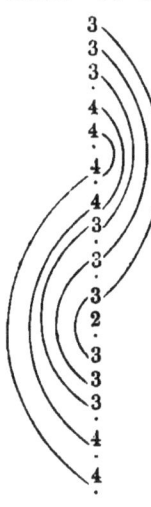

Abgesehen von dem ungeheuer falschen Pausensatze dieser „Perioden", so lässt sich gar keine rhythmische, musikalische oder orchestische Vorstellung mit einer solchen Combination verbinden. Wir würden sie auch dann nirgend annehmen, wenn die Verspausen eine solche Combination gestatteten.

7. Einen eigenthümlich unklaren Begriff scheint Westphal mit der stichischen Periode zu verbinden. So findet er Pind. Pyth. 9 die „stichische Periode":

Wir erkennen in dieser Reihenfolge keinerlei rhythmisches Verhältniss. Allerdings, ständen die Verspausen anders, so würde man zwei stichische Perioden erkennen:

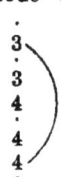

und

Nun ist aber auch diese Auffassung nicht gestattet, wie aus den Regeln über den Pausensatz zu ersehen sein wird.

8. Schliesslich gelangt Westphal zur Annahme von Perioden, die auch die letzte Analogie mit denselben verleugnen. So findet er Eur. Med. 627—634 = 635—642 die völlig unbegreifliche „zusammengesetzte Periode":

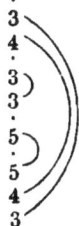

Dergleichen Bogen allerdings lassen sich auf die mannigfaltigste Art ziehen, bilden aber nur Perioden auf dem Papier, die mit der Praxis nichts zu thun haben. Und auf diese Art ist Alles rhythmische Periode, jede beliebige Eintheilung passt in eine Reihe von so willkührlichen Schemen.

Die Eintheilung der Euripidischen Verse aber lag gar nicht fern:

```
⌣ ⋮ ⊥ ⌣ ⌣ ⌣ | _ ⌣ ⌣ ⌣ | _ ⋏ ‖
_ ⋮ _ ⌣ > | _ _ _ | _ > | _ ⋏ ‖
     _ ⌣ ⌣ ⌣ | _ ⌣ ⌣ ⌣ | _ > ‖ _ ⌣ ⌣ ⌣ | _ ⌣ ⌣ ⌣ | _ _ ]
     _ > | _ _ _ | _ ⌣ ⌣ ⌣ | _ ⌣ ⌣ ⌣ | _ _ ‖
     _ > | _ _ _ | _ ⌣ ⌣ ⌣ | ⌣ ⌣ ‖ _ > | _ _ _ | _ > | _ _ _ ‖
     _ > | _ _ _ | _ > | _ ⌣ ⌣ ⌣ | _ _ ]
```

I.   3
     .
     4
     .
     3
     .
     3 ἐπ.

II. 5
     .
     4
     4
     .
     5

Welche Perioden in den angeführten Stellen Pindars wirklich vorhanden sind, werden die Schemen zeigen. Verleitet wurden Rossbach und Westphal aber zur Annahme jener durchaus zu
verwerfenden Combinationen nicht nur durch die Uebersehung der
Verspausen, sondern besonders durch das Bestreben, möglichst
kunstvolle Perioden überall zu finden. Uns dagegen lag der rein
objective Zweck vor, die wirklich vorhandenen Formen zu con-
statiren, so einfach und kunstlos diese auch immerhin oftmals erscheinen mochten.

§ 11.   Nicht respondirende Kola.

1. Rossbach sagt (S. 201): „Wir finden nicht selten am Anfange oder am Ende der Periode eine Reihe, die unvermittelt ohne
Ebenbild dasteht.   Bei näherer Betrachtung ergibt sich jedoch
auch hier eine bestimmte Gesetzmässigkeit.   Die orchestische Bewegung beginnt nicht immer gleich mit dem Anfange des Gesanges,
sondern erfolgt erst, nachdem eine metrische Reihe, sei es von
dem Chorführer oder dem ganzen Chore gesungen ist; ebenso
tritt oft während der letzten Reihe der Strophe ein Ruhepunkt für
die Evolutionen des Chores ein, ohne dass der Gesang unterbrochen
würde. Hiermit musste die eurhythmische Composition der Strophe
in genaue Beziehung gesetzt sein, wenn alle musischen Künste in
Harmonie stehen sollten.   Eine solche Reihe konnte unter den
Versen der Periode, die ja zugleich die Bewegungen des Tanzes
bestimmten, kein Gegenbild haben, weil sie nur dem Gesange,
nicht aber der Orchestik diente, und somit musste sie ausserhalb

der Eurhythmie stehen. Wir nennen sie μέγεϑος προῳδικόν wenn sie am Anfange, μέγεϑος ἐπῳδικόν wenn sie am Ende der Periode ihren Platz hat."

Hiermit ist sehr klar die wahrscheinliche Bedeutung der Proodika und Epodika ausgesprochen. Wir dürfen an ihrem Vorkommen nicht zweifeln, denn eben so sicher wie sich die rhythmischen Perioden in den chorischen Strophen wirklich vorfinden, eben so gewiss gibt sich dort auch das Vorhandensein der Proodika und Epodika kund. Nur sollte es in obiger Darstellung Rossbachs überall statt „Strophe" „Periode" heissen. Das Letztere hat er selbst nur gemeint, wie schon die erste von ihm zergliederte Strophe (p. 207 sq.) zeigt, wo er die erste Periode, also mitten in der Strophe, mit einem ἐπῳδικόν schliesst.

Solche Vorspiele und Nachspiele, die nicht in den genauen rhythmischen Connex gehören, kommen in den musikalischen Compositionen wohl aller Völker vor; sie haben also durchaus nichts Befremdendes. Sie können mit den verschiedensten Perioden verbunden werden, deren Gestalt dann ist:

$$a = \pi\rho o. \quad \left. \begin{matrix} a \\ a \end{matrix} \right) \qquad \left(\begin{matrix} a \\ b \\ a \\ b \end{matrix} \right) \qquad c = \pi\rho o. \qquad c = \pi\rho o.$$
$$\left. \begin{matrix} b \\ b \end{matrix} \right) \qquad b = \dot{\epsilon}\pi. \qquad \qquad \left(\begin{matrix} a \\ b \\ a \\ b \end{matrix} \right) \qquad \left. \begin{matrix} a \\ b \\ b \end{matrix} \right)$$
$$c = \dot{\epsilon}\pi.$$

u. s. w.. durch alle Formen der Perioden.

Bei der Annahme von Proodika und Epodika hat man sich aber ganz besonders vor Willkühr zu hüten. Westphal zeigt auch hier, wohin der Mangel einer festen Norm führt. Fast jede Stelle nämlich, wo die rhythmische Anordnung Schwierigkeit trotz der Unmenge von anderen Licenzen macht, lässt sich leicht „in Ordnung bringen" durch Annahme beliebiger Proodika oder Epodika. Unbedenklich aber wollen wir dieser Freiheit, wie so vielen anderen entsagen — da wir überall ohne dieselbe auskommen.

2. Die folgenden Einschränkungen halten wir im Wesen der Sache selbst begründet:

I. Das Proodikon wie das Epodikon besteht stets nur aus Einem Kolon.

Das Einzelkolon nämlich kann sehr wohl als selbständige Grösse auftreten wegen des Hauptictus, der es als Einheit zusammenfasst. So kann es denn auch als melodisches Präludium in der verschiedensten Weise die musikalische Periode einleiten. Es kann nämlich im Voraus das Hauptthema der Melodie in kurzem Umrisse geben: die Periode bringt dann die künstlerische Ausführung und Vollendung. Auf eine solche Bedeutung des Proodikon werden wir häufig geführt. Oder es ist ein kleiner mehr selbstständiger musikalischer Satz, der nur die Aufmerksamkeit für die eigentliche Melodie wecken soll, zugleich für richtige Erkenntniss des Taktes vorbereitet u. s. w. Ebenso leicht zu erklären ist die Bedeutung des Epodikon.

Aber ganz anders ist es, wo zwei Kola neben einander stehen. Da jedes derselben seinen Hauptictus hat, keines also das andere beherrscht, so bleibt keine andere Zusammengehörigkeit rhythmisch, als die periodische. Folglich müssen beide gleich sein und so eine stichische Periode bilden — denn alle anderen Gattungen bestehen nothwendig aus mehr als zwei Gliedern. Diese stichische Periode hat dann aber nichts mehr mit der anderen Periode zu thun, zu der sie fälschlich als Proodikon oder Epodikon gezogen wurde.

Noch verkehrter aber ist es, ein Epodikon oder Proodikon aus zwei ungleichen Gliedern anzunehmen, wie Westphal (S. 58—59) z. B. bei Aesch. Ag. parod. epod. die Periode findet:

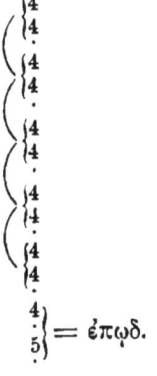

Da die Kola 4 + 5 weder durch einen rhythmischen Hauptaccent zu einer Einheit erhoben, noch durch gleiche Ausdehnung befähigt sind, einander zu respondiren, so können sie eben so wenig als Einzelgrösse zur Periode in Beziehung treten, also auch nicht ihr ἐπῳδικόν bilden, als eine selbständige Periode ausmachen.

Perioden von obigem Baue sind daher kurzweg als falsche zu bezeichnen und wo sie in chorischen Texten angenommen werden, haben stets Versehen stattgefunden. Noch weniger sind natürlich Epodika und Proodika aus drei und mehr Gliedern zulässig.

II. Die nicht respondirenden Glieder einer Periode dürfen nicht das Uebergewicht über die respondirenden Glieder haben.

Perioden von der Form

müssen namentlich in dem Falle für falsch gelten, wo b und c
eine grössere Ausdehnung als a haben, z. B.

$$5 \qquad 4 \qquad 3 \quad \text{u. s. w.}$$
$$\left.{3 \atop 3}\right) \qquad \left.{2 \atop 2}\right) \qquad \left.{2 \atop 2}\right)$$
$$4 \qquad 3 \qquad 5$$

Es leuchtet von selbst ein, dass hier der Charakter einer rhythmischen Periode ganz verwischt wäre. Trotzdem kommt Westphal
auf ähnliche Perioden.

Bedenkt man ferner, dass auch das Mesodikon eine nicht
respondirende Grösse ist, namentlich bei diplasischer Gliederung
auch keine innere eurhythmische Responsion hat, so wird man
eine Periode wie

$$5 \quad \pi\rho o\omega\delta\iota\varkappa\acute{o}\nu$$
$$5$$
$$\left(\; 3 \quad \mu\varepsilon\sigma\omega\delta\iota\varkappa\acute{o}\nu\right.$$
$$5$$
$$4 \quad \acute{\varepsilon}\pi\omega\delta\iota\varkappa\acute{o}\nu$$

entschieden verdammen müssen. Gerade aber auf diese περίοδος
ἀπερίοδος führte die Hartung'sche Textgestaltung Aesch. Eum. III.
str. β΄. Die Verwerfung derselben führte uns auf einen viel näheren
Anschluss an das Ueberlieferte, wie gewöhnlich. So wird denn
jede einzelne rhythmische Regel zu einem neuen Hülfsmittel für die
Texteskritik.

III. Die Proodika können nur im Anfange der
Strophen stehen, nicht aber die inneren Perioden
derselben einleiten, ausgenommen im Wechselgesange.

Hat nämlich die Strophe als Ganzes in den seltensten Fällen
eine periodische Gliederung und besteht vielmehr nur aus einer
Summirung an sich selbständiger Perioden; bildet sie aber gleich-
wohl ein für sich abgeschlossenes musikalisches Ganze, so durfte
es auch wohl nur an ihrem Anfange gestattet sein, durch instru-
mentales, mit Gesang verbundenes Vorspiel die Aufmerksamkeit
auf die nun folgende orchestische Bewegung in besonderem Grade

vorzubereiten. Dies scheinen auch Rossbach und Westphal gefühlt
zu haben, da in ihren rhythmischen Schemen keine Proodika inmitten der Strophen statuirt sind; in einer Regel hat freilich keiner
von ihnen es ausgesprochen.

Etwas anderes ist es mit einem Epodikon. Es hat, als eine
Art von Nachspiel, eher die Kraft, den krassen Uebergang zweier
Perioden zu verwischen und weniger hervortreten zu lassen; das
Epodikon darf deshalb eben so wohl eine Periode in der Strophe
schliessen, als die ganze Strophe.

Im Wechselgesang hat dagegen das Proodikon auch inmitten
der Strophe unter Umständen nichts Auffälliges. Die Verhältnisse
in jenem sind freilich sehr verschieden, und hierauf ist durchaus
die gebührende Rücksicht zu nehmen. Zuweilen nämlich ist der
Zusammenhang der Strophe so fest und innig, trotzdem ihre einzelnen Theile von einander gegenüberstehenden Personen vor-
getragen werden, dass diese sich nicht nur in die Perioden, sondern auch in die Kola, ja selbst in die Einzeltakte theilen. So
kann dem einen Sänger die Thesis, dem andern die Arsis eines
Taktes zufallen. Unter diesen Verhältnissen ist das Proodikon inmitten der Strophe natürlich nicht gestattet. Wo dagegen die
Strophe so unter die Sänger vertheilt ist, dass Einzelnen ganze
Perioden zufallen: bei dieser schärferen Sonderung darf man keinen
Anstoss an Proodika inmitten derselben nehmen.

Direct scheint unsere Theorie von der Stellung der Proodika
und Epodika bewiesen durch die Verhältnisse in den überlieferten
Chorgesängen selbst. Ohne Annahme von Epodika inmitten der
Strophen würde nämlich in vielen Fällen keine Eurhythmie nach-
weisbar sein. Dagegen werden wir nirgends zur Annahme von
Proodika unter anderen als den angegebenen Verhältnissen ge-
zwungen. Solche Proodika würden sich unzweifelhaft durch den
Pausensatz verrathen (vgl. § 13). Ein nicht respondirendes Kolon
nämlich zwischen zwei Perioden, welches von der ersten durch
eine Pause getrennt wäre, mit der zweiten aber ohne Pause zusammenhinge, könnte nur als Proodikon zu dieser, nicht als Epodikon zu jener gezogen werden, z. B.

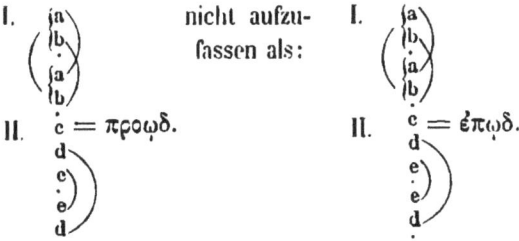

Der Fall kommt aber, wie gesagt, nicht in der chorischen Literatur vor.

3. Einzelne Schmerzensrufe u. dgl., die selbständige Verse bilden, können ganz ausserhalb der Eurhythmie stehen. Sie brauchen also nicht einmal in dem Verhältniss eines Proodikon oder Epodikon zu stehen, ja sie können selbst neben diesen vorkommen.

Dies Alles leuchtet von selbst ein. Ausrufe wie αἰαῖ, ἰώ u. dgl. wurden gewiss oft gar nicht gesungen, haben also nichts mit der rhythmischen Periodologie zu thun. Daher können sie auch die Perioden kommatischer Strophen von einander trennen.

Wie aber nicht selten solche Interjectionen in den grammatischen Connex eintreten, d. h. als elliptische Sätze betrachtet werden, denen eine bestimmte Stellung und Geltung in den rhetorischen Perioden zukommt, weshalb sie auch durch Sätze mit γάρ erklärt werden u. s. w.: so können sie auch ohne Weiteres als selbständige Kola mit zum Bau rhythmischer Perioden verwendet werden. Welche Verhältnisse in den einzelnen Fällen obwalten, ist immer leicht ersichtlich.

4. Noch weniger haben jambische Trimeter, die melischen Versen beigemischt sind, mit der rhythmischen Periodologie zu thun.

Der Gesang wird hier einfach von der Rede unterbrochen, gleichviel, ob dieselbe Person plötzlich abbricht und in die Recitation übergeht oder ob eine andere Person sie unterbricht. Zuweilen erscheint so der Zusammenhang der rhythmischen Periode gestört; in andern Fällen werden nur die einzelnen Perioden der Strophe auf diese Art von einander getrennt. Für beide Erscheinungen haben wir genug Analoga in unserer melisch-dramatischen Literatur. Die Art des beabsichtigten Effectes lehren die einzelnen Fälle in der chorischen Poesie der Griechen selbst.

Man muss sich nicht beirren lassen dadurch, dass in Strophe und Gegenstrophe genau dieselbe Anzahl von Trimetern an derselben Stelle wiederkehrt. Diese Erscheinung gehört zur Stichomythie, nicht zur rhythmischen Periodologie. Es wird auch in der Recitation ein Gleichmass beabsichtigt, dessen ja selbst der prosaische Ausdruck nicht ganz ermangeln darf.

Uebrigens ist es selbstverständlich, dass der jambische Trimeter so gut wie jedes andere Metrum als rhythmisch respondirendes Kolon verwendet werden kann. Der Inhalt der Verse muss über ihre rhythmische Verwendung jedesmal Aufschluss geben. Auch unterscheiden sich die melischen Trimeter meist durch weniger freie metrische Form, indem die retardirenden Takte in ihnen, wie schon § 7, 3, 5 bemerkt wurde, doch lange nicht so häufig sind, als in den Trimetern des Dialogs.

5. Auch jambische Verse, welche nicht die Ausdehnung des Trimeters erreichen, finden sich zuweilen in kommatischen Gesängen ohne rhythmischen Connex, so die Tripodie. Sie sind als unvollständige Trimeter zu betrachten, in welcher Gestalt sie zuweilen auch im Dialog auftreten. Analog sind die unvollendeten Hexameter Virgils.

----

§ 12. Die Verspause.

1. Die südliche, lebhafte Natur der Griechen tritt eben so unverkennbar in ihrer ganzen Sprache, wie in ihrer rhythmischen Composition zu Tage. Leicht und schnell hüpfen ihre Silben, der Mehrzahl nach metrische Kürzen, gleichsam dahin, während „schwer und im gemessenen Schritte" unsere Worte „einhermarschiren". Und so rasch werden die griechischen Worte hintereinander gesprochen, dass ganze Sätze gleichsam nur wie einzelne Wörter erscheinen (vgl. § 5, 2). Selbst wo die Interpunction scheidet, kann Krasis, Correption des auslautenden langen Vocals, Apostrophirung und sogar Position stattfinden.

So folgen denn auch in der rhythmischen Composition die Kola „in genialer Hast" auf einander. Mitten im Worte schliesst das eine Kolon, mitten im Worte beginnt das nächste, ganz wie

es sich eben trifft. Unser § 6, 3 gab ein vorläufiges Beispiel.
Diese Praxis widerstreitet ganz unserer gemessenen und bedäch-
tigen Natur. Wir deuten das Ende des rhythmischen Kolon immer
durch einen Wortschluss an; höchstens darf das nächste Kolon
noch die Arsis zu dem Schlusstakte bringen. Ja, wir verlangen
sogar eine Interpunction zu Ende des Kolon, mindestens eine Art
Abschluss des Sinnes.

Die Griechen also lassen mehrere Kola sehr häufig ohne
irgend eine Pause auf einander folgen. Aber hier ist eine bestimmte Grenze. Unmöglich kann man in Einem Athem ganze
lange Strophen reciliren, noch viel weniger sie so singen. Hinter
einem bestimmten Kolon muss also die Pause folgen, und so werden mehrere derselben zu einem neuen Ganzen, dem Verse,
vereinigt.

Der griechische Vers also ist eine Anzahl von Kola (oder auch
ein einzelnes Kolon), die durch die schliessende Pause zu einem
Ganzen verbunden werden.

2. Schon aus dieser Definition des Verses ergibt sich sogleich
die Regel: Jeder griechische Vers schliesst mit einem
Worte; nie kann ein Wort am Schluss desselben abge-
brochen werden.

Von dieser Regel sind eben so wenig Ausnahmen gestattet,
wie von allen übrigen Fundamentalregeln der Rhythmik. Auch
sprechen die bestimmtesten Zeugnisse des Alterthums für sie. Und
hätten die Herausgeber der Texte der grossen Dramatiker wenigstens diese eine Regel gekannt, hätten sie keine anderen Verse
abgetheilt, als solche mit Wortschluss, so würden sie nicht selten
auf einen richtigen rhythmischen Bau der Strophen gestossen sein.
Aber selbst Westphal hält nicht überall an diesem Gesetze fest. So
verstümmelt er (S. 81) die schöne Strophe bei Soph. Oed. C.
228 sq. auf eine entsetzliche Weise, nur um lauter Tetrapodien zu
Anfang derselben zu gewinnen:

οὐδενὶ μοιριδία τίσις ἔρχεται
ὃν προπάθη τὸ τίνειν· ἀπάτα δ' ἀπά—
ταις ἑτέραις ἑτέρα παραβαλλομέ—
να πόνον, οὐ χάριν, ἀντιδίδωσιν ἔ—
χειν. σὺ δὲ τῶνδ' ἑδράνων πάλιν ἔκτοπος

αὖϑις ἄφορμος ἐμᾶς χϑονὸς ἔκϑορε, μή τι πέρα χρέος
ἐμᾷ πόλει προσάψῃς.

Er meint: „Die Strophe ist wie Philoct. 1196 ff. gebildet:
auf fünf dactylische Tetrapodien folgt ein dactylischer Hexameter;
daran reiht sich noch eine katalectisch-jambische Tetrapodie. Die
dactylischen Tetrapodien sind nicht durch Wortende gesondert, was
sonst nur Eccles. 1169 ff. vorkommt."

Man sieht, die eine Verkehrtheit zieht immer als nothwendige
Consequenz neue Unmöglichkeiten nach sich: der dactylische Hexameter kann nämlich, wie § 6, 4, 5 zeigt, kein Einzelkolon bilden,
und wäre dies auch erlaubt, so bliebe immer ein Epodikon von
zwei Kola zurück. — Westphal hat vielmehr nur falsch abgetheilt,
und die Strophe bei Sophokles lautet:

> Οὐδενὶ μοιριδία τίσις ἔρχεται
> ὧν προπάϑῃ τὸ τίνειν·
> ἀπάτα δ' ἀπάταις ἑτέραις ἑτέρα
> Παραβαλλομένα πόνον, οὐ χάριν, ἀντιδίδωσιν ἔχειν.
> σὺ δὲ τῶνδ' ἑδράνων πάλιν ἔκτοπος αὖϑις ἄφορμος ἐμᾶς
> Χϑονὸς ἔκϑορε, μή τι πέρα χρέος
> ἐμᾷ πόλει προσάψῃς.

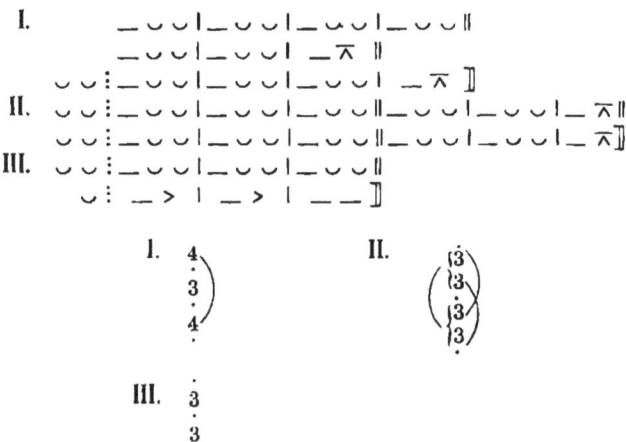

3. Dagegen ist eine Interpunction am Schlusse des Verses
durchaus nicht nothwendig. Ja es ist am Ende des Verses

Apostrophirung gestattet, wenn der folgende mit einem Vocale an-
fängt; Beispiele hierfür findet man schon in den anapästischen
Systemen in Menge. Auch hierdurch verräth sich oft der nahe
Zusammenhang zweier Verse, dass der eine derselben mit einem
Enklitikon oder postpositiven Wörtern wie μέν, δέ u. s. w. be-
ginnt.

Diese Erscheinungen scheinen darauf hinzudeuten, dass die
Verspause keine lange Dauer hatte. Aber der stets stattfindende
Wortschluss, die Gestattung des Iliatus und der Gebrauch der
syllaba anceps sprechen auch wieder dafür, dass die Pause nicht
so ganz unbedeutend sein konnte. Sie hatte also wohl nach Umständen einen ganz verschiedenen Werth, gerade wie in unseren
Gedichten.

4. In Einem Falle jedoch ist eine Elision am Schluss des
Verses nicht zulässig. Jede Kürze kann hier zwar die Länge
vertreten, nicht aber eine an sich kurze Silbe mit eli-
dirtem Vocal die Geltung einer Länge erhalten.

Demgemäss können zwar μέν und δέ am Versschluss μέν und
δέ quantitirt werden, wie allgemein bekannt ist; aber die ganz
ähnlichen Formen μέν' statt μένε, δί' statt δίε u. dgl. bleiben
immer Kürzen, würden also nur als Arsen verwendet werden
können. Der Grund ist leicht einzusehen. Ein mit Elision
schliessender Vers gehört nämlich enger mit dem folgenden zusammen, die trennende Pause ist nicht so bedeutend, dass sie die
Kürze als gedehnt erscheinen liesse.

Eben so wenig kann die kurze Silbe am Schlusse
des Verses gedehnt werden, wenn noch der Consonant
eines um seinen Vocal beraubten Wortes dahinter steht.
So war es falsch, Ag. VI den einen Vers zu schliessen mit

$$περίφρονᾱ\ δ'.$$

Beide Regeln, bisher, wie es scheint, unbekannt, leisteten
mehrere Mal gute Dienste bei der Abtheilung der Verse.

5. Wenn man im Auge behält, dass viele deutsche Verse
nach griechischem Begriffe nichts als κῶλα sind, da sie im melischen Satze ohne Pause auf einander folgen (vgl. § 6, 3), so wird
man sich nicht mehr über manche lang ausgedehnte griechische
Verse wundern. Die Praxis im griechischen Chorliede ist eine

sehr verschiedene; besonders Aeschylus hat es verstanden, durch
den Bau seiner Verse den grössten Effect hervorzubringen.

So sind die Logaöden ein lebhaftes Versmass, durch das auf
eine vorzüglich schöne Art der Eifer, die Eile ausgedrückt wird,
wenn die κῶλα hastig, ohne Verspausen aufeinander folgen. Aus
drei so langen und einem kürzeren Verse besteht die erste Strophe
und Gegenstrophe in der Parodos des Prometheus, die von den
eilig durch die Luft nahenden Okeaniden gesungen wird:

Μηδὲν φοβηθῇς· φιλία γὰρ ἥδε τάξις πτερύγων θοαῖς ἁμίλλαις
                προσέβα τόνδε πάγον, πατρῴας
μόγις παρειποῦσα φρένας· κραιπνοφόροι δέ μ' ἔπεμψαν αὖραι
                u. s. w.

I.   > ⁚ _ ∪ | ⌐ | ‾∪ ∪ | _ ∪ ‖ _ ∪ | ⌐ | ‾∪ ∪ | _ ∪ ‖
         _ ∪ | ⌐ | ‾∪ ∪ | ⌐ ‖ ‾∪ ∪ | _ ∪ | ⌐ | _ ∧ ⌉

II. ∪ ⁚ _ ∪ | ⌐ | ‾∪ ∪ | _ ‖ ‾∪ ∪ | ‾∪ ∪ | _ ∪ | _ ∪ ⌉

I.   4⎫   II.   4⎫
     4⎬   4⎭
     4⎬
     4⎭

Doch wird hier richtiger keine Periodologie angenommen, bei
welcher ein geordneter Pausensatz, wie sich zeigen wird, unent-
behrlich ist.

Diese selben Logaöden aber und ähnlich Jamben oder Trochäen, die durch häufige Tribracheis sich ihnen annähern, drücken
eben so schön, als στίχοι μονόκωλοι, also mit häufigen Pausen,
die verschiedenen Gesichtspunkte und Betrachtungen aus, welche
dem Sänger sich aufdrängen, sogleich in der zweiten Strophe der
erwähnten Parodos.   Ein schönes Beispiel bietet auch Strophe δ'
in der Parodos des Agamemnon.

Die Dochmien neigen zur Bildung der allerlängsten Verse.
Der leidenschaftliche Charakter derselben passt ganz vorzüglich gut
zu diesem Gebrauche.   Es ist deshalb im höchsten Grade verkehrt,
diese Verse in mehrere kleine mit Wortbrüchen zu zerstückeln.
Wir schreiben vielmehr z. B. die zweite Strophe in Sept. V:

'Αλλὰ σὺ μὴ ἐποτρύνου· κακὸς οὐ κεκλήσει, βίου εὖ κυρήσας·
      μελάναιγις οὐκ εἶσι δόμους Ἐρινὺς, ὅταν ἐκ χερῶν
θεοὶ θυσίαν δέχωνται.

> ⋮ ∪ ∪ _ ∪ I _ > ‖ ∪ ∪ _ ∠ I _ > ‖ ∪ ∪ _ ∪ I _ > ‖ ∪ ∪ _ ∪ I _ > ‖

            ∪ ∪ _ ∪ I _ > ‖ ∪ ∪ _ ∪ I _ ∧ ‖

      ⌣ ∪ I _ ∪ I ⌐ I _ ∧ ⁀ ‖

In anderen Fällen, so namentlich bei Dactylen kommt durch
eine ziemlich lange Ausdehnung der Verse (besonders zu zwei
Tetrapodien) eine gewisse Kraft, Würde und Bestimmtheit zum
Ausdruck. In diesem Falle aber darf ein streng geregelter Pausensatz und eine genau ausgeprägte rhythmische Periodologie nicht
fehlen.

Man sieht, dass überall feste Normen herrschen, überall dem
Inhalte die Form in angemessenster Weise dient. Und so schwindet
denn nach allen Richtungen das Gebiet der Willkühr zusammen.
Wie aber in keiner echten Kunst Regel und Gesetz zu einem
Hemmschuh der freien Entwickelung werden, so ermöglichen auch
die Regeln der griechischen Rhythmik, je strenger sie werden,
eine desto ungehemmtere Bewegung auf dem Gebiete derselben.
Sie räumen nur das Störende, Hindernde und die Gesammt-
wirkung Paralysirende hinweg.

Aeschylus ist auf dem ganzen Gebiete der unerreichte Meister;
bei ihm wird man nirgends vergeblich die Belege für die obigen
Theorien suchen.

§ 13. Die Pause als äussere Grenze der Periode.

1. Rossbach (S. 208) stellt den Grundsatz auf: „Eine jede
Periode muss mit einem Versende schliessen und so
von der folgenden und vorausgehenden durch ·eine
Pause getrennt sein, die dem Gesange und Tanze zum
Ruhepunkte dient."

Diese Regel ist evident. Dass die einzelnen Kola nicht nothwendig durch Pausen von einander getrennt werden, fällt nicht
mehr auf, sobald wir die analogen Erscheinungen der deutschen

Lyrik ins Auge fassen (§ 6, 3); wenn aber auch die Perioden nicht einmal durch Pausen von einander getrennt würden, dann würde sich gar nicht begreifen lassen, wo diese Pausen denn innerhalb der Strophen ihren Platz hätten.

2. Aber es wäre doch denkbar, dass zwei kleine Perioden einen einzigen Vers ausmachten, etwa

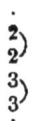

Im vorliegenden Falle würde man durch die eigenthümlichen Ictenverhältnisse, welche in der Dipodie und der Tripodie herrschen, dann durch die verschiedene Ausdehnung dieser Kola leicht erkennen, was als Periode zusammengehörte; eben so gut würde dieses sich im melischen Satze und in der Orchesis ausgeprägt haben. Man kann also zu obiger Regel hinzufügen: ausserdem können zwei kleinere Perioden einen einzigen Vers ausmachen.

Schon Rossbach nimmt in der That keinen Anstoss an Perioden mit diesem Pausensatz; so findet er (S. 218) im ersten Vers der Epoden von Pind. Py. 2 die Perioden:

3. Weiter ist die Regel aber durchaus nicht zu fassen: vielmehr muss streng festgehalten werden, dass nur dann eine Periode nicht mit einem Verse zu beginnen oder zu schliessen brauche, wenn sie mit einer zweiten vollständig in Einem Verse enthalten sei.

Der Pausensatz 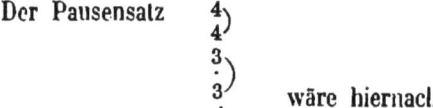   wäre hiernach

falsch. Wie nämlich dem Recitator die erste Tripodie als nahe zu den voraufgehenden Tetrapodien, von denen keine Pause sie trennt, gehörend erscheint, während die Zusammengehörigkeit mit der zweiten Tripodie durch die trennende Pause aufgehoben ist:

so konnte auch der melodische Satz keine andere Gruppirung hervortreten lassen. Nur wo auch die erste Tripodie durch eine Pause von den voraufgehenden Kolis isolirt wäre, würden beide Perioden in untadelhafter Form gewahrt sein:

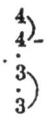

Ebenso falsch ist der Pausensatz:

Auch hier wird nur ein legales Verhältniss durch eine zweite Pause hergestellt:

Dieselben Verhältnisse gelten natürlich in allen übrigen Periodenarten, den palinodischen, antithetischen u. s. w. Hinsichtlich der die Periode schliessenden Pause sind also wohl zu unterscheiden

A. Der legale Pausensatz:

B. Der falsche:

Westphal hat dieses Gesetz durchaus nicht streng beobachtet; er findet z. B. bei Pindar folgende stichische Perioden, die er freilich auf die verschiedenste Art bezeichnet und benennt:

$$\text{Ol. 8.} \qquad \text{Ne. 10.} \qquad \text{Py. 9.}$$

$$
\begin{array}{ccc}
\left.\begin{array}{c} \dot{3} \\ 3 \end{array}\right) & \left.\begin{array}{c} \dot{5} \\ 5 \end{array}\right) & \left.\begin{array}{c} \dot{3} \\ 3 \end{array}\right) \\
\left.\begin{array}{c} \dot{3} \\ 3 \end{array}\right) & \left.\begin{array}{c} \dot{2} \\ 2 \end{array}\right) & \left.\begin{array}{c} 4 \\ 4 \end{array}\right) \\
\left.\begin{array}{c} \dot{5} \\ 5 \end{array}\right) & \left.\begin{array}{c} \dot{3} \\ 3 \end{array}\right) & \left.\begin{array}{c} 4 \\ \dot{4} \end{array}\right) \\
\dot{} & \dot{} &
\end{array}
$$

Hier beginnt das Gebiet schrankenlosester Willkühr. Hätten die alten Dichter ihre Perioden wirklich nach so mangelhaften Principien gebaut, so müssten wir daran verzweifeln, die von ihnen beabsichtigte Periodologie aufzufinden. Jede Strophe fast wäre ein unlösbares Problem oder vielmehr eine diophantische Gleichung, für welche sich eine endlose Menge gleichberechtigter Lösungen finden liessen.

4. **Das Proodikon, ebenso das Epodikon kann beliebig von seiner Periode durch eine Pause getrennt oder ohne dieselbe mit einem der constituirenden Kola verbunden sein.**

Recht sind also folgende Pausensätze:

$$
\begin{array}{cccc}
\dot{b} = \pi\varrho. & \dot{b} = \pi\varrho. & \left.\begin{array}{c} \dot{a} \\ a \end{array}\right) \; \dot{} & \left.\begin{array}{c} \dot{a} \\ a \end{array}\right) \; \dot{} \\
\left.\begin{array}{c} a \\ a \end{array}\right) & \left.\begin{array}{c} a \\ a \end{array}\right) & \dot{b} = \acute{\epsilon}\pi. & \dot{b} = \acute{\epsilon}\pi. \\
\dot{} & \dot{} & &
\end{array}
$$

Falsch wäre einzig, wenn das Proodikon oder Epodikon von seiner zugehörigen Periode durch eine Pause getrennt wäre, während es mit einer anderen ohne Pause zusammenhinge:

$$
\left(\begin{array}{c} a \\ b \\ a \\ b \end{array}\right) \qquad\qquad \left(\begin{array}{c} a \\ b \\ a \\ b \end{array}\right)
$$

$$
\begin{array}{cc}
\dot{c} = \pi\varrho. & \dot{c} = \acute{\epsilon}\pi. \\
\left.\begin{array}{c} d \\ d \end{array}\right) & \left.\begin{array}{c} d \\ d \end{array}\right)
\end{array}
$$

Im ersten Falle ist vielmehr aufzufassen:

$$
\left(\begin{array}{c} a \\ b \\ a \\ b \end{array}\right)
$$
$$
\dot{c} = \acute{\epsilon}\pi.
$$
$$
\left.\begin{array}{c} d \\ d \end{array}\right)
$$

während die zweite Combination gewöhnlich auf keine genügende Art zu erklären wäre, da ein Proodikon nach § 11, 2, III im Innern der Strophe meistens nicht zulässig ist.

Noch verkehrter wäre es natürlich, wenn ein

Epodikon oder Proodikon mit zwei Perioden ohne Pause zusammenhinge, etwa

$$
\left.\begin{matrix} a \\ b \\ b \\ a \end{matrix}\right) \qquad \text{oder} \qquad \left.\begin{matrix} a \\ b \\ b \\ a \end{matrix}\right)
$$

$$
c = \dot{\epsilon}\pi. \qquad\qquad c = \pi\varrho.
$$

$$
\left.\begin{matrix} d \\ d \end{matrix}\right) \qquad\qquad \left.\begin{matrix} d \\ d \end{matrix}\right)
$$

In allen diesen Fällen haben auch Rossbach und Westphal die
richtigen Schranken innegehalten, ohne dennoch die Regeln dafür
aufgestellt zu haben.

Da die Proodika und Epodika keine respondirenden Glieder
sind und eigentlich selbst eine Art Pause, wenigstens für die Orchestik bilden, so kann es gleichgültig sein, ob noch eine wirkliche
Pause diesen Abschnitt vergrössere oder nicht.

5. Man ·sollte erwarten, dass zu Ende der Periode immer
eine stärker ausgeprägte Pause vorhanden sein müsse, als innerhalb derselben am Schluss der einzelnen Verse. Wenn die letzten
also innerhalb der Periode nothwendig nur mit einem vollen Worte
schliessen, wobei auch noch die Elision gestattet ist, so scheint
am Ende des Schlussverses einer Periode eine stärkere Interpunction, wenigstens eine Art Abschluss des Sinnes an ihrem Orte
zu sein. Hier haben aber die chorischen Dichter eine ganz ver-
schiedene‚Praxis, die am leichtesten bei den drei grossen Meistern,
Aeschylus, Sophokles und Pindar sich unterscheiden lässt.

Pindar mag immerhin auch als der genialste Componist gelten:
von einer schönen und zweckdienlichen Einfachheit aber ist er am
weitesten entfernt. Seine Perioden sind eben so wenig durch
Interpunction durchgängig abgesondert, als es die Verse der griechischen Dichter ganz allgemein sind. Daher finden sich gerade
bei ihm zwei Perioden in demselben Verse vereinigt. Man hätte
dies freilich von vornherein nicht anders erwarten sollen, da selbst
die Strophen so häufig bei ihm ohne Interpunction enden. Ein
äusserst kunstreicher Tonsatz scheint allen seinen Epinikien gegeben zu sein, wofür eine Menge von Erscheinungen sprechen,
deren wichtigste ich später kurz andeuten werde. Die Macht der
Töne scheint nun den Dichter zu den künstlichsten rhythmischen
Combinationen fortgerissen zu haben. Für uns bieten seine Strophen

deshalb nicht sogleich ein anschauliches Bild: erst der in den einfacheren rhythmischen Compositionen Geübte kann sie verstehen.
Aeschylus ist das gerade Gegentheil Pindars. Ueberall strebt
er nach den einfachsten und schönsten Kunstformen; da sind nirgend entbehrliche Schnörkel und Zierrathen, Alles ist mit grösster
Zweckdienlichkeit angelegt. Die Kunst ist zur Natur selbst zurück-
gekehrt und entlehnt von ihr ihre schönsten Formen unmittelbar.
Daher schliessen auch die Perioden des Aeschylus fast durchgängig
entweder mit einer Interpunction, oder auch an ihrem Schlusse ist
in irgend einer Weise ein bedeutsamer Abschluss im Sinne des
Textes erkennbar. Diese Anzeichen führen bei ihm meist ohne
Schwierigkeit zur Erkenntniss des Anfanges einer neuen Periode;
dazu kommen dann oft metrische Eigenthümlichkeiten, da z. B.
die Perioden nicht selten in ganz verschiedenem Taktmasse verfasst sind, entsprechend ihrem Inhalte. Uns mindestens erscheinen
diese wohl abgeschlossenen Perioden unendlich natürlicher, als die
Pindars.

Einen ganz anderen Weg ist Sophokles gegangen. Da seine
Schöpfungen in genauerem Sinne des Wortes Dramata sein sollten,
so musste das lyrische Element derselben mehr beschränkt werden. Seine Chorgesänge sind kurz und bestehen aus wenigen
Strophen; aber einen Ersatz suchte er zu bieten durch die kunstvolle Composition derselben. Sophokles hat die Würde der dramatischen Lyrik vollkommen bewahrt und doch die allerkunstvollsten
und grossartigsten rhythmischen Perioden aufgebaut. In ihnen
herrscht immer ein klares und durchsichtiges Princip, nie Künstelei,
von der Pindar keineswegs ganz freizusprechen ist. Aber was
Aeschylus in einer ganzen Reihe von Strophen bot, sollte hier in
wenigen geleistet werden; dabei konnte es denn nicht ausbleiben,
dass seltene Formen, mit denen der grosse Vorgänger den grössten
Effect zu erreichen wusste, hier zuweilen zu blossen Pointen abge-
stumpft sind. Der Rahmen der einzelnen Periode erschien aber zu
klein: die ganze Strophe wurde mehr und mehr auch zu einer
rhythmischen Einheit. Daher ist denn Interpunction zu Ende der
Perioden wieder viel seltener geworden. Ja selbst die eine Strophe
konnte häufig den melodischen und rhythmischen Satz nicht vollkommen entfalten, so dass erst die folgende Strophe oder Epodos
die befriedigende Auflösung brachte. Die rhythmischen Perioden

natürlich sind immer in ihrer Strophe abgeschlossen. Aeschylus variirt gewöhnlich nur die Melodie der einen Strophe in der nächsten; Sophokles zerlegt sie in ihre Hauptsätze und windet sich in den merkwürdigsten Krümmungen um das Thema selbst, bis endlich dieses in vollster Klarheit wieder hervortritt. Solche Verhältnisse lassen sich mehrfach bei ihm nachweisen.

---

§ 14. Die Verspause als ordnendes Princip der Perioden.

1. Die wenigen Worte Rossbachs (S. 203): „Die Verspause steht ausserhalb des Rhythmus" haben sein ganzes rhythmisches System vollständig des realen Bodens beraubt. Wäre dieser Satz wahr, dann wäre es für uns schlechterdings unmöglich, die übrigen Lehrsätze der Rhythmik als factisch in Kraft stehend nachzuweisen. Denn mit seiner Hülfe kann man aus jeder beliebigen Strophe machen, was man gerade will; nie aber würde man, so lange er gälte, nachweisen können, dass man die vom Dichter beabsichtigte Eurhythmie gefunden habe.

Ich stelle dafür nun den entgegengesetzten Lehrsatz auf:

Die Verspausen sind das ordnende Princip der Perioden; sie respondiren eben so streng als die Kola.

Ich muss diesen Lehrsatz als die Grundlage meines ganzen Systemes ansehen. Sobald ich ihn gefunden, ergab sich bei der praktischen Anwendung, zunächst auf die Strophen Pindars, alles Uebrige fast von selbst. Mit seiner Hülfe glaube ich der Wissenschaft der Eurhythmie eine so feste Grundlage gegeben zu haben, dass die kunstreichsten Strophen der chorischen Dichter eben so genau zu zergliedern sind, als der dactylische Hexameter; und wie wir in diesem die geringsten Fehler sogleich erkennen, so vermögen wir nun auch in den Strophen, selbst da wo eine äusserst mangelhafte Ueberlieferung Alles verdunkelte, mit leichter Mühe das Rechte von dem Falschen zu trennen und die Stelle nachzuweisen, wo der Fehler liegt.

Unser Satz ist an und für sich so evident, dass er der Deduction und des Beweises gar nicht erst bedarf. Man denke

nur daran, dass die Pausen zwischen den Versen gewiss in vielen
Fällen mit Instrumentalmusik ausgefüllt waren, und man wird sogleich erkennen, dass auch diese eben so regelmässig respondiren
musste, wie der Gesang. Man vergegenwärtige sich unseren
Kirchengesang mit seinen Zwischenspielen: und man hat das aller-
deutlichste Bild. Aber auch, wenn diese Pausen von sehr geringem Umfange und deshalb ohne Instrumentalmusik waren, war
eine genaue Responsion derselben nothwendig, ja eigentlich noch
nothwendiger. Denn so trat der krasseste Unterschied zwischen
den längeren, von Gesang, Musik und Orchestik erfüllten Partien
und den kürzeren Zeitabschnitten, in denen dies Alles verstummte
und aufhörte, erst recht hervor. Die Pausen mussten so als ganz
hervorstechende Abschnitte erscheinen.

Wir hoben bereits § 2, 3 hervor, dass der Rhythmus der
recitirten und der gesungenen Strophe derselbe sei. Fehlt uns
daher auch der melodische Satz der alten Strophen, so können
wir doch ohne Schwierigkeit ihren Rhythmus in allen seinen Eigenthümlichkeiten erkennen. Und so wird denn Jeder leicht sich vergegenwärtigen können, wie nothwendig ein streng geregelter Pausensatz innerhalb der rhythmischen Perioden sei. Ein schlagendes
Beispiel wird dies sogleich zu klarstem Bewusstsein bringen.

Die griechischen Verse:

$$\cup \vdots \_\ \cup\ \vdash\_\ \wedge \|$$
$$\cup \vdots \_\ \cup\ |\_\cup\|\_\ \cup\ |\_\cup\|\_\ \cup\ |\_\ \wedge \]]
\qquad \left(\begin{matrix}2\\ \vdots \\2\\2\\2\end{matrix}\right)$$

bilden eben so wenig eine palinodische Periode, als die entsprechenden deutschen:

> Es tobt die *see*
> wenn laut des *win*des flügel *we*hen auf sie *hin,*

trotzdem bei uns der Reim noch dem Gefühle zu Hülfe kommt.

„Rhythmische" Perioden von dieser letzteren Art aber haben
Rossbach und Westphal durchgängig in der griechischen Literatur
nachweisen wollen; wo sie einmal das Richtige getroffen haben, da
hat nur der Zufall entschieden. Ich werde bei einem Pindarischen
Epinikion auf die Fehler Rossbachs, bei einer Anzahl Aeschyleïscher
Strophen besonders auf die Westphals aufmerksam machen, damit

man die Divergenz unserer rhythmischen Schemen mit leichter
Mühe übersehen könne.

Ausserdem wird der obige Lehrsatz durch seine ausnahm-
lose Geltung hinreichend vertheidigt. Ich werde also in dem Folgenden, ohne weiter zu begründen, die Regeln für die einzelnen
Arten der Perioden geben.

2. Ueber die am Schlusse der Perioden nothwendige Pause
ist bereits im vorigen Paragraphen gesprochen. Den einen, ungemein seltenen Fall, dass nämlich zwei Perioden in Einem Verse
vollständig enthalten sind, können wir gänzlich übergehen, da bei
ihm von gar keinem Pausensatze die Rede ist.

Die Schlusspause der Periode respondirt in gewissem Sinne
überall der Pause am Anfange derselben, z. B.

Sie gehört aber eigentlich nicht mit in die Eurhythmie der
Strophe, doch ist auch diese Auffassung nicht fehlerhaft.

3. Da die „stichische“ Periode nur aus zwei Gliedern besteht, so ist nur Eine Pause innerhalb derselben
möglich. Hier kann die trennende Pause nach Belieben
vorhanden sein oder fehlen. Recht sind also beide Formen,

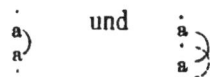

Im zweiten Falle muss eine Art Responsion zwischen der Pause
hinter dem ersten Gliede und derjenigen hinter dem zweiten Gliede,
welche zugleich die ganze Periode schliesst, stattfinden.

Bei der repetirten stichischen Periode muss dagegen auch derselbe Pausensatz sich wiederholen.

Hier gibt es demnach wieder zwei legale Formen:

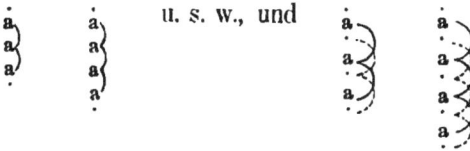

Falsch ist dagegen ein Pausensatz wie

<pre>
a   a   a   a   u. s. w.
  .   .   .   .
a   a   a   a
a   a   a   a
  .   .   .   .
         a   a
           .   .
</pre>

4. In der palinodischen Periode entsprechen auch die Pausen sich in palinodischer Folge.

Folgt also einem bestimmten Vordergliede die Pause, so muss sie auch dem respondirenden Hintergliede folgen; fehlt sie dem Vordergliede, so muss sie auch dem respondirenden Hintergliede fehlen. — Nur die Schlusspause der ganzen Periode kann hier, wie bei allen übrigen Periodenarten ausser Acht gelassen werden: ihr braucht in den Vordergliedern keine Pause zu entsprechen.

Für die viergliedrige Periode gibt es drei legale Pausensätze:

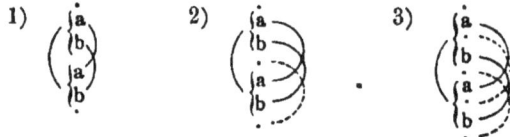

und zwei falsche:

<pre>
1)   .   2)   .
      a   a
      b   b
      a   a
      b   .
      .   b
                       .
</pre>

Bei mehr als viergliedrigen Perioden aber kommt noch ein anderes Gesetz zur Anwendung: es müssen nämlich beide Gruppen durchaus durch eine Verspause von einander getrennt sein, in keinem Falle darf eine Pause innerhalb der Gruppen sein, während sie zwischen den Gruppen selbst fehlt.

Die Regel ist einleuchtend aus der Natur der palinodischen Perioden überhaupt. Die Kola der Gruppe gehören nämlich als musikalische Einheit und rhythmische Folge unmittelbar zusammen: folglich darf die Trennung dieser Kola von einander nicht grösser sein, als ihre Trennung von den Kolis der anderen Gruppe. Im entgegengesetzten Falle würde man die beiden Abtheilungen der Periode nicht mehr als solche erkennen und es würde ein ganz verworrenes Bild entstehen.

So sind denn in der sechsgliedrigen Periode nur vier Pausensätze recht:

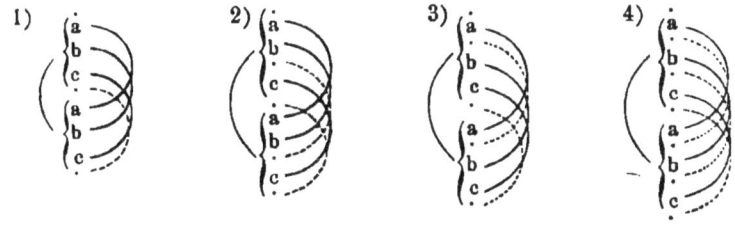

Falsch sind zunächst drei Stellungen der Pausen, die zwar
mathematisch untadelhaft sind, dagegen nicht mit der zweiten Regel
stimmen,

	1)		2)		3)
	a		a		a
	b		b		b
	c		c		c
	a		a		a
	b		b		b
	c		c		c

Dann sind noch 10 Stellungen falsch, die auch mit den
mathematischen Hauptprincipien nicht in Einklang stehen, so dass
im Ganzen 13 falsche Stellungen denkbar sind:

4)	5)	6)	7)	8)
a	a	a	a	a
b	b	a	b	b
c	c	b	c	c
a	a	a	a	a
b	b	b	b	b
c	c	c	c	c

9)	10)	11)	12)	13)
a	a	a	a	a
b	b	b	b	b
c	c	c	c	c
a	a	a	a	a
b	b	b	b	b
c	c	c	c	c

Noch ungleicher wird dies Verhältniss bereits in der acht-
gliedrigen Periode. Hier sind freilich 8 Stellungen recht, aber
112 falsch! Und so steigt dieses Verhältniss bei jeder neuen Ver-
grösserung der Periode wie eine geometrische Progression. Hier
mögen z. B. wenigstens noch die richtigen Positionen notirt wer-

den; bei den Schemen lasse ich der Anschaulichkeit zu Liebe nur die Bogen für die specielle Responsion der Kola rechts stehen, während links die Responsionen der Pausen notirt sind:

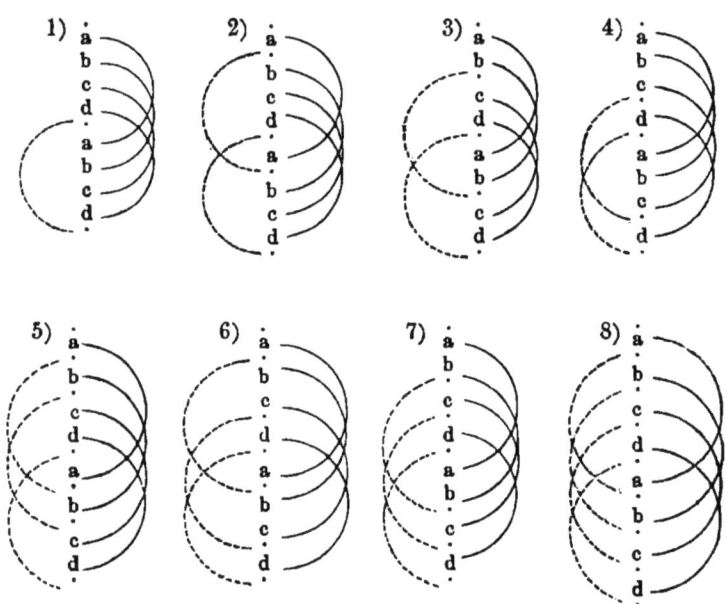

5. Bei der repetirten palinodischen Periode muss auch derselbe Pausensatz wiederholt werden.

Während z. B. sowohl 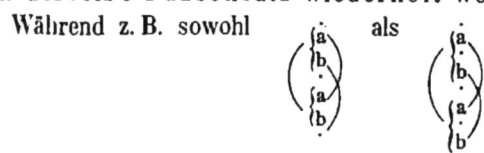 als

eine richtig gebaute Periode ist, bildet dennoch die Reihenfolge

.
a
b
. a
b
. a
b
.

durchaus keine repetirte Periode. Entweder muss hier die Pause hinter a in der dritten Gruppe wegfallen oder auch in den beiden ersten Gruppen ebenfalls eine Pause hinter a stehen:

.   oder auch   .
a   a
b   b
.   .
a   a
b   b
.   .
a   a
b   b
.   .

6. Eine palinodische Periode ist einem periodischen Decimalbruche sehr ähnlich. Erst dann ist eine Periode des letzteren zu
Ende, wenn ganz dieselbe Reihenfolge von Zahlen ohne die geringste Versetzung wieder erscheint. Dabei kann dieselbe Ziffer
beliebig oft in einer und derselben Periode vorkommen. In dem
Decimalbruche 0·323333233332···· besteht z. B. die Periode aus
32333, nicht aber sind 3,2 und 3,3,3 als zwei verschiedene Perioden zu betrachten. Daher entspricht auch die erste 3 in jener
Reihe 32333 nicht der zweiten, dritten oder vierten 3, wohl aber
der ersten drei in der nächsten Periode.

Wenn wir daher z. B. Ne. VII die Reihenfolge ·34·33·34·33·34·
haben, so entspricht diese genau der Formel ab·cd·ab·cd·ab·,
nicht aber einer Verbindung wie ab·aa·ab·aa·ab·. Lassen wir
deshalb vorläufig die beiden letzten Kola ·34· unberücksichtigt, so
erhalten wir die Periode:

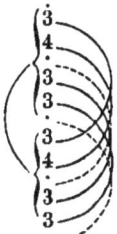 Was beim periodischen Decimalbruche die
Divisionsreste sind, das sind bei der Reihenfolge
rhythmischer Kola die Pausen: an ihnen erkennt
man die Gliederung der Periode und wo sie
schliesst. Deshalb muss auch eine Reihenfolge
von lauter κῶλα gleicher Ausdehnung häufig
nicht als repetirte stichische, sondern als palinodische Periode aufgefasst werden,

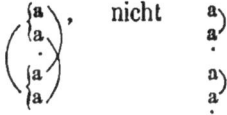

Obige Reihenfolge bei Pind. Ne. VII führt aber noch auf eine
andere Wahrnehmung. Folgen nämlich Reihen mehrere Mal auf
einander, das letzte Mal aber nicht mehr in ganzer Ausdehnung,
sondern um Kola verkürzt, so sind zwei Fälle zu unterscheiden.
Besteht die letzte Responsion nur aus Einem Kolon, so lässt sich
dieses als Epodikon fassen; besteht sie aber aus mehreren Kola,
so ist diese Auffassung nicht mehr gestattet (§ 11, 2, I), und es
wird dann durch die letzte unvollständige Gruppe vielmehr die
Gliederung der ganzen Gruppe angezeigt. Wir wollen dies durch

ein Beispiel erläutern. Die Gruppe abcd werde auf folgende Arten wiederholt:

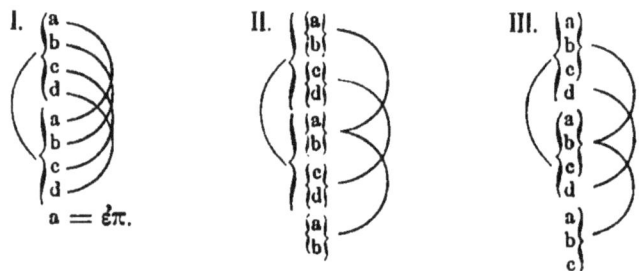

Bei I. konnte das in der zweiten Wiederholung einzig vorhandene erste Kolon a als Epodikon betrachtet werden. — Bei II. konnte ab, zum zweiten Male wiederholt, nicht mehr als Epodikon angesehen werden, zeigte uns aber die Gliederung [(a + b) + (c + d)]. — Bei III. erkannten wir aus der Wiederholung von abc die Gliederung [(a + b + c) + d]). Auch bei I. wäre die Auffassung nicht falsch gewesen, die Gruppe abcd hätte die Gliederung [a + (b + c + d)] gehabt.

Diese Gliederung muss nun auch, wie zu erwarten ist, durch Pausen angezeigt werden. Jedes „Glied" der Gruppe, aus wie viel Kola es auch bestehen möge, muss durch Pausen isolirt sein, und in diesem Falle dürfen wohl die einzelnen Kola der „Glieder" nicht von einander getrennt sein — obgleich vom rein mathematischen Standpunkte aus nichts hiergegen einzuwenden wäre. So müssen denn obige drei Combinationen folgenden Pausensatz haben:

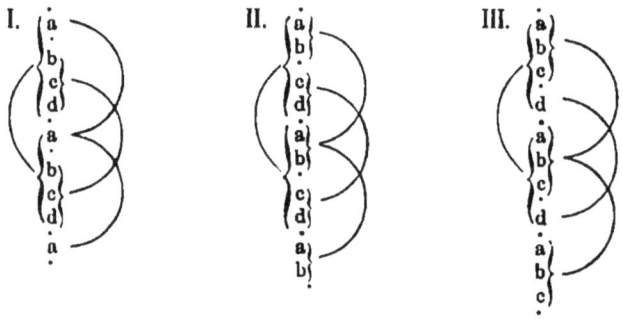

In diesen Schemen wäre es unbequem, auch die Responsion

der Einzelkola noch zu bezeichnen. — Die aus Ne. VII citirte
Periode hat natürlich den legalen Pausensatz:

7. In der antithetischen Periode entsprechen auch
die Pausen sich in antithetischer Folge.

Hier tritt ein bedeutender Unterschied von der palinodischen
Folge zu Tage: dort respondiren nur Glieder, denen entweder
beide Mal (als Vorder- und Hinterglieder) eine Pause folgt oder
beide Mal nicht folgt. Hier ist die Regel: Hat das Vorderglied
eine Pause hinter sich, so muss das respondirende Hinterglied
eine Pause vor sich haben und umgekehrt. Dieser Unterschied ist
im Wesen der Periode selbst begründet.

Man kann zwei Arten antithetischer Perioden unterscheiden.
Entweder stossen nämlich beide Mittelglieder unmittelbar, ohne
trennende Pause, zusammen: dann tritt die antithetische Anordnung besonders scharf und unvermittelt hervor. Oder auch, eine
Verspause trennt die beiden Mittelglieder: hierdurch ist die Anti-
thesis gemildert, es ist ein Uebergang zur mesodischen Periode
gewonnen.

Wir wollen von nun an nicht weiter die möglichen falschen
Pausensetzungen berücksichtigen, deren Anzahl Legion ist, und
lieber gleich die richtigen Positionen, welche bei der sechsgliedrigen
Periode möglich sind, darstellen.

A. Perioden ohne Mittelpause.

 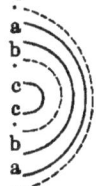 

B. Perioden mit Mittelpause.

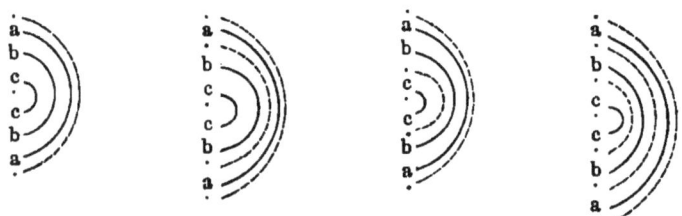

8. In den palinodisch-antithetischen Perioden respondiren die umschliessenden Pausen der Gruppen antithetisch, diejenigen im Innern der Gruppen palinodisch.

Da die Combinationen in diesen Perioden ausserordentlich mannigfaltig sind, so wähle ich von den § 8, 9, III angeführten Combinationen der zehngliedrigen Periode die Nummern 2, 7, 15 aus. Man wird nach diesen Mustern überall, auch bei sehr vielgliedrigen Perioden, mit leichter Mühe den rechten Pausensatz finden. Ich bemerke jedoch im Voraus, dass von den anzuführenden Pausensätzen nicht alle factisch in Gebrauch sind, namentlich weder die Perioden allzu sehr zerstückelt, noch die Kola zu allzu ungleichen Versen vereinigt werden.

2) A, ohne Mittelpause.

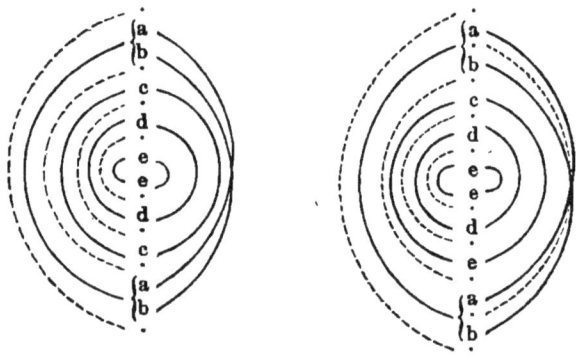

B. Mit Mittelpause: ganz ebenso.

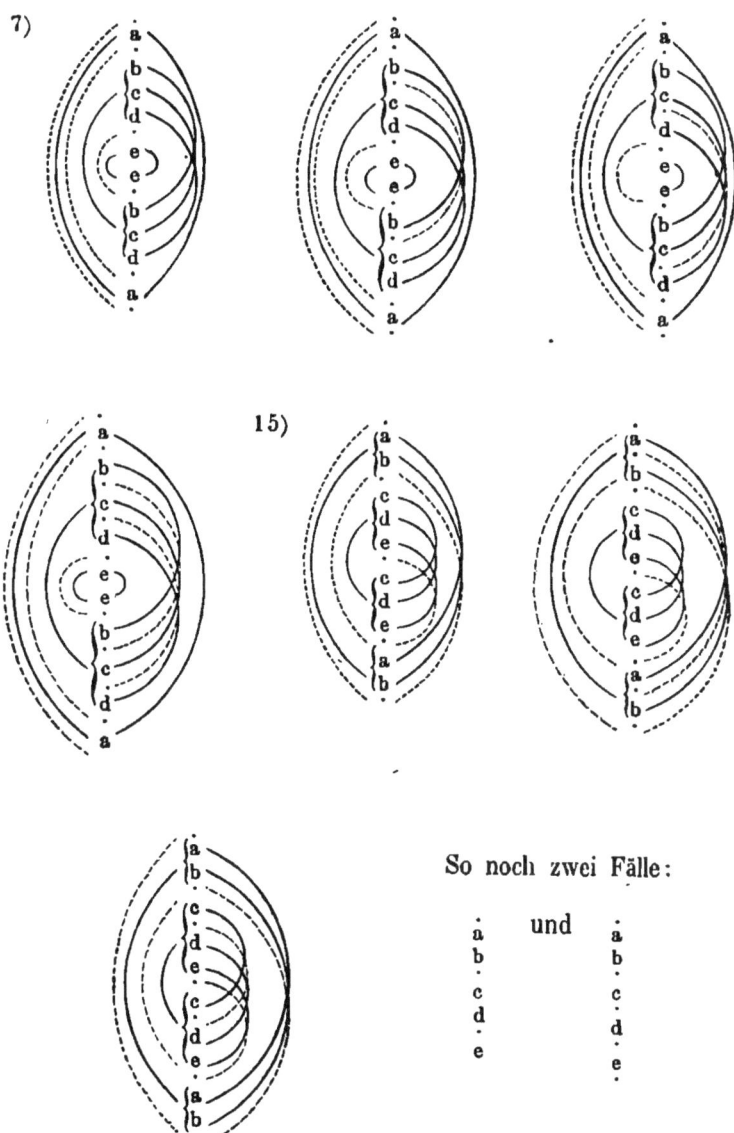

So noch zwei Fälle:

a   und   a
b   b
c   c
d   d
e   e

Endlich der letzte Fall, wo auch in 15) alle Kola isolirt sind:

7*

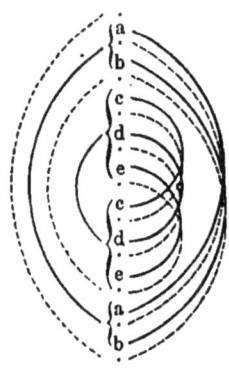

Die Mittelpause ändert überall nichts an den Pausenverhältnissen; in der Combination 15) aber ist sie nothwendig, wie aus dem über die reinen antithetischen Perioden Gesagten hervorgeht.

In der palinodisch - antithetischen Periode müssen nothwendig auch die Einzelkola, welche nicht in irgend einen Gruppenconnex gehören, durch Pausen isolirt sein.

Im entgegengesetzten Falle wäre nämlich wohl die antithetische Hauptresponsion, nicht aber die palinodische Responsion der Kola gewahrt.   Dies kann ein Beispiel aus der Combination 2) veranschaulichen.   Mit einer Punktlinie, die in einen Pfeil endet, bezeichne ich die mangelnde Responsion einer Pause.   So in der falschen palinodischen Periode:

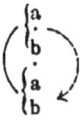

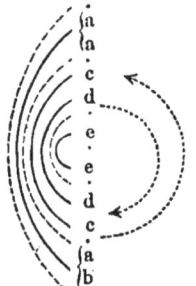

Nur die Mittelpause darf fehlen, wie schon die obigen Beispiele belegen.

Bedenkt man, dass die palinodisch-antithetische Periode die allerkunstvollste ist, so wird man die „in wohl gesonderte Abtheilungen zerlegende Pause" auch hier am nöthigsten erachten.

9. Die mesodische und die palinodischmesodische Periode sind nur, wie jetzt erkannt werden kann, Modificationen der antithetischen und der palinodisch-antithetischen Periode.   Antithetische Periode ohne Mittelpause, antithetische Periode mit Mittelpause, mesodische Periode: das sind ganz allmälige Uebergänge.   Denn das Mesodikon kann sehr gering an Umfang sein, etwa eine Dipodie: in diesem Falle wird die Dauer mancher Verspause ihm nahezu gleichkommen.   Denkt man nämlich an zweisilbige Anakrusen mancher logaödischen Verse, die auf einen

akatalektischen Vers folgen, so braucht die eigentliche Pause nur
eine einzige More zu dauern, und das Intervall hat den Umfang
eines vollen Taktes erreicht, z. B.

$$\_ \cup | \_\cup \cup | \_ \cup | \_ \cup \| $$
$$\cup \cup | \_ \cup | \_ \cup | \_\cup\cup | \_ \cup \| $$

An eine so geringe Dauer der eigentlichen Pause ist aber gewiss selten zu denken, so dass in dem vorliegenden Falle das
Intervall gewiss nahezu zwei Takte betragen wird, und unter Umständen noch mehr. Dann aber schreitet das Mesodikon bis zur
Ausdehnung einer Hexapodie fort, ja, kann noch obendrein mit
einer oder zwei Verspausen verbunden sein. So werden wir auch
hierdurch auf verschiedenen Werth und Anwendung desselben geführt; vgl. § 9.

Das Mesodikon kann ohne Verspause mit den beiden umgebenden antithetischen Gliedern zusammenhängen; es kann von dem voraufgehenden oder folgenden, es kann von beiden umgebenden Gliedern durch
eine Verspause getrennt sein. Legal sind alle vier Formen:

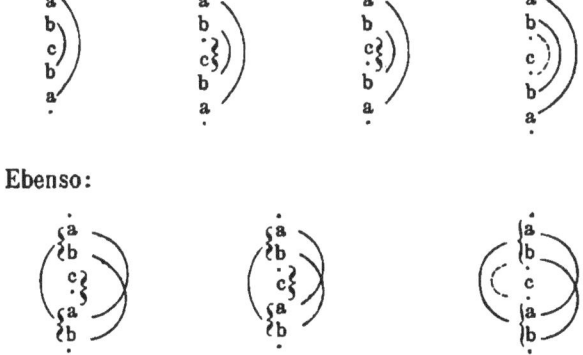

Ebenso:

Also nur die palinodisch-mesodische Periode fordert, um
ihre Gruppen nicht in einander schwimmen zu lassen, irgend eine
Centrumpause. Dies aber liegt in ihrem Wesen begründet, nicht in
dem des Mesodikon.

Alle diese Pausensätze beim Mesodikon liegen dem rhythmischen Gefühle nahe. Nehmen wir als Beispiel eine dactylo-epi-
tritische Periode aus einer epitritischen Tetrapodie als correspon-

direndem Vorder- und Hintergliede und einer dactylischen Tripodie
als Mesodikon. Die vier gleich guten Formen sind:

I. _ > | _ _ | _ > | _ _ ‖ _ ◡ ◡ | _ ◡ ◡ | _ _ ‖

                             _ > | _ _ | _ > | _ _]

II. _ > | _ _ | _ > | _ _ ‖ _ ◡ ◡ | _ ◡ ◡ | _ _ ‖

    _ > | _ _ | _ > | _ _]

III. _ > | _ _ | _ > | _ _ ‖

    _ ◡ ◡ | _ ◡ ◡ | _ _ ‖ _ > | _ _ | _ > | _ _]

IV. _ > | _ _ | _ > | _ _ ‖

    _ ◡ ◡ | _ ◡ ◡ | _ _ ‖

    _ > | _ _ | _ > | _ _]

Nachdem man in I die beiden ersten Kola recitirt hat und
nun beim dritten anlangt, merkt man sogleich, dass dies eine
Rückkehr zum ersten Kolon ist: beide entsprechen also einander
und respondiren; das mittlere Kolon erscheint dagegen als eine
Grösse für sich, die nicht respondirt. So wird die mesodische
Gliederung auch innerhalb eines Verses mit leichter Mühe erkannt. Gewöhnlich wird unser rhythmisches Gefühl durch
die metrischen Formen, die bei den κώλοις sehr verschieden sein
können, in den respondirenden Gliedern dagegen möglichst stimmen, unterstützt; doch lässt das Verhältniss sich auch in dem
Falle klar erkennen, wo die Gestalt der Takte in allen Kolis vollständig stimmt, wie bei reinen Dactylen ohne Zusammenziehungen
u. s. w. Die Ausdehnung der Kola, dann ihre Ictenverhältnisse
leiten immer sicher.

Wenn man bei II. den zweiten Vers recitirt, so merkt man
sogleich, dass er wie der erste Vers anfängt; am Schlusse ver-
misst man dann aber die Tripodie. Man erkennt also, dass sie
nicht ihr Ebenbild erhalten habe, nicht respondire, folglich (da sie
zwischen respondirenden Gliedern steht), ein Mesodikon sei.

Bei III. merkt man ebenfalls, sobald man beim dritten Kolon
anlangt, dass dies bereits in dem vorhergehenden Verse sein Ebenbild habe; die voraufgehende Tripodie also erscheint als etwas
Fremdes und wird so in ihrer mesodischen Natur erkannt.

Unser rhythmisches Gefühl, das an kleinere oder grössere Pausen nach jedem Kolon gewöhnt ist, wird am meisten durch die in IV. waltenden Verhältnisse befriedigt.

Merkwürdiger Weise glaubt gerade hier Rossbach einen bestimmten Pausensatz annehmen zu müssen; er meint, dass das Mesodikon immer an einer Pause vor oder hinter demselben kenntlich sei, so dass also von den oben als legal angegebenen 4 Formen die erste nicht zulässig wäre. Aber Westphal kehrt sich nicht im Geringsten an diese Regel, und daran thut er Recht.

10. Für die Orchesis sind das Proodikon, das Epodikon, und vielleicht auch immer, zum mindesten in vielen Fällen das Mesodikon, weiter nichts als Pausen. Daher können diese Kola beliebig durch Pausen noch erweitert werden oder auch nicht. Daher können sie auch mit Pausen respondiren. Perioden wie sind also durchaus untadelhaft gebaut.

Im melischen Satze war die Bedeutung der nicht respondirenden Kola eine sehr verschiedene, wie bereits angegeben wurde (§ 11). In keinem Falle gehörten sie als nothwendige Glieder in den strengen Connex der musikalischen Sätze, sie entsprachen also auch hier eher den Intervallen, die vielleicht mit einem Zwischenspiele ausgefüllt waren, als den constituirenden Gliedern der Periode, weshalb auch hier die Responsion eines Epodikons mit einer Pause als wohl begründet erscheint.

Wie endlich im reinen Rhythmus für sich die verschiedenen Pausensätze bei den nicht respondirenden Kolis nichts Anstössiges haben, ist bereits an den betreffenden Stellen auseinandergesetzt worden.

11. Nicht selten lässt eine gegebene Reihenfolge von κῶλα gleicher oder ungleicher Ausdehnung sich auf verschiedene Art zu Perioden verbinden, und zwar so, dass die vorkommenden Verspausen mit diesen verschiedenen Eintheilungen im Einklang stehen. So können wir z. B. die Reihenfolge 52·52 auf drei Arten rhythmisch anordnen:

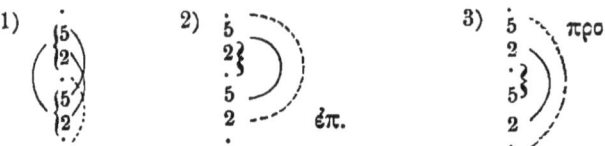

Wir erhalten also in diesem Beispiele eine palinodische und zwei verschiedene mesodische Perioden, und es frägt sich, welche Eintheilung die empfehlenswertheste ist. Ohne Zweifel ist die erste der Eintheilungen die beste, denn ziehen wir die Verspause im Innern der Periode nicht blos als mathematische Grösse in Betracht, sondern bedenken die gruppirende Kraft derselben, so werden wir finden, dass durch dieselbe die gegebene Reihenfolge ganz natürlich in zwei gleiche Hälften zerlegt wird, die sich palinodisch wiederholen.

Anders dagegen würde es mit der Reihenfolge ·5252· sein. Wir wissen bereits, dass die „Gruppen" der palinodischen Periode, so wenig die rein mathematische Theorie dies nothwendig macht, durch Pausen von einander getrennt zu sein pflegen, ja dass dieses für eine Nüance der palinodischen Periode, nämlich für die palinodisch-antithetische Periode selbst vom mathematischen Standpunkte aus zur Nothwendigkeit wird. Deshalb hat man hier nicht

zu combiniren, sondern vielmehr

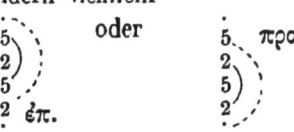

zu schreiben.

Die Eintheilung mit Epodikon liegt dem rhythmischen Gefühle (das, richtig ausgebildet, auch fast immer auf den rechten melischen Satz führt) näher, und ist deshalb vorzuziehen. — Die mesodische Periode bedarf am wenigsten der innern Pause, da das Mesodikon dieselbe vertritt.

12. Folgen lauter Kola gleicher Ausdehnung auf einander, so scheint auf den ersten Blick der Willkühr ein grosser Spielraum

für Constituirung der Perioden geboten zu sein; doch in der That
ist dies ganz anders: auch hier liegt fast immer nur Eine Eintheilung nahe. Wir wollen dies an dem viergliedrigen Ausdruck a a a a
deutlich machen. Hier können die Pausen acht verschiedene Stellungen haben und durch jede dieser Stellungen entsteht eine ganz
bestimmte Periode. Hier die verschiedenen Arten der Pausen-
setzung, daneben die richtige Periode.

I. ȧ   ȧ)   Eine palinodische ·a a a a· oder an-
    a   a }
    a   a }
    ȧ   a)   tithetische Periode ·a a a a· würde wegen
gleicher Ausdehnung der Kola ganz unverständlich sein; in diesem
Falle wäre die „gruppirende" Pause eine Nothwendigkeit.

II. ȧ   ȧ προ.   Wo alle Kola gleiche Ausdehnung
    ȧ   a }   haben, kann selbst die mesodische Periode
    a   a }   die innere Pause nicht gut entbehren.
    a   a)
    ·   ·   Deshalb wäre die Combination ·a· a a a·
                                                    προ.
im höchsten Grade unklar, und ganz unnatürlich die Combination

·a· a a a·
  ἐπ.

III. ȧ   (ȧ)   Man könnte versucht sein, in zwei
     a   (ȧ)
     ȧ   (ȧ)   stichische Perioden ·a a·a a· zu zerlegen,
     a   (a)   da diese Periodenart die einfachste ist
und deshalb dem Gefühle am nächsten liegt. Aber dies wäre nicht
richtig. Die Verspause zerlegt die Reihenfolge in zwei völlig gleiche
Theile, und wenn jeder dieser Theile wieder aus gleichen Kolis besteht, so stehen doch diese Kola in Verhältniss von Vorder- und
Nachsatz, wiederholen sich in derselben Art und bilden deshalb
eine palinodische Periode. Die Eintheilung ·a a·a a· liegt noch
viel ferner: erst dann würde eine antithetische Periode dem Gefühle näher treten und die in zwei gleiche Hälften zerlegende Mittelpause vergessen machen, wenn die Kola verschiedene Ausdehnung

hätten, z. B. ·a b · b a · — Am allerfernsten liegen die Eintheilungen:

· a a · a a · und · a a · a a ·

ἐπ.　　　　προ.

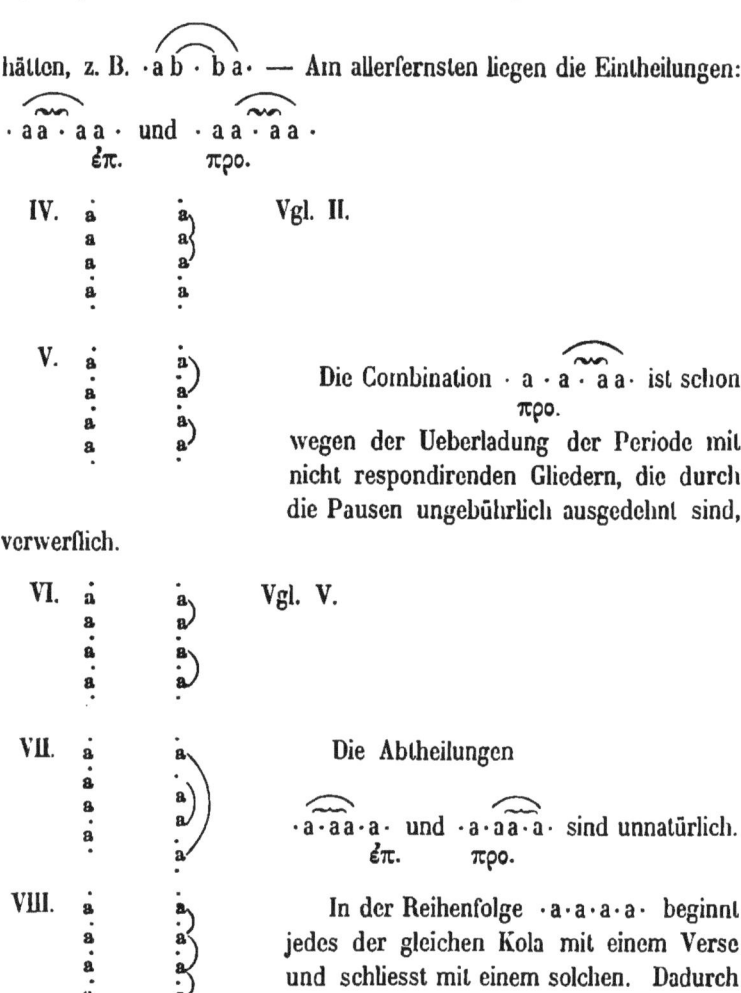

IV.　Vgl. II.

V.　Die Combination · a · a · a a · ist schon

προ.

wegen der Ueberladung der Periode mit nicht respondirenden Gliedern, die durch die Pausen ungebührlich ausgedehnt sind, verwerflich.

VI.　Vgl. V.

VII.　Die Abtheilungen

·a·aa·a· und ·a·aa·a· sind unnatürlich.

ἐπ.　　　προ.

VIII.　In der Reihenfolge ·a·a·a·a· beginnt jedes der gleichen Kola mit einem Verse und schliesst mit einem solchen. Dadurch ist die vollständigste Gleichheit aller dieser Kola hergestellt, was eine stichische Folge ist. Selbst eine palinodische Anordnung liegt hier schon fern, viel ferner alle übrigen Combinationen.

Noch möge hier als Beispiel der fünfgliedrige Ausdruck mit seinen verschiedenen Pausensetzungen und den darnach möglichen Perioden folgen.

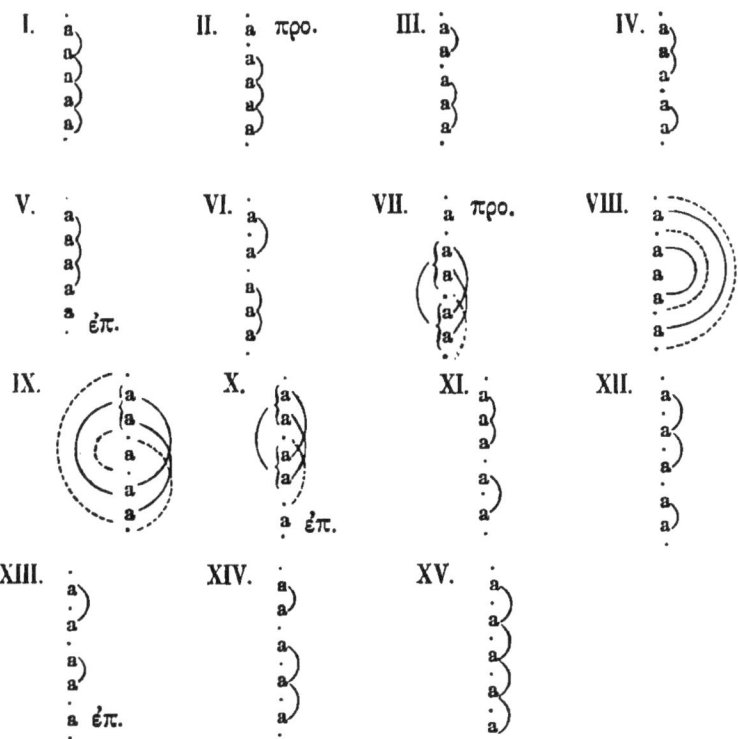

Sämmtliche hier verzeichnete Combinationen können auch in Praxi vorkommen.

§ 15. Die metrische Gestalt der Kola in ihrer Bedeutung für die Eurhythmie.

1. Die metrische Gestalt der Kola steht in genauer Beziehung zu dem melischen Satze der Compositionen, und ist schon deshalb von hohem Interesse. Dann aber können wir aus ihr sehr häufig auch sichere Schlüsse auf die eurhythmische Anordnung einer Reihenfolge ziehen. Ueberall hat man deshalb auf sie die gebührende Rücksicht zu nehmen. Aber in keinem Falle darf ihr das Gewicht zugeschrieben werden, welches die späteren metrischen Silbenstecher ihr gaben.

Als nämlich die alten herrlichen melischen Compositionen
längst verklungen waren mit dem Aufhören der musischen Kunstschulen, der Rhetorisirung des Dramas und der Beendigung derjenigen heidnischen Culte, bei welchen die Musik und Orchestik
in ihrer höchsten Vollendung glänzten; als die Texte der chorischen
Lieder nicht mehr mit Noten versehen oder diese nicht mehr verstanden wurden: da verschwand auch nach und nach das Verständniss des rhythmischen Satzes der grossen poetischen und musikalischen Productionen. Nicht wenig trug hierzu die mangelhafte
Theorie des Alterthums bei, die zu sehr auf dem Gebiete ab-
stracter Speculation sich bewegte, zu wenig an die eigentliche
Praxis sich anschloss. Dies lag in der Bedeutung der antiken
Kunst selbst; da von ihr alle Lebensformen durchdrungen waren,
so war der lebendige mündliche Unterricht überall nothwendig,
überall in ausreichendem Masse vorhanden, und der schriftlichen
Darstellung blieben deshalb fast nur die philosophischen Specula-
tionen aufgehoben. So blieb denn auch die Notenschrift eine unvollkommene. Aus den überlieferten theoretischen Werken konnten
deshalb die Griechen der späteren Zeit, als die mündliche Ueberlieferung der Kunstschulen u. s. w. aufhörte, nicht mehr das Verständniss der alten rhythmischen Compositionen schöpfen. Mit dem
Glanze des alten Dramas, der kunstvollen Darstellung des Dithyram-
bos, dem feierlichen Vortrage des Epinikions war bald auch die
Production von Gedichten in den entsprechenden kunstvollen rhythmischen Gestalten zu Ende. Man kehrte zu den einfachen Strophen
der äolischen Lyrik, dann zu den endlos repetirten palinodischen
Reihen eines Archilochus zurück, oder dichtete in fortlaufenden
Versen derselben Ausdehnung nach dem Muster der alten Jambo-
graphen. In diesen wenigen Formen, die ganz mechanisch gelernt
und eingeprägt werden konnten, vermochten selbst die Römer sich
zu bewegen; weiter aber hat es auch ihr grösster Lyriker nicht
gebracht.

Die musische Kunst war aus dem öffentlichen Leben so gut
wie verschwunden, die Poesie zog sich in die engen Räume der
Studirstuben zurück, wo man nach trocknen Regeln Verse zu
schmieden begann, und wurde eigentlich zur Unwahrheit. Da setzt
man sich nieder und schreibt Gedichte an eine Geliebte, die gar
nicht existirt; oder man dichtet über die Macht des Gesanges ein

Lied, das nur für die Recitation bestimmt ist; man stimmt die
Leier, während man keine besitzt; man richtet vielleicht als Christ
ein Trinklied an den Sorgenbrecher, Lyaios, und dieses Lied wird,
sollte es überhaupt eine Melodie erhalten, vielleicht von dem Sol-
daten auf dem Marsche gesungen, während der Zecher etwa ein
kriegerisches Marschlied singt.

So kehrt sich Alles um. Die Kunst hat der Natur den Rücken
gewandt, sie bewegt sich nur noch in todten unverstandenen
Formen.

Dieser traurige Standpunkt wird besonders von den späteren
Metrikern repräsentirt. Ihnen ist die ganze Form der Poesie zu
einer blossen Abwechslung zwischen „lang" und „kurz" geworden,
und nun beginnt die ewige Leier von den „Versfüssen", in welche
nicht nur der Begriff der Takte aufgegangen ist, sondern worin
die grossartigsten wie die einfachsten rhythmischen Compositionen
zerhackt werden. Man spricht freilich von κῶλα, aber welchen
Begriff verbindet man damit? Man achtet auf die Cäsuren, als ob
die Seligkeit davon abhinge und bemerkt nicht, dass diese von geringer Bedeutung sind und eigentlich nur für die Recitation ihren
Werth haben. Denn wie vielerlei Cäsuren gibt es nicht schon beim
dactylischen Hexameter? Nur die späteren Nachahmer haben hier
bestimmtere Regeln, die nur ihren Versen einen ermüdenden Charakter geben, geschaffen, den grossen Meistern fehlen sie. Bei
Homer hat die Cäsur keine bestimmte Stelle, Nonnos aber ist viel
strenger in Anwendung derselben. Will man mehr Belege? Sie
sind unschwer beizubringen; doch Ein weiteres Beispiel wird genügen. Horaz nämlich hat, wie Jeder weiss, im sapphischen Hen-
dekasyllabon eine bestimmte Cäsur, aber die grosse Meisterin,
Sappho, hat sie nicht. Dies beweist schon die erste Strophe
ihres schönen Liedes an Aphrodite:

Ποικιλόθρον' ἀθάνατ' Ἀφροδίτα,
παῖ Διὸς δολοπλόκε, λίσσομαί σε,
μή μ' ἄσαισι μή μ' ἀνίαισι δάμνα, πότνια, θῦμον.

```
_ ∪ _ ∪ |  ∪ ∪ | _ ∪ _ ∪
_ ∪ _ | ∪ ∪ ∪ | _ ∪ _ ∪
_ ∪ _ ∪ |  ∪ ∪ _ ∪ _ > ‖ ∪ ∪ _ ∪
```

Noch mehr springt dies in der zweiten Strophe in die Augen, wo die „Cäsur", wie folgt, wechselt:

$$\_ \cup \_ \cup | \smallsmile \cup \cup | \_ \cup \_ \cup$$
$$\_ \cup \_ | > \_ | \ \omega \_ \cup \_ \cup$$
$$\_ \cup \_ | \cup \smallsmile | \cup \_ \cup \_ \cup \| \smallsmile \cup \_ \cup$$

Die Metrik also, welche von der Rhythmik sich losgelöst hat, ist zu einer nichtssagenden Phraseologie geworden. Sie steht zur Rhythmik, von der sie nur ein Theil ist, in demselben Verhältniss, wie die Lehre von den Silben zu der von der wohlgeordneten Rede. Allerdings ist auch die Kenntniss der Silben nothwendig: man muss sie richtig aussprechen und betonen, Stamm- und Flexionssilben unterscheiden, die Ausdehnung der Krasis u. s. w. kennen: schliesslich aber geht doch wahrlich das Verständniss der grossen Sprachdenkmäler über die genaueste Kenntniss der vorkommenden Silbencombinationen.

Was hat uns aber alle Metrik bei der Kritik der grossen poetischen Meisterwerke der Alten für Dienste geleistet? Allerdings, für den Hexameter, den jambischen Trimeter, überhaupt alle der Recitation dienende Versarten, dann für die palinodischen Folgen, endlich die äolischen nicht chorischen Strophen hat sie Grosses geleistet; aber für die schönsten und erhabensten Productionen der griechischen Lyrik war ihre Hülfe sehr schwach. Ja, sie verleitete ihre grössten Kenner häufig zu den allerverkehrtesten Schlüssen und schadete in solchen Fällen der Kritik mehr, als sie nützte. Man wird Belege in den Anmerkungen zu meinem Texte der Aeschyleischen Chorgesänge finden, man wird schlagende Beispiele treffen, zu welchen unhaltbaren Interpolationen man metri causa kam. Ich hätte deren mehrere anführen können, wenn dies von praktischem Nutzen gewesen wäre.

2. Die Metrik erhält aber ihren wahren und grossen Werth, sobald sie in ihrem richtigen Verhältniss zur Rhythmik aufgefasst wird. Sie gestattet, wie gesagt, bedeutende Schlüsse auf den melischen Satz. Wir erkennen durch sie, welche Ausdehnung die Töne hatten, die den einzelnen Takt ausfüllten; wir merken, in welchem Tempo die Melodie sich bewegte, leicht und hüpfend, oder schwer und ernst, feurig oder gleichsam melancholisch. Wir erfahren durch sie sogar nicht selten, ob man einer Silbe mehrere

Töne gab oder nicht; ersteres findet bei einer antistrophischen Responsion wie _ ⌣⌣ statt, wo man erwarten darf, dass die Länge, welche die beiden Kürzen vertrat, auch ihre Töne in sich vereinigte.

Da aber die rhythmischen Kola durch verschiedene metrische Gestalt auch einen verschiedenen Charakter erhalten, so gibt die metrische Gestalt derselben bedeutsame Winke für die eurhythmische Responsion. Es entsprechen sich die Kola von gleicher oder ähnlicher Form in der Periode — eben, weil ihr melischer Satz ein entsprechender sein musste.

Hier haben wir eine Regel gewonnen, welche die eurhythmische Eintheilung erst völlig sicher macht. Ohne sie wären doch noch häufig verschiedene Anschauungen möglich; durch sie schwindet Unsicherheit und Zweifel in unendlich vielen Fällen.

Nehmen wir einmal eine fünfgliedrige Periode an, in der alle Kola selbständige Verse sind, wie:

$$\_ \cup | \_ \cup | \_ \cup | \_ \wedge \| \qquad 4$$
$$\_ \cup | \_ \cup | \ \llcorner \ | \_ \wedge \| \qquad 4$$
$$\_ \cup | \_ \cup | \_ \cup | \_ \cup | \_ \cup | \_ \wedge \| \qquad 6$$
$$\_ \cup | \_ \cup | \ \llcorner \ | \_ \wedge \| \qquad 4$$
$$5 \quad \_ \cup | \_ \cup | \_ \cup | \_ \wedge \rrbracket \qquad 4$$

Achtete man nicht auf die genaue metrische Uebereinstimmung von V. 1 mit 4, V. 2 mit 5, so würde man die palinodisch-mesodische Periode

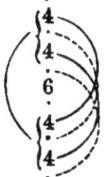

als die am nächsten liegende Auffassung vorziehen; nun aber zeigt jene Uebereinstimmung, dass vielmehr eine rein antithetische Periode,

 vorliege.

Von besonderer Bedeutung ist die Kenntniss dieser Regel natürlich, wo eine Periode aus lauter Kolis von gleicher Ausdehnung besteht. Wir fassten § 14, 11 die metrische Gestalt der Kola nicht ins Auge; die dort gegebenen Regeln, aus dem Pausensatze die Combinationsarten zu finden, haben also nur volle Gültigkeit, wo die metrische Gestalt der Kola dieselbe oder nahezu dieselbe ist. Sind aber die metrischen Formen der Kola sehr verschieden, so kommt man hierdurch mit Recht auf ganz andere Gruppirungen. So kann in der Folge ·a·a·a·a·, die bei gleicher Gestalt der Kola zu combiniren ist: ·a·a·a·a·, auch die antithetische oder palinodische Anordnung vorhanden sein, z. B.

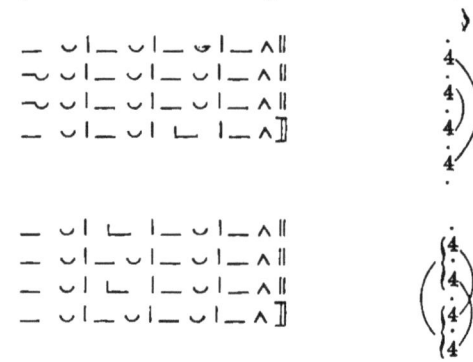

3. In anderen Fällen kann aus der verschiedenen metrischen Gestalt zweier Kola, die auf den ersten Blick einander zu respondiren scheinen, sogar auf eine Zerlegung derselben in je zwei Kola geschlossen werden.

In den „dactylo-epitritischen" Strophen ist z. B. die „gemischte" Pentapodie in zwei verschiedenen Formen nicht selten, als erstes und als zweites Enkomiologikon. (Letzteres wird von den Metrikern wunderbarer Weise προσοδιακὸν ἀπὸ τροχαίου τρίμετρον καταληκτικόν und ἀκατάληκτον genannt). Diese Formen sind:

Erstes Enkomiologikon.

A. akatalektisch:

$$\_ \cup \cup \, | \_ \cup \cup \, | \_ \_ | \_ > | \_ \_ \|$$

B. katalektisch:

$$\_ \cup \cup \, | \_ \cup \cup \, | \_ \_ | \_ > | \_ \overline{\wedge} \|$$

Zweites Enkomiologikon.

A. akatalektisch:

— > | — — | — ◡ ◡ | — ◡ ◡ | — — ||

B. katalektisch:

— > | — — | — ◡ ◡ | — ◡ ◡ | — ⊼ ||

Häufiger aber noch ist die dactylische Tripodie, — ◡ ◡ | — ◡ ◡ | — — || oder — ◡ ◡ | — ◡ ◡ | ⊔ ||. Da nun auch die epitritische Dipodie, — > | — — || oder — > | ⊔ || nicht selten als selbstständiges Kolon vorkommt, wie unzweifelhaft daraus hervorgeht, dass sie selbständige Verse bilden kann: so entsteht zuweilen die Frage, ob nicht vielmehr statt jener Pentapodie eine Tripodie und Dipodie anzunehmen sei. Folgen die Verse

— > | — — | — ◡ ◡ | — ◡ ◡ | — — ||
— > | — — | — ◡ ◡ | — ◡ ◡ | — ⊼]]

einander, so ist es am natürlichsten, rein stichische Folge zweier Pentapodien

·
5
·
5
·

anzunehmen, ebenso, wenn das erste Enkomiologikon zweimal steht. Wechseln aber beide,

— > — — — ◡ ◡ — ◡ ◡ — —
— ◡ ◡ — ◡ ◡ — — — > — —

so ist nicht gut an die rhythmische Responsion zweier metrisch so ungleicher Kola zu denken, und hier scheint eine Zerlegung in je eine Tripodie und Dipodie geboten:

— > | — — || — ◡ ◡ | — ◡ ◡ | — — ||
— ◡ ◡ | — ◡ ◡ | — — || — > | — —]]

·
2
3
·
3
2
·

In der so entstehenden antithetischen Periode entsprechen die Kola sich auch metrisch ganz genau.

4. Aber man hüte sich, obige Regel in ihrer ganzen Strenge zu nehmen. Es können auch metrisch ganz verschiedene Kola, wenn sie nur demselben Taktgenus angehören und gleiche Ausdehnung haben, einander entsprechen. Es kann nicht nur das erste Enkomiologikon dem zweiten, der erste Glyconeus dem zweiten und dritten respondiren, sondern dies kann stattfinden bei Kolis

von der verschiedensten metrischen Gestalt. Wir vermögen glücklicher Weise die sichersten Beweise hierfür beizubringen. Als solche müssen folgende gelten:

I. Wir wissen, dass die dactylischen Hexameter in ihren verschiedensten Formen doch immer als ein und dieselbe Versart gelten; selbst der ὁλοσπόνδειος entspricht genau dem μονόσχημος δακτυλικός, z. B. in den Homerischen Versen

Il. 1, 10:

$$\overline{\text{νοῦ}}\breve{\text{σον}}\ \breve{\alpha}\overline{\text{νὰ}}\ \overline{\text{στρα}}\breve{\text{τὸν}}\ \overline{\text{ὦρ}}\breve{\text{σε}}\ \text{κα}\overline{\text{κήν}},\ \overline{\text{ὀ}}\breve{\text{λέ}}\breve{\text{κον}}\overline{\text{το}}\ \text{δὲ}\ \overline{\text{λα}}\overline{\text{οί}}\ \text{ und}$$

Il. 11, 130:

$$\text{Ἀτρείδης·}\ \overline{\text{τὼ}}\ \text{δ'}\ \overline{\text{αὖτ'}}\ \overline{\text{ἐκ}}\ \overline{\text{δί}}\text{φρου}\ \text{γουναζέσθην.}$$

Derselbe Fall ist bei allen andern Versen, die in fortlaufender stichischer Folge Gedichte bilden.

II. Auch Verse mit irrationalen Takten entsprechen genau den gleichnamigen Versen ohne dieselben.

Daher wechseln Trimeter mit und ohne irrationale Takte ganz beliebig mit einander; es werden in dieser Richtung alle Combinationen erschöpft, von der Form ∪ : _ ∪ | _ ∪ | _ ∪ | _ ∪ | _ ∪ | _ ∧ ‖ bis zu der entgegengesetzten > : _ ∪ | _ > | _ ∪ | _ > | _ ∪ | _ ∧ ‖. Belege sind überall reichlich zu finden.

III. Da der kyklische Dactylus immer noch dem diplasischen Taktgenus angehört, so können auch logaödische Verse den rein trochäischen oder jambischen entsprechen.

Auch dies zeigt schon der jambische Trimeter, der bekanntlich an den geraden Taktstellen den kyklischen Dactylus zulässt, so dass auch Verse wie die folgenden sich genau entsprechen:

∪ : _ ∪ | _ ⌣ ∪ | _ ∪ | _ ∪ | _ ∪ | _ ∧ ‖

> : _ ∪ | _ > | _ ∪ | _⌣⌣ | _ ∪ | _ ∧ ‖

∪ : _ ∪ | _ ∪ | _ ∪ | _ > | _ ∪ | _ ∧ ‖ u. s. w.

Die ersten dieser beiden Verse sind durchaus logaödisch, obgleich man wohl thut, sie nicht so zu nennen, um Verse im diplasischen Takte, denen nur gelegentlich und mehr ausnahmsweise kyklische Dactylen beigemischt sind, von denen zu unterscheiden, wo letztere durchgängig auftreten.

IV. Noch auffälliger ist es, dass Verse für gleich gelten, in

denen die Stellung der langen und kurzen Silben sich geradezu
umgekehrt hat. Der Fall ist ganz gewöhnlich bei den „systema-
tischen" Anapästen; sie entsprechen einander nicht nur in aufgelöster und in contrahirter Form, sondern selbst in ihrer directen
Umkehrung: ∪ ∪ ꞉ ‿ ∪ ∪ und ‿ ꞉ ∪ ∪ ‿. Man wird kaum ein
halbes Dutzend solcher einander folgender anapästischer Verse
finden können, unter denen keine Belege wären. Aesch Prom.
882 sq.:

$$\tau\rho o\chi o\delta\iota\nu\epsilon\tilde{\iota}\tau\alpha\iota\ \delta'\ \ddot{o}\mu\mu\alpha\vartheta'\ \epsilon\lambda\acute{\iota}\gamma\delta\eta\nu,$$
$$\ddot{\epsilon}\xi\omega\ \delta\grave{\epsilon}\ \delta\rho\acute{o}\mu ou\ \varphi\acute{\epsilon}\rho o\mu\alpha\iota\ \lambda\acute{u}\sigma\sigma\eta\varsigma$$
$$\pi\nu\epsilon\acute{u}\mu\alpha\tau\iota\ \mu\acute{\alpha}\rho\gamma\omega,\ \gamma\lambda\acute{\omega}\sigma\sigma\eta\varsigma\ \alpha\kappa\rho\alpha\tau\tilde{\eta}\varsigma.$$

∪ ∪ ꞉ ‿ ‿ | ‿ ‿ | ∪ ∪ ‿ | ‿ ⌃ ‖
‿ ꞉ ‿ ∪ ∪ | ‿ ∪ ∪ | ‿ ‿ | ‿ ⌃ ‖
‿ ꞉ ∪ ∪ ‿ | ‿ ‿ | ‿ ∪ ∪ | ‿ ⌃ ‖

V. Auf das allerbestimmteste aber wird unsere Thesis durch
die sogenannten ungenauen antistrophischen Responsionen
bewiesen. Wenn z. B. an derselben Stelle, wo in der Strophe ein
Dactylus steht, in der Gegenstrophe ein Spondeus stehen darf und
umgekehrt; wenn überhaupt alle möglichen contrahirten und aufgelösten Taktformen antistrophisch wechseln dürfen; ja wenn selbst
die rationale Silbe die irrationale unter diesen Umständen vertreten
darf: so ist leicht einzusehen, dass manche Kola in der Strophe
und Gegenstrophe eine sehr verschiedene Gestalt gewinnen müssen.
Ist dieses aber bei völlig gleicher Melodie möglich, wie viel mehr
muss es gestattet sein, wo diese nur analog zu sein braucht, oder
sogar in dem Verhältniss des Gegensatzes stehen darf!
So ist denn durchaus kein Anstoss zu nehmen an der eurhythmischen Responsion metrisch sehr ungleich gebildeter Kola. Es ist
überall die melische Bedeutung derselben wohl ins Auge zu
fassen, und diese kann sogar unter Umständen variirende Taktformen fordern. Welche eintönigen, ermüdenden Melodien müssten entstehen, wenn in den respondirenden Kolis durchaus dieselbe Ausfüllung der Takte statthaben müsste, wenn z. B. an derselben Stelle, wo das Vorderglied eine Viertelnote hat, auch das
Hinterglied sie zeigen müsste, wenn dafür nicht zwei Achtelnoten
oder irgend eine andere metrische Grösse stehen dürfte! Selbst
in der recitirten Strophe würde eine solche Eintönigkeit ermüden.

8 *

Will man aber begreifen, wie eine eurhythmische Responsion
metrisch so ungleicher Kola stattfinden konnte, so vergegenwärtige
man sich nur die Melodien deutscher Lieder, die ähnliche Erscheinungen zeigen. Wir fanden in den wenigen in den vorhergehenden
Paragraphen citirten deutschen Strophen genug schlagende Beispiele. Ich stelle hier die bemerkenswerthesten zusammen.

1) In dem Kirchenliede „Warum sollt' ich mich denn grämen"
(§ 4, 3) entsprechen sich

$$— \_ | \_ \_ | \_ \_ | \_ \_ \| \quad \text{und}$$
$$— \_ | \_ \_ | \; \sqcup \; | \_ \overline{\wedge} \|.$$

2) In dem Volksliede „Morgenroth" u. s. w. (§ 4, 2) entsprechen sich

$$— \_ | \; \sqcup \; | \_ \_ | \sqcup \| \quad \text{und}$$
$$— \_ | \_ \_ | \_ \_ | \sqcup \|.$$

3) In dem Kinderliede „Mir ist eine gans gestohlen" (§ 8, 5)
entsprechen sich

$$\cup \; \cup | \cup \; \cup | \cup \; \cup | \cup \; \cup \| \quad \text{und}$$
$$\cup \vdots \cup | \cup \; \cup | \cup \; \cup | \cup \; \cup | \_ \|,$$

ebenso

$$\cup \; \cup | \cup \; \cup | \_ \| \quad \text{und}$$
$$\cup \vdots \cup | \cup \; \cup | \_ \|.$$

Diese wenigen Beispiele werden genügen. Ich wählte überall
mit Absicht solche Strophen, deren Melodien Jedermann bekannt
sind, die daher ohne Hülfe von Notenbüchern leicht repetirt werden können.

4. Jetzt kann genau angegeben werden, von welchen Grund-
sätzen man bei der eurhythmischen Abtheilung ausgehen muss. Es
sind folgende:

I. Die Ausdehnung der Kola und der Pausensatz
entscheiden. Ausnahmen von den einschlagenden Regeln sind
unter keinen Umständen zulässig. Eben so wenig dürfen rhythmische Perioden nach ungenauen Responsionsprincipien (wie die
Rossbach'schen und Westphal'schen Perioden, §. 10, 4, 5, 6, 7, 8)
angenommen werden.

II. Nächstdem ist die metrische Gestalt der Kola zu
berücksichtigen. Vor missbräuchlicher Anwendung dieses

Grundsatzes ist aber nicht genug zu warnen. Man fasse genau ins Auge, dass die chorischen Dichter für Gesang und Orchesis ihre Strophen componirten, dass sie keine Silbenstecher waren, wie die späteren Metriker. Man bedenke, wie effectvoll gerade unter Umständen die metrisch verschiedene Form eines respondirenden Gliedes für den musikalischen Satz sein musste.

Aeschylus besonders weiss mit seltener Kunst auch die metrischen Formen zu höheren musikalischen und rhythmischen Zwecken zu verwenden. So ausserordentlich ist bei ihm fast immer Form und Inhalt der Strophen in Uebereinstimmung, dass selbst der des Griechischen völlig Unkundige bei guter Recitation eines grösseren Chorgesanges, wenn ihm nur der musikalische Sinn nicht fehlt, den Charakter des zu Grunde liegenden Inhaltes erkennen muss. Er wird die tiefe Trauer fühlen, welche in den synkopirten jambischen Hexapodien mit τονή in der vorletzten Silbe zum Ausdrucke gelangt; er wird merken, welche schwankenden Gefühle und unsicheres Hin- und Herdenken in kurzen logaödischen Versen ausgedrückt sind; die heftige Leidenschaft, durch Choriamben in langen Versen ausgedrückt, die Zerrissenheit im Gemüthe des Sängers, durch Dochmien bezeichnet, wird er nicht verkennen; ihm wird auch die feierliche Stimmung, die durch rein dactylische Verse bezeichnet wird, nicht entgehen.

Alles dieses tritt freilich erst da deutlich zu Tage, wo Wechsel im Metrum stattfindet. Eins der schönsten Beispiele ist die grosse Parodos im Agamemnon, vielleicht die schönste rhythmische Composition des Alterthums. Ich werde deshalb in den Anmerkungen hierzu auf die hauptsächlichsten Erscheinungen aufmerksam machen. Der Gegenstand wäre werth, speciell und ausführlich behandelt zu werden, doch müssen vorher alle überlieferten chorischen Strophen des Alterthums in wohlgeordneter rhythmischer Gestalt, mit den Schemen, vorliegen, eine Arbeit, womit im gegenwärtigen Bande der Anfang gemacht wird. Erst dann wird man unterscheiden können, was dem einzelnen Dichter eigen und was ihnen allen gemeinsam ist. Es herrschen bei ihnen grosse Unterschiede. In der erwähnten Parodos vergleiche man besonders str. β', V. 1 und 4, wo die Kola

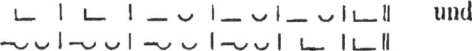 und

einander entsprechen. Wesshalb das letzte dieser Kola eine so
heterogene Gestalt habe, zeigt der Inhalt; diesem entsprach
natürlich auch die Melodie.

Erst jetzt ist zu begreifen, wesshalb Inhalt und Ausdruck an
den gleichen Stellen von Strophe und Gegenstrophe häufig so
ausserordentlich mit einander stimmen. Es ist keine Spielerei,
wenn an beiden Stellen übereinstimmend ein Schmerzensruf oder
eine Aufforderung steht, wenn die Interpunction so nahe zusammen-
fällt u. s. w. Vielmehr hängt diese Erscheinung auf das Innigste
mit dem melischen Satze zusammen. Eine Melodie, welche für
den Ausdruck des Schmerzes stimmt, passt nicht für den des
Staunens u. s. w. Denn wir dürfen mit grösster Bestimmtheit den
Lehrsatz aussprechen, dass Strophe und Gegenstrophe immer dieselbe Melodie hatte. Auch in diesem Punkte schliessen die chorischen Dichter sich näher der Natur an. Wie der Inhalt wechselt,
so wechselt nicht allein die Melodie, sondern auch der ganze
rhythmische Satz. Daher die Aufeinanderfolge so verschiedenartig
gebauter Strophen. Wie unvollkommen, ja wie unnatürlich ist dagegen zum Theil unsere lyrische Poesie! Durch das ganze Gedicht bleibt dasselbe Metrum und dieselbe Melodie. Nur wo die
letztere durchaus in den krassesten Contrast zu dem veränderten
Inhalte der Strophe treten würde, da wird sie verändert, in den
sogenannten durchcomponirten Liedern. Aber dann bleibt fast
immer eine neue Widersinnigkeit zurück. Die rhythmisch und
metrisch völlig gleich gebaute Strophe muss als Unterlage für beide
oder vielleicht mehrere einander nicht selten diametral entgegengesetzte Melodien dienen; durch sie soll, in derselben Weise, der
widersprechendste Inhalt zum Ausdrucke kommen.

5. Vorläufig mögen hier wenigstens einige Bemerkungen über
den angeregten Gegenstand noch Platz finden.

Pindar hat in seinen äolischen Strophen die grösste Mannigfaltigkeit im metrischen Bau der Kola erstrebt. Daher ist die
metrische Congruenz der respondirenden Kola oft sehr gering,
nicht selten absichtlich sehr verschieden. Gerade diese Erscheinung lässt, nebst einer anderen, in § 16 zu erwähnenden, auf
einen sehr künstlichen melischen Satz schliessen. Derselbe schien
um so eher geboten, als immer nur zwei Melodien im Epinikion
herrschen und mit einander abwechseln, die der Strophen und die

der Epoden. Der schönste Tonsatz, allzu einfach und durchsichtig, wäre bei oftmaliger Repetition einförmig erschienen und ermüdend geworden: daher lässt sich die bunte Form seiner Perioden sehr gut vertheidigen. Einfacher sind seine dorischen Strophen.

Die logaödischen Metra sind ganz vorzüglich zu Uebergängen geeignet. So besonders vermitteln sie Jonici oder Choriamben und Jamben oder Trochäen. Dies findet in verschiedener Weise statt. Entweder nämlich wird eine ganze Periode aus ihnen gebildet, welche in die Mitte tritt zwischen Perioden jener verschiedenen Taktgenera, wie Ag. I. str. δ′, oder die Ueberleitung geschieht durch einzelne logaödische Verse, welche eine jambische u. s. w. Periode schliessen.

Ueberhaupt ist der Begriff der Logaöden ein sehr unbestimmter. Der Uebergang in Jamben oder Trochäen findet sehr allmälig statt, wie schon der Trimeter des Dialogs logaödische Anklänge haben kann. Ob man daher eine logaödische oder etwa eine jambische Periode vor sich habe, darüber entscheiden die Verhältnisse, welche in der Mehrzahl der Kola herrschen. Logaödisch ist z. B. die Periode Ag. I. str. δ′:

$$\smile \;\vdots\; - \smile \mid - \smile \mid - \wedge \parallel$$
$$- \smile \smile \mid - \smile \mid - \smile \parallel$$
$$- \smile \smile \mid - \smile \mid - \smile \rrbracket$$

Trochäisch dagegen muss genannt werden die Periode Ag. IV. str. α′:

$$- \smile \mid - \smile \mid - \smile \mid \; \llcorner \; \parallel - \smile \mid - \smile \mid - \smile \mid - \wedge \parallel$$
$$- \smile \mid - \smile \mid - \smile \mid - \smile \mid \; \llcorner \; \mid \; \llcorner \; \wedge \parallel$$
$$- \smile \smile \mid - \smile \smile \mid - \smile \smile \mid - \smile \smile \mid \; \llcorner \; \mid \; \llcorner \; \wedge \parallel$$
$$- \smile \mid - \smile \mid - . \smile \mid \; \llcorner \; \parallel - \smile \mid - \smile \mid - \smile \mid - \wedge \rrbracket$$

---

§ 16. Methode, die Kola der Strophen zu finden.

1. Zur Auffindung der vom Dichter beabsichtigten Kola können einzelne Regeln keine sichere Anleitung geben; vielmehr hat man hier eine Menge von Umständen sorgfältig ins Auge zu fassen und die Data weniger zu zählen, als abzuwägen. Man hat fortwährend alle einzelnen Regeln der Rhythmik in Gedanken festzuhalten und

besonders wohl zu unterscheiden unwandelbare Principe, von denen keine Ausnahmen gestattet sind, wie die Lehre vom Pausensatz, und Regeln (observationes), durch welche nur das Gewöhnliche von dem minder Häufigen unterschieden wird, wie die Regel über die metrische Conformität respondirender Kola, § 15, 2. Im allgemeinen können folgende Grundsätze leiten:

I. Man hat immer zunächst an die gebräuchlichsten Kola zu denken. Hiernach ist es z. B. wahrscheinlicher, dass ein neuntaktiger Vers in eine Hexapodie und eine Tripodie oder in drei Tripodien zerfalle, als dass er in eine Pentapodie und eine Tetrapodie zu zerlegen sei. Denn die Pentapodie ist bei den meisten Metren selten.

II. Auf den Schlusstakt der Kola ist besonders zu achten.

Im diplasischen Taktgenus ist z. B. katalektischer Ausgang der Verse sehr gebräuchlich. Demgemäss ist auch Synkope im letzten Takte eines Kolon, welches den Vers nicht schliesst, immer sehr wahrscheinlich. Wäre also der trochäische Vers

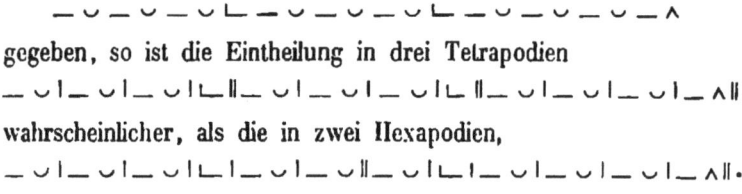

gegeben, so ist die Eintheilung in drei Tetrapodien

wahrscheinlicher, als die in zwei Hexapodien,

Aehnlich enden dactylische Verse gern mit einem Spondeus (so schon der Hexameter); folglich ist auch spondeischer Ausgang der den Vers nicht schliessenden Kola immer sehr wahrscheinlich. Den Vers

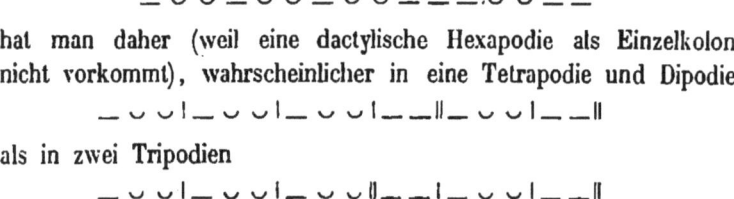

hat man daher (weil eine dactylische Hexapodie als Einzelkolon nicht vorkommt), wahrscheinlicher in eine Tetrapodie und Dipodie

als in zwei Tripodien

zu zerlegen.

III. Man glaube nicht, Kola von möglichst verschiedener Ausdehnung in einer Periode oder überhaupt Strophe suchen zu müssen. Auch in diesem Punkte ist möglichste Conformität immer das am nächsten liegende. Daher sind die Verse

nicht zu constituiren

           _ ◡ | _ ◡ | _ ◡ | _ ◡ | _ ◡ | _ ∧ ‖   6
           _ ◡ | _ ◡ | _ ◡ | _ ◡ | _ ◡ ‖   5
           _ ◡ | _ ◡ | _ ◡ | _ ∧ ‖   4
           _ ◡ | _ ◡ | _ ◡ | _ ◡ | _ ◡ ‖   5
           _ ◡ | _ ◡ | _ ◡ | _ ◡ | _ ◡ | _ ∧ ‖   6

sondern vielmehr

           _ ◡ | _ ◡ | _ ◡ | _ ◡ | _ ◡ | _ ∧ ‖   6
           _ ◡ | _ ◡ | _ ◡ | _ ◡ | ∟ | _ ∧ ‖   6
           _ ◡ | _ ◡ | _ ◡ | _ ∧ ‖   4
           _ ◡ | _ ◡ | _ ◡ | _ ◡ | ∟ | _ ∧ ‖   6
           _ ◡ | _ ◡ | _ ◡ | _ ◡ | _ ◡ | _ ∧ ‖   6

Auch die antike Musik war keine bunte Mosaik; wo ihre Formen mannigfaltiger sind, da hat dies seinen guten Grund.

Pindar freilich liebt solche „bunte" Perioden. Wir erkennen hieraus aufs Neue, wie kunstvoll der melische Satz seiner Poesien sein musste. Vgl. § 15, 5.

IV. Man lasse nie ausser Acht, welche metrische Form dem Inhalte am angemessensten ist.

Ist nämlich dieser ein erregter, so ist namentlich τονή in der vorletzten Silbe nicht wahrscheinlich und akatalektischer Ausgang liegt am nächsten, z. B.

      _ ◡ | _ ◡ | _ ◡ ‖, nicht _ ◡ | _ ◡ | ∟ | _ ∧ ‖

V. Ganz vorzüglich hat man auf die στίχοι μονόκωλοι, welche in einer Strophe vorkommen, zu achten, und aus ihrer Bildung sind meistens sichere Schlüsse auf die der nicht auslautenden Kola gestattet.

Ein Beispiel aus einem logaödischen Epinikion Pindars möge dies erläutern, da gerade die in diesem Masse geschriebenen Strophen des grossen Enkomiasten die schwierigsten rhythmischen

Probleme des ganzen Alterthums sind. — In den Strophen von
Ne. VI endet der kleine siebente Vers theils auf einen Trochäus,
theils auf einen Tribrachys, ‿‿ ‿. Hieraus schloss ich, dass auch
andere Kola des Gedichtes auf einen Tribrachys endigen möchten;
und in der That war erst dann die Eurhythmie der Epoden hergestellt, wenn man den zweiten Vers derselben als selbständige
Periode ansah und ihn theilte:

$$\overset{.}{\smile}\, \smile \mid \smile \,\smile \,\smile \| \underline{\hphantom{.}}\, \smile \mid \underline{\hphantom{.}}\, \wedge \rrbracket$$

So entstanden zwei Dipodien; und diese wieder wurden vortrefflich vertheidigt durch drei verschiedene Verse des Gedichtes,
die keinen grösseren Umfang hatten, als den einer Dipodie.

Manche von diesen Verhältnissen werden erst klarer, wenn
man den melischen Satz der Strophen näher ins Auge fasst; doch
kann hierüber erst weiteres Licht eine Analyse der Sophokleïschen
Strophen verbreiten.

2. Für Aeschylus insbesondere ist zu merken:

In den jambischen und trochäischen Perioden herrscht immer
entweder die Tetrapodie, oder etwas seltner, die Hexapodie vor.

In den dactylischen Perioden sind die Tetrapodie und die
Tripodie die gewöhnlichen Kola, auch die Pentapodie ist nicht
selten.

In den logaödischen Perioden ist nächst der Tetrapodie die
Tripodie das gewöhnlichste Kolon; auch die Hexapodie ist nicht
selten und kann ebenfalls ganze Perioden bilden; selten ist die
Pentapodie.

Welche Kola in den dactylo-epitritischen (dorischen) Strophen
Pindars vorwalten, ist bereits § 15, 3 gesagt. In den logaödischen (äolischen) Strophen herrscht die grösste Mannigfaltigkeit.
Die Dipodie, Tripodie, Tetrapodie, Pentapodie und Hexapodie, also
alle nach den Gesetzen der Rhythmik gestatteten Kola sind häufig
und lassen sich durch στίχοι μονόκωλοι belegen. Am häufigsten
ist jedoch die Tetrapodie. Dass Pindar die Dipodie so oft zur
Anwendung bringt: dies unterscheidet ihn vorzüglich von den
übrigen griechischen Dichtern

§ 17. Der Taktwechsel.
Rhythmische Eigenthümlichkeiten einzelner Taktarten.

1. Unsere Nomenclatur und Bezeichnung der Taktarten ist noch immer eine unvollkommene. Es herrschen wesentliche rhythmische Unterschiede in Takten derselben Ausdehnung, welche für gewöhnlich nicht weiter bezeichnet und benannt werden. Unsere Tänzer aber kennen diese Unterschiede sehr wohl; sie unterscheiden, wenn auch nur instinctiv, schon bei den ersten Takten eines Tanzes, in welchem genaueren Rhythmus derselbe componirt· sei, und welche „orchestischen Bewegungen" diesem Rhythmus entsprechen.

Wir haben § 3 das Verhältniss von Thesis und Arsis, also die Ictenverhältnisse in den einzelnen Taktarten kennen gelernt. Es sind die schon aus dem Alterthume überlieferten Theorien, an welchen allerdings im Allgemeinen festgehalten werden muss. Aber wir fragen billig, ob man auch die feineren Unterschiede berücksichtigt habe? Eine Menge Thatsachen sprechen dafür, dass nicht nur im Fünfachtel- und Sechsachteltakte sehr verschiedene Ictenverhältnisse ($\perp \cup \perp$ und $\perp \perp \cup$; $\perp \perp \cup \cup$, $\perp \cup \perp \cup$ und $\perp \cup \cup \perp$) herrschen konnten, sondern auch im Dreiachtel- und Vierachteltakte ($\_ \cup$ und $\_ \cup \cup$). Und sollten hier die Griechen allein einförmig gewesen sein, während in der Musik der neueren Völker eine so grosse Mannigfaltigkeit herrscht? Wird eine solche Annahme gestattet sein, wenn man bedenkt, wie einfach, natürlich und sich von selbst darbietend diese Unterschiede sind, und dann ein wie charakteristisches Gepräge durch sie den einzelnen Compositionen gegeben wird? Keinem Volke von musikalischem Sinne konnten diese Unterschiede entgehen, am allerwenigsten den Griechen, bei denen eine kunstvolle Orchestik von so allgemeiner Anwendung war. Und in der metrischen Gestalt ihrer rhythmischen Perioden scheinen sogar die Beweise für solche Unterschiede enthalten zu sein.

Es macht für die Rhythmik allerdings einen wesentlichen Unterschied, ob die Composition für einen einfachen Paarentanz oder einen kunstvollen Chortanz bestimmt sei. Aber der Unterschied liegt in der Periodologie und der damit zusammenhängenden Ausdehnung der Kola. Der Paarentanz verlangt eine unausgesetzte Halbirung der Composition bis zum Einzeltakte herab; daher enthält die Periode — immer eine palinodische — zwei Gruppen. Jede dieser Gruppen enthält zwei Kola, und jedes dieser Kola zerfällt in zwei Abtheilungen von je zwei Takten. Man nehme einen beliebigen Walzer, Galopp u. dgl. zum Beispiel, und man wird das hier Gesagte bewährt finden. Das Meiste wird bei uns durch Repetition bewerkstelligt, wobei dann fast nur der Schlusston verändert wird. Ein solcher repetirter „Theil" eines Tanzes ist eben eine rhythmische Periode. Diese letzteren sind im Griechischen, wie wir § 8 und 9 sahen, ungemein viel mannigfacher und kunstvoller. Aber im Taktmasse herrscht bei uns dieselbe Mannigfaltigkeit, wie bei den Griechen, wenn auch die Sprache, die λέξις, bei uns dies nicht gebührend zur Anschauung bringen kann und dieses vielmehr der musikalischen Composition überlassen muss.

Wir wollen also an unseren bekanntesten und charakteristischsten Tänzen die erwähnten feineren Unterschiede zunächst zu erkennen versuchen und dann prüfen, ob ähnliche Verhältnisse sich in den rhythmischen Compositionen der Griechen nachweisen lassen.

2. Die beiden beliebtesten diplasischen Tänze, „Walzer" und „Polka-Masurka", haben in ihren (Dreiviertel-) Takten ganz verschiedene Ictenverhältnisse. Im Walzertakte wird dem ersten Tone ein starker Ictus gegeben, während — in der regelmässigen, nicht contrahirten Form des Taktes — die andern beiden Viertel einen schwachen Ictus, von gleicher Stärke, erhalten. Beim Polka-Masurka dagegen erhält freilich auch die erste Note den Hauptictus, aber auch die dritte Note hat einen Ictus von nahezu derselben Stärke, während die Mittelnote nur ganz schwach intonirt wird Die Ictenverhältnisse der Einzeltakte sind also:

im Walzer ́ ◡ ◡
im Polka-Masurka ́ ◡ ́

Diese Ictenverhältnisse sind bekanntlich für die Art der Tanzbewegungen von Bedeutung. Man tritt bei jedem beginnenden Walzertakte mit einem Fusse stark vor, die Bewegungen bei den anderen beiden Noten sind secundärer Art. Beim Polka-Masurka dagegen tritt man stark nieder beim stärksten Ictus, z. B. mit dem rechten Fusse; bei den beiden schwächeren Icten hebt man dann diesen Fuss empor und tritt zugleich mit dem linken Fusse nieder, am stärksten beim Ictus zweiter Stärke. Später wechselt dies Verhältniss des rechten und linken Fusses.

Wir erkennen also, was sehr wichtig ist, dass die Ictenverhältnisse innerhalb eines Taktes in genauester Beziehung zu den Bewegungen beim Tanze stehen. Aber wir vermögen noch weitere, ausserordentlich wichtige Schlüsse daraus zu ziehen. Vergleichen wir nämlich eine Reihe gut componirter Tänze von beiden Arten, so wird sogleich der lebhaftere Charakter der Polka-Masurkas bemerkbar und der ruhigere und gemessenere der Walzer. Also: auch der Charakter der Melodien steht in genauestem Zusammenhange mit den Ictenverhältnissen innerhalb der Einzeltakte.

Weiter aber, diese Ictenverhältnisse erlauben sichere Schlüsse auf die metrische Gestalt der Takte.

Da nämlich ausser dem Hauptictus beim Walzertakte nur zwei gleich schwache, unbedeutende Nebenicten vorhanden sind, so können diese letzteren leicht von dem ersteren absorbirt werden. Durch diesen wird die Hauptbewegung beim Tanze geregelt, die secundären Nebenbewegungen bedürfen keiner neuen Regelung, sie machen sich von selbst. Daher können auch in gut componirten Walzern Dreiviertelnoten den ganzen Takt ausfüllen, oder eine halbe Note mit folgender Viertelpause diesen oder jenen Takt ausmachen. Es würde also z. B. folgende Periode einem guten Walzer zu Grunde liegen können:

⏑ ⋮ ⏑ ⏑ ⏑ | └_┘ | ⏑ ⏑ ⏑ | _ ⏑ ‖ _ ⏑ | ⏑ ⏑ ⏑ | _ ⏑ | _ ∧ ‖

Beim Polka-Masurka wäre dieser Satz ganz unmöglich; ja es kann nicht einmal die schwächste Ictussilbe gut absorbirt werden, da sie zur Vermittelung zwischen den beiden stärkeren Ictussilben nothwendig ist; es wird also der Satz erfordert

⏑ ⏑ ⏑ | ⏑ ⏑ ⏑ | ⏑ ⏑ ⏑ | _ ⏑ ‖ _ ⏑ | _ ⏑ | ⏑ ⏑ ⏑ | _ ⏑ ‖

u. s. w., wobei natürlich Noten von geringerem Werthe nicht ausgedrückt sind, da sie beliebig fehlen oder stehen.

Ganz ähnlich nun ist das Verhältniss zwischen „Galopp" und „Schottisch". Die Ictenverhältnisse dieser Tänze sind:

im Galopp ꞈ ꞈ ꞈ ꞈ
im Schottisch ꞈ ꞈ ꞈ ꞈ.

Wie hiermit die Bewegungen des Tanzes, der Charakter der Musik und die metrische Gestalt der Takte in Beziehung stehen, wird jeder leicht an einigen gut componirten Tänzen dieser Art erkennen können.

3. Wir sahen aufs Neue den engen Zusammenhang im Rhythmus, der Melodie, der orchestischen Bewegung und der metrischen Gestalt der Takte. Man kann also mit Recht aus dem Einen auf das Andere schliessen. In der griechischen Poesie sind nun die metrischen Formen der Takte so deutlich verschieden, so klar aus der λέξις zu erkennen, dass es möglich sein wird, aus ihr zutreffende Schlüsse auf die rhythmischen Verhältnisse in den einzelnen Takten, und, was bei weitem wichtiger ist, auf den Charakter der zugehörigen Melodien zu ziehen.

Versuchen wir dieses zuerst beim diplasischen Taktgenus. Rein jambische oder trochäische Verse, ohne Auflösungen, aber dagegen mit häufigen Synkopen, z. B.

$$\_ \cup \mid \rule{3mm}{0.2mm}\_ \mid \_ \cup \mid \rule{3mm}{0.2mm}\_ \rule{3mm}{0.2mm} \_ \cup \mid \_ \cup \mid \rule{3mm}{0.2mm}\_ \mid \_ \wedge \parallel$$

haben, wie nun leicht eingesehen werden kann, entschieden einen Takt wie unser Walzer; auch Auflösungen ändern nichts daran, wenn sie nicht zu häufig sind.

Ist dagegen die zweite Silbe des Taktes irrational, so tritt sie nicht in dem Grade hinter die erste Länge zurück, wie die reine Kürze: sie wird also nothwendig etwas stärker als jene intonirt. Ferner, stehen für die Eine Kürze deren zwei, also im kyklischen Dactylus, so ist auch die Auffassung zulässig, dass die starke Thesissilbe etwas an Dauer einbüsse und vielleicht hierin beide Kürzen nicht wesentlich überrage. Vgl. § 7, wo die beiden Formen desselben, $\_\cup \cup$ und $\_ \omega$ besprochen sind. Auch beim aufgelösten Trochäus, dem Tribrachys, tritt die Thesis nicht so stark gegen die Arsis hervor, da der Ictus der einen Kürze nicht so leicht den der anderen überragt, als der Ictus der Länge es thut. Alle diese Taktformen aber, $\_ >$, $\_\cup \cup$ oder $\_ \omega$ und $\cup \cup \cup$ sind dem logaödischen Metrum eigen. Demgemäss nähern sich rein logaödische Verse im Taktmasse einigermassen jener polnisch-deutschen Tanzweise.

Aus den entsprechenden deutschen Rhythmen nun sollte man dem logaödischen Metrum grössere Lebendigkeit und Beweglichkeit zuerkennen, als dem jambischen oder trochäischen der melischen Dichtungen. Und in der That, gerade dies ist der wahre Charakter der Logaöden: sie.sind das beweglichste und lebendigste Metrum in der ganzen lyrischen Literatur der Griechen, ohne dennoch für die wilde Leidenschaft den geeigneten Ausdruck zu bilden. Im Gegentheile hierzu drücken jene melischen Jamben und Trochäen mit Synkopen sehr häufig den tiefen innern Schmerz, die Schwermuth u. s. w. aus, was unter allen für die Orchesis ausgeprägten Taktarten dem Walzertakte am meisten entspricht.

Diese Ansicht mag wie ein Scherz klingen, hat aber, wie man sieht, die Facta ziemlich auf ihrer Seite. Nur ist durchaus zu bemerken, dass die Logaöden bei ihrem schwankenden Charakter nicht genau einem Takte wie dem des polnischen Tanzes entsprechen können; genug, dass eine gewisse Annäherung hieran stattfindet. Ausserdem lässt dieses Metrum allerdings die verschiedensten Auffassungen zu.

Man wird nun erkennen, dass in gewissem Grade auch ein Taktwechsel stattfindet, wo von Jamben und Trochäen zu Logaöden übergegangen wird.

4. Verwechselt man nicht das Tempo unserer Tanzarten mit dem rhythmischen Bau ihrer Takte, so wird man ferner die Analogie der Anapästen mit unserm Schottischtakt, die der Dactylen mit dem Galopptakt nicht verkennen. Der letztere Tanz hat freilich ein ausserordentlich rasches Tempo, während die Dactylen ruhig und gemessen sind.

Die grosse Freiheit nämlich, welche in den echt anapästischen Gedichten hinsichtlich der metrischen Gestalt der Takte herrscht, würde ein unlösbares Problem bleiben, wenn man nicht anzunehmen berechtigt wäre, dass diese Takte andere Ictenverhältnisse hätten, als die der echt dactylischen Verse. In den letzteren ist zwar die Contraction der beiden Arsissilben gestattet, nicht aber, oder äusserst selten die Auflösung der Thesis, ausgenommen, wo auch die Arsis ihre aufgelöste Form behält, so dass ein Proceleusmaticus entsteht. Für gewöhnlich also haben die Takte die legale Form _ ⌣ ⌣ , seltener die des Spondeus _ _ , sehr selten die des Proceleusmaticus ⌣ ⌣ ⌣ ⌣ . Man sieht, fast immer sind der

Thesis die kräftigen Silben zuertheilt, der Arsis die schwachen;
seltener haben Thesis und Arsis gleich starke Silben. Dies lässt
darauf schliessen, dass der Hauptictus den Nebenictus ganz bedeutend überragt, so dass etwa das Verhältniss

$$\underline{\cancel{\smile}}\ \smile\ \smile,\quad \underline{\cancel{\smile}}\ \underline{\smile},\quad \underline{\smile}\ \smile\ \smile\ \smile\bullet$$

entsteht.

Hiermit stimmt vorzüglich gut,

1) dass die Arsis nicht selten, corripirt wird, _ > oder ⌣ ⌣ >;
2) dass die Thesis oft sogar die Arsis absorbirt, ⌐⌐.

Vergleichen wir hiermit die Erscheinungen in den echt anapästischen Versen. Hier wechseln, nach Absonderung der Anakruse, die Takte _ ⌣ ⌣, _ _ und ⌣ ⌣ _ ganz beliebig mit
einander. Hieraus kann nichts anderes geschlossen werden, als
dass die Thesis nicht ein so unverhältnissmässig grösseres Gewicht
habe, als die Arsis, wie dies in den echt dactylischen Takten angenommen werden musste. Wir sind also genöthigt, folgende
rhythmische· Verhältnisse in den Takten anzunehmen: $\underline{\smile}\ \smile\ \smile$
$\underline{\smile}\ \underline{\smile},\ \underline{\smile}\ \smile\ \underline{\smile}$. Diese Auffassung der Anapästen stimmt vorzüglich
gut mit dem eigentlichen und hauptsächlichen Zwecke derselben.
Sie sind ein Marschtakt; daher bilden sie eigentlich nur Tetrapodien, ein Kolon, das zwei Halbirungen bis zum Einzeltakt gestattet;
daher ist auch der letztere nicht blos isorrhythmisch und folglich
durch zwei theilbar: sondern diese Theilung wird noch recht deutlich gemacht durch einen Ictus der Arsis, welcher dem der Thesis
an Stärke fast gleichkommt. Man tritt natürlich beim Marschiren
nach diesen Icten nieder. Die Anakruse trägt, wie immer, dazu
bei, den Rhythm lebhafter erscheinen zu machen.

Man unterscheide deshalb wohl von einander echte Anapästen
und Dactylen mit Anakrusis. Von letzteren hatten wir schon
§ 12, 2 ein gutes Beispiel aus Sophokles. Diese·Dactylen haben
meist ein ruhiges Tempo; ein schnelles und lebhaftes Tempo fand
im isorrhythmischen Geschlecht seinen Ausdruck durch die echten
Anapäste.

Von einem Taktwechsel kann also nicht die Rede sein, wo
reine Dactylen mit und ohne Anakrusen mit einander wechseln,
eben so wenig, als wo Jamben und Trochäen dieselbe Periode oder
Strophe zusammensetzen. Echte Dactylen und echte Anapästen
können aber schwerlich mit einander wechseln, wegen des sehr

verschiedenen Tempos derselben. Oder, wo ein solcher Wechsel wirklich stattfindet, da ist auch den Dactylen ein schnelleres Tempo zuzuschreiben.

5. Noch einmal komme ich auf einen deutschen Tanz zu sprechen, weil dessen Rhythmus ganz analoge Erscheinungen in der griechischen Literatur zu erklären vermag.

Der „Rheinländer" ist wohl allgemein bekannt; die metrische Gestalt der beiden ersten Theile desselben ist, abgesehen von den kleineren Noten:

$$\omega \mid \dot{\bar{\cup}} \cup \dot{\bar{\cup}} \cup \mid \dot{\bar{\cup}} \cup \cup \cup \mid \dot{\bar{\cup}} \cup \cup \cup \mid \dot{\bar{\cup}} \cup \cup \omega \parallel \dot{\bar{\cup}} \cup \dot{\bar{\cup}} \cup \mid \dot{\bar{\cup}} \cup \cup \cup \mid$$
$$\dot{\bar{\cup}} \cup \cup \cup \mid \dot{\bar{\cup}} \cup \cup \wedge \parallel$$
$$\dot{\bar{\cup}} \cup \dot{\bar{\cup}} \wedge \mid \dot{\bar{\cup}} \cup \dot{\bar{\cup}} \wedge \mid \dot{\bar{\cup}} \cup \cup \cup \mid \dot{\bar{\cup}} \cup \cup \cup \parallel \dot{\bar{\cup}} \cup \dot{\bar{\cup}} \wedge \mid \dot{\bar{\cup}} \cup \dot{\bar{\cup}} \wedge \mid$$
$$\dot{\bar{\cup}} \cup \cup \cup \mid \dot{\bar{\bar{\cup}}} \cup \cup \parallel$$

Man sieht, es findet ein Wechsel von isorrhythmischen Takten statt, die theils Einen Hauptictus haben, theils zwei; der zweite kommt dem ersten an Stärke nahezu gleich. Wie diese Unterschiede im innern Rhythmus der Takte dazu dienen, die „orchestischen" Bewegungen zu regeln, ist Jedermann bekannt. Ebenso entscheidend ist aber dieser Wechsel in den Takticten für den Charakter der zugehörigen Melodie. Der „Rheinländer" hat eine ausserordentlich lebendige, bewegte Melodie.

In der griechischen Lyrik ist eine ganz ähnliche Weise sehr beliebt, die zum Ausdrucke der erregten Stimmung immer und ohne Ausnahme dient. Bald wird durch sie die heitere erotische Stimmung ausgedrückt, bald der lärmende Frohsinn des Zechers, bald die sich überstürzende bacchantische Begeisterung, zuweilen auch andere Leidenschaften. Es ist der Sechsachteltakt, der wechselnd bald eine diplasische innere Gliederung erhält, in welcher der Hauptictus gewiss alle anderen ganz bedeutend überragt, bald eine isorrhythmische Gliederung, wo ein zweiter Hauptictus dem ersten fast an Stärke gleichkommt. Die bekannten Verse (Anaklomenoi, Galliamben u. s. w.) haben nämlich das Schema:

$$\cup \cup \mid \dot{\bar{\bar{\cup}}} \dot{\bar{\bar{\cup}}} \cup \cup \mid \dot{\bar{\bar{\cup}}} \dot{\bar{\bar{\cup}}} \cup \cup \mid \dot{\bar{\bar{\cup}}} \dot{\bar{\bar{\cup}}} \cup \cup \parallel \dot{\bar{\bar{\cup}}} \cup \_ \cup \mid \dot{\bar{\bar{\cup}}} \dot{\bar{\bar{\cup}}} \cup \cup \mid \dot{\bar{\bar{\cup}}} \cup \_ \cup \parallel$$

u. s. w.

In den Takten von der Form des Jonicus folgt nach einem stärksten Ictus freilich auch ein Ictus von zweiter Stärke, dann erst ein schwacher Ictus; aber der zweite Hauptictus kann aus dem

Grunde nicht so stark hervortreten, weil er unmittelbar auf den stärksten Ictus folgt und deshalb von ihm verdunkelt wird. Aus diesem Grunde kann er von jenem sogar absorbirt werden, und nun besitzen wir auch eine genügende Erklärung für Jonici von der Form ⏝ ⏑ ⏑, über welche § 4, 4 bereits gesprochen wurde. Im Ditrochäus ≟ ⏑ ≟ ⏑ dagegen ist der zweite Ictus vom ersten durch eine ganz schwache und tonlose Silbe getrennt und tritt deshalb wieder deutlich hervor.

So vermag denn die Rhythmik alle „metrischen Räthsel" ohne Schwierigkeit zu erklären.

6. Der Wechsel von Trochäen oder Jamben mit Logaöden, derjenige von Jonici und Ditrochäen ist eigentlich nur ein Wechsel im Taktrhythmus. Dieser selbe Wechsel ist vorhanden, wo Jonici und Choriamben _ _ ⏑ ⏑ und _ ⏑ ⏑ _ oder Päonen und Bacchien _ ⏑ _ und _ _ _ ⏑ in einem Kolon mit einander wechseln. Dieser Fall findet sehr häufig statt; worin aber die rhythmischen Unterschiede dieser Taktformen liegen, kann bereits aus § 6, 1 erkannt werden.

7. Es gibt aber auch einen Wechsel im Taktumfange innerhalb desselben Kolon. Der Dochmius

$$\smile \vdots \underline{\quad} \underline{\quad} \smile \mid \underline{\quad} \smile \|,$$

wenn er den Vers schliesst, immer katalektisch,

$$\smile \vdots \underline{\quad} \underline{\quad} \smile \mid \underline{\quad} \wedge \|$$

dient zum Ausdrucke heftiger sich kreuzender Gemüthsbewegungen. Daher ist sein Haupttakt ein päonischer, obendrein in unregelmässiger Form; es folgt ein Trochäus, der in ununterbrochener Folge keineswegs zur Bezeichnung leidenschaftlicher Aufregung geeignet wäre. Nun aber wird durch den Wechsel beider Taktarten ganz vorzüglich schön bezeichnet, wie die Leidenschaft mit ruhiger Ueberlegung kämpft und das Uebergewicht behält.

Schwierig wird dies Metrum durch die Gestattung der irrationalen Silbe an allen drei Stellen:

$$> \vdots \underline{\quad} \underline{\quad} \smile \mid \underline{\quad} \smile \|$$
$$\smile \vdots \underline{\quad} \underline{\quad} > \mid \underline{\quad} \smile \|$$
$$\smile \vdots \underline{\quad} \underline{\quad} \smile \mid \underline{\quad} > \|$$
$$> \vdots \underline{\quad} \underline{\quad} > \mid \underline{\quad} \smile \| \quad \text{u. s. w.,}$$

dann durch ¡die Auflösungen, welche bei allen drei Längen stattfinden können:

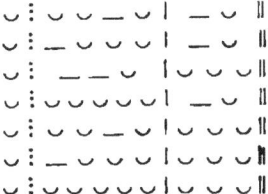

Kommen nun zu solchen Auflösungen irrationale Silben hinzu,
so wird die metrische Gestalt der Dochmien sehr unklar, z. B.

$$\cup\ \vdots\ \cup\ \cup\ \cup\ >\ |\ \cup\ \cup\ >\ ||$$
$$\cup\ \vdots\ \_\ \cup\ \cup\ >\ |\ \cup\ \cup\ >\ ||\ \text{u. s. w.}$$

Dem ganzen Charakter dieses Metrums entspricht es, dass auch
die antistrophische Responsion eine sehr ungenaue sein kann, z. B.

Wir erkennen hieraus, dass den langen Silben im melischen
Satze sehr oft zwei Töne gegeben wurden. Doch ist bei Aeschylus
die antistrophische Responsion, wo der Text in gutem Zustande
überliefert ist, meist sehr genau, und der Texteskritik bleibt noch
viel zu thun übrig an Stellen, wo dieses Verhältniss sich umkehrt.
Mehr Metra mit eigentlichem Tactwechsel gibt es in der griechischen Lyrik nicht.

8. Wohl zu unterscheiden vom Taktwechsel im Kolon selbst
ist der Wechsel rhythmischer Kola von verschiedenem
Taktmasse in derselben Periode.

Diese Erscheinung ist nicht selten; in den Schemen der
Aeschylischen Chorgesänge sind Beispiele genug zu finden. So besteht die Hauptperiode von Ag. III. str. γ′ aus logaödischen und
jonischen Kolis. Die schönsten Beispiele aber stehen Cho. VI epod.,
wo die erste Periode aus dochmischen, päonischen und trochäischen,
die zweite aus dochmischen und jambischen, zum Theil logaödischen
Kolis besteht. Man sehe die Schemen nach.

Selbstverständlich ist, dass nur Kola einander respondiren,
deren Takte gleichen Umfang haben: eine dactylische Tripodie z. B.
kann unter keinen Umständen einer trochäischen Tripodie respondiren, und wo dies scheinbar der Fall ist, da ist entweder sie als

logaödisch aufzufassen, oder auch die letztere als dactylisch mit
irrationalen Takten. Also in keinem Falle

$$\_ \cup \cup \mid \_ \cup \cup \mid \_ \_ \| \qquad\qquad \text{dact.} \quad 3$$
$$\_ \cup \mid \_ \cup \mid \_ \cup \rrbracket \qquad\qquad \text{troch.} \quad 3$$

sondern entweder

$$\smile \cup \mid \smile \cup \mid \_ \cup \| \qquad\qquad 3$$
$$\_ \cup \mid \_ \cup \mid \_ \cup \rrbracket \qquad\qquad 3$$

oder $\quad \_ \cup \cup \mid \_ \cup \cup \mid \_ \_ \| \qquad\qquad 3$
$$\_ > \mid \_ > \mid \_ \_ \rrbracket \qquad\qquad 3$$

Wie im einzelnen Falle aufzufassen ist, zeigt der Charakter
der ganzen Strophe oder vielmehr der Periode. Es ist dabei auch
immer zu berücksichtigen, welches Taktgenus dem Inhalte des
Textes am angemessensten ist.

Gegen die Responsion solcher Kola, deren Takte nur einen
verschiedenen inneren Rhythmus, nicht aber einen verschiedenen
Umfang haben, ist dagegen durchaus nichts einzuwenden. Trochäen
oder Jamben und Logaöden, Päonen und Bacchien u. s. w. können
sich ohne weiteres respondiren, z. B.

$$\_ \cup \mid \_ \cup \mid \_ \cup \mid \_ \wedge \| \qquad\qquad 4$$
$$\_ \cup \mid \smile \cup \mid \lfloor\_\rfloor \mid \_ \wedge \rrbracket \qquad\qquad 4$$

$$\_ \cup \_ \mid \_ \cup \cup \cup \mid \_ \cup \_ \| \qquad\qquad 3$$
$$\cup \mid \_ \_ \cup \mid \_ \_ \_ \cup \mid \lfloor\_ \overline{\wedge} \rrbracket \qquad\qquad 3$$

Wir haben über diesen Gegenstand schon § 15 in hinreichen-
der Ausführlichkeit gesprochen. Am leichtesten ist man geneigt,
den Logaöden diese Concession freier Responsion zu machen, da
ihr Charakter, wie erwähnt, ein schwankender ist und sie mehrere
Auffassungen zulassen.

9. Von einem Taktwechsel kann eigentlich gar nicht mehr
gesprochen werden, wenn die rhythmischen Perioden einer Strophe
in ihren Taktmassen sich von einander unterscheiden. Fast jeder
grössere Chorgesang bietet hierfür Belege. Noch weniger ist es

ein Taktwechsel zu nennen, wenn die einzelnen Strophen verschiedenes Taktmass haben.

---

§ 18. Ueber die Dochmien.

Im Folgenden werde ich einige neue Beobachtungen, wie sie
in den dochmischen Systemen und Strophen des Aeschylus sich
aufdrängten, zusammenstellen. Auf die übrigen dramatischen
Dichter habe ich vorläufig keine Rücksicht genommen, da die
Sache dadurch nicht an Klarheit gewonnen, sondern eher eingebüsst hätte. Erst bei einer Besprechung der Euripideïschen
Schemen wäre der geeignete Ort, auf den Gegenstand zurückzu-
kommen. Doch habe ich in einem Punkte, worin Sophokles das
meiste Licht verbreitet, ihn mit angezogen.

1. Bekanntlich bilden Logaöden ganz besonders gern epo-
dische Schlüsse der verschiedensten Perioden. Trochäen und Jamben gehen oft gegen den Schluss hin unmerklich in Logaöden
über; häufiger aber ist die ganze Periode rein trochäisch oder
jambisch, während ein Epodikon in logaödischem Masse folgt.
Auch Jonici und Choriamben haben ganz häufig solche Epodika;
und es ist noch fraglich ob nicht selbst bei einzelnen dactylischen
Strophen und Perioden ein logaödischer Schluss anzunehmen sei
(bei letzteren als Epodikon).

Es ist deshalb nicht zu verwundern, dass auch neben Dochmien die Logaöden eine grosse Rolle spielen und ganz besonders
dazu bestimmt erscheinen, den Schluss von Systemen und Perioden
zu bilden. Die Sache kann gar nicht missverstanden werden, wo
diese Kola entweder Tetrapodien oder ein zweiter Pherecrateus
($\_ \cup | \overset{\frown}{\_} \cup | \_ \wedge \parallel$) sind. Hier ein par Belege.

$$\_ \cup | \overset{\frown}{\_} \cup | \_ \cup \parallel \quad \text{oder} \quad \_ \cup | \overset{\frown}{\_} \cup | \_ | \_ \wedge \parallel$$

bildet den Schluss der Strophe Ag. VI. k. 9.

$$\overset{\frown}{\_} \cup | \overset{\frown}{\_} \cup | \_ \overset{\circ}{\downarrow} | \_ \wedge \parallel \quad \text{schliesst Sept. II. } \beta'.$$

$$\cup \vdots \_ | \overset{\frown}{\_} \cup | \_ \cup | \_ \cup \parallel \quad \text{schliesst Sept. IV. } \gamma'.$$

2. Fraglich ist es dagegen, was die rhythmische Geltung
eines sogenannten ersten Pherecrateus ($\overset{\frown}{\_} \cup | \_ \cup | \_ \wedge \parallel$) neben

Dochmien sei. Es ist nämlich eine doppelte Auffassung möglich:

$$> \; \vdots \; \cup \; \cup \; \_ \; \cup \; | \; \_ \; \wedge \| \quad \text{oder auch}$$

$$\smile \cup \; | \; \_ \; \cup \; | \; \_ \; \wedge \|$$

Beide Anschauungen haben mancherlei für sich. Für die
erstere scheint fast immer die Gleichförmigkeit des Metrums zu
sprechen, das man sich nicht allzu bunt denken darf, und daher
bezeichnete ich so an allen Stellen in Aeschylus, auch wo die
Eurhythmie dieses nicht gerade forderte. Für die zweite Auffassung
spricht dagegen die Analogie der übrigen logaödischen Schlüsse,
und daher ist auch diese Bezeichnungsart unter Umständen nicht
zu verwerfen und zuweilen wohl nicht mit zweifelloser Gewissheit
zu entscheiden.

3. Der Entscheidung des in 2. aufgestellten Problems würde
man näher kommen, wenn überall mit Bestimmtheit die Messung
der Grösse $\cup \; \cup \; \cup \; \_ \; \cup \; \_$ anzugeben wäre. Aber auch hier ist
ebenso gut die rein diplasische wie die dochmische Messung zu-
lässig:

$$\cup \; \vdots \; \cup \; \cup \; \_ \; \cup \; | \; \_ \; \wedge \| \quad \text{oder auch}$$

$$\cup \; \cup \; \cup \; | \; \_ \; \cup \; | \; \_ \; \wedge \| \; .$$

Nothwendig werden wir z. B. auf die dochmische Eintheilung
geführt Cho. VI. str. k. 11—14. Dort lauten k. 11—12:

$$\cup \; \vdots \; \cup \; \cup \; \_ \; \cup \; | \; \_ \; \Upsilon \| \; \_ \; \_ \; \cup \; | \; \_ \; \wedge \| \quad \text{und k. 13—14:}$$

$$\cup \; \vdots \; \cup \; \cup \; \_ \; \cup \; | \; \_ \; \Upsilon \| \; \overline{\smile\smile} \; \_ \; \mathcal{E} \; | \; \_ \; \wedge \| \; .$$

Man sieht, dass eine Eintheilung in Trochäen unmöglich ist,
denn selbst wenn man auch bei Aeschylus den Takt $\cup \; \_$ gestatten
wollte, so ständen doch hier die irrationalen Silben entgegen, und
ein Takt wie $\mathcal{\tilde{>}} \; \_$ wäre ein Unding. Ausserdem wird an unserer
Stelle die dochmische Geltung auch durch die Eurhythmie ange-
zeigt.

Dagegen wird die trochäische Geltung wieder durch die Eurhythmie vertheidigt Suppl. II. α', k. 7—8. Es geht hier nämlich ganz
derselbe Vers (k. 5—6) voraus, aber mit Anakruse, die eine Eintheilung in Dochmien unmöglich, die in Jamben nothwendig macht.
Denn eine zweisilbige Anakruse ist bei Dochmien nicht denkbar.
Und da deutet denn nicht nur die Eurhythmie auf die ähnliche

trochäische Geltung des folgenden Verses, sondern wir würden
auch ohne diese auf die gleichförmigere Gestalt der beiden Verse
geführt (weil es durchaus nicht motivirt ist, Taktwechsel anzunehmen, wo eben so gut gleiche Takte hergestellt werden können).
Die Gestalt jener Kola ist also:

k.

⏑ ⋮ ⏑ ⏑ ⏑ | ⏑⏑ ⏑ | ∟ ‖ ⏑ ⏑ ⏑ ⏑ | ⏖ ⏑ | _ ∧ ‖ 5—6.

⏑ ⏑ ⏑ | _ ⏑ | ∟ ‖ ⏑ ⏑ ⏑ | _ ⏑ | _ ∧ ‖ 7—8.

Eben so zeigt der katalektische erste Pherecrateus durchaus
seine logaödische Geltung Eum. II. k. 21:

_ ⏑ | _ ⏑ _ | ‖ ⏑⏑ ⏑ | _ ⏑ | _ ∧ ‖

wegen der im selben Verse voraufgehenden päonischen Dipodie;
denn wie könnte man hier anders eintheilen?

Cho. VI. epod. k. 5—7 haben noch aus einem anderen Grunde
trochäische Eintheilung: wollte man nämlich in Dochmien theilen,
so würde dem letzten derselben der trochäische Takt fehlen:

∶ ⏑ ⏑ ⏑ | _ ⏑ | _ ‖ ⏑ ⏑ ⏑ | _ ⏑ | _ ‖ ⏑ ⏑ ⏑ | _ ⏟ | _ ∧ ‖ ,

nicht:

⏑ ⋮ ⏑ ⏑ _ ⏑ | _ ⏑ ‖ ⏑ ⏑ _ ⏑ | _ ⏑ ‖ ⏑ ⏑ _ > | · · · · · ·

Da nun aber nicht immer sichere Kennzeichen vorhanden sind,
welche nach der einen oder anderen Seite hin entscheiden, so
bleiben namentlich an solchen Stellen, wo keine irrationalen Silben
in den Arsen vorhanden sind, oft zwei Anschauungen gleich berechtigt, und wir können z. B. theilen Ag. VI. k. 4—8:

> ⋮ ⏑ ⏑ _ ⏑ | _ ⏑ ‖ ⏑ ⏑ _ ⏑ | _ ∧ ‖

> ⋮ ⏑ ⏑ _ ⏑ | _ ⏑ ‖ ⏑ ⏑ ⏑ ⏑ ⏑ | _ ⏑ ‖ ⏑ ⏑ _ ⏑ | _ ∧ ‖

oder

⏑⏑ ⏑ | _ ⏑ | ∟ ‖ ⏑ ⏑ ⏑ | _ ⏑ | _ ∧ ‖

⏑⏑ ⏑ | _ ⏑ | ∟ ‖ ⏑ ⏑ ⏑ | ⏑ ⏑ ⏑ | _ ⏑ ‖ ⏑ ⏑ ⏑ | _ ⏑ | _ ∧ ‖

Der Charakter der ganzen Strophe und ihr Inhalt müssen
immer hauptsächlich entscheiden.

4. Dochmische Verse sind immer katalektisch, d. h. der den
Vers schliessende Dochmius entbehrt der letzten Kürze. Es scheint
hiernach, als ob in den meisten Fällen kaum eine Verspause beobachtet sei, als ob deshalb die Anakruse des nächsten Verses
noch als Arsis zum Schlusstakte gezogen sei, so dass diese dochmischen Verse dasselbe Verhältniss hatten als zwei deutsche Verse,

deren ersten wir nach griechischer Anschauung nur als ein Kolon betrachten konnten (§ 6, 3). Die dochmischen Verse wären also nur Kola, die sich durch nothwendigen Wortschluss dem eigentlichen Verse nur annäherten. Aber dass dies nicht immer so gewesen sei, zeigen die auch nicht selten vorkommenden syllabae ancipites, d. h. in diesem Falle schliessende Kürzen, welche die Geltung von Längen haben und daher als Thesis des letzten, trochäischen Taktes gelten können; ferner die Zulässigkeit des Hiatus.

So wird denn überall nicht gestattet sein, Dochmien von der Form

$$\smile \vdots \_ \_ \smile \mid \_ \smile \parallel$$

am Versschlusse anzunehmen, und deshalb war Eum. V. α′. k. 15. 18 einzutheilen:

$$\smile \vdots \smile \smile \_ \smile \mid \_ \_ \wedge \parallel, \text{ nicht } \smile \vdots \smile \smile \_ \smile \mid \_ \smile \parallel$$
$$> \vdots \smile \smile \_ \smile \mid \_ \_ \wedge \parallel, \text{ nicht } > \vdots \smile \smile \_ \smile \mid \_ \smile \parallel.$$

Nur in einer repetirten stichischen Periode, Eum. I. γ′ hat sich Aeschylus akatalektischen Ausgang erlaubt, wie überhaupt solche allzu gleichförmigen Reihen metrisch gern etwas variirt werden.

5. Man darf nirgends einen Dochmius von der Form

$$\smile \vdots \overset{\frown}{\smile} \_ \smile \mid \_ \wedge \parallel$$

annehmen. Bei einem ohnehin schon taktwechselnden Metrum würde in dieser Gestalt gar nicht mehr das Wesen des Haupttaktes erkannt werden können.

6. Dagegen spricht auf einigen Stellen die Eurhythmie für Annahme von Dochmien mit der Form

$$\smile \vdots \sqcup \smile \mid \_ \wedge \parallel, \text{ oder } \smile \vdots \sqcup \smile \mid \_ \smile \parallel,$$

wenn noch ein Kolon im Verse folgt.

Dehnungen kommen in allen Taktarten vor, bei Trochäen, Jamben, Dactylen, Jonicis, Choriamben u. s. w.: warum nicht auch bei Dochmien? Auch die Form $\smile \vdots \_ \_ \smile \mid \_ \parallel$ ist keineswegs zu verwerfen; nur die Dehnung $\smile \vdots \_ \sqcup \mid \_ \_ \wedge \parallel$, die den Charakter des Haupttaktes umkehren und somit das Bild eines Dochmius vernichten würde, ist jedenfalls verwerflich.

Die erstere Form des Dochmius kommt vor Eum. I. str. γ′ und Suppl. VI. str. α′ in zwei Strophen, in denen an keine jambische Dipodie zu denken ist. Denn diese Strophen sind in den

reinsten Dochmien componirt und die drei Verse enthalten jeder
gleichmässig zwei Dochmien; nun würde aber nicht bloss die
Eurhythmie, sondern auch die Gleichförmigkeit der Metra aufhören,
wollte man den dritten Vers mit Jamben anfangen lassen. Wir
haben ebenfalls diese Form des Dochmius angenommen. So. Phil. II,
k. 12. u. s. w.

Auch bei Sophokles führt die Eurhythmie mehrere Mal auf
die Annahme eines Dochmius von der Form ⏑ : ⎵ ⏑ ∣ _ ⏑‖ und
hier zeigt dann der Sinn der betreffenden Verse, wie genau die
durch die Rhythmik gefundenen metrischen Formen dem Inhalte
und gewiss auch der Melodie entsprechen, während das ewige
„Lang" und „Kurz" der Metriker auf ein leeres Silbengeklapper
hinausläuft. Man sehe sich nur solche Stellen an.

Aj. III. str. γ΄, v. 4 sq. lautet in der Strophe

ἔλεσϑ᾽ ἔλεσϑέ μ᾽ οἰκτίτορα,
ἔλεσϑέ μ᾽ . . . . . .

und in der Gegenstrophe:

πολὺν πολύν με δαρόν τε δὴ
κατείχετ᾽ ἀμφὶ Τροίαν χρόνον.

Die Eurhythmie fordert nun, diese Verse zu notiren:

⏑ : ⎵ ⏑ ∣ _ ⏑‖ _ _ _ ⏑ ∣ _ ∧‖

und wie ausgezeichnet schön stimmt die τονή mit dem Inhalte!
Sie legt einen grossen Nachdruck gerade auf die Wörter ἔλεσϑ᾽
und πολύν, und dass dieser vom Dichter beabsichtigt sei, wird
unwiderleglich bewiesen eben durch die Wiederholung der Worte.

Dieselbe Wahrnehmung kann man z. B. noch El. V. str. v. 1
machen. Diese Verse lauten, nebst den nächstfolgenden beiden
Versen, in der Strophe:

Ἰὼ γοναί,
γοναὶ σωμάτων ἐμοὶ φιλτάτων,
ἐμόλετ᾽ ἀρτίως . . .

und in der Gegenstrophe:

ὁ πᾶς ἐμοί,
ὁ πᾶς ἂν πρέποι παρὼν ἐννέπειν
τάδε δίκᾳ χρόνος.

Die Eurhythmie fordert die metrische Form ⏑ : ⎵ ⏑ ∣ _ ∧‖

im ersten Verse; es entsteht aus den drei ersten Versen die dochmische Periode:

$$\smile\;\vdots\;\sqcup\;\smile\,|\,\_\,\wedge\,\|$$
$$\smile\;\vdots\;\_\,\_\,\smile\,|\,\_\,\smile\,\|\,\_\,\_\,\smile\,|\,\_\,\wedge\,\|$$
$$\smile\;\vdots\;\smile\,\smile\,\_\,\smile\,|\,\_\,\wedge\,]\!]$$

$$\left.\begin{array}{l}\text{do}\\\text{do}\\\text{do}\\\text{do}\end{array}\right)\right)$$

Wie ansprechend und schön ist die τονή in πᾶς; der be-
sondere Nachdruck, welcher auf diesem Worte ruhen soll, wird
durch seine Wiederholung bewiesen. Aber auch im Schmerzensruf
ἰώ ist die τονή ausserordentlich bezeichnend; auf ihm ruht der
Nachdruck, die folgenden Worte sind nur seine Erklärung.

Die zweite von obigen beiden Formen, $\smile\;\vdots\;\_\,\_\,\smile\,|\,\_\,\|$ fan-
den wir z. B. in der Auflösung $\smile\;\vdots\;\smile\,\smile\,\_\,\smile\,|\,\_\,\|$ Suppl. VI. str. β′,
k. 4 und anderswo.

7. Der Dochmius ist bekanntlich die Verbindung eines hemiolischen und eines diplasischen Taktes. Da er zur Schilderung
grosser Gemüthsunruhe u. s. w. dient, so ist der erste dieser Takte,
auf dem das Hauptgewicht liegt, der also als Thesis der Verbindung zu betrachten ist, unregelmässig gegliedert, indem er fast
immer in der Form des Bacchius auftritt. Ferner, der Dochmius
beginnt mit einer Anakruse, da diese jeden Rhythmus lebhafter
macht.

Aber beide Erscheinungen, so können wir mit Recht annehmen, sind nicht nothwendig: es gibt Dochmien, die 1) statt des
Bacchius einen regelmässigen Päon haben, und denen 2) auch noch
die Anakruse fehlt.

Auf einen päonischen Dochmius mit Anakruse werden
wir z. B. nothwendig geführt Sept. IV, str. β′, k. 1; dort lautet
der ganze Vers:

$$\smile\;\vdots\;\_\,\smile\,\_\,|\,\_\,>\,\|\,\smile\,\smile\,\_\,\smile\,|\,\_\,\wedge\,\|,$$

und die Eurhythmie beweist, dass nicht an Jamben zu denken sei.

In str. γ′, v. 3 desselben Chorgesanges habe ich ferner einen
päonischen Dochmius ohne Anakruse annehmen müssen, und der
Vers lautet:

$$\smile\,\smile\,\smile\,\smile\,\smile\,|\,\_\,\smile\,\|\,\_\,\gtrless\,|\,\_\,\_\,\wedge\,]\!]$$ (vgl. hierzu unter 10).

Die Eurhythmie liefert an dieser Stelle den Beweis. Und wie
anders sollte man den Vers wohl noch eintheilen können? Keine

Jamben mit zweisilbigen Anakrusen sind eine Unmöglichkeit; aber
selbst wenn man diese gestatten wollte, so bliebe der dritte Takt
in der Gegenstrophe irrational, was nach § 7, 2 nicht gestattet ist;
als zwei Takte (mit Dehnung) könnte man aber nicht abtheilen,
weil die Strophe an derselben Stelle eine Kürze hat. Wir erhielten
also, wollten wir hier die beiden Dochmien wegen ihrer ziemlich
seltenen, in unserm Abschnitte erst nachgewiesenen Form verwerfen, das völlig unmögliche Kolon:

$$\cup \cup \vdots \cup \cup \cup \mid \_ \cup \mid \_ \times \mid \_ \cup \parallel$$

(Es ist zu bemerken, dass die Handschriften an obiger Stelle
einen guten Text in Strophe wie in Gegenstrophe bieten, und dass
deshalb keinerlei Grund zu Aenderungen vorhanden ist.)

8. Der Dochmius ist einer doppelten Erweiterung fähig: entweder wird nämlich der bacchische oder der trochäische Takt
zweimal gesetzt, was für die Grundform ohne Auflösungen folgende
Kola gibt:

$$1) \quad \cup \vdots \_ \_ \cup \mid \_ \_ \cup \mid \_ \wedge \parallel$$
$$2) \quad \cup \vdots \_ \_ \cup \mid \_ \cup \mid \_ \wedge \parallel$$

Bei dieser letzteren Form liegt aber die Auffassung als päonische
Dipodie näher, und ich habe deshalb auch so bezeichnet, z. B.

Sept. I. ε′. k. 3. $\quad \parallel \_ \cup \_ \mid \cup \cup \cup \_ \parallel$

Das erstere Kolon könnte freilich auch als eine bacchische
Tripodie aufgefasst werden, doch liegt hier die Auffassung als er-
weiterter Dochmius wohl näher (in den dochmischen Strophen).
Solche Kola kommen z. B. vor Ag. V, β′. Cho. II, k. 4.

Dagegen ist die Verbindung $\cup \_ \_ \cup \_ \_ \cup \_ \triangledown$ wohl
schwerlich als erweiterter Dochmius zu fassen, der auch in dieser
Gestalt nicht die letzte Kürze haben dürfte, sondern vielmehr als
eine bacchische Tripodie, also:

$$\cup \vdots \_ \_ \cup \mid \_ \_ \cup \mid \_ \_ \wedge \parallel, \text{ nicht}$$
$$\cup \vdots \_ \_ \cup \mid \_ \_ \cup \mid \_ \cup \parallel.$$

Solche Kola kommen mehrfach in dochmischen Strophen
vor, z. B.

Ag. V, ε′, k. 13.

Auch können Päonen (vgl. 7.) zu erweiterten Dochmien benutzt werden, obgleich man hier — wo von der allgemeinen

Grundform des Dochmius durch die metrische Bildung des Haupttaktes noch weiter abgegangen wird — wohl mit mehr Recht als
päonische Tripodie auffasst. So

Cho. VI, ep. k. 2. ◡ ⋮ ◡ ◡ — ◡ | — ◡ — | ⌣ ⊼ ‖

k. 9. ◡ ⋮ — ◡ ◡ ◡ | — ◡ — | ⌣ ⊼ ‖

9. Eine eigenthümliche Erweiterung der Grundform ist der
Amphidochmius. Er bildet eine Art mesodischer Periode, in
der die Responsion von Takt zu Takt stattfindet. Die Formen,
worin ich ihn vorfand, sind folgende:

Eum. I, β′, k. 2. ◡ ⋮ — — — ◡ | — ◡ | — ◡ — ‖

Sept. IV, γ′, k. 7. ◡ ⋮ ◡ ◡ — > | ⌣ | — ◡ — ‖.

Ueberhaupt ist es noch fraglich, ob der Dochmius einen
Hauptictus ausgeprägt enthalte, der den des zweiten Taktes wesentlich überragt. Durch annähernd gleiche Stärke beider Icten wird
er erst recht zu einem Metrum leidenschaftlicher Aufregung; und
die Erklärung des „Amphidochmius", wie ich das vorliegende
Metrum nennen muss, wird bei dieser Annahme leichter.

Die Ictenverhältnisse im Dochmius scheinen überhaupt ausserordentlich schwankend gewesen zu sein. Dafür zeugen die gestatteten Auflösungen und irrationalen Silben. Die Consequenzen,
welche sich aus diesen Erscheinungen ziehen lassen, wird jeder
aufmerksame Leser bereits aus § 17 gefunden haben. Man beachte, wie überall metrische und rhythmische Eigenthümlichkeiten
eng zusammenhängen und wie die aus beiden gezogenen Schlüsse
immer im schönsten Einklange mit dem Ethos der Metra stehen.

10. Endlich ist noch eine Umkehrung des Dochmius merkwürdig. In ihr geht der dreizeitige Takt dem fünfzeitigen voraus.
Es findet sich dies Kolon bei Aeschylus einmal angewandt, um mit
einem voraufgehenden gewöhnlichen Dochmius durch eine Responsion von Takt zu Takt eine antithetische Periode zu bilden:

Eum. I, β′, k. 2—3:

◡ ⋮ ◡ ◡ — > | ⌣ ∧ ‖
◡ ⋮ ◡ ◡ ◡ | ⌣ ◡ ◡ — ‖.

Vorher geht an dieser Stelle (k. 1) ein Amphidochmius, so
dass fast die ganze Strophe eine rhythmische Responsion nach

Einzeltakten aufweist. Vgl. die Anmerkung zu der Strophe. Ausserdem kommt das Metrum vor Sept. IV, γ´.

Wie sehr eine solche Responsion, die auf eine Art Zerstückelung der Kola hinausläuft, dem Charakter der Dochmien entspricht, braucht wohl kaum erwähnt zu werden. Man beachte aber besonders, wie genau dies mit den eigenthümlichen Ictenverhältnissen in Einklang steht, auf die unter 9) bereits hingedeutet wurde.

Alle einzelnen Bildungsarten und Erweiterungen des Dochmius, die in den voraufgehenden Abschnitten angenommen wurden, basiren lediglich auf Thatsachen. Man wird nicht verkennen, dass ich diesen nirgend eine künstliche Deutung gegeben habe; aber erklärt müssen sie allerdings werden. Angaben wie „Der Vers besteht aus einem Trochäus und einem Päon", genügen durchaus nicht mehr. Wir verlangen mit Recht, die rhythmischen Verhältnisse der Einzeltakte zu einander zu kennen; wir wollen ein Bild auch des melischen Satzes haben; und wollen wir die Verse nicht wie schlechte Prosa lesen, so müssen wir schlechterdings zur Rhythmik unsere Zuflucht nehmen. Diese letztere weist überall Gesetzmässigkeit und Ordnung statt Willkühr und Ungebundenheit, Zweck und Absicht statt der Laune und des Zufalles, ja Natur und Kunst in ihrer schönsten Vollendung statt Unnatur und leeren Silbengeklappers nach.

Wem dieses und jenes aus Aeschylus allein noch nicht hinreichend belegt erscheinen sollte, der wird in Sophokles und Euripides die weiteren Beweise finden können.

§ 19. Wo rhythmische Periodologie stattfindet.

1. Noch eine Frage von grosser Bedeutung ist unerledigt geblieben; es ist die, wo die rhythmische Periodologie in den Chorgesängen mit Bestimmtheit zu erwarten sei, wo sie dagegen etwa fehle.

Die Lösung dieser Frage ist ungemein leicht. Wir müssen auf unser fast bis zum Ueberdrusse in verschiedener Form vorgetragenes Princip zurückkommen:

Ueberall stehen in den dramatischen Chorgesängen

Form und Inhalt in der genauesten Beziehung zu einander.

Aus diesem Principe ergibt sich alles übrige so zu sagen von
selbst. Wir erwarten mit Recht rhythmische Periodologie in der
grossen Mehrzahl der Chorgesänge, da diese jeder für sich wohl
abgerundete Ganze sind, in denen die höchsten Ideen zu einem
schönen und wohlgeordneten Ausdrucke gelangen. Dieselbe Wohl-
ordnung musste nothwendig im ganzen Rhythmus ausgeprägt sein,
sollten nicht Form und Inhalt in einen unerträglichen Gegensatz
treten. Ausserdem erforderten die orchestischen Bewegungen die
grösste und strengste Regelmässigkeit der ganzen melischen Composition.

Aber die Monodien und kommatischen Gesänge, meist in
Dochmien, aber auch etwa in Anapästen, erforderten nicht diese
strenge Eurhythmie. Sie waren von keiner regelmässigen Orchesis
begleitet und ihre Melodien wurden häufig durch Trimeter des
Dialogs, Schmerzensrufe u. s. w. unterbrochen: wie konnte also
immer und unter allen Umständen eine strenge Periodologie durchgeführt werden? Und diese hätte dem Inhalte oft geradezu wider-
sprochen. Unseliges Hin- und Herschwanken zwischen Furcht und
Zorn, Verzweiflung und Rachegefühl u. dgl. m. durfte nicht im
schönsten rhythmischen Baue des Gesanges zum Ausdrucke kommen.
Der antike Dichter und Componist hat nicht ein launenhaftes Spiel
mit den musischen Kunstformen getrieben, sondern mit dem ideal-
sten Selbstbewusstsein die tiefste Kenntniss der menschlichen Natur
und der Wirkung von Kunstformen auf sie verbunden. Daher
müssen auch wir aufhören, an leere Formen ohne tieferen innern
Gehalt bei ihnen überhaupt zu denken.

Aus diesem Grunde ist leicht ersichtlich, dass keine trocknen
Specialregeln genau die Fälle unterscheiden lehren können, wo
Periodologie zu erwarten ist oder nicht. Nur das Studium der
grossen Compositionen selbst kann hierüber Licht verbreiten. Ich
hoffe aber, namentlich Aeschylus dem gelehrten und studirenden
Publikum hiermit in einer Gestalt zu überliefern, welche jedem, der
nicht ganz ohne rhythmisches Gefühl ist, mehr Aufklärungen geben
wird, als alle Regeln. Möchte diese Arbeit dazu beitragen, die
Liebe zu den grossen und unerreichten Mustern des Alterthums
immer mehr zu erwecken!

Ueber diese und jene Einzelheiten wird noch der Commentar zu dem folgenden Texte kurze Andeutungen geben, mehr in den ersten Chorliedern, weniger in den letzten. Hier vorläufig noch einige Winke.

Die erste Strophe der Parodos in Prometheus ist ohne Periodologie, weil der Chor der Okeaniden, noch in der Luft schwebend, sie nebst ihrer Gegenstrophe absingt. Es fehlten also die orchestischen Bewegungen. Ausserdem liegt in den Worten die grösste Eile ausgeprägt: daher sind verhältnissmässig sehr wenige Verspausen vorhanden, die Kola jagen einander gleichsam ohne deutlich hervorspringende Abschnitte zu bilden. Gerade aber „die Verspause ist der Modulus der Periodologie", was Wunder also, dass bei ihrem Mangel auch letztere fehlt?

Aber an die Periodologie hatte das griechische Ohr sich doch schon so sehr gewöhnt, dass sie nur fehlen durfte, wo hierdurch ein bestimmter Effect erzielt werden sollte. Deshalb sind auch viele Monodien gut eurhythmisch geordnet, und es blieb der Natur der einzelnen Kola überlassen, die erregte und schwankende Gemüthsstimmung u. s. w. zum Ausdruck zu bringen. So treffen wir denn die schönsten dochmischen Perioden, ja Perioden, in denen dochmische, päonische und jambische oder logaödische Kola in den tadellosesten Verhältnissen einander respondiren.

Die grossartigste und schönste kommatische Composition des Alterthums unter den uns überlieferten in rhythmischer Beziehung ist vielleicht Ag. V. Aus ihr ist mit vollkommener Klarheit der schöne Zusammenhang zwischen Inhalt und Form erkennbar. Ich gebe deshalb hier im Voraus eine kurze Analyse des Gedichtes.

Str. & Gstr. α' enthalten dunkle Schmerzensrufe und einen Anruf an Apollo. Der Rhythmus ist ebenso inhaltlos: es sind kaum die Silben in Takte zu ordnen.

Str. & Gstr. β'. Die Seherin deutet bereits das nahende Unglück an. Auch der Rhythm wird gleichsam nur erst angedeutet: es treten wenigstens mit Bestimmtheit die einzelnen Takte hervor.

Str. & Gstr. γ'. Die Uebel selbst werden wenigstens genannt. Jetzt ordnen die Takte sich zu deutlichen Kolis, aber schon in der geringen Zahl mannigfaltig, wie die erwähnten Facta.

Str. & Gstr. δ'. Nun wird auf die Thäler selbst Rücksicht genommen, der Inhalt wächst; aber er wechselt auch zwischen

blosser prophetischer Intuition und dem Ausdrucke der Entrüstung
über die Greuel. In dieselben beiden Gruppen zerfällt der rhythmische Satz; die erste besteht aus diplasischen Takten, die zweite
aus Dochmien, die zu dieser Darstellung allein sich eigneten.

Str. & Gstr. ε'. Endlich schüttet die Seherin gleichsam ihr
ganzes Inneres aus, alles, was ihr Gemüth bewegt, kommt zum
Ausdruck. Aber sie spricht in dunklen Räthseln — und gerade
so wirr und unklar ist die Anordnung der Kola; es sind wahrhaft
labyrinthische Gänge, in welchen man eben so wenig zurechtfindet,
als der Chor die Worte der Kasandra versteht.

Str. & Gstr. ϛ'. Kasandra spricht nun offen aus, dass das
Schreckliche sie selbst betrifft; der übergrosse Schmerz, in abgerissenen Worten ausgesprochen, darf nicht in echten Perioden zum
Ausdrucke kommen. Ganz anders aber ist es mit dem Chor; er
ist zum vollständigen Verständnisse durchgedrungen, und die Klarheit, die in seinem Denken jetzt herrscht, muss nothwendig auch
in genauen rhythmischen Perioden sich aussprechen. Diese sind
klein und stichisch, und ihr Taktmass ist das dochmische, wie die
aufgeregte Stimmung dies Alles fordert.

Str. & Gstr. ζ'. Der Seherin gilt die That bereits für geschehen, sie stimmt gleichsam die Todtenklage an; hierfür eignen
sich diplasische Takte, die in guten Perioden geordnet sind. Dem
Chore dagegen liegt das Schreckliche noch in der Zukunft, es
bleibt also unseliges Fürchten, Zweifeln und Schwanken — und
folglich auch die Dochmien, die aber jetzt zu grössern wohlgeordneten Perioden verbunden sind, genau, wie zugleich in den Worten
das ganze Gewicht des Schmerzes zusammengefasst wird.

2. Es wird aus Obigem zugleich hervorgehen, dass mit dem
Mangel genauer eurhythmischer Responsion auch stets grosse Freiheit im Bau der Takte verbunden ist. Die Periodologie ist nämlich, um zusammenzufassen, nicht nothwendig

a) in dochmischen,
b) in frei anapästischen,
c) unter ganz bestimmten Bedingungen in logaödischen Strophen.

Bei diesen müssen nämlich die Kola sehr wenig durch Pausen getrennt sein u. s. w., wie bereits oben auseinandergesetzt ist. Hierzu
kommen aber noch

d) στίχοι ἀνακλώμενοι (◡ ◡ ⋮ ‒ ◡ ‒ ◡ | ‒ ‒ ⩘‖). Ein Bei-
spiel ist der Wechselgesang im Kyklops: μάκαρ ὅστις εὐιάζει.

Betrachtet man diese vier Fälle genauer, so findet man, dass
bei allen unperiodischen Metren entweder wahrer Taktwechsel stattfindet (Dochmien), oder Wechsel rhythmisch verschieden gebauter
Takte (‒̇ ◡ ‒̇ ◡ | und ‒̇ ‒̇ ◡ ◡) oder mindestens eine solche
Auffassung möglich ist. Denn es ist nach § 17 nicht so ganz unwahrscheinlich, dass unter den echten Anapästen Takte wie
◡ ◡ ⋮ ‒ ◡ ◡ und ◡ ◡ ⋮ ◡ ◡ ‒ oder ‒ ⋮ ◡ ◡ ‒ divergirende
Ictenverhältnisse wenigstens haben können. Aehnliche Unterschiede
sind denkbar in Takten wie ‒ ◡ oder gar ⌊‒ und ‒ ω, ‒ >.
Siehe darüber § 17.

Besonders ist noch zu merken, dass in amöbäischen Strophen,
wo jedes Kolon sein eignes Taktmass hat, natürlich nicht an Periodologie zu denken ist.

Bemerkung über die beim Texte des Aeschylus beobachtete Schreibart.

Um auch im Texte die rhythmischen Verhältnisse klar hervortreten zu lassen, habe ich

1) die Perioden eingerückt und mit grossen Anfangsbuchstaben
angefangen,

2) den Anfang eines neuen Kolon im Innern des Verses durch
einen schiefen Anfangsbuchstaben der Silbe bezeichnet. Hierbei
habe ich meist nur auf die Aussprache, nicht auf Ableitung u. s. w.
Rücksicht genommen; würde also z. B. ein neues Kolon mit der
zweiten Silbe von τέχνον beginnen, so würde ich entweder τέχνον
oder τέχνον schreiben, je nach der Quantität τέχνον oder τέχνον.
Nur das σ ziehe ich in den Verbindungen στ, σπ, σχ immer zur
zweiten Silbe, trotzdem es Position macht, weil zu vermuthen ist,
dass es bei beiden Silben ausgesprochen wurde.

Die lyrischen Partien im Agamemnon.

I.

Die Parados, V. 104—257.

σ. α'.   Κύριός εἰμι θροεῖν ὅδιον κράτος «ἴσιον ἀνδρῶν ἐντελέων·
ἔτι γὰρ θεόθεν καταπνεῖ μοι πειθὼ μολπᾶν ἀλκᾷ σύμφυτος
αἰών·
ὅπως Ἀχαιῶν δίθρονον κράτος Ἑλλάδος ἥβας ξύμφρονε ταγὼ
πέμπει σὺν δορὶ καὶ χερὶ πράκτωρ θούριος ὄρνις Τευκρίδ' ἐπ'
αἶαν,
5 οἰωνῶν βασιλεὺς βασιλεῦσι νεῶν, ὁ κελαινός, ὅ τε ἐξόπιν ἀργᾶς,
Φανέντες ἴκταρ μελάθρων χερὸς
ἐκ δοριπάλτου, παμπρέπτοις ἐν ἕδραισι,
βοσκόμενοι λαγίνας ἐρικύμονα φέρματα γέννας,
βλαβέντα λοισθίων δρόμων.
10 αἴλινον αἴλινον εἰπέ· τὸ δ' εὖ νικάτω.

ἀ. α'.   Κεδνὸς δὲ στρατόμαντις ἰδὼν δύο λήμασιν ἴσους Ἀτρεΐδας
μαχίμους ἐδάη λαγοδαίτας πομπᾶς ἀρχούς· οὕτω δ' εἶπε τεράζων·
„χρόνῳ μὲν ἀγρεῖ Πριάμου πόλιν ἅδε κέλευθος, πάντα δὲ
πύργων
κτήνη πρόσθε τὰ δημιοπληθῆ Μοῖρα λαπάξει πρὸς τὸ βίαιον.
5 οἶον μή τις ἀγὰ θεόθεν κνεφάσῃ, προτυπὲν τόμιον μέγα
Τροίας
Στρατῷ θενεῖν· καὶ γὰρ ἐπίφθονος
Ἄρτεμις ἁγνὰ πτανοῖσιν κυσὶ πατρός,
αὐτότοκον πρὸ λόχου μογερὰν πτάκα θυομένοισιν·
στυγεῖ δὲ δεῖπνον ἀετῶν —
10 αἴλινον αἴλινον εἰπέ· τὸ δ' εὖ νικάτω —

Str. α'.

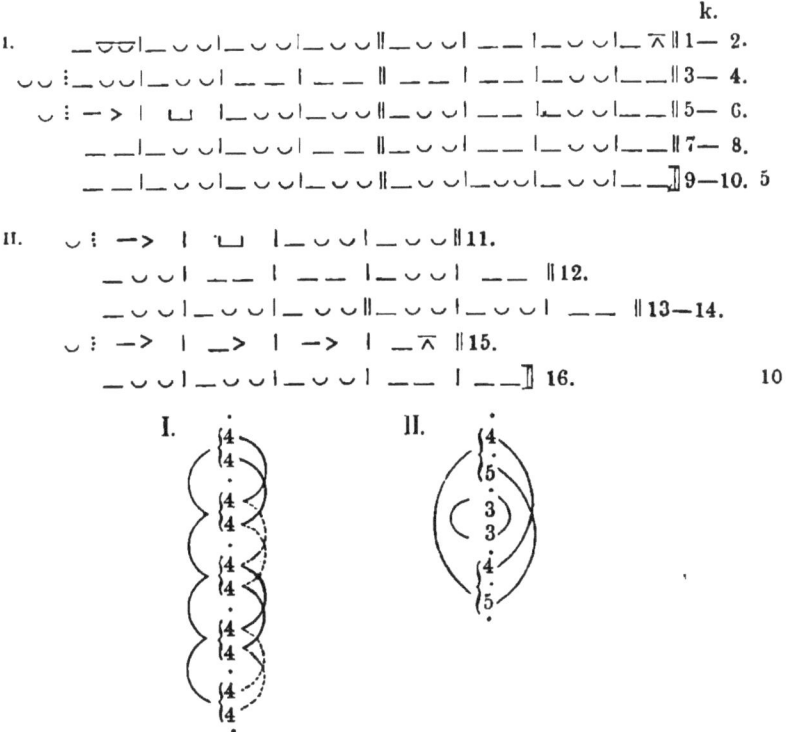

Die ganze Parodos ist ein wahres Musterstück rhythmischer Composition — wie manche andere Schöpfungen dieses grossen Tragikers.

Str. α'.

Der gehobenen feierlichen Stimmung des Chors und seiner festen Zuversicht entspricht die fast stichische Folge von dactylischen Tetrapodien, deren je zweie einen Vers bilden. Da aber doch auch beunruhigende Nebengedanken sich aufdrängen, so wird in per. II die Anordnung palinodisch-antithetisch, die Kola erhalten eine sehr verschiedene Ausdehnung.

K. 11 und 15 entsprechen sich sehr deutlich durch ihre accelerirten Takte.

Westphal (pag. 56 sq.) hat die richtige Anordnung getroffen.

10*

ἐπ.   Τόσον περ εὔφρων ἁ Καλὰ
       δρόσοισιν ἀέπτοις μαλερῶν λεόντων
       πάντων τ' ἀγρονόμων φιλομάστοις
       θηρῶν ὀβρικάλοισιν τερπνὰ
5   τούτων αἰτεῖ ξύμβολα κρᾶναι,
       δεξιὰ μὲν κατάμομφα δὲ φάσματ' Ἀτρείδαιν.
       ἰήιον δὲ καλέω Παιᾶνα·
       Μή τινας ἀντιπνόους Δαναοῖς ἐχενῇδας ἀπλοίας τεύξῃ,
       σπευδομένα θυσίαν ἑτέραν, ἄνομόν τιν', ἄδαιτον, νεικέων
10   Τέκτονα σύμφυτον ὠλεσιάνορα· μίμνει γὰρ φοβερὰ παλίνορτος
       οἰκονόμος δολία μνάμων μῆνις τεκνόποινος."
       τοιάδε Κάλχας σὺν μεγάλοις ἀγαθοῖς ἀπέκλαγζε
       μόρσιμ' ἀπ' ὀρνίθων ὁδίων οἴκοις βασιλείοις· τοῖς δ' ὁμόφωνον
       αἴλινον αἴλινον εἰπέ· τὸ δ' εὖ νικάτω.

Epodos.

Hartung erkannte V. 8 χρονίας richtig als Glosse zu ἐχενῇ-δας und entfernte das Wort deshalb aus dem Texte. Diese Strei-chung' erweist sich jetzt durch die Eurhythmie sogar als noth-wendig: das Eine Wort würde die ganze Periodologie zerstören. Zu verwerfen sind dagegen folgende Aenderungen Hartung's:

V. 4 ἄτερπνά τε für τερπνά. Schon metrische Gründe sprechen dagegen: es ist nicht wahrscheinlich, dass der Vers auf einen Dactylus ausgehe, während alle anderen spondeïschen Schluss haben.

V. 10 ist das Hartung'sche σύμφυτόρων entschieden zu ver-werfen. Es wäre doch auch sprachlich ausserordentlich kühn, νείκεα — συμφύτορα als „Hass der Mutter" zu fassen. Für das handschriftliche οὐ δεισήνορα, das sinnlos ist, hat H. ὀλεσήνορα hergestellt; dabei würde dann aus metrischen Gründen σύμφυτον nicht stehen bleiben können. Aber wir kommen mit Einer Aenderung,

ὠλεσιάνορα für οὐ δεισήνορα

zu demselben Ziele, ohne den Sinn zu zerstören; diese Form hat auch grössere Wahrscheinlichkeit wegen des noch sonst bei Aeschy-lus vorkommenden ὠλεσίοικος (nicht ὀλέσοικος).

Westphals Eintheilung (p. 58) ist durchaus verfehlt. Er will die Eurhythmie derjenigen der vorhergehenden Strophe analog wissen, gelangt aber zu seinem Schema nur durch eine starke Interpolation, ἀλάστορα hinter ἄδαιτον v. 9. Das Wort bringt

Epodos.

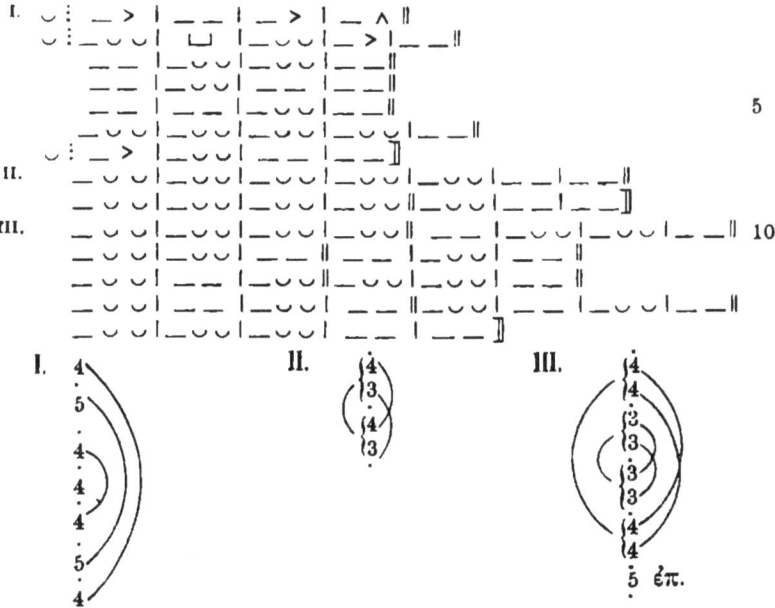

eine unerträgliche Häufung der Epitheta zu Stande, ist ein ganz
unpassender Zusatz zu θυσίαν und würde zu streichen sein, selbst
wenn es handschriftlich überliefert wäre. Nun aber bringt W., trotz
der Interpolation, doch keine Periodologie zu Stande, denn seine
zweite Periode hat zwei Epodika! Mit solchen Licenzen kann man
Alles für eine Periode erklären. — Die Voraussetzung übrigens, die
Periodologie der Epodos müsse derjenigen der Strophen analog
sein, ist ganz verkehrt; Pindar, der hier entscheidet, zeigt viel
häufiger die umgekehrte Erscheinung. Und solchen Hypothesen zu
Liebe darf man nicht interpoliren. — Die unmögliche Quantitirung
φάσματα στρουθῶν v. 6 und τέκτονα ξύμφυτον v. 10 übersieht W.

    Lachmann und Hermann suchen dem Metrum auf ihre Art
zu helfen, indem sie v. 10 resp. μῆνιν und φωτός hinter das
handschriftliche οὐ δεισήνορα einschieben. Sie ahnen freilich nicht,
dass sie hierdurch die Eurhythmie gerade zerstören: die metri causa
gemachte Aenderung muss metri causa verworfen werden. Hartung,
der zuerst einen Sinn herzustellen wusste, freilich mit grammatischen
Unerhörtheiten, traf so unbewusst auch das rhythmisch Nothwendige.

σ. β'. Ζεὺς, ὅστις ποτ' ἐστίν, εἰ τόδ' αὐτῷ φίλον κεκλημένῳ,
τοῦτό νιν προσεννέπω.

οὐκ ἔχω προσεικάσαι, πάντ' ἐπισταθμώμενος,
πλὴν Διός, εἰ τόδ' ἐμᾶς ἀπὸ φροντίδος ἄχθος χρὴ βαλεῖν ἐτητύμως.

ἀ. β'. Οὐδ' ὅστις πάροιθεν ἦν μέγας, παμμάχῳ θράσει βρύων,
οὐδὲ λέξεται πρὶν ὤν·
ὅς δ' ἔπειτ' ἔφυ, τριακτῆρος οἴχεται τυχών.
Ζῆνα δέ τις προφρόνως ἐπινίκια κλάζων τεύξεται φρενῶν τὸ πᾶν.

Str. β'.

Der Chor geht von der Reflexion zum Ausdrucke seiner persönlichen Gefühle über: daher wird das Taktmass diplasisch; noch
soll weniger der Schmerz zum Ausdrucke kommen, als das Vertrauen in die göttliche Leitung sich offenbaren: also keine Jamben,
sondern Trochäen, ein weit ruhigeres Metrum. Die feste und zu-
versichtliche Stimmung offenbart sich rhythmisch dann noch ganz
besonders dadurch, dass die ganze Strophe zu einer einzigen wohl
abgerundeten Periode ausgebildet ist, und dass in dieser im
wesentlichen die palinodische Anordnung herrscht. Malerisch und
schön ist die Responsion von K. 1 und 6. In jenem wird durch
die beiden τοναί im Anfange auf das nachdrücklichste hervorgehoben, dass auf Zeus das Vertrauen beruhe; K. 6 dann drückt
durch seine eilenden corripirten Dactylen die freudige Zuversicht
aus und bildet so gewiss auch im Melos eine sehr bezeichnende
Antithese.

Str. β'.

k.

⌞ ⏐ ⌞ ⏐_⌣⏐_⌣⏐_⌣⏐ ⌞ ‖_⌣⏐_⌣⏐_⌣⏐_ ∧‖1—2.

_⌣⏐_⌣⏐_⌣⏐_ ∧‖3.

_⌣⏐_⌣⏐_⌣⏐ ⌞ ‖_⌣⏐_⌣⏐_⌣⏐_ ∧‖4—5.

⌣⌣⏐⌣⌣⏐⌣⌣⏐⌣⌣⏐ ⌞ ⏐ ⌞ ‖_⌣⏐_⌣⏐_⌣⏐_ ∧]6—7.

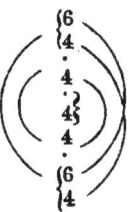

Westphal (p. 170) hat diese schöne Strophe ganz verkannt; sein Pausensatz ist wie gewöhnlich ganz falsch, er ordnet:

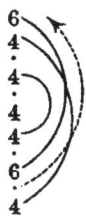

σ. γ'. Τὸν φρονεῖν βροτοὺς ὁδώσαντα, τὸν πάϑει μάϑος
Ͽέντα κυρίως ἔχειν.

ἔσταχεν δ' ὕπνῳ πρὸ καρδίας
Μνησιπήμων πόνος· καὶ παρ' ἄχοντας ἦλϑε σωφρονεῖν.
5 δαιμόνων δέ που χάρις βιαία, σέλμα σεμνὸν ἡμένων.

ἀ γ'. Καὶ τόϑ' ἡγεμὼν ὁ πρέσβυς νεῶν Ἀχαιικῶν,
μάντιν οὔτινα ψέγων,
ἐμπαίοις τύχαισι συμπεσών —
Εὖτ' ἀπλοίᾳ κεναγγεῖ βαρύνοντ' Ἀχαιικος λεώς,
5 Χαλκίδος πέραν ἔχων παλιρρόχϑοις ἐν Αὐλίδος τόποις —

Str. γ'.

Es drängen sich neue, mannigfaltige Betrachtungen auf: die
Vorsehung hat oft gewaltsame Mittel nöthig, um ihre Ziele zu erreichen. Ist sie auch wohlgesinnt gegen die Sterblichen, so drücken
doch oft die Geschicke, welche sie verhängt, schwer; Noth und
Bedrängniss treffen auch den, der sich in ihrer Hut fühlt. Und
gewöhnlich weiss der Mensch nicht, woran er ist, er sucht vergebens den Ausweg.

Wie schön ist dies alles wieder durch den Rhythmus bezeichnet! Die Strophe ist in zwei kleine Perioden zerrissen, deren
erste ziemlich schwankend ist durch ein starkes Epodikon; in
beiden herrscht die antithetische Ordnung „das Widerstreitende zum
Ausdruck zu bringen.“

Westphal (p. 172) hat alles wild durcheinander geworfen;
die Verspausen sind natürlich nicht beachtet. Er zieht K. 4 zur
zweiten Periode, nur dadurch verleitet, dass in ihr Hexapodien
vorkommen, bemerkt aber nicht, dass unsere zweite Periode durch
den Sinn, in der Gegenstrophe auch durch Interpunction von der
ersten getrennt ist. Um die Verwirrung noch grösser zu machen,

Str. γ'.

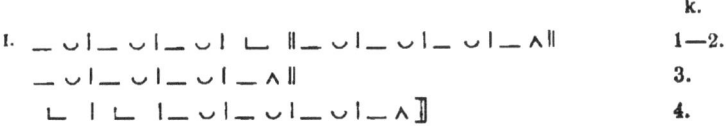

trennt er V. 5 in zwei Verse. Sein eurhythmisches Schema also ist:

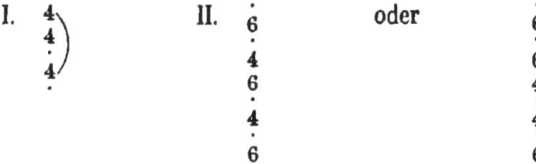

Auch wenn er die erstere Fassung der zweiten Periode gemeint haben sollte (er zählt eine Hexapodie zu wenig) entsteht keine gute mesodische Periode. Eine solche Folge von Kolis lässt sich nur als palinodisch auffassen, wenn ihre metrische Gestalt nicht die mesodische Gruppirung deutlich macht, und erfordert deshalb einen andern Pausensatz.

σ. δ'. Πνοαὶ δ' ἀπὸ Στρυμόνος μολοῦσαι
κακόσχολοι, νήστιδες, δύσορμοι,
βροτῶν ἄλαι, νεῶν τε καὶ πεισμάτων ἀφειδεῖς,
παλιμμήκη χρόνον τιθεῖσαι
5 τρίβῳ, κατέξαινον ἄνθος 'Αργείων.
  'Επεὶ δὲ καὶ πικροῦ
χείματος ἄλλο μῆχαρ
βριθύτερον πρόμοισι
  Μάντις ἔκλαγξεν προφέρων "Αρτεμιν ὥστε χθόνα βάκτροις
  ἐπικρούσαντας 'Ατρείδας δάκρυ μὴ κατασχεῖν·

ἀ δ'. "Αναξ δ' ὁ πρέσβυς τόδ' εἶπε φωνῶν·
  „βαρεῖα μὲν κὴρ τὸ μὴ πιθέσθαι,
βαρεῖα, δ' εἰ τέκνον δαίξω, δόμων ἄγαλμα,
μιαίνων παρθενοσφάγοισι
5 ῥείθροις πατρῴους χέρας πέλας βωμοῦ.
  Τί τῶνδ' ἄνευ κακῶν;
πῶς λιπόναυς γένωμαι,
ξυμμαχίας ἁμαρτών;
  Παυσανέμου γὰρ θυσίας παρθενίου θ' αἵματος, [ἀλκτήριον]
  ὀργᾷς, ἐπιθυμεῖν θέμις· εὖ γὰρ εἴη.

Str. δ'.

Die Strophe ist ein wahres Meisterstück rhythmischer (und gewiss auch melischer!) Composition.

Die traurigen Ereignisse der Vergangenheit treten in den Vordergrund, der Schmerz des Chors muss deshalb in synkopirten Jamben zum Ausdrucke kommen. Die τοναί in den vorletzten Takten geben allen Versen ein melancholisches Gepräge; sie werden bewiesen durch K. 6, welches nothwendig eine Hexapodie ist, weshalb die Eurhythmie diese Ausdehnung auch bei den anderen Versen forderte, gerade wie dem Ethos es angemessen war. Malerisch ist der Choliamb, K. 6. Es ist, als ob der Chor sich scheute, die empfindlichste Seite der grossen Calamität zu nennen; in der Strophe ist es das Wort 'Αργείων, welches der starke Accent trifft, in ihm liegt die ganze Schwere des Unglücks ausgesprochen: es sind die Argiver, die Landsleute des Chors, mit

Str. δ.

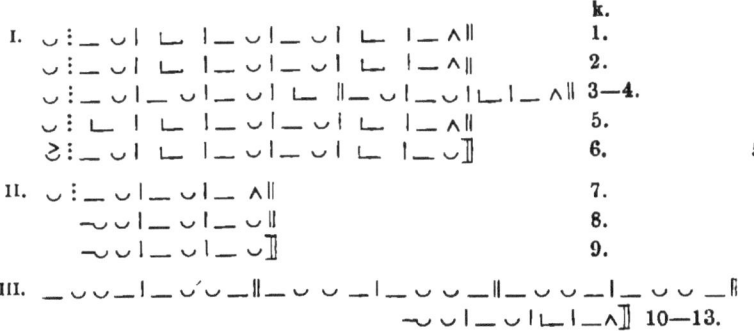

I. jambisch. II. logaödisch. III. choriambisch.

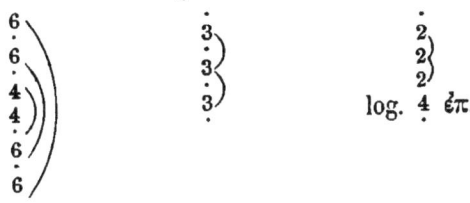

log. 4 ἐπ.

---

denen er durch die heiligsten Bande der Verwandtschaft u. s. w. verknüpft ist, die in Aulis dahin siechten. Dann in der Gegenstrophe fällt derselbe Accent auf βωμοῦ: am heiligen Altar ist die Königstochter von ihrem Vater geopfert, das Schrecklichste von allem. Diese ganze Darstellung ist ferner in Eine Periode zusammengefasst, und deren Form ist die antithetische, wodurch vortrefflich die sich widersprechenden Situationen zur Anschauung kommen.

Wie nun hin- und hergesonnen wird auf Auswege und Abhülfe, oder wie der Seher solche Mittel angibt, das malt wieder ausgezeichnet schön die folgende kleine logaödische Periode. Hastiges Hin- und Hersinnen kann nur in hastigen Logaöden passend ausgedrückt werden; aber, man kommt mit allem Sinnen nicht weit vorwärts — daher kleine Tripodien; jeder Gedanke stockt — hinter jeder Tripodie eine Pause; in allem Denken ist kein wahrer Zusammenhang, keine logische Unter- und Ueberordnung — daher die repetirte stichische Periode, die schon äusserlich die Wiederkehr des Gleichen verräth; je mehr man denkt, desto mehr regt

σ. ε'. 'Επεὶ δ' ἀνάγκας ἔδυ λέπαδνον,
φρενὸς πνέων δυσσεβῆ τροπαίαν
ἄναγνον ἀνίερον, τόθεν
τὸ παντότολμον φρονεῖν μετέγνω.
5　Βροτοὺς θρασύνει γὰρ αἰσχρόμητις
τάλαινα παρακοπὰ
πρωτοπήμων· ἔτλα δ' οὖν θυτὴρ
γενέσθαι θυγατρός,
γυναικοποίνων πολέμων ἀρωγάν,
10 καὶ προτέλεια ναῶν.

ἀ ε'. Λιτὰς δὲ καὶ κληδόνας πατρῴους
παρ' οὐδὲν αἰῶνα παρθένειόν τ'
ἔθεντο φιλόμαχοι βραβῆς.
φράσεν δ' ἀόζοις πατὴρ μετ' εὐχὰν
5　Δίκαν χιμαίρας ὕπερθε βωμοῦ
πέπλοισι περιπετῆ,
παντὶ θυμῷ προνωπῆ λαβεῖν
ἀέρδην, στόματός
τε καλλιπρῴρου φυλακὰν κατασχεῖν
10 φθόγγον ἀραῖον οἴκοις,

---

man sich auf — daher das erste Kolon jambisch, erst die nächsten beiden logaödisch.

Die furchtbare Verzweiflung, die nun folgt, konnte nur durch Choriamben würdig ausgedrückt werden; die Kola stürzen ohne Verspause hintereinander her, wie die Verzweiflung keine Ruhe, keine Schranken kennt; endlich folgt eine logaödische Tetrapodie, denn Thränen bringen Linderung (Str. ὥστε δάκρυ μὴ κατασχεῖν), und ein frommer Wunsch bricht sich Bahn (Gstr. εὖ γὰρ εἴη).

Ein solcher Schluss der Strophe war ausserdem nothwendig, um den Zusammenhang ihrer Theile nicht zu zerstören: das logaödische Epodikon vermittelt den Uebergang zu den ruhigeren Jamben, die nun wieder in der Gegenstrophe, und nach ihrem Schlusse in Str. ε' folgen. Aber noch einen Zweck sollte dieses Epodikon erfüllen, es sollte die Melodie der Hauptperiode (I) in Beziehung bringen zu Str. ε', wo in beiden Perioden dasselbe

Str. ε'.

Thema weiter ausgeführt und entwickelt ist. Auch diese Strophe nämlich schliesst mit der logaödischen Tetrapodie.

Je schöner und grossartiger die rhythmischen Perioden sind, desto weniger wurden sie bisher verstanden. Westphal hat die beiden letzten Perioden in eine einzige — ganz wunderbare! — zusammengeworfen (p. 232) und nicht einmal beachtet, welch' ein Unterschied zwischen Choriamben und Logaöden ist; an die Verspausen natürlich ist eben so wenig gedacht.

Str. ε'.

Auch diese Strophe hat einen ausgezeichnet schönen Rhythmus. Ueber die Natur mancher Proodika lassen sich hier zuverlässige Schlüsse ziehen. Wir sehen hier die ganze Strophe durch eine brachykatalektische Hexapodie mit τονή im zweiten Takte begonnen; dieses Kolon kehrt dann als wichtigstes Glied der beiden Perioden unverändert wieder. Es ist das Thema der Musik. Schwermüthig ist sein Rhythm, dem trüben Inhalte des Textes entsprechend; wir glauben die Melodie zu hören, so übereinstimmend deuten Metrum und Inhalt. Das Proodikon nun hat eine ganz analoge Melodie, — denn wie wäre es anders möglich? — Doch sie tritt dem Hörer noch nicht deutlich ins Bewusstsein: dies geschieht erst in der Periode selbst, wo das Mesodikon einen Contrast bildet, während das folgende respondirende Kolon eine befriedigende Auflösung des Hauptthemas der Musik gibt. Nun gibt die zweite* Periode eine ganz neue Gestaltung desselben Themas, eine Variation nach neueren Begriffen. Wir hören noch

σ. ς'. Βίᾳ χαλινῶν τ' ἀναύδῳ μένει.

  κρόκου βαφὰς δ' ἐς πέδον χέουσα

  "Εβαλλ' ἕκαστον θυτήρων

  ἀπ' ὄμματος βέλει φιλοίκτῳ,

5 Πρέπουσα δ' ὡς ἐν γραφαῖς, προσεννέπειν

  θέλουσ', ἐπεὶ πολλάκις

  πατρὸς κατ' ἀνδρῶνας εὐτραπέζους

  "Εμελψεν, ἁγνᾷ δ' ἀταύρωτος αὐδᾷ πατρὸς

  φίλου τριτόσπονδον εὔποτμον παιῶνα φίλως ἐτίμα.

ἀ. ς'. Τὰ δ' ἔνθεν οὔτ' εἶδον οὔτ' ἐννέπω·

  τέχναι δὲ Κάλχαντος οὐκ ἄκραντοι.

  Δίκα δὲ τοῖς μὲν παθοῦσιν

  μαθεῖν ἐπιρρέπει· τὸ μέλλον

5 Δὲ προκλύειν, πρὶν γένοιτο, χαιρέτω·

  ἴσον δὲ τῷ προστένειν.

  τορὸν γὰρ ἥξει σὺν ὄρθρου αὐγαῖς.

  Πέλοιτο δ' οὖν τἀπὶ τούτοισιν εὔπραξις, ὡς

  θέλει τόδ' ἄγχιστον 'Απίας γαίας μονόφρουρον ἕρκος.

---

einmal jene schwermüthige Weise erschallen; aber nun regen sich stürmische Empfindungen in der Seele des Sängers: grell tritt die fürchterliche That in ihrer concreten Erscheinung vor sein geistiges Auge; aber er wagt kaum auszusprechen, was er denkt: in hastigen Tripodien (K. 6 und 8) eilt er über das Greuelbild hinweg; das Allerfürchterlichste aber wird in jener Hexapodie (K. 7) ausgesprochen, die durch ihre regelmässig in jedem zweiten Takt vorhandene Synkope fast — vielleicht auch wirklich — in drei Dipodien zerlegt ist. Dies lässt sich am Metrum nicht genau unterscheiden, ist aber auch für die Melodie wohl ziemlich gleichbedeutend. Das neunte Kolon, das die mesodische Periode schliesst, kehrt dann zu jener Melodie zurück, aber mit einer Variation, die den Uebergang zum Refrain bilden soll, der als Epodikon diese Strophe wie die vorhergehende schliesst. Der dritte Takt ist nämlich ein kyklischer Dactylus.

  Westphals Eintheilung (p. 232) ist namentlich gegen den Schluss ganz unrhythmisch. Eben so wenig Rhythm ist natürlich hier wie in den meisten und gerade den schönsten Strophen in den Eintheilungen, welche in den Textausgaben stehen.

Str. ϛ'.

I. ∪ ː — ∪ | ⌞ | — ∪ | ⌞ | — ∪ | — ∧ ‖ 1.   I. 6̇ ⟩   II. 5̇ ⟩
    ∪ ː — ∪ | ⌞ | — ∪ | — ∪ | ⌞ | — ∧ ⫣ 2.   6̇ ⟩   5̇ ⟩

II. ∪ ː — ∪ | ⌞ | — ∪ | ⌞ | — ∧ ‖ 3.
    ∪ ː — ∪ | — ∪ | — ∪ | ⌞ | — ∧ ⫣ 4.   III. 6̇ ⟩   IV. 4̇ ⟩
                                                    4̇ ⟩   4̇ ⟩
III. ∪ ː — ∪ | ⌞ | — ∪ | — ∪ | — ∪ | — ∧ ‖ 5.   ⟩   4̇ ⟩ 5
    ∪ ː — ∪ | ⌞ | — ∪ | — ∧ ‖ 6.   6̇   4̇
    ∪ ː — ∪ | ⌞ | — ∪ | — ∪ | ⌞ | — ∧ ⫣ 7.

IV. ∪ ː — ∪ | ⌞ | — ∪ | ⌞ ‖ — ∪ | ⌞ | — ∪ | — ∧ ‖ 8—9.
    ∪ ː — ∪ | ⌞ | — ∪ | — ∪ ‖ — > | — ∪∪ | — ∪ | — ∪ ⫣ 10—11.

Str. ϛ'.

Die Schlussstrophe der ganzen Parodos kehrt zu einem einfacheren und kunstloseren Periodenbau zurück. Denn derselbe Chor, der diese Strophe singt, soll sogleich in Trimetern ohne Gesang sich an Klytämnestra wenden. Von einer schwungvollen Melodie zur blossen Recitation wäre ein zu krasser Abfall. Daher ist die ganze Strophe in lauter kleine Perioden aufgelöst, so klein wie es sich irgend mit den betreffenden Combinationsarten verträgt. Auf diese Weise werden nun überleitende Anapästen entbehrlich.

Westphal (p. 232) hat diese Strophe in richtige Verse abgetheilt, fasst aber die Perioden ganz falsch auf. Per. I—II gelten ihm für eine einzige stichische Periode; Per. IV erklärt er ebenfalls als stichisch.

Wer aufmerksam den wechselnden rhythmischen Bau in dieser herrlichen Parodos verfolgt hat, hat ein deutliches Bild der ganzen Aeschyleïschen Kunst. Ein guter Musiker würde mit Leichtigkeit die entsprechenden Melodien finden, so klar ist alles vorgezeichnet; ja seine Arbeit würde im Wesentlichen nur die eines Uebersetzers sein: für beide liegt der Inhalt vor, für beide ist auch das Hauptmaterial zur Füllung des Rahmens gegeben.

In den folgenden Chorgesängen wird es nicht weiter nöthig sein, auf das innere Wesen der rhythmischen Composition einzugehen: es herrscht überall dieselbe Klarheit.

II.
Das erste Stasimon, V. 367—497.

σ. α'.   Διὸς πλαγὰν ἔχουσιν εἰπεῖν,
πάρεστι τοῦτό γ' ἐξιχνεῦσαι.
ἔπραξαν ὡς ἔκρανεν· οὐκ ἔφα τις
θεοὺς βροτῶν ἀξιοῦσθαι μέλειν
5 ὅσοις ἀθίκτων χάρις πατοῖθ'· ὁ δ' οὐκ εὐσεβής.
πέφανται δ' ἐκτίνουσα τόλμη τῶν "Αρη
πνεόντων μεῖζον ἢ δικαίως,
φλεόντων δωμάτων ὑπέρφευ
ὑπὲρ τὸ βέλτιστον. ἔστω δ'
10 ἀπήμαντον ὥστε κἀπαρκεῖν
εὖ πραπίδων ἔχοντι.
Οὐ γὰρ ἔστιν ἔπαλξις
πλούτου πρὸς κόρον ἀνδρὶ
λακτίσαντι μέγαν Δίκας βωμὸν εἰς ἀφάνειαν.

ἀ. α'.   Βιᾶται δ' ἀ τάλαινα πειθώ,
προβουλόπαις ἄφερτος ἄτας.
ἄκος δὲ πᾶν μάταιον· οὐκ ἐκρύφθη,
πρέπει δὲ φῶς αἰνολαμπὲς σίνος.
5 κακοῦ δε χαλκοῦ τρόπον τρίβῳ τε καὶ προσβολαῖς
μελαμπαγὴς πέλει δικαιωθείς· ἐπεὶ
διώκει παῖς ποτανὸν ὄρνιν,
πόλει πρόσθριμμ' ἄφερτον ἐνθείς.
λιτᾶν δ' ἀκούει μὲν οὔτις
10 θεῶν· τὸν δ' ἐπίστροφον τῶνδε
φῶτ' ἄδικον καθαιρεῖ.
Οἷος καὶ Πάρις ἐλθὼν
ἐς δόμον τὸν 'Ατρειδᾶν
ἤσχυνε ξενίαν τράπεζαν κλοπαῖσι γυναικός.

Str. α'.

Die zweite Periode kehrt in derselben Gestalt auch als Schluss der folgenden Strophen wieder und bildet deshalb eine Art Refrain. Westphal (p. 232 sq.) irrt darin, dass er die drei ersten

Str. α′.

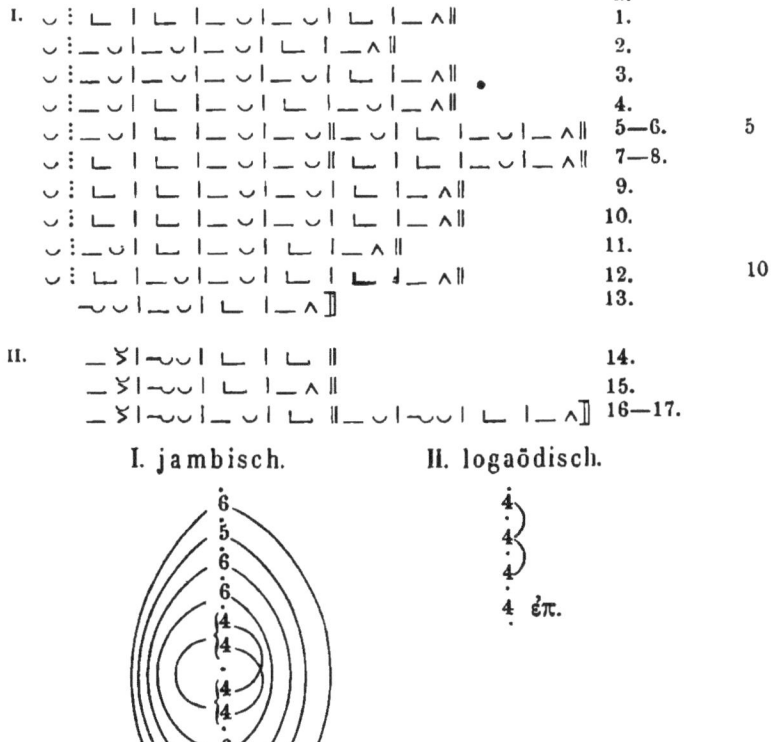

I. jambisch.   II. logaödisch.

log. 4 ἐπ.

und drei letzten Kola der Hauptperiode als eine Verbindung fasst, welche wir „Gruppe" genannt haben:

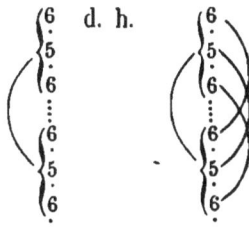

d. h.

Aber dann würde nicht übereinstimmend in der Strophe und Gegenstrophe nach dem zweiten und zehnten Verse interpungirt oder der Sinn wenigstens in irgend einer Weise abgeschlossen sein. Gerade hierdurch wird eine streng antithetische Responsion von Kolon

σ. β'.   Λιποῦσα δ' ἀστοῖσιν ἀσπίστορας
κλόνους λογχίμους τε καὶ ναυβάτας ὁπλισμούς,
ἄγουσά τ' ἀντίφερνον Ἰλίῳ φθοράν,
Βέβακεν ῥίμφα διὰ πυλᾶν
5 ἄτλητα τλᾶσα· πολλὰ δ' ἔστενον
τόδ' ἐννέποντες δόμων προφῆται·
„Ἰὼ ἰώ, δῶμα δῶμα καὶ πρόμοι,
ἰὼ λέχος καὶ στίβοι φιλάνορες.
πάρεστι σιγῶσ' ἀτίμως
10 ἀκοιτόρων ἀδίστος εἰκόνων ἰδεῖν,
πόθῳ δ' ὑπερποντίας φάσμα δόξει δόμων ἀνάσσειν.
Εὐμόρφων δὲ κολοσσῶν
ἔχθεται χάρις ἀνδρί
ὀμμάτων δ' ἐν ἀχηνίαις ἔρρει πᾶσ' Ἀφροδίτα.

ἀ. β'.   Ὀνειρόφαντοι δὲ πενθήμονες
πάρεισιν δόκαι φέρουσαι χάριν ματαίαν.
μάταν γάρ, εὖτ' ἂν ἐσθλά τις δοκῶν ὁρᾶν,
Παραλλάξασα διὰ χερῶν
5 βέβακεν ὄψις οὐ μεθύστερον
πτεροῖς ὀπαδοῦσ' ὕπνου κελεύθοις."
Τὰ μὲν κατ' οἴκους ἐφ' ἑστίας ἄχη
τάδ' ἐστὶ καὶ τῶνδ' ὑπερβατώτερα.
πάντων δ' ἀφ' Ἑλλανίδος γᾶς
10 συνορμένων πένθεια τλησικάρδιος
δόμοις ἑκάστου πρέπει· πολλὰ γοῦν θιγγάνει πρὸς ἧπαρ.
Οὓς μὲν γάρ τις ἔπεμψεν
οἶδεν, ἀντὶ δὲ φωτῶν
τεύχη καὶ σποδὸς εἰς ἑκάστου δόμους ἀφικνεῖται.

---

zu Kolon auf das deutlichste bezeichnet. Aber umgekehrt — und
wieder gegen W.'s Ansicht — bilden die vier Mittelkola je zwei
Gruppen, also nicht

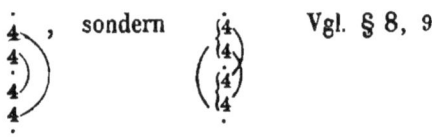

Gstr. V. 2 schreibt Hartung προβούλου παῖς ἄφερτος ἄτας,

Str. β.

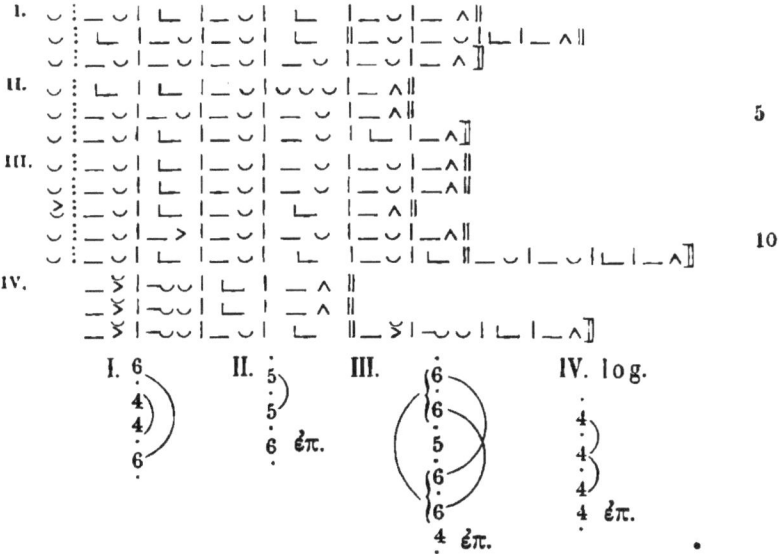

wodurch der Sinn um nichts klarer wird. Aber diese kleine, anscheinend so unschuldige Aenderung würde die ganze so ausgezeichnete Eurhythmie der Strophe vollständig zerstören. Da nämlich der erste Takt auf keinen Fall irrational sein dürfte, so bliebe keine andere Notirung über als ⌣ ⦂ ∟ |∟ | ‿ ⌣ ‥‥; so erhielten wir eine Hexapodie, und die kunstvollste jambische Strophe, welche Aeschylus gebaut hat, würde zerrissen werden. Noch mehr aber: wir wären gezwungen, nun auch V. 2 der Strophe zu interpoliren, wollten wir nicht die unmögliche antistrophische Responsion

⌣ ⦂ _ ‿
⌣ ⦂ ∟ |∟ annehmen.

Man sieht also aus Stellen, wie der besprochenen, wie sehr man sich hüten müsse, in chorischen Texten Aenderungen vorzunehmen, ohne der Rhythmik die gebührende Rücksicht angedeihen zu lassen. — Das Epithet προβουλόπαις scheint so hinreichend sicher gestellt; allerdings ist sein Begriff ziemlich unklar, doch darf man überhaupt nicht den Massstab strenger Logik an dichterische Epithete legen. Auch diejenigen unserer Poesie sind oft um nichts verständlicher.

Str. β'.

V. 4 der Strophe und Gegenstrophe geben wieder einen aus-

σ. γ'.   'Ο χρυσαμοιβὸς δ' "Αρης σωμάτων καὶ ταλαντοῦχος ἐν μάχῃ
πυρωθὲν ἐξ 'Ιλίου   [δορὸς
φίλοισι πέμπει βραχὺ
ψῆγμα δυσδάκρυτον ἀντήνορος σποδοῦ γεμίζων λέβητας εὐθέτους.

5   Στένουσι δ' εὖ λέγοντες ἄνδρα, τὸν μὲν ὡς
μάχης ἴδρις, τὸν δ' ἐν φοναῖς καλῶς πεσόντ' ἀλλοτρίας διαὶ γυναικός.
Τὰ δὲ σῖγά τις βαΰζει.
φθονερὸν δ' ὑπ' ἄλγος ἕρπει
προδίκοις 'Ατρείδαις.

10   Οἱ δ' αὐτοῦ περὶ τεῖχος
θήκας 'Ιλιάδος γᾶς
εὔμορφοι κατέχουσιν· ἐχθρὰ δ' ἔχοντας ἔκρυψεν.

ἀ. γ'.   Βαρεῖα δ' ἀστῶν φάτις ὑν κότῳ· δημοκράντου δ' ἀρᾶς τίνει
μένει δ' ἀκοῦσαί τί μου   [χρέος.
μέριμνα νυκτηρεφές.
τῶν πολυκτόνων γὰρ οὐκ ἄσκοποι θεοί, κελαιναὶ δ' 'Ερινύες χρόνῳ

5   Τυχηρὸν ὄντ' ἄνευ δίκας παλιντυχεῖ
τριβᾷ βίου τιθεῖσ' ἀμαυρόν· ἐν δ' ἀΐστοις τελέθοντος οὔτις ἀλκά.
Τὸ δ' ὑπερκόπως κλύειν εὖ
βαρύ· βάλλεται γὰρ ὄγκοις
Διόθεν κεραυνός.

10   Κρίνω δ' ἄφθονον ὄλβον.
μήτ' εἴην πτολιπόρθης,
μήτ' οὖν αὐτὸς ἁλοὺς ὑπ' ἄλλων βίον κατίδοιμι.

---

gezeichneten Beleg, wie sehr die handschriftlichen Ueberlieferungen
oft den Vorzug vor den Conjecturen der Neueren verdienen. Dort
ist in der Str. βέβακεν, in der Gstr. παραλλάξασα, was übereinstimmend von Hermann und Hartung in βέβακε, παραλλαγαῖσι
verändert wird. Aber so wird V. 4 zur Tetrapodie, die natürliche
und schöne Eurhythmie der Strophe wird zerstört, die noch heraus zu construirende widerspricht der Interpunction u. s. w. Obendrein zieht die eine, auch schon ziemlich starke Aenderung in der
Gegenstrophe dann nothwendig noch eine ganze Reihe von Interpolationen nach sich, so dass z. B. bei Hartung im Ganzen acht
Textesänderungen gemacht sind:

Str. γ'.

I. ‿ ⁝ ‿‿ | ⌣ | ‿‿ | ⌣ ‖ ‿‿ | ⌣ | ‿‿ |⌣ ‖ ‿‿ | ‿‿ | ‿‿ | ‿ ∧ ‖
   ‿ ⁝ ‿‿ | ⌣ | ‿‿ | ‿ ∧ ‖
   ‿ ⁝ ‿‿ | ⌣ | ‿‿ | ‿ ∧ ‖
   ‿‿ | ‿‿ | ‿‿ | ⌣ ‖ ‿‿ | ‿‿ | ‿‿ | ⌣ ‖ ‿‿ | ‿‿ | ‿‿ | ‿ ∧ ‖

II. ‿ ⁝ ‿‿ | ‿‿ | ‿‿ | ‿‿ | ‿‿ | ‿ ∧ ‖   5
   ‿ ⁝ ‿‿ | ‿‿ | ‿‿ | ‿‿ | ‿‿ | ⌣ ‖‿‿‿ | ‿‿ | ‿‿ | ‿‿ ⟧

III.‿‿ ⁝ ‿ ‿ ‿ ‿ | ‿ ‿ ‿ ⌃ ‖
   ‿‿ ⁝ ‿ ‿ ‿ ‿ | ‿ ‿ ‿ ⌃ ‖
   ‿‿ ⁝ ‿‿ | ⌣ | ‿⁝∧ ⟧

IV. ‿ > | ‿ ‿ | ⌣ | ⌣ ‖   10
   ‿ > | ‿ ‿ | ⌣ | ⌣ ‖
   ‿ > | ‿ ‿ | ‿‿ | ⌣ ‖‿ ⟩ | ‿ ‿ ⌣ | ‿ ∧ ⟧

I. jambisch. II. jambisch. II. jonisch. IV. logaödisch.

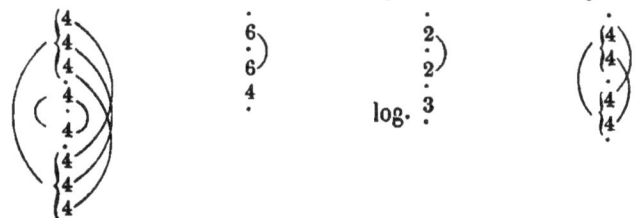

1) Str. V. 4. βέβακε für βέβακεν.
2) Gstr. V. 4. παραλλαγαῖσι für παραλλάξασα.
3)   V. 5. βεβάκη für βέβακεν.
4)   dahinter τ' eingerückt.
5)   αὖ für οὐ.
6)   V. 6. πτεροῦσσ' für πτεροῖς.
7)   ὀπαδῇ für ὀπαδοῖς.
8)   dahinter Ƨ' eingeschoben.

Für diesen ganzen Tross von Interpolationen habe ich, geleitet von der Eurhythmie, nur einen einzigen Buchstaben geändert und so den schönsten Sinn hergestellt; ich schreibe nämlich Gstr. V. 6 nur   ὀπαδοῦσ' für ὀπαδοῖς, in allem andern bleibt der überlieferte Text unverändert.

Str. γ'.

Das Schlusskolon von Per. III hat die passendste Form, um die ἰωνικοὶ ἀνακλώμενοι zu den folgenden Logaöden von gewöhnlicher Form überzuleiten.

ἐπ. Πυρὸς δ' ὑπ' εὐαγγέλου
    πόλιν διήκει Ͽοὰ
    βάξις· εἰ δ' ἐτήτυμος,
    Τίς οἶδεν, ἤτοι Ͽεῖον ἐστι μὴ ψύϿος;
5   τίς ὧδε παιδνὸς ἢ φρενῶν κεκομμένος,
    Φλογὸς παραγγέλμασιν
    νέοις πυρωϿέντα καρδίαν, ἔπειτ'
    ἀλλαγᾷ λόγου καμεῖν;
    γυναικὸς αἰχμᾷ πρέπει
10 Πρὸ τοῦ φανέντος χάριν ξυναινέσαι πιϿανὸς ἄγαν
    ὁ Ͽῆλυς Ͽροῦς ἐπινέμεται ταχύπορος, ἀλλὰ
    ταχύμορον γυναικογήρυτον ὄλλυται κλέος.

Epodos.

K. 3 durſte, obgleich ihm die Anakruse im Gegensatz zu den
vorhergehenden Versen mangelt, nicht als Epodikon betrachtet
werden Es liegen nirgend Belege vor, dass Trochäen gern als
Epodika zu Jamben benutzt wären; wohl aber zeigen Per. III und
IV schon in unserer Strophe, dass Jamben und Trochäen als
gleichbedeutend gefasst werden.

Per. II besteht aus zwei gewöhnlichen Trimetern, die mög-
licher Weise mehr gesprochen als gesungen wurden; darauf scheinen
der Inhalt und die irrationale Silbe zu deuten.

Epodos.

I. ⏑ ː ‒ ⏑ | ∟ | ‒ ⏑ | ‒ ⋀ 〛   1.
  ⏑ ː ‒ ⏑ | ∟ | ‒ ⏑ | ‒ ⋀ ǁ   2.
   ‒ ⏑ | ‒ ⏑ | ‒ ⏑ | ‒ ⋀ 〛   3.

II. ⏑ ː ‒ ⏑ | ‒ > | ‒ ⏑ | ‒ ⏑ | ‒ ⏑ | ‒ ⋀ ǁ   4.
   ⏑ ː ‒ ⏑ | ‒ ⏑ | ‒ ⏑ | ‒ ⏑ | ‒ ⏑ | ‒ ⋀ ǁ   5.   5

III. ⏑ ː ‒ ⏑ | ∟ | ‒ ⏑ | ‒ ⋀ ǁ   6.
   ⏑ ː ‒ ⏑ | ∟ | ‒ ⏑ | ‒ ⏑ | ‒ ⏑ | ‒ ⋀ ǁ   7.
    ‒ ⏑ | ‒ ⏑ | ‒ ⏑ | ‒ ⋀ ǁ   8.
   ⏑ ː ‒ ⏑ | ∟ | ‒ ⏑ | ‒ ⋀ 〛   9.

IV. ⏑ ː ‒ ⏑ | ∟ | ‒ ⏑ | ‒ ⏑ ǁ ‒ ⏑ | ‒ ⏑ | ⏑ ⏑ ⏑ | ‒ ⋀ ǁ 10—11.   10
   ⏑ ː ‒ ⏑ | ‒ ⏑ | ⏑ ⏑ ⏑ | ‒ ⏑ | ⏑ ⏑ ⏑ | ‒ ⏑ ǁ 12.
    ⏑ ⏑ ⏑ | ‒ ⏑ | ‒ ⏑ | ∟ ǁ ‒ ⏑ | ‒ ⏑ | ‒ ⏑ | ‒ ⋀ 〛 13—14.

I. 4   II. 6   III. 4   IV. 4
   4   6   6   4
   4   4   6
                        4 ἐπ.   4
                                    4

III.

Das zweite Stasimon, V. 681—782.

σ. α'. Τίς ποτ' ὠνόμαζεν ὧδ' ἐς τὸ πᾶν ἐτητύμως —
μή τις ὅντιν' οὐχ ἐρῶμεν προνοίαισι τοῦ πεπρωμένου
γλῶσσαν ἐν τύχᾳ νέμων; —
τὰν δορίγαμβρον ἀμφινεικῆ ϑ' Ἑλέναν; ἐπεὶ πρεπόντως
5 Ἑλέναυς, ἔλανδρος, ἐλέπτολις
ἐκ τῶν ἁβροτίμων
κροκαλυμμάτων ἔπλευσεν
ζεφύρου γίγαντος αὔρᾳ,
πολυάνδρου δὲ φεράσπιδες
10 κυναγοὶ κατ' ἴχνος πλάταν ἄφαντον
Κέλσαν πρὸς Σιμόεντος ἀκτὰς ἀεξιφύλλους
δι' ἔριν αἱματόεσσαν.

ἀ. α'. Ἰλίῳ δὲ κῆδος ἐρϑώνυμον τελεσσίφρων
Μῆνις ἤλασεν τραπέζας ἀτίμωσιν ὑστέρῳ χρόνῳ
καὶ ξυνεστίου Διὸς,
πρασσομένα τὸ νυμφότιμον μέλος ἐκφάτως τίοντας,
5 Ὑμέναιον ὃς τότ' ἐπέρρεπε
γαμβροῖσιν ἀείδειν.
μεταμανϑάνουσα δ' ὕμνον
Πριάμου πόλις γεραιὰ
πολύϑρηνον μέγα που στένει,
10 κικλήσκουσα Πάριν τὸν αἰνόλεκτρον
Πάμπορϑῆ, πολύϑρηνον αἰῶνα καὶ πολιτᾶν
μέλεον αἷμ' ἀνατλᾶσα.

Str. α'.

Westphal (p.172) hat den Rhythmus dieser schönen Strophe völlig missverstanden. Seine erste Periode geht nur bis zum fünften Kolon, und da er in andere Kola eintheilt, so ist bei ihm folgendermassen gestaltet:

4 ⎫
4 ⎪
6 ⎬
4 ⎪
4 ⎭
·

wobei natürlich die Verspausen nicht beachtet sind.

Beim folgenden gibt er dann den Versuch der Rhythmisirung auf, und da er die Verse anders combinirt, sind ihm K. 8—9, die den fünften Vers bei ihm bilden, ein „metrisches Problem". Und nichts ist doch

Str. α′.

I.
```
_ ᴗ | _ ᴗ | _ ᴗ |  L  ‖ _ ᴗ | _ ᴗ | _ ᴗ | _ ʌ ‖         1—2.
_ ᴗ | _ ᴗ | _ ᴗ |  L  ‖ _ ᴗ |  L  | _ ᴗ | _ᴗ | _ ᴗ | _ ʌ ‖   3—4.
_ ᴗ | _ ᴗ | _ ᴗ | _ ʌ ‖                                5.
⌣ᴗ | _ ᴗ | _ ᴗ |  L  ‖ _ᴗᴗ | _ ᴗ | _ ᴗ | _ᴗ ⟧           6—7.
```

II.
```
ᴗ ᴗ ⋮ _ᴗ _ ᴗ ᴗ | _ _ ᴗ _ ʌ ‖                     8. 5
     _ _ _ ᴗ ᴗ | _ _ _ ⋀ ‖                       9.
ᴗ ᴗ ⋮ _ ᴗ _ ᴗ | _ _ _ ⋀ ‖                        10.
ᴗ ᴗ ⋮ _ ᴗ _ ᴗ | _ _ _ ⋀ ‖                        11.
ᴗ ᴗ ⋮ _ _ _ ᴗ ᴗ | _ _ ᴗ _ ʌ ‖                    12.
   ᴗ ⋮ _ _ _ ᴗ ᴗ | _ _ ᴗ _ ᴗ | _ _⋀ ⟧            13. 10
```

III.
```
    _ >  | _ᴗ ᴗ | _ ᴗ |  L  ‖ _ ᴗ | _ ᴗ |  L  | _ ʌ ‖   14—15.
ᴗ ᴗ ᴗ | _ᴗ ᴗ |  L  | _ ʌ ⟧                        16.
```

I. trochäisch.	II. jonisch.	III. logaödisch.

einfacher, als ihre metrische Gestalt. Der Trochaeus disemus, den ich K. 8 statuirt habe, ist uns schon durch die Tradition der Alten bekannt, und Westphal hat ihn ausführlich und gut behandelt bei seiner Darstellung der Jonici. Dass ferner K. 9 ohne Anakruse ist, kann im geringsten nicht befremden, denn jonici a majori können den jonicis a minori mit völlig demselben Rechte beigemengt werden, als trochäische Kola den jambischen oder anakrusische Dactylen den thetischen. Sehr selten freilich beginnen in der echt classischen Literatur der Griechen jonische Verse ohne Anakruse, eben weil diese dem lebhaften Charakter des Metrums ausserordentlich angemessen ist; aber damit ist immer noch kein Zwang vorhanden.

Der Anfang unserer jonischen Periode freilich ist metrisch nicht sehr streng; das muss zugegeben werden. Aber gerade diese Formen sind nicht ohne Absicht gewählt. Der Schluss der

σ. β'.   Ἔθρεψεν δὲ λέοντα σίνιν
δόμοις ἀγάλακτον ὧδ' ἀνὴρ φιλόμαστον,
ἐν βιότου προτελείοις
Ἄμερον εὐφιλόπαιδα
5 καὶ γεραροῖς ἐπίχαρτον.
Πολὺ δ' ἐνίσχετ' ἀγκάλαις
νεοτρόφου τέκνου δίκαν,
φαιδρωπὸς ποτὶ χεῖρα, σαίνων τε γαστρὸς ἀνάγκαις.

ἀ. β'.   Χρονισθεὶς δ' ἀπέδειξεν ἔθος
τὸ πρὸς τεκέων· χάριν τροφᾶς γὰρ ἀμείβων
μηλοφόνοισι μάχαισιν
Δαῖτ' ἀκέλευστος ἔτευξεν.
5 αἵματι δ' οἶκος ἐφύρθη,
Ἄμαχον ἄλγος οἰκέταις,
μέγα σίνος πολυκτόνον.
ἐκ θεοῦ δ' ἱερεύς τις ἄτας δόμοις προσεθρέφθη.

---

voraufgegangenen Periode war mehr trochäisch als logaödisch; nun
konnte die Melodie nicht mit einem Male den feurigen jonischen
Gang nehmen, der Rhythmus musste erst allmälig hervorbrechen.
Deshalb wird zwar K. 8 durch eine zweisilbige Anakruse auf das
Metrum sogleich vorbereitet, aber der erste Takt ist irrational.
Ohne Anakruse würde nun das ganze Kolon undeutlich erscheinen,
und so unklare Kola haben die grossen Dramatiker nicht geschaffen,
aber die Anakruse macht alles deutlich.   Das nächste Kolon zeigt
nun seinen Charakter viel reiner, daher kann die Anakruse entbehrt werden; denn der Uebergang zu den ganz auf gewöhnliche
Art gebauten folgenden Versen soll möglichst allmälig sein.   Auch
der Ausgang des achten Kolon ist ziemlich ungewöhnlich; damit er
aber nicht verkannt werde, hat K. 13 genau denselben Versschluss,
und diese beiden Kola entsprechen einander.

Ueberhaupt lässt Aeschylus gern jonische Perioden mit einem
metrisch etwas abweichenden Kolon beginnen; vgl. Sept. VI, α'.

Str. β'.

k.

I. ⌣ ː ∟ | ⏑⌣⌣ | ⏑⌣⌣ | ⏑ ⌃ ‖   1.

⌣ ː ⏑⌣⌣ | ⏑ ⌣ | ⏑ ⌣ | ⏑⌣⌣ | ∟ | ⏑ ⌃ ‖ 2.

⏑⌣⌣ | ⏑⌣⌣ | ∟ | ⏑ ⌃ 〛   3.

II.   ⏑⌣⌣ | ⏑⌣⌣ | ∟ | ⏑ ⌃ ‖   4.

⏑⌣⌣ | ⏑⌣⌣ | ∟ | ⏑ ⌃ 〛   5.   5

III. ⌣ ⌣ ⌣ | ⏑ ⌣ | ⏑ ⌣ | ⏑ ⌃ ‖   6.

⌣ ⌣ ⌣ | ⏑ ⌣ | ⏑ ⌣ | ⏑ ⌃ ‖   7.

⏑ ⅄ | ⏑⌣⌣ | ⏑ ⌣ | ∟ ‖ ⏑ ⌣ | ⏑⌣⌣ | ⏑ | ⏑ ⌃ 〛8—9.

I. 4
 ·
 6)
 ·
 4
 ·

II. ·
 4)
 ·
 4

III. ·
 4)
 ·
 4)
 ·
 4 ἐπ.

Str. β'.

Die zweite Periode knüpft eng an die erste an durch Gleichheit ihrer beiden Kola mit dem letzten Kolon derselben. Ein solches Verhältniss ist sehr natürlich und dadurch wird der innige
Zusammenhang aller Theile der Strophe gewahrt. Ein ähnliches
Verhältniss tritt z. B. auch in dem herrlichen Kirchengesange
„Traurige seele, was quälest du dich?" zu Tage. Vgl. die Analyse desselben, § 8, 7, III.

σ. γ'.   Παρ' αὐτὰ δ' ἐλθεῖν ἐς Ἰλίου πόλιν
λέγοιμ' ἂν φρόνημα μὲν νηνέμου γαλάνας
ἀκασκαῖόν τ' ἄγαλμα πλούτου,
Μαλθακὸν ὀμμάτων βέλος, δηξίθυμον ἔρωτος ἄνθος·
5 παρακλίνασ' ἐπέκρανεν δὲ γάμου πιπρας τελευτάς,
δύσεδρος καὶ δυσόμιλος συμένα Πριαμίδαισιν,
πομπᾷ Διὸς ξενίου, νυμφόκλαυτος Ἐρινύς.

ἀ. γ'.   Παλαίφατος δ' ἐν βροτοῖς γέρων λόγος
τέτυκται, μέγαν τελεσθέντα φωτὸς ὄλβον
τεκνοῦσθαι μηδ' ἄπαιδα θνήσκειν,
Ἐκ δ' ἀγαθᾶς τύχας γένει βλαστάνειν ἀκόρεστον οἰζύν.
5 δίχα δ' ἄλλων μονόφρων εἰμί· τὸ δυσσεβὲς γὰρ ἔργον
μέτα μὲν πλείονα τίκτει σφετέρᾳ δ' εἰκότα γέννᾳ,
οἴκων δ' ἄρ' εὐθυδίκων καλλίπαις πότμος αἰεί.

Str. γ'.

Die ausgezeichnete Eurhythmie war in der Gegenstrophe zu
erkennen; in der Strophe stimmte V. 3 nicht, vielmehr war seine
Gestalt:

⏑ ⋮ ⌞ ⋮ ⌣ ⏑ ⏑ ⋮ ⏑ ⏑ ⌞ ⋮ ⋀‖ oder ⏑ ⋮ ⌞ ⋮ ⌣ ⏑ ⏑ ⋮ ⏑ ⏑ ⋮ ⌣ ⏑

Dies konnte aber nicht recht sein.   Da nämlich die Interpunction
nach V. 3 zeigte, dass dort erst die Periode zu Ende sei, so
hätten wir V. 1—3 ein wahres Unding von Perioden erhalten:

6 πρo.   oder vielmehr   6 πρo.
    $\left.\begin{smallmatrix}4\\4\\4\end{smallmatrix}\right)$ $\left.\begin{smallmatrix}4\\4\\4\end{smallmatrix}\right)$
log. 4   log. 4 ἐπ.

wo eigentlich gar keine Responsion mehr vorhanden gewesen wäre.
Denn anders als auf die zweite Art könnte man in dem Falle nicht
abtheilen: die beiden zu Einem Verse verbundenen jambischen

Str. γ′.

5

I. 6⟩
4⟩
4⟩
6⟩

II. log. {4 4}
ion. {2 2}
ion. {2 2}
log. {4 4}

Tetrapodien mussten um so mehr als einander respondirend aufgefasst werden, da die folgende Tetrapodie zugleich alloiometrisch
und durch eine Verspause isolirt war. Dass solche Perioden
nicht vorkommen, ist schon § 11, 2, II gesagt worden. Aber
gerade diese περίοδος ἀπερίοδος wäre durch Hartungs Aenderung
Gstr. V. 3, wo er τέκνων μήποτ' für τεκνοῦσϑαι μηδ' schreibt,
und dadurch auch den Ausdruck verflacht, hergestellt worden.
Uns zeigte die Eurhythmie, dass der Fehler in der Strophe steckte;
durch

τ'

hinter ἀκασκαῖον war der ganze Schade reparirt.

σ. δ'.   Φιλεῖ δὲ τίκτειν ὕβρις μὲν παλαιὰ νεάζουσαν ἐν κακοῖς βροτῶν ὕβριν
τότ' ἤ τότ', εὖτ' ἂν ὁ κρύφιος μόλῃ μελαμφαὴς σκότος,
Δαίμονά τε τὰν ἄμαχον πολέμῳ
ἀνίερον θράσος, μελαίνας μελάθροισιν ἄτας,
5 εἰδομέναν τοκεῦσιν.

ἀ. δ'.   Δίκα δὲ λάμπει μὲν ἐν δυσκάπνοις δώμασιν, τόν τ' ἐναίσι-
μον τίει βίον,
τὰ χρυσόπαστα δ' ἔδεθλα σὺν πίνῳ χερῶν παλιντρόποις
Ὄμμασι λιποῦσ' ὁσία παρέβα,
δύναμιν οὐ σέβουσα πλούτου παράσημον αἴνῳ·
5 πᾶν δ' ἐπὶ τέρμα νωμᾷ.

- - - - - - - - - - - -

Str. δ'.

Die Handschrift hat in V. 3 der Str. und Gstr. ganz verschiedene Metra, nämlich:

Str.   _ ◡ ◡ ◡ ◡ ◡ ◡ ◡ ◡ ◡ ◡   _
Gstr.   _   ◡ ◡ ◡ _ ◡ ◡ ◡ ◡ ◡   _ _

Beide Metra zerstören die Eurhythmie vollständig, und sehr
unrecht thut daher Westphal (p. 236), durch eine starke Aenderung, die keinerlei Sinn gewährt in der Strophe (ὅσια προσέβαλε
δύναμιν οὐ für ὅσια προσέβα τοῦ δύναμιν οὐ), das Metrum dem
der Gstr. gleich zu machen.   Wir fordern vielmehr von jeder
Emendation

1) dass sie sich möglichst nahe an das handschriftlich Ueberlieferte halte;

Str. δ'.

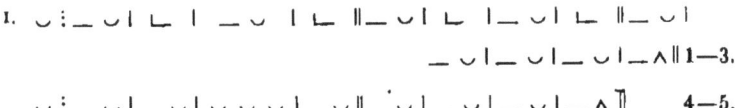

I. jambisch.   II. logaödisch.

2) dass sie den Sinn vollständig herstelle und nicht umgekehrt noch mehr verdunkle;

3) dass sie eben so vollständig dem Metrum und der Eurhythmie genüge.

Diese Bedingungen werden hier durch Hartungs Conjecturen, die ich aufgenommen habe, vollständig erfüllt. Er schreibt:

V. 3. Str. τὰν ἄμαχον πολέμῳ für
            τὰν ἄμαχον ἀπόλεμον.
    Gstr. ὁσία παρέβα für
            ὅσια προσέβα τοῦ.

Str. V. 2 der Handschriften ist ganz sinnlos, und, wie wir

hieraus schon im Voraus wissen, unmetrisch; die Gegenstrophe
zeigte, was gefordert wurde.   Die sinnlose Ueberlieferung ist:

$$\breve{} \; \bar{} \; \breve{} \; \breve{}\breve{} \; \breve{} \; \_\breve{}\_ \; \breve{} \; \_ \; \breve{}\breve{}\bar{} \; \breve{} \; \_ \; \breve{}\;\bar{}$$
τότ’ ἢ τότ’ ὅταν τὸ κύριον μόλῃ νεαρα φάους κοτον.

Nun hat Hartung für ὅταν — εὖτ’ ἂν geschrieben, wodurch
der zweite Trochäus gewonnen ist:

$$\breve{} \;\vdots\; \_ \;\breve{}\; | \; \_ \; \breve{} \cdots\cdots$$

Dann schreibt er τὸ κύριον μόλῃ μελαμφαὲς σκότος.   Aber
so bleiben noch zwei metrische Fehler zurück, wie nicht nur die
Eurhythmie, sondern auch die Gegenstrophe zeigt:

$$\cdots \cdot | \; \_ \; , \; \_ | \; \breve{} \; \_\breve{} | \_ \breve{} | \_ \cdots\cdot$$
εὖτ’ ἂν τὸ κύριον μόλῃ

statt

$$\cdots\cdot | \_ \quad \breve{}| \; \breve{} \; \breve{}\breve{}| \_ \breve{}| \_ \cdots\cdot$$

Hier darf man nicht auf halbem Wege stehen bleiben.   Der
letzte Theil des Verses ist durch Hartung so gut hergestellt, als
die mangelhafte Ueberlieferung es gestattet; für νεαρα φαους
möchte sich kaum etwas anderes finden lassen, als μελαμφαές;
aber nun darf auch der vordere Theil des Verses nicht unmetrisch
zurückbleiben.   Da nun κύριον σκότος ein schwer zu verstehender
Begriff ist und eigentlich nur bedeuten kann: „die entscheidende
Finsterniss", was nicht passt, weil durch dieses Epithet eigentlich
die Schuld von dem Uebelthäter abgewälzt würde, so ist das
metrisch nicht passende Wort auch aus andern Gründen ver-
dächtig.   Ich stehe deshalb nicht an, zu setzen

$$\breve{}\breve{}\bar{} \qquad \_\breve{}\bar{}$$
κρύφιον für κύριον,

wodurch Sinn und Metrum zugleich hergestellt sind.
Es bleibt nun noch die Positionslänge von ἄν zu entfernen,
und so werden wir darauf geleitet, zu schreiben:

$$\bar{}\; \breve{}\; \breve{} \quad \breve{}\;\breve{}$$
εὖτ’ ἂν ὁ κρύφιος ⋯ μελαμφαὴς σκότος

So ist genau das Metrum der Gegenstrophe hergestellt, an der durchaus nichts geändert werden durfte. Endlich lässt sich auch noch zeigen, dass selbst die Conjectur ὁ σκότος für τὸ σκότος nicht blos metri causa gemacht zu werden braucht. Dass nämlich das Masculinum für die Personification besser passe, liegt auf der Hand; von solchen Personificationen aber ist die ganze Strophe erfüllt. Die Finsterniss wird hier wie ein Bundesgenosse aufgefasst, der zur Hülfe herbeikommt.

IV.
Das dritte Stasimon, V. 975—1034.

σ. α΄.   Τίπτε μοι τόδ' ἔμπεδον δεῖμα προστατήριον
καρδίας τερασκόπου ποτᾶται;
μαντιπολεῖ δ' ἀκέλευστος ἄμισθος ἀοιδά;
οὐδ' ἀποπτύσας δίκαν δυσκρίτων ὀνειράτων
5   Θάρσος εὐπειθὲς ἵζει φρενὸς φίλον θρόνον;
χρόνος δέ τοι πρυμνησίων ξὺν ἐμβολαῖς
ψαμμίας ἐξ ἀκτᾶς βέβηκεν, εὖθ' ὑπ' Ἴλιον
ὦρτο ναυβάτας στρατός.

ἀ. α΄.   Πεύθομαι δ' ἀπ' ὀμμάτων νόστον, αὐτόμαρτυς ὤν·
τὸν δ' ἄνευ λύρας ὅμως ὑμνῳδεῖ
θρηνὸν Ἐρινύος αὐτοδίδακτος ἔσωθεν
θυμός, οὐ τὸ πᾶν ἔχων ἐλπίδος φίλον θράσος.
5   Σπλάγχνα δ' οὔτοι ματάζει πρὸς ἐνδίκοις φρεσίν
τελεσφόροις δίναις κυκλούμενον κέαρ·
εὔχομαι δ' ἐξ ἐμᾶς τοι ἐλπίδος ψύθη πεσεῖν
ἐς τὸ μὴ τελεσφόρον.

Str. α΄.

Die zweite Periode, V. 5—9, ist in der Gstr. metrisch durchaus untadelhaft. Zwar ist der Ausdruck dunkel, aber dass Aeschylus gar manches schwer verständliche Wort gesprochen, ist ja vom ganzen Alterthume anerkannt, von Aristophanes und Andern aber nach Gebühr getadelt worden. Was der Dichter hier sagen will, fühlen wir sehr wohl, besser vielleicht, als wenn Goethe von dem Fischer sagt, er

„sah nach der Angel ruhevoll,
kühl bis ans Herz, hinan“

Viel dunkler aber ist die Schlussstrophe der Ballade, „Der Todtentanz“.

Hartung ändert nun
1) οὔτι für οὔτοι,
2) φρίκεσιν für φρεσίν,

Str. α'.

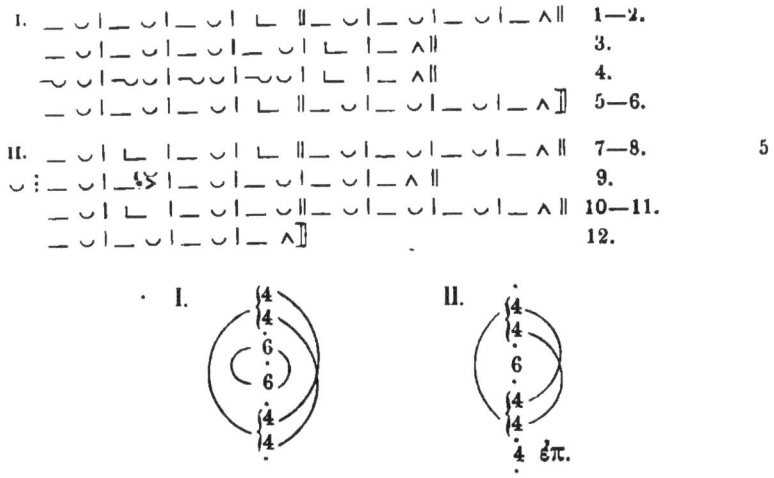

3) δινεῖ für δίναις,

4) τοι vor ἐλπίδος getilgt,

und interpungirt ausserdem ganz anders:

σπλάγχνα δ' οὔτι ματάζει·
πρὸς ἐνδίκοις φρίκεσιν τελεσφόροις
δινεῖ κυκλούμενον κέαρ.

Hierdurch ist für den Sinn gar nichts gewonnen, die Eurhythmie aber ist eingebüsst. Die Ueberlieferung verdient also entschieden den Vorzug.

V. 5—8 der Strophe, die ohne Sinn und obendrein metrisch verderbt sind, mussten allerdings emendirt werden; dabei musste in metrischer Hinsicht die Gegenstrophe entscheiden.

Str. V. 5. Das schon von Anderen gefundene εὐπειθές für εὐπιθές und ἵζει für ἵξει stellt Metrum und Sinn her.

Str. V. 6. Hermanns Emendation ξὺν ἐμβολαῖς für das sinnlose ξυνεμβόλοις ist evident; dass seine Conjectur δέ τοι für δ' ἐπεί ebenfalls richtig ist, wird sich zeigen, wenn der Zusammenhang durch die Emendation des folgenden Verses hergestellt ist.

Str. V. 7. Das sinnlose

ψαμμίας ἀκάτας παρήβησεν für

σ. β'. Μάλα γέ τοι τὸ τᾶς πλέας ὑγιείας
ἀκόρεστον τέρμα· νόσος δ' ἄρα γειτονιῶν ὁμότοιχος ἐρείδει·
καὶ πότμος εὐθυπορῶν ἀνδρὸς [ὑπὲρ τὸ δίκαιον]
[αὖτ'] ἔπαισ' ἄφαντον ἕρμα.
5   Καὶ τὸ μέν γε χρημάτων
κτησίων [ἄδος] βαλὼν
σφενδονᾶς ἀπ' εὐμέτρου
οὐκ ἔδυ πρόπας δόμος,
πημονᾶς γέμων ἄγαν,
10 οὐδ' ἐπόντισε σκάφος.
Πολλά τοι δόσις ἐκ Διὸς ἀμφιλαφής τε καὶ ἐξ ἀλόκων ἐπετειᾶν
νῆστιν ὤλεσεν νόσον.

ά. β'. Τὸ δ' ἐπὶ γᾶν ἅπαξ πεσὸν θανάσιμον
προπάροιθ' ἀνδρὸς μέλαν αἷμα τίς ἂν πάλιν ἀγκαλέσαιτ' ἐπαείδων;
οὐδὲ τὸν ὀρθοδαῆ τοὺς φθιμένους ἀνάγειν Ζεὺς
αὖτ' ἔπαυσ' ἐπ' εὐλαβείᾳ·
5   Εἰ δὲ μὴ τεταγμένα
μοῖρα μοῖραν ἐκ θεῶν
εἶργε μὴ πλέον φέρειν,
προφθάσασα καρδία
γλῶσσαν ἂν τάδ' ἐξέχει.
10 νῦν δ' ὑπὸ σκότῳ βρέμει
Θυμαλγής τε καὶ οὐδὲν ἐπελπομένα ποτὲ καίριον ἐκτολυπεύσειν,
ζωπυρουμένας φρενός.

---

ist also auch metrisch ganz falsch. Ein „Sandnachen", ψαμμία
ἀκάτα, ist gar nichts, und Hartung hatte Recht, ἀκτᾶς zu
schreiben. Von der Zeit, den Ausdruck παρήβησεν zu gebrauchen,
war auch unerhört: also stecken auch die Sinnfehler nothwendig
in den Wörtern, die nicht ins Metrum passen. Was liegt nun
näher als zu schreiben

βέβηκεν für παρήβησεν?

So sind die metrisch passenden Silben fast unverändert bewahrt, und die handschriftliche Ueberlieferung erklärt sich sehr
gut so, dass man ursprünglich ἔβησεν oder ἤβησεν verschrieben
habe, woraus dann ein späterer Abschreiber παρήβησεν machte,
um irgend einen Sinn herzustellen. Da nun keine andere Con-

Str. β'.

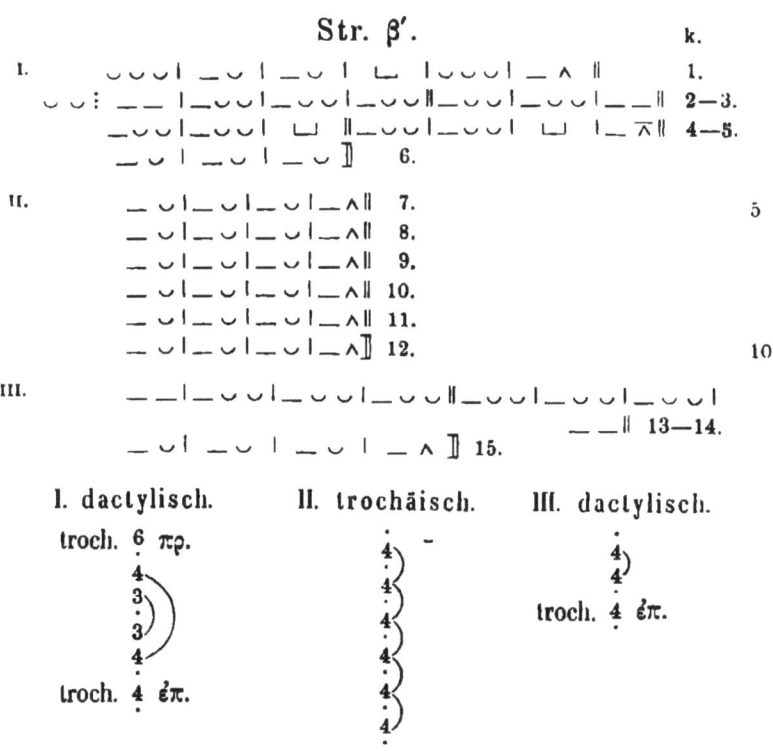

I. dactylisch.   II. trochäisch.   III. dactylisch.

jectur in gleichem Grade wie βέβηκεν dem Sinne, dem Metrum und der Ueberlieferung entspricht, so ist auch das an derselben Stelle in der Gegenstrophe stehende τοι nicht zu tilgen; denn ohne dieses wäre die Gleichheit des Metrums in Strophe und Gegenstrophe wieder aufgehoben.

Vor ἀκτᾶς fehlt aber, wie das Metrum zeigt, noch eine lange Silbe; und der Zusammenhang fordert unzweifelhaft ἐξ, da sonst auch die ἐμβολαὶ ·· ἀκτᾶς ganz unverständlich wären. So erhalten wir statt Hartungs unverständlicher Einschiebung παρεκδού- μενος hinter ἀκτᾶς, mit leichter Aenderung

ψαμμίας ἐξ ἀκτᾶς, βέβηκεν für
ψαμμίας   ἀκάτας παρήβησεν.

Str. β.

Eine grosse stichische trochäische Periode aus lauter Tetrapo-

dien, die jede einen eigenen Vers bilden. Als Recompens nun für
die allzu grosse Gleichmässigkeit beiderseits eine kleine dactylische
Periode, aber wieder, damit der Zusammenhang nicht eingebüsst
werde, mit trochäischer Tetrapodie als Epodikon. — Die erste
Periode ist in Str. und Gstr. sehr deutlich durch Interpunction abgetrennt, so dass das Epodikon nicht zur folgenden stichischen
Periode gerechnet werden konnte. Für τονή in der vorletzten
Silbe des fünften Kolons entschied hauptsächlich die Eurhythmie;
es liegt aber auch die Analogie des vierten Kolons vor, das zum
selben Verse gehört.

Der erste und zweite Vers der Strophe ist mangelhaft überliefert; dies gibt Hartung zu den allergewaltsamsten Aenderungen
Anlass: — seine wunderbare Geschichte von der Wassersucht!
Das Handschriftliche aber hat den schönsten Sinn. Dass übergrosse Gesundheit Krankheit hervorbringe, ist eine Ansicht, die
man auch bei uns tausendmal im Volke hört; wer noch nie krank
gewesen, der glaubt der ersten Krankheit auch erliegen zu müssen.
Und selbst unsere Aerzte erzählen Aehnliches: so manche Krankheiten, wie namentlich das Fieber, sollen heilsame Auswege der
Natur sein, andere, vielleicht vernichtende Krankheiten zu ver-
hüten. Freilich durfte der Chor nicht so krass aussprechen, dass
grosse Gesundheit die Krankheit, grosser Reichthum das Verderben
nach sich ziehe, denn das hätte in directem Gegensatze zu den
höheren Anschauungen gestanden, welche er im vorhergehenden
Stasimon ausgesprochen; aber es ist auch, wie die Gegenstrophe
zeigt, eine Lücke im zweiten Verse vorhanden. Dort muss eine
Angabe gestanden haben, welche den Reichthum als einen gegen
Recht und Fug erworbenen und daher das wahre Mass über-
schreitenden bezeichnete. Hieraus ergab sich für den Hörer eine
ähnliche Ergänzung zu ὑγιεία: es gibt auch ein Uebermass der
Gesundheit, ein Ueberwuchern gleichsam der Lebenskräfte, welches
zu ihrer gegenseitigen Aufreibung und Vernichtung führt. In diesem
Sinne habe ich ergänzt, wie weiter unten angeführt werden wird.

Die Messung ὑγιεᾱς ist durchaus gerechtfertigt; nur wo ein
kurzer Vocal im Worte folgt, muss dem langen seine Quantität
nothwendig bewahrt bleiben. Daher ist πατρῴους z. B. ganz richtig,
nimmermehr aber πατρῷος. Die Handschriften bieten mehrere Mal

das Erstere, wo man mit Unrecht und gegen den Sinn des Wortes πατρίους emendirt.

Hermann stellt im ersten Vers der Gegenstrophe, wo gar kein Grund zu Aenderungen ist, πεσὸν und ἅπαξ um, nur um ein ihm genehmeres Metrum zu erhalten,

$$\cup \cup \cup \; \_ \; \cup \cup \cup \; \_ \; \cup \cup \cup \; \_ \quad \text{für}$$

$$\cup \cup \cup \; \_\cup \; \_ \cup \; \_ \cup \cup \cup \; \_ \cdot$$

Diese Willkühr rächt sich: denn mit ihr ist keine Emendation der Strophe möglich. Ich habe in der Gegenstrophe nichts geändert und so nur die Mittel zur Herstellung der Strophe gewonnen.

Str. V. 1. Ich habe von Hartung angenommen: γε für γὰρ, πλέας für πολλᾶς.

V. 2. Mit der Gegenstrophe stimmte metrisch:

$$\cup \cup \_ \_ \; \_ \cup \quad \cup \_ \; [\cup] \| \cup \_ \cup \cup \_ \| \cup \cup \_ \cup \; \cup \_ \_$$
ἀκόρεστον τέρμα, νόσος [γὰρ] · · · · · · · ὁμότοιχος ἐρείδει.

Es war zu ergänzen: $(\cup) \; \cup \_ \cup \cup \_$, wofür das handschriftliche γὰρ γείτων nicht passte. Ich schrieb

γειτονιῶν für γείτων,
δ′ ἄρα für γὰρ.

Diese Emendationen liegen gewiss sehr nahe, und das Verb γειτονιᾶν ist als gut attisch verbürgt; es ist aber ein bekannter Erfahrungssatz, dass die Abschreiber für selthere Formen gern die ähnlichen vulgären schreiben; das Umgekehrte findet wohl kaum statt.

V. 3 ist, wie die Gegenstrophe zeigt, eine Lücke am Schlusse von der metrischen Gestalt: $\cup \_ \cup \cup \_ \_ \|$.

Bamberger ergänzt gegen das Metrum:

$$\smallsmile \_ \smallsmile \smallsmile \_ \ \smallsmile \| \_$$
ἐπαιρομένου τύχαις.

Nicht nur die Kürze τύ— für eine Länge, sondern auch ein mit der Gegenstrophe nicht stimmender Versschluss.
Hartung schreibt den ganzen Vers noch viel verkehrter:

$$\_ \smallsmile \smallsmile \ \_ \smallsmile \smallsmile \_ \smallsmile \smallsmile \ \_ \smallsmile \smallsmile \_ \_ \ \_$$
καὶ πότμος [αὖ πολυπάμονος] εὐθυπορῶν ἀνδρός.

Hier ist nicht allein die metrische Gestalt, wie sie in der Gegenstrophe uns überliefert ist, ganz aufgegeben, sondern auch ein an und für sich unklares metrisches Schema entstanden. Dem Sinne genügen beide Zusätze ausserdem nicht, am wenigsten der Hartungsche. Was von diesem gefordert werde, ist oben schon besprochen worden; ich ergänze deshalb:

$$\smallsmile \_ \ \smallsmile \smallsmile \ \_ \smallsmile \|$$
[ὑπὲρ τὸ δίκαιον]

V. 4.   Das Metrum des Ueberlieferten:

$$\smallsmile \_ \smallsmile \ \smallsmile \_ \smallsmile \ \_ \smallsmile$$
ἔπαισεν ἄφαντον ἕρμα

stimmt nicht mit dem der Gegenstrophe. Es ist an unserer Stelle aber auch an und für sich unwahrscheinlich. Denn, wie oben bemerkt, die dactylische Periode erforderte eine trochäische Tetrapodie zum Epodikon als Uebergang zur folgenden trochäischen Periode, und zwar weit mehr, als die letzte Periode mit einem solchen Epodikon zum Hauptthema zurückkehren musste. Eine solche Ueberleitung konnte aber am allerwenigsten durch Logaöden geschehen, denn diese sind ein viel lebhafteres Metrum als die Trochäen; wie könnte aber von den ruhigen und gemessenen Dacty-

len vermöge der feurigen Logaöden zu den lange nicht so lebhaften Trochäen übergegangen werden? Dies ist eine rhythmische
Unmöglichkeit; die umgekehrte Reihenfolge: Dactylen — Trochäen
(oder Jamben) — Logaöden, wäre dagegen ganz untadelhaft. Wie
die Logaöden zu „Ueberleitungen" sich eignen, darüber ist § 15, 5
nachzusehen. — Die Rhythmik lässt uns hier also mit zweifelloser
Gewissheit erkennen, dass die Gegenstrophe das richtige Metrum
habe und dass die Strophe nach ihr zu emendiren sei, nicht umgekehrt. — Schreibt man nun

$$\text{ἔπαισ' für ἔπαισεν,}$$

so fehlt nur noch eine lange Silbe zu Anfang des Verses. Ich
vermuthe αὖτ' und schreibe also:

$$\overline{} \;\; \cup \, \overline{} \;\; \cup \, \overline{} \cup \, \overline{} \cup$$
$$[\,\alpha\overset{\smallsmile}{\upsilon}\tau'\,] \;\; \text{ἔπαισ' ἄφαντον ἔρμα.}$$

Die Gegenstrophe hat dasselbe Wort an derselben Stelle; dann
folgt ἔπαυσ', unserm ἔπαισ' ganz ähnlich. Hieran scheinen die
Abschreiber sich gestossen zu haben, aber mit Unrecht. Das
Epodikon der ersten Periode leitet, wie bemerkt, in das Hauptthema der melischen Composition unserer Strophe über; der Uebergang musste aber nothwendig ziemlich krass sein: es war eine Art
Eclat beabsichtigt. Dies konnte nicht besser erreicht werden, als
wenn, in überraschender Weise, die Worte, welche in der Strophe
die eigenthümliche Wendung einleiteten, fast unverändert an derselben Stelle in der Gegenstrophe wiederkehrten.

V. 5—6 sind metrisch richtig überliefert, aber unverständlich,
denn allerdings hat Hartung Recht, dass man πρὸ χρημάτων nicht
betrachten könne als den blossen Genitiv vertretend u. s. w. Aber
seine Emendation κέρδος für ὄκνος stellt weder den Sinn her, noch
genügt sie dem Metrum, in das wir keinen irrationalen Takt ein-
schwärzen dürfen. Dem Sinne würde πλῆϑος oder βάρος eher
entsprechen, aber beide Wörter liegen der überlieferten Lesart zu

fern, ausserdem laborirt πλῆϑος ebenfalls metrisch. Ich vermuthe
nun für ὄκνος:

$$[ἄδος],$$

ein Wort, das in der Iliade vorkommt, hier einen trefflichen Sinn
gewährt und dem überlieferten ὄκνος schon ähnlicher sieht. Als
seltenes Wort wurde es nicht vom Abschreiber verstanden, verschrieben und später durch ὄκνος ersetzt. Mit Gewissheit ist hier
freilich nichts zu behaupten. — πρό im vorhergehenden Verse ist
ein schlechter Erklärungsversuch des Genitivs, dessen Abhängigkeit
von dem für ἄδος eingedrungenen Worte nicht verstanden wurde.
Ich schreibe

γε.

Gstr. V. 3.   An οὐδέ u. s. w. durfte nicht gerüttelt werden;
ἔπαυσ᾽ ist allerdings vierte Modalstufe. Der Sinn von V. 1—4
scheint aber bis jetzt gänzlich missverstanden. Hartung sagt:
„Man hatte folgenden gewiss sehr logischen und klugen Gedanken:
Sonst würde Zeus dem Todtenerwecker (Asklepios) nicht Einhalt
gethan haben — wenn nämlich Jemand Todte erwecken könnte!"
— — Ein solcher Unsinn hätte allerdings nicht im Texte geduldet
werden können, und es wäre Grund zu jenen Aenderungen gewesen. Aber der Sinn ist auch ein ganz anderer: „Wer könnte
wohl vergossenes Blut sühnen? Wäre dies, so hätte Zeus nicht
dem Todtenerwecker Asklepios Einhalt gethan", der nämlich Mör-
der und Gottverfluchte, die ihre Thaten mit dem Tode gebüsst
hatten, wieder auferweckte.

Wir wissen nämlich aus Apollodor (3, 10, 3), dass Asklepios nach dem Zeugnisse des Stesichoros, den Kapaneus und
Lykurgos wieder erweckt hatte; und die alte Sage wird erzählt
haben, dass Asklepios eben wegen Erweckung solcher Fluch-
beladener bestraft worden sei. Dass aber der Ausdruck αἷμα
(ἅπαξ πεσὸν ϑανάσιμον) πάλιν ἀνακαλεῖν nur dies bedeuten
könne, ist leicht einzusehen; denn er sagt etwas ganz anderes als
ἄνδρας ϑανόντας πάλιν ἀνακαλεῖν, wie man bisher fasste. Die
Erde „thut ihren Mund auf" und schreit um Rache, so lange das
Mordblut in ihr haftet; und Alkmäon findet erst Ruhe auf einem

Eiland, das zur Zeit seiner Bluthat noch nicht vorhanden war. Der Blutfleck kommt als Zeuge der bösen That im Fussboden immer wieder zum Vorschein, so viel er auch gesäubert werde. Die Schuld also würde erst schwinden, wenn man durch Zaubersang das Blut dem Boden entlockt hätte (ἀναχαλεῖν), oder auch, wenn man es dem Leben wieder gegeben hätte: und erst hier fallen beide Vorstellungen, Sühnung und Todtenerweckung zusammen. Vgl. Cho. 1 γ'.

V.

Der Wechselgesang, V. 1072—1177.

σ. α'.   Κ. Ὀτοτοτοῖ τοτοῖ δᾶ.
        Ἄπολλον Ἄπολλον.

    Χ. Τί ταῦτ' ἀνωτότυξας ἀμφὶ Λοξίου;
    οὐ γὰρ τοιοῦτος ὥστε θρηνητοῦ τυχεῖν.

ἀ. α'.   Κ. Ὀτοτοτοῖ τοτοῖ δᾶ.
        Ἄπολλον Ἄπολλον.

    Χ. Ἡ δ' αὖτε δυσφημοῦσα τὸν θεὸν καλεῖ
    οὐδὲν προσήκοντ' ἐν γόοις παραστατεῖν.

σ. β'.   Κ. Ἄπολλον Ἄπολλον
        ἀγυιᾶτ', ἀπόλλων ἐμός.
    ἀπώλεσας γὰρ οὐ μόλις τὸ δεύτερον.

    Χ. Χρήσειν ἔοικεν ἀμφὶ τῶν αὑτῆς κακῶν.
5   μένει τὸ θεῖον δουλίᾳ περ ἐν φρενί.

ἀ. β'.   Κ. Ἄπολλον Ἄπολλον
        ἀγυιᾶτ', ἀπόλλων ἐμός.
    ἆ, ποῖ ποτ' ἤγαγές με; πρὸς ποίαν στέγην;

    Χ. Πρὸς τὴν Ἀτρειδῶν· εἰ σὺ μὴ τόδ' ἐννοεῖς,
5   ἐγὼ λέγω σοι· καὶ τάδ' οὐκ ἐρεῖς ψύθη.

σ. γ'.   Κ. Μισόθεον μὲν οὖν, πολλὰ συνίστορα
        αὐτοφόνα τε κακὰ κάρτανας,
    ἀνδροσφαγεῖον καὶ πεδορραντήριον.

    Χ. ἔοικεν εὕρις ἡ ξένη κυνὸς δίκην
5   εἶναι, ματεύει δ' ὧν ἂν εὑρήσοι φόνον.

ἀ. γ'.   Κ. Μαρτυρίοισι γὰρ τοῖσδ' ἐπιπείθομαι·
        κλαόμενα τάδε βρέφη, σφαγάς,
    ὀπτάς τε σάρκας πρὸς πατρὸς βεβρωμένας.

    Χ. Ἡ μὴν κλέος σου μαντικὸν πεπυσμένοι
5   ἦσμεν, προφήτας δ' οὔτινας μαστεύομεν.

Str. ά.

∪ : ∪ ∪ _ ∪ | _ _
∪ : _ ∪ ∪ > | _ oder ∪ : _ ∪ ∪ | _

Str. β′.

∪ : _ ∪ ∪ | _ _ ‖
∪ : _ _ ∪ | _ _ ∪ | _ ∧‖ dahinter jamb. trim.

Str. ΄γ.

> : ∪ ∪ _ ∪ | _ > ‖ ∪ ∪ _ ∪ | _ ∧‖͡
> : ∪ ∪ ∪ | ∪ ∪ ∪ | _ _ ∪ | _ ∧‖͡
jamb. trimeter.

Ueber die rhythmische Composition des ganzen Wechselgesanges ist bereits § 19, 1 gesprochen worden. Die Trimeter,
auch der Kassandra, werden mehr recitirt als gesungen; dies beweist ihr Inhalt. Hierüber ist § 11, 3 zu vergleichen.

Für Gruppen von einigermassen zusammengehörenden Kolis,
die aber keine rhythmische Periode bilden, habe ich das Zeichen
͡‖ eingeführt.

σ. δ΄.   Κ. Ἰὼ πόποι, τί ποτε μήδεται;
                τί τόδε νέον ἄχος μέγα
        μέγ᾽ ἐν δόμοισι τοῖσδε μήδεται κακὸν
                ἄφερτον φίλοισιν δυσίατον; ἀλκά δ᾽
5   ἑκὰς ἀποστατεῖ.
        Χ. Τούτων ἄιδρίς εἰμι τῶν μαντευμάτων.
        ἐκεῖνα δ᾽ ἔγνων· πᾶσα γὰρ πόλις βοᾷ.

ἀ. δ΄.   Κ. Ἰὼ τάλαινα, τόδε γὰρ τελεῖς;
                τὸν ὁμοδέμνιον πόσιν
        λουτροῖσι φαιδρύνασα — πῶς φράσω τέλος;
                τάχος γὰρ τόδ᾽ ἔσται· προτείνει δὲ χεὶρ ἐκ
5   χερὸς ὀρέγματα.
        Χ. Οὔπω ξυνῆκα· νῦν γὰρ ἐξ αἰνιγμάτων
        ἐπαργέμοισι θεσφάτοις ἀμηχανῶ.

σ. ε΄.   Κ. Ἰὴ παπαῖ παπαῖ, τί τόδε φαίνεται;
                ἦ δίκτυόν τί γ᾽ Ἅιδου;
        ἀλλ᾽ ἄρκυς· ἡ ξύνευνος ἔσται δ᾽ αἰτία
                φόνου· στάσις δ᾽ ἀκόρετος γένει
5   κατολολύξεται θύματος λευσίμου.
        Χ. Ποίαν Ἐρινὺν τήνδε δώμασιν κέλει
        ἐπορθιάζειν; οὔ με φαιδρύνει λόγος.
                ἐπὶ δὲ καρδίαν ἔδραμε κροκοβαφὴς
                σταγών, ἅτε καιρίως πτωσίμου
10   ξυνανύτει βίου δύντος αὐγαῖς.
        ταχεῖα δ᾽ ἄτα πέλει.

ἀ. ε΄.   Κ. Ὀᾶ, ἰδοὺ ἰδού· ἄπεχε τᾶς βοὸς
                τὸν ταῦρον· ἐν πέπλοισιν
        μελαγκέρῳ λαβοῦσα μηχανήματι
                τύπτει· πίτνει δ᾽ ἐν ἐνύδρῳ κύτει.
5   δολοφόνου λέβητος τύχαν τοι λέγω.
        Χ. Οὐ κομπάσαιμ᾽ ἂν θεσφάτων γνώμων ἄκρος
        εἶναι, κακῷ δέ τῳ προσεικάζω τάδε.

ἀπὸ δὲ θεσφάτων τίς ἀγαθὰ φάτις
βροτοῖς τέλλεται; κακῶν γὰρ διαὶ
πολυεπεῖς τέχναι θεσπιῳδοὶ
φόβον φέρουσιν μαθεῖν.   10

Str. δ.

jamb. trimeter.

Str. ε.

κ.

jamb. trimeter.

    5

χ.   2 jamb. trimeter.

    10

σ. ϛ΄.   Κ. Ἰώ, ἰώ, ταλαίνας κακόποτμοι τύχαι.
τὸ γὰρ ἐμὸν θροῶ πάθος ἐπεγχέας.
ποῖ δή με δεῦρο τὴν τάλαιναν ἤγαγεν;
οὐδὲν γὰρ εἰ μὴ ξυνθανουμένην. τί γάρ;
5   Χ. Φρενομανής τις εἶ θεοφόρητος, ἀμφὶ δ' «ὑτᾶς
θροεῖς
νόμον ἄνομον οἷά τις ξουθὰ
Ἀκόρετος βοᾶς, φεῦ, ταλαίναις φρεσὶν
Ἴτυν Ἴτυν στένουσ', ἀμφιθαλῆ κακοῖς
ἀηδὼν βίον.

ἀ. ϛ΄.   Κ. Ἰώ, ἰώ, λιγείας μόρον ἀηδόνος·
περιβάλοντό οἱ πτεροφόρον δέμας
θεοὶ γλυκύν τ' αἰῶνα κλαυμάτων ἄτερ·
ἐμοὶ δὲ μίμνει σχισμὸς ἀμφήκει δορί.
5   Χ. Πόθεν ἐπισσύτους θεοφόρους ἔχεις ματαίους δύας,
τάδ' ἐπίφοβα δυσφάτῳ κλαγγᾷ
Μελοτύπῳ στένουσ' ὀρθίοις ἐν νόμοις;
Πόθεν ὅρους ἔχεις θεσπεσίας ὁδοῦ
κακορρήμονας;

Str. ϛ΄.

K. 1—2 haben wenigstens gleiches Taktmass, K. 3—4 bereits auch gleiche Ausdehnung, so dass eigentlich schon eine kleine
stichische Periode entsteht; so ist der Uebergang ein ganz all-
mäliger.

Str. V. 2 war ἐπεγχέασα in ἐπεγχέας zu ändern, wie das
Metrum unzweifelhaft zeigte, auch die Gegenstrophe bestätigte. Der
Chor kann von sich auch dann, wenn er weiblich ist, das Mascu-
linum gebrauchen, eben so gut die einzelne Sängerin.   Aber nicht

Str. ϛʹ.

К.   ‿ː _ ‿ ǀ _ ‿ ǀ _ ‿ ǀ‿ǀ_ǁ ‿ ‿ ‿ ǀ _ ‿ ǀ _ ⌢⌒ǁ   1—2.

      ‿ː ‿ ‿ _ ‿ ǀ _ ‿ ǁ ‿ ‿ _ ‿ ǀ _ ⌢⌒ǁ   3—4.

2 jamb. trim.

X.   I.   ‿ː ‿ ‿ _ ‿ ǀ _ ‿ ǁ ‿ ‿ _ ‿ ǀ _ ‿ǁ _ _ ‿ ǀ _ ⌢ǁ 5—7. 5
          ‿ ‿ ‿ ‿ ‿ ǀ _ ‿ _ǀ _ ‿ ⌅ 〛   8.

     II. ‿ː ‿ ‿ _ ‿ ǀ _ _ ‿ǁ _ _ ‿ ǀ _⌅ 〛   9—10.

     III. ‿ː ‿ ‿ _ ‿ ǀ _ > ǁ ‿ ‿ _ ‿ ǀ _ ⌢ǁ   11—12.
          ‿ː _ _ ‿ ǀ _ ⌢ 〛   13.

I. dochmisch.   II. bacchiisch.   III. dochmisch.

do⟩
do⟩
do⟩   ₂⟩
̇   ₂⟩   do⟩
pāon. ̇3 = ἐπ.   do⟩
                                   do
                                   ̇

anzurühren ist das handschriftliche ϑροῶ; hierin hat Hartung vollkommen Recht, während er unrecht thut, ἐπεγχέασα zu belassen
und darnach in der Gegenstrophe zu ändern.

σ. ζ'.   Κ. Ἰὼ γάμοι γάμοι Πάριδος ὀλέθριοι
φίλων. ἰὼ Σκαμάνδρου πάτριον ποτόν.
Τότε μὲν ἀμφὶ σὰς
αἰόνας τάλαιν'
5   ἠνυτόμαν τροφαῖς.
νῦν δ' ἀμφὶ Κώκυτόν τε κ'Ἀχερουσίους
ὄχθους ἔοικα θεσπιῳδήσειν τάχα.
Χ. Τί τόδε τορὸν ἄγαν ἔπος ἐφημίσω;
νεογνὸν ἂν βρέφος μάθοι.
10   πέπληγμαι δ' ὑπαὶ δήγματι φοινίῳ
δυσαλγεῖ τύχᾳ
μινυρὰ θρεομένας,
θαύματ' ἐμοὶ κλύειν.

ά. ζ'.   Κ. Ἰὼ πόνοι πόνοι πόλεος ὀλομένας
τὸ πᾶν. ἰὼ πρόπυργοι θυσίαι πατρὸς
Πολυκανεῖς βοτῶν
ποιονόμων· ἄκος δ'
5   οὐδὲν ἐπήρκεσεν
τὸ μὴ πόλιν μὲν ὥσπερ νῦν ἔχει παθεῖν.
ἐγὼ δὲ θερμὸν ῥοῦν τάχ' ἐν πέδῳ βαλῶ.
Χ. ἑπόμενα προτέροισι τάδ' ἐφημίσω.
καί τις τίθησι καινόφρων
10   σε δαίμων, ὑπερβαρὴς ἐμπίτνων,
μελίζειν πάθη
γοερὰ θανατοφόρα.
τέρμα δ' ἀμηχανῶ.

Str. ζ.

Der rhythmische Bau dieses Wechselgesanges ist von den kleinsten Anfängen zu unübertrefflicher Vollendung und Schönheit fortgeschritten! An die vorige Strophe wird angeknüpft, indem auch hier ein jambischer Anfang ist, aber bereits zu einer ganzen Periode entwickelt. Der schöne innere Zusammenhang der Strophe

Str. ϛ'.

K.   I. (K.)

II.

    (X.)

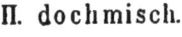

5

I. jambisch.

II. dochmisch.

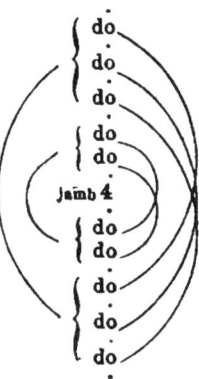

wird bewahrt, indem Kassandra die erste Gruppe der grossen
Periode singt; zugleich ist durch das vom Chor gesungene jambische Mesodikon auch wieder eine Annäherung an die Periode
der Kassandra gefunden.

VI.

Der sechste Chorgesang, V. 1407—1411. 1426—1430.

σ.   Τί κακὸν, ὦ γύναι, χθο ν ο τρεφὲς ἐδανὸν
ἤ ποτὸν πασαμένα ῥυτᾶς
ἐξ ἁλὸς ὅρμενον τόδ᾽ ἐπέθου θύος;
Δαμοθρόους τ᾽ ἀρὰς ἀπέδικες; ἀπόδαμος ἄπολις τ᾽ ἔσει,
5 μῖσος ὄμβριμον ἀστοῖς.

ά.   Μεγαλόμητις εἶ, πε ρ ίφρονα δ᾽ ἔλακες
ὥσπερ οὖν φονολιβεῖ τύχᾳ
φρὴν ἐπιμαίνεται· λίπος ἐπ᾽ ὀμμάτων
Αἵματος ἐμπρέπει ἄ τ ιτον· ἔτι σε χρὴ στε ρ ομέναν φίλων
5 τύμμα τύμματι τῖσαι.

Ag. VI.

Das Mesodikon in Per. I ist in sich wieder ausgezeichnet
schön mesodisch gegliedert; nicht nur zerfällt es den Takten
nach in

$$\left.\begin{array}{c} 2 \\ | \\ 2 \end{array}\right)$$

sondern sein Mitteltakt ist auch wieder mesodisch zerlegbar,

⌣ ⌣ ⌣᾽

so dass die mesodische Anordnung im Centrum sich bis auf die
Silben erstreckt. Vgl. § 9, 3.

Die bisherige Art, diese Strophe in Verse zu zerlegen, ist
durchaus falsch, nicht blos aus eurhythmischen, sondern vorzüglich
auch aus metrischen Gründen. Kommt nämlich περίφρονα δ᾽ an
den Schluss des ersten Verses (in der Gegenstrophe), so wird das
Schema desselben nothwendig: ·

⌣ ⋮ ⌣ ⌣ — ⌣ | — ⌣ ⌣ ⌣ | — ∧ ‖

Ag. VI.

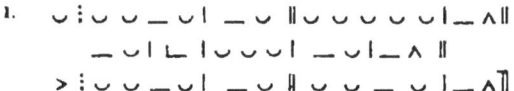

Dies ist ein erweiterter Dochmius, der an und für sich ganz richtig ist (§ 18, 8); dabei muss aber die letzte Silbe von περί-φρονα als lang angenommen werden, was nach § 12, 4, wo wir dieses Beispiel anzogen, nicht gestattet ist.

Gstr. V. 4 ist von Hartung das unnütze γ' hinter αἵματος eingeschoben, wodurch der Dochmius zerstört wird.

VII.

Der Schlussgesang, V. 1448—1576.

σ. α'.   Χ. Φεῦ, τίς ἂν ἐν τάχει μὴ περιώδυνος μηδέ δεμνιοτήρης
Μόλοι τὸν ἀεὶ φέρουσ' ἐφ' ἡμῖν
Μοῖρ' ἀτέλευτον ὕπνον, δαμέντος
φύλακος εὐμενεστάτου;
ὃς πολλὰ τλὰς ἐκ γυναικὸς βίον
πρὸς γυναικὸς ἀπέφθισεν.

συ. α'.   Ἰὼ ἰὼ παράνους Ἑλένα·
μία τὰς πολλὰς ψυχὰς ὀλέσασ'
ὑπὸ Τροίᾳ, νῦν δὲ τέλειον
πολύμναστον ἄνιπτον ἐπηνθίσω αἷμ',
5   ἥτις τότ' ἔνησθα δόμοισιν ἔρις,
ἐρίδματός τ' ἀνδρὸς ὀιζύς.

συ. β'.   Κ. Μηδὲν θανάτου μοῖραν ἐπεύχου
τοῖσδε βαρυνθείς.
μηδ' εἰς Ἑλένην κότον ἐκτρέψῃς,
ὡς ἀνδρολέτειρ', ὡς μία πολλῶν
5   ἀνδρῶν ψυχὰς Δαναῶν ὀλέσασ'
ἀξύστατον ἄλγος ἔπραξε.

ἀ. α'.   Χ. Δαῖμον, ὃς ἐμπίτνεις δώμασι καὶ διφυίοισι Τανταλίδαισιν,
Κράτος τ' ἰσόψυχον ἐκ γυναικῶν
καρδιόδηκτον ἐμοὶ κρατύνεις.
ἐπὶ δὲ σώματος δίκαν
5 κήρυκος ἐχθροῦ σταθεῖσ' ἐκνόμως
ὑμνεῖν ὕμνον ἐπεύχεται.

συ. γ'.   Κ. Νῦν δ' ὤρθωσας στόματος γνώμην
τὸν τριπαλαιστὴν
δαίμονα γέννης τῆσδε κικλήσκων·
ἐκ τοῦ γὰρ ἔρως αἱματολοιχὸς
5   νείρᾳ τρέφεται, πρὶν καταπλῆξαι
τὸ παλαιὸν ἄχος, νέος ἰχώρ.

Str. ά.

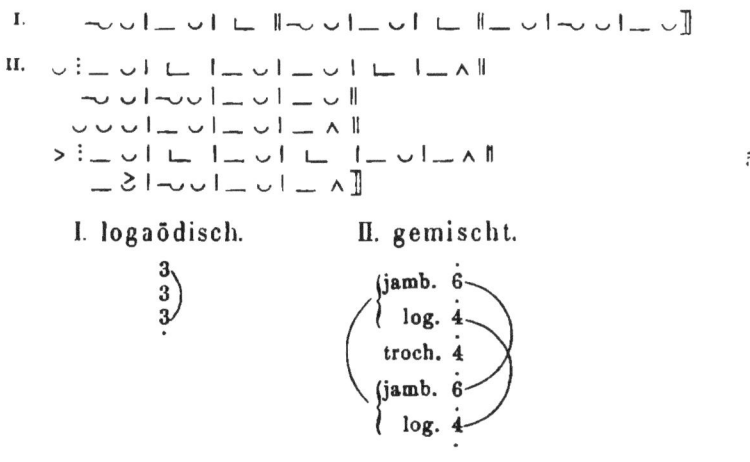

<table>
<tr><td>I. logaōdisch.</td><td>II. gemischt.</td></tr>
</table>

Syst. ά.

Mangelhaft ist dies anapästische System überliefert; die Hartungsche Kühnheit im Umändern übersteigt alle Grenzen; so verdient er sich um die voraufgehende Strophe gemacht hat, so wenig kann man ihm hier folgen. Nach Belieben kegelt er von 1458—1461 die Wörter durcheinander, fügt neue, zum Theil unbekannte Wörter ein und baut ganz eigene metrische Systeme. Und nun soll das Ganze sogar eine Strophe sein und mit einem andern anapästischen Systeme (1538 sq.), das auch erst auf die willkührlichste Art umgeändert werden muss, respondiren! Und lauter unerhörte Sachen kommen zum Vorschein, z. B.

1) Der Chor soll zwei verschiedene Strophen hinter einander singen, die auf ganz verschiedenen Stellen erst eine Responsion finden.

2) Unperiodische Strophen (denn solche sind die seinigen durchaus), sollen in den periodisch wohlgeordneten Chorgesang auf verschiedenen Stellen hinein.

3) Seine Strophe soll aus Anapästen und Dochmien bestehen! Obendrein ist von letzteren nichts zu finden.

Die Restauration des Systems war gar nicht einmal schwer.

V. 1 ist die Hermannsche Conjectur παράνους evident.

Die Verse 4—6 sind in folgender Gestalt überliefert:

σ. β'.   X. Ἡ μέγαν οἰκεῖον
δαίμονα καὶ βαρύμηνιν αἰνεῖς,
φεῦ φεῦ, κακὸν αἶνον
ἀτηρᾶς τύχας ἀκορέστου.
5   Ἰὴ ἰὴ διαὶ Διὸς παναιτίου πανεργέτα·
Τί γὰρ βροτοῖς ἄνευ Διὸς τελεῖται;
τί τῶνδ' οὐ θεόκραντόν ἐστιν;

---

4. πολύμναστον ἐπηνθίσω δι' αἷμ' ἄνιπτον·
5. ἥτις ἦν τότ' ἐν δόμοις ἔρις
6. ἐρίδματος ἀνδρὸς ὀιζύς.

(Ich habe hier gleich so abgetheilt, wie sich später als nothwendig ergeben wird.)

Da nun der Schlussvers nach dem allgemeinen Usus in den anapästischen Systemen eine brachykatalektische Tetrapodie sein muss, so ist V. 6 unmittelbar durch ein hinter ἐρίδματος eingerücktes τ' hergestellt:

$$\cup \; \cup \; — \; — \quad — \; \cup \; \cup \; — \; —$$
ἐρίδματός τ' ἀνδρὸς ὀιζύς.

In V. 1 ist nur δι' falsch, da es den Sinn zerstört, indem αἷμα nebst seinen Attributen als Object zu ἐπηνθίσω gehört. Vielleicht fasste Jemand das voraufgehende Medium in intransitiver Bedeutung, so dass δι' ein Besserungsversuch ist. Dann aber ist ἄνιπτον versetzt und gehört hinter πολύμναστον. So erhalten wir:

$$\cup \; \cup \; — \; \cup \; \cup \; — \; \cup \quad \cup \; — \; \cup \; \cup \; —$$
πολύμναστον ἄνιπτον ἐπηνθίσω αἷμ'.

Hier sei mir eine kurze Bemerkung erlaubt. Wir treffen bei manchen Byzantinern, namentlich bei dem Romanschreiber Eustathios eine ängstliche Furcht vor dem Zusammenstoss zweier Vocale. Nun scheint es mir, als ob manche falsche Lesarten dem Bestreben byzantinischer Afterkritiker oder Abschreiber zuzuschreiben seien, jeden Hiatus zu entfernen, auch da, wo eine Correption der Länge stattfindet. Sollte wohl auf diese Art δι' in den Text gekommen sein?

Str. β'.

I.   ⏑⏑ ⏑|⏑⏑ ⏑|_ ∧‖
      ⏑⏑ ⏑|⏑⏑ ⏑|_ ⏑|_ ⏑‖
      └ |⏑⏑ ⏑|_ ⏑‖
    > ┊ └ |_ ⏑|_ ⏑|⏑⏑ ⏑|_ ⏑]]

II. ⏑ ┊_⏑| _ ⏑ |_ ⏑ |_ ⏑‖_ ⏑ |_ ⏑ |_ ⏑ |_ ∧‖				5

III. ⏑ ┊_⏑| _ ⏑ |_ ⏑ |_ ⏑ |_ ⏑‖
    ⏑ ┊ └ |⏑⏑ ⏑|_ ⏑| └ |_ ∧]]

I. ⎛3⎞   II. ⁴⁄₄⟩   III. ⁵⁄₅⟩
    ⎜4⎟
    ⎜3⎟
    ⎝4⎠

Endlich V. 5 finden wir Anfang und Ende ganz in Ordnung, sobald wir δόμοισιν statt δόμοις schreiben:

$$\overline{ἤ}τις \ldots\ldots δόμοισιν ἔρις$$

und nur die Worte dazwischen

$$\overline{ἤ}ν τότ' ἐν$$

widerstreiten Sinn und Metrum. Es ist klar, dass es ἦσϑα heissen muss (denn Helena ist angeredet): τότ' und ἐν aber sind auch nicht zu entbehren, sondern nur zu versetzen:

$$τότ' ἔνησϑα.$$

So ist der Vers ohne starke Aenderung und wie die anderen ohne den Zusatz eines einzigen Wortes hergestellt.

συ. δ'.   Ἰὼ ἰὼ, βασιλεῦ βασιλεῦ,
            πῶς σε δακρύσω;
            φρενὸς ἐκ φιλίας τί ποτ' εἴπω;
            κεῖσαι δ' ἀράχνης ἐν ὑφάσματι τῷδ'
    5   ἀσεβεῖ θανάτῳ βίον ἐκπνεύσας.
        Ὤμοι μοι κοίταν τάνδ' ἀνελεύθερον, δολίῳ τε μόρῳ δαμεὶς
    ἐκ χερὸς ἀμφιτόμῳ βελέμνῳ.

συ. ε'.   Κ. Αὐχεῖς εἶναι τόδε τοὔργον ἐμόν·
            μὴ δ' ἐπιλέξῃς
            Ἀγαμεμνονίαν εἶναί μ' ἄλοχον·
            φανταζόμενος δὲ γυναικὶ νεκροῦ
    5   τοῦδ', ὁ παλαιὸς δριμὺς ἀλάστωρ
            Ἀτρέως, χαλεποῦ θοινατῆρος,
            τόνδ' ἀπετίσατο
            τέλεον νεαροῖς ἐπιθύσας.

ἀ. β'.   Χ. Ὡς μὲν ἀναίτιος εἶ
            τοῦδε φόνου τίς ὁ μαρτυρήσων;
            πῶς πῶς; πατρόθεν δὲ
            συλλήπτωρ γένοιτ' ἂν ἀλάστωρ·
    5   Βιάζεται δ' ὁμοσπόροις ἐπιρροαῖσιν αἱμάτων
            Μέλας Ἄρης ὅποι δίκαν προβαίνων
            θοίνᾳ κουροβόρῳ παρέξει.

συ. ς'.   Ἰὼ ἰὼ βασιλεῦ βασιλεῦ
            πῶς σε δακρύσω;
            φρενὸς ἐκ φιλίας τί ποτ' εἴπω;
            κεῖσαι δ' ἀράχνης ἐν ὑφάσματι τῷδ'
    5   ἀσεβεῖ θανάτῳ βίον ἐκπνεύσας.
        Ὤμοι μοι κοίταν τάνδ' ἀνελεύθερον, δολίῳ τε μόρῳ δαμεὶς
    ἐκ χερὸς ἀμφιτόμῳ βελέμνῳ.

συ. ζ'.   Κ. Οὐδὲ γὰρ οὗτος δολίαν ἄτην
            οἴκοισιν ἔθηκ',
            ἐμὸν ἐκ τοῦδ' ἔρνος ἀερθέν, τὴν
            πολυκλαύτην Ἰφιγένειαν; ἀλλ'
    5   ἄξια δράσας ἄξια πάσχων
            μηδὲν ἐν Ἅιδου μεγαλαυχείτω,

Syst. δ und έ,

V. 6—7.

> : _ > | _ > | ∪ ∪ | _ ∪ ‖ ∪ ∪ | ∪ ∪ | _ ∪ | _ ∪ | _ ∧ ‖   4)
∪ ∪ | ∪ ∪ | _ ∪ | _ ∪]]   4
   4

Str. γ́.

I.   ∪ : _ ∪ | L | _ ∪ | _ ∪ | L | _ ∧ ‖
   ∪ ∪ | _ ∪ | L | _ ∧ ‖
   ∪ : _ ∪ | L | _ ∪ | _ ∪ | L | _ ∧]]

II.   ∪ : _ ∪ | L | _ ∪ | _ ∪ | _ ∪ | _ ∧ ‖
   ∪ : _ ∪ | L | _ ∪ | _ ∪ | L | _ ∧ ‖   5
   ∪ : _ ∪ | _ ∪ | _ ∪ | _ ∪ | _ ∪ | _ ∧ ‖
   ∪ : L | L | _ ∪ | _ ∪ | L | _ ∧]]

I. 6.   )   (6.
  4.   (6.
  6.   (6.
        (6.

ξιφοδηλήτῳ
θανάτῳ τίσας ἅπερ ἔρξεν.

X. Ἀμηχανῶ, φροντίδος στερηθείς   σ. γ'.
εὐπάλαμον μέριμναν
ὅπα τράπωμαι, πίτνοντος οἴκου.
Δέδοικα δ' ὄμβρου κτύπον δομοσφαλῆ
τὸν αἱματηρόν· ψακὰς δὲ λήγει.   5
δίκην δ' ἐπ' ἄλλο πρᾶγμα θηγάνει βλάβης
πρὸς ἄλλαις θηγάναισι Μοῖρα.

Syst. δ und ζ́.

Die anapästischen Systeme wurden gewiss mehr gesungen als gesprochen, wie aus der Repetition mancher derselben hervorgeht.

συ. η'.

Ἰὼ γᾶ γᾶ, εἴθε μ' ἐδέξω
πρὶν τόνδ' ἐπιδεῖν ἀργυροτοίχου
δροίτας κατέχοντα χαμεύναν·
τίς ὁ θάψων νιν, τίς ὁ θρηνήσων;
5 ἦ σὺ τόδ' ἔρξαι τλήσει, κτείνασ'
ἄνδρα τὸν αὑτῆς ἀποκωκῦσαι
ψυχῇ τ' ἄχαριν χάριν ἀντ' ἔργων
μεγάλων ἀδίκως ἐπικρᾶναι;
Τίς δ' ἐπιτύμβιος αἶνος ἐπ' ἀνδρὶ θείῳ ξὺν δακρύοις ἰακχῶν
10 ἀλαθείᾳ φρενῶν πονήσει;

συ. θ'.

Κ. Οὐ σὲ προσήκει τὸ μέλημα λέγειν
τοῦτο· πρὸς ἡμῶν
κάππεσε, κάτθανε, καὶ καταθάψομεν
οὐχ ὑπὸ κλαυθμῶν τῶν ἐξ οἴκων
5 ἀλλ' Ἰφιγένειαν * * * *
* * * * * ἵν' ἀσπασίως
θυγάτηρ, ὡς χρή,
πατέρ' ἀντιάσασα πρὸς ὠκύπορον
πόρθμευμ' ἀχέων
10 περὶ χεῖρε βαλοῦσα φιλήσει.

ἀ. γ'.

Χ. Ὄνειδος ἥκει τόδ' ἀντ' ὀνείδους.
δύσμαχα δ' ἐστὶ κρῖναι.
φέρει φέροντ', ἐκτίνει δ' ὁ καίνων.
Μίμνει δὲ μίμνοντος ἐν θρόνῳ Διὸς
5 παθεῖν τὸν ἔρξαντα· θέσμιον γάρ.
τίς ἂν γονὰν ἀραῖον ἐκβάλοι δόμων;
κεκόλληται γένος πρὸς ἄτᾳ.

συ. ι'.

Κ. Ἐς τόνδ' ἐνέβης ξὺν ἀληθείᾳ
χρησμόν. ἐγὼ δ' οὖν
ἐθέλω, δαίμονι τῷ Πλεισθενιδῶν
ὅρκους θεμένη, τάδε μὲν στέργειν
5 δύστλητά περ ὄνθ', ὁ δὲ λοιπὸν ἰὼν
ἐκ τῶνδε δόμων, ἄλλην γενεὰν

. Syst. ή, V. 9—10.

‿‿‿|‿‿‿|‿‿‿|‿‿‿‖—⸗>|‿‿‿|—‿|—‿‖
‿:∟ |∟ |∟ |—‿|—‿| ∟ |—∧〛

$$\frac{4}{4})$$

6 ἐπ.

τρίψει θανάτοις αὐθένταισιν.
κτεάνων δὲ μέρος βαιὸν ἐχούσῃ
πᾶν ἀπόχρη τάσδ' ἀλληλοφόνους
μανίας μελάθρων ἀφελούσῃ.   10

Die lyrischen Partien in den Choephoren.

I.

Die Parodos, V. 23—83.

σ. α'.　Ἰαλτὸς ἐκ δόμων ἔβην
χοὰν προπομπὸς ὀξύχειρι σὺν κόπῳ·
πρέπει παρηὶς φοινίοις ἀμυγμοῖς,
ὄνυχος ἄλοκι νεοτόμῳ·
5　　Δι' αἰῶνος δ' ἰυγμοῖσι βόσκεται κέαρ.
λινοφθόροι δ' ὑφασμάτων λακίδες ἔφλαδον ὑπ' ἄλγεσιν
πρόστερνοι στολμοὶ πέπλων ἀγελάστοις
ξυμφοραῖς πεπληγμένων.

ά. α'.　Τορὸς φόβος γὰρ ὀρθόθριξ,
δόμων ὀνειρόμαντις, ἐξ ὕπνου κότον
πνέων, ἀωρόνυκτον ἀμβόαμα
μυχόθεν ἔλακε περὶ φόβῳ,
5　　Γυναικείοισιν ἐν δώμασιν βαρὺς πίτνων.
κριταὶ δὲ τῶνδ' ὀνειράτων θεόθεν ἔλακον ὑπέγγυοι
μέμφεσθαι τοὺς γᾶς νέρθεν περιθύμως
τοῖς κτανοῦσί τ' ἐγκοτεῖν.

Str. ά.

Es findet zwar übereinstimmend in Str. und Gstr. Interpunction nach der ersten Periode statt, doch eine noch stärkere ist nach V. 5, vermuthlich, um einen engeren Zusammenhang herzustellen.

Dass die zweite Periode keine repetirte palinodische sei, geht aus der ähnlichen metrischen Gestalt von V. 5 und 7 hervor.

Str. V. 3. Der irrationale Takt durfte Hermann nicht zu gewaltsamen Aenderungen veranlassen; vgl. § 7, 3.

Str. α′.

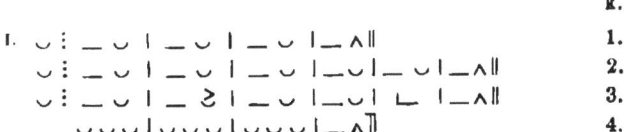

k.
1.
2.
3.
4.

5—6.   5
7—8.
9—10.
11.

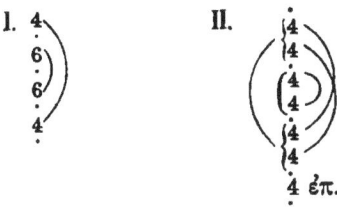

I.   II.

4 ἐπ.

Gstr. V. ·1—2 sind von Hartung gewaltsam und ohne Grund geändert; nur γὰρ φοῖβος ist gegen Sinn und Metrum, aber Hartungs φοῖτος ὀρϑόϑριξ ist noch weniger zu verstehen: Ich schreibe

φόβος γὰρ für γὰρ φοῖβος.

Str. V. 7. Hartungs Aenderung δόμων ist unmetrisch; das handschriftliche πέπλων aber kann ganz gut als Spondeus gelesen werden.

σ. β'.   Τοιάνδε χάριν ἀχάριτον ἀπότροπον κακῶν
ἰὼ γαῖα μαῖα, μωμένα
μ' ἰάλλει δύσθεος γυνά·
φοβοῦμαι δ' ἔπος τόδ' ἐκβαλεῖν·
5 τί γὰρ λύτρον πεσόντος αἵματος πέδοι;
Ἰὼ πάνοιζυς ἑστία,
ἰὼ καταστροφαὶ δόμων.
ἀνήλιοι βροτοστυγεῖς
δνόφοι καλύπτουσι δόμους
10 δεσποτῶν θανάτοισιν.

ἀ. β'.   Σέβας δ' ἄμαχον ἀδάματον ἀπόλεμον τὸ πρὶν
δι' ὤτων φρενός τε δαμίας
περαῖνον νῦν ἀφίσταται·
φοβεῖται δέ τις· τὸ δ' εὐτυχεῖν
5 τόδ' ἐν βροτοῖς θεός τε καὶ θεοῦ πλέον.
'Ροπὴ δ' ἐπισκοπεῖ δίκαν
ταχεῖα τοῖς μὲν ἐν φάει,
τὰ δ' ἐν μεταιχμίῳ σκότου
βρύει χρονίζοντ' ἄχεα,
10 τοὺς δ' ἄκραντος ἔχει νύξ.

σ. γ'.   Δι' αἵματ' ἐκποτένθ' ὑπὸ χθονὸς τροφοῦ
τίτας φόνος πέπηγεν οὐ διαρρύδαν,
δι' ἄτας δὲ διαφέρει τὸν αἴτιον παναρκίας νόσου βρύειν.

ἀ. γ'.   Θιγόντι δ' οὔτι νυμφικῶν ἑδωλίων
ἄκος· πόροι δὲ πάντες ἐκ μιᾶς ὁδοῦ
βαίνοντες τὸν χερομυσῆ φόνον καθαίροντες πονοῖεν ἂν μάτην.

Str. β'.

Gstr. V. 6.   Hartungs Aenderung ἐπισκήπτει bringt einen
irrationalen Takt hervor.

Gstr. V. 9 ist Hartungs Aenderung ἄχθεα, die auch eine

Str. β'.

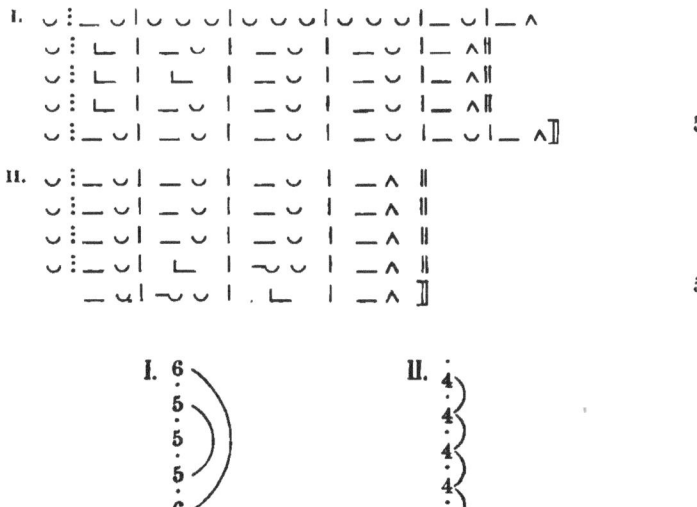

Str. γ'.

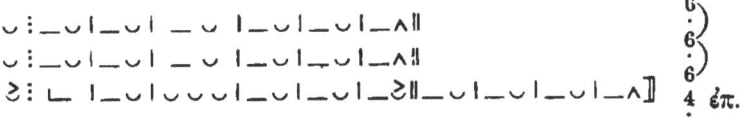

Aenderung in der Strophe nothwendig macht, durchaus zu verwerfen. Umgekehrt: stände ἄχθεα im Texte, so würden wir aus
metrischen Gründen ἄχεα herzustellen haben. Denn 1) ist der
irrationale Takt in der Tetrapodie höchst unwahrscheinlich, 2) werden stichischen Tetrapodien oft kyklische Dactylen beigemengt,
namentlich dem letzten Gliede, um den Uebergang zum schliessenden Pherekrateion oder Aristophaneion zu vermitteln, Einförmigkeit
zu vermeiden u. s. w.

ἐπ. Ἐμοὶ δ', ἀνάγκαν γὰρ ἀμφ' ἄπτολιν
Ͽεοὶ προσήνεγκαν, ἐκ γὰρ οἴκων
πατρῴων δουλίαν ἐσᾶγον
αἶσαν, δίκαια καὶ τὰ μὴ δίκαια
5 Πρέποντ' ἀρχετᾶν βίᾳ
φερομένων αἰνέσαι
πικρὸν φρενῶν στύγος κρατούσῃ·
δακρύω δ' ὑφ' εἱμάτων
ματαίας δεσποτᾶν
10 τύχας, κρυφίοις πένϽεσιν παχνουμένη.

Epodos.

Die Eurhythmie ist ganz vorzüglich. Die tiefe Trauer verräth
sich in der Folge von vier Hexapodien mit vielen τοναί. Dann
wird der Inhalt leidenschaftlicher, und daher die tetrapodische
Folge.

Die Emendation dieser corrupten Epode war nicht so schwierig.
Hermann stellt die Eurhythmie nicht her, Hartung genügt nicht
einmal der Prosodie, indem er δακρύων fordert; an Eurhythmie
ist natürlich bei seinen kühnen Aenderungen nicht zu denken.
Richtig hat er
1) V. 1. ἀμφ' ἄπτολιν für ἀμφίπτολιν.
2) V. 5—6. ἀρχετῶν βίᾳ φερομένων für ἀρχὰς βίου βίᾳ φερομένων.
Ich schreibe ἀρχετᾶν, woraus eher ἀρχὰς verschrieben werden konnte. βίου ist blosser Schreibfehler, aus dem folgenden
βίᾳ zu erklären. Hartungs Aenderungen dagegen, die ich nicht
annehme, sind:
1) V. 2. die Streichung von γὰρ und demgemäss
2) V. 3. ἐσάγοντες statt ἐσᾶγον.
3) V. 3. δούλιον statt δουλίαν. Das Femininum δουλία ist
durch das Metrum gesichert So. Aj. 499.
4) V. 3. die Versetzung von πατρῴων und οἴκων.
5) die Versetzung von δουλίαν.
6) und 7) die Einrückung von τὰ τῶν vor ἀρχετᾶν.
8) V. 5. πρέπον statt πρέποντ'.
In allen diesen acht Fällen halte ich mich treu an das Ueber-

Epodos.

```
I.   ⌣ː‿ ⌣ | ⌞ |‿⌣ | ⌞ |‿⌣ |‿∧‖
     ⌣ː‿ ⌣ | ⌞ |‿⌣ |‿⌣ | ⌞ |‿∧‖
     ⌣ː ⌞ | ⌞ |‿⌣ |‿⌣ | ⌞ |‿∧‖
     >ː‿⌣ |‿⌣ |‿⌣ |‿⌣ | ⌞ |‿∧]

II.  ⌣ː ⌞ |‿⌣ |‿⌣ |‿ ∧‖
     ⌣⌣⌣ | ⌞ |‿⌣ |‿ ∧‖
     ⌣ː‿⌣ |‿⌣ |‿⌣ | ⌞ |‿ ∧‖
     ⌣ː ⌞ |‿⌣ |‿⌣ |‿ ∧‖
     ⌣ː ⌞ | ⌞ |‿⌣ |‿ ∧‖
     ⌣ː‿⌣⌣ | ⌞ |‿⌣ |‿⌣ |‿⌣ |‿∧]
```

```
I.  6⎫   II. ⎛4
    6⎪       ⎜4
    6⎬       ⎜4
    6⎭       ⎝5         5
            ⎛4
            ⎝4
        6 ἐπ.                 10
```

lieferte. Nur zwei Aenderungen sehr leichter Natur erfordert noch das Metrum:

1) V. 4. τὰ einzurücken vor μὴ δίκαια.

2) V. 10. κρυφίοις für κρυφαίοις.

Dieses τὰ ist aber weit davon entfernt, ein metrischer Noth-behelf zu sein: im Gegentheil, die Darstellung gewinnt ungemein dadurch. Die δίκαια der ἄρχεταί können hier nicht bestimmt bezeichnet werden, denn welche gerechten Handlungen vollbringen Aegisthus und Klytämnestra? Ihre ungerechten Handlungen liegen aber offen vor; der Chor hat sattsam darauf hingedeutet, daher τὰ μὴ δίκαια. Man sieht, wie Metrum und Sinn immer Hand in Hand gehen.

Hartung ist zu seinen Aenderungen gelangt, ohne Zweifel, in-dem er (wie Andere) in πρέποντ᾽ einen absoluten Accusativ noth-wendig enthalten glaubte. Aber mit dem einfachen τ war sogleich Metrum und Eurhythmie eingebüsst und der Sinn viel mehr ver-dunkelt, so dass neue Aenderungen nothwendig wurden. Es bildet aber πρέποντ᾽ vielmehr den Prädicatsaccusativ zu δίκαια καὶ τὰ μὴ δίκαια und hängt wie diese Objectsaccusative von αἰνέσαι ab. αἰνεῖν wird nämlich gar nicht so selten noch in der ursprüng-lichen Bedeutung „sagen“, „berichten“ gebraucht, und so ist denn τὰ ἄδικα καὶ τὰ δίκαια πρέποντα αἰνέσαι = πρέποντα εἰπεῖν, λέγειν. Der Infinitiv αἰνέσαι aber ist Apposition zu αἶσαν, und der Zusammenhang des Sinnes: „Vom Vaterhause her brachten mir die Götter das Loos einer Sclavin, gerechte wie ungerechte Handlungen der gewaltthätig verfahrenden Herrscher als geziemend darzustellen“ (= zu loben).

II.

Das Chorikon, V. 152—164.

῎Ιετε δάκρυ καναχὲς ὀλόμενον ὀλομένῳ δεσπότᾳ
πρὸς ἔρυμα τόδε κακῶν κεδνῶν τ' ἀπότροπον, ἄγος ἀπεύχετον.
κλύε δέ μοι, σέβας, κλύ' ὦ δέσποτ', ἐξ ἀμαυρᾶς φρενός.
ὀτοτοτοτοτοτοῖ.
᾿Ιώ τίς δορυσθενὴς ἀναλυτὴρ δόμων Σκυθικά τ' ἐν χεροῖν
               [ἂν μόλοι] παλίντονα βέλη
               ᾿πιπάλλων ῎Αρης
σχέδιά τ' αὐτόκωπα νωμῶν ξίφη;

Cho. II.

V. 1—4 habe ich die handschriftliche Ueberlieferung streng beibehalten, nur dass ich, dem Scholiasten folgend, ἄγος für ἄλγος schrieb. Allerdings sind die Worte ziemlich dunkel, aber sie werden ja auch ἐξ ἀμαυρᾶς φρενός gesprochen. Es durfte hier aber nichts geändert werden, 1) weil das Ueberlieferte sich auch ganz gut erklären lässt; 2) weil solche Gebete überhaupt sich gern in dunklen Ausdrücken bewegen; 3) weil der Scholiast alle schwierigen Lesarten unterstützt; 4) weil das bacchiische Metrum untadelhaft ist. Die geringste Aenderung, z. B. von ἔρυμα in ἔρμα, hebt das Metrum auf, da dann der zweite Vers sich durchaus nicht päonisch und bacchiisch eintheilen liesse.

V. 5. Die Ueberlieferung ist unmetrisch und sinnlos und Hartung hat in drei Punkten Recht:

1) es ist ein Verb (nach Hartung ἂν ἔλθοι) zu ergänzen.

2) ἀνήρ und 3) ἐν ἔργῳ sind zu streichen.

Der müssige Zusatz ἀνήρ ist leicht zu erklären. Der Abschreiber fasste ἀναλυτήρ als Prädicat und ergänzte deshalb ἀνήρ als Subject.

Cho. II.

ἐν ἔργῳ ist eine verkehrte Bestimmung von παλίντονα, welches man fälschlich fasste als „durch Zurückziehen (der Sehne) gespannt."

Ich habe ἂν μόλοι für das Hartungsche ἂν ἔλθοι gewählt, und den Ausdruck erst da eingefügt, wo ohne dieses das Metrum hinkte.

ἀναλυτὴρ δόμων, das auch der Scholiast vorgefunden hat und das recht gut erklärt werden kann, durfte um so weniger entfernt werden, als in unserm selben Drama, V, Str. γ′ der ganz analoge Ausdruck δωμάτων λυτήριος vorkommt.

III.

Der Threnos, V. 315—478.

σ. α'.   Ō Ὦ πάτερ αἰνοπαθές, τί σοι
φάμενος ἢ τί ῥέξας
τύχοιμ', ἐγγύθεν ὁρμίσας
ἔνθα σ' ἔχουσιν εὐναί,
5 σκότῳ φάος ἀντίμοιρον
χάριτάς θ' ὁμοίας,
κεκλῆσθαι γόνος εὐκλεὴς
πρόσθε πρόμοις Ἀτρείδαις;

σ. β'.   Χ̄. Τέκνον, φρόνημα τοῦ θανόντος ου δαμάζει
πυρὸς μαλερὰ γνάθος, φαίνει δ' ὕστερον ὀργάς·
Ὀτοτύζεται δ' ὁ θνήσκων, ἀναφαίνεται δ' ὁ βλάπτων
πατέρων τε κατθανόντων νόος ἐνδίκως ματεύει
5 ποινάν, ἀμφιλαφὴς ταραχθείς.

ἀ. α'.   Η̄. Κλῦθί νυν, ὦ πάτερ, ἐν μέρει
πολυδάκρυτα πένθη.
δίπαις τοί σ' ἐπιτύμβιος
θρῆνος ἀναστενάζει.
5 τάφος δ' ἱκέτας δέδεκται
φυγάδας δ' ὁμοίως·
τί τῶνδ' εὖ, τί ἄτερ κακῶν;
οὐκ ἀτρίακτος ἄτα;

ου. α'.   Χ̄. Ἀλλ' ἔτ' ἂν ἐκ τῶνδε θεὸς χρήζων
θείη κελάδους εὐφθογγοτέρους·
ἀντὶ δὲ θρήνων ἐπιτυμβιδίων
παιὰν μελάθροις ἐν βασιλείοις
5 νεοκράτα φίλοισι κομίζοι.

Str. α'.

Logaödische Verse neigen viel weniger zu einer τονή in der
vorletzten Silbe, als jambische oder trochäische. Warum? geht aus
§ 17, 2 hervor. — Beide obigen Auffassungen kommen ziemlich

Str. α'.

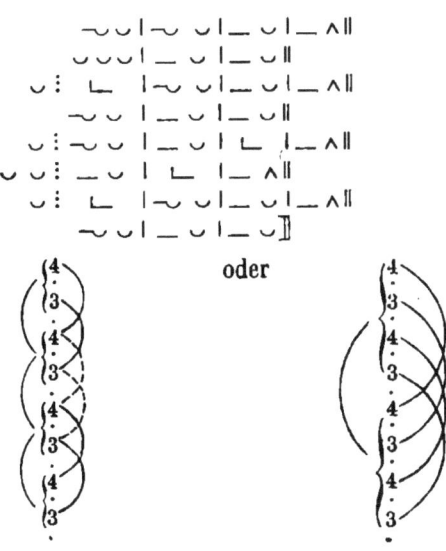

oder

Str. β'.

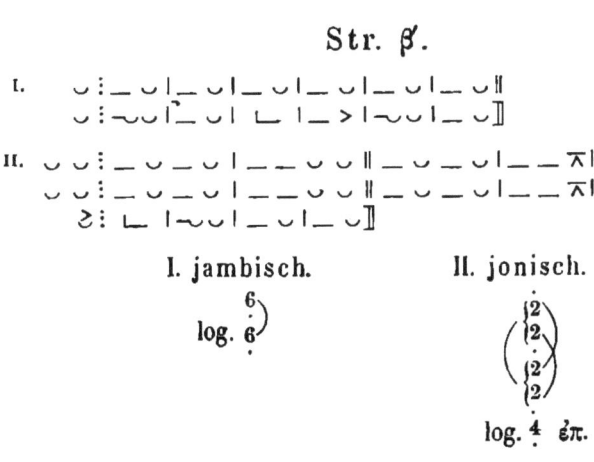

I. jambisch.   II. jonisch.

log. $\overset{6}{\underset{\cdot}{6}}$) $\left(\begin{array}{c}2\\2\\\cdot\\2\\2\end{array}\right)$

log. $\overset{4}{\underset{\cdot}{}}$ ἐπ.

auf dasselbe hinaus. — In der Responsion aller Strophen unseres Wechselgesanges herrscht eine schöne Ordnung und Zweckmässigkeit; ein ganz anderer Fall war der, den ich zu Ag. VII, Syst. α' als eine willkührliche Anordnung Hartungs tadelte.

Hartung hat sich um die Texteskritik des ganzen Gesanges vorzüglich verdient gemacht.

σ. γ'.   Ō. Εἰ γὰρ ὑπ' Ἰλίῳ
πρός τινος Λυκίων, πάτερ,
δορίδματος ἀπηναρίσθης,
λιπὼν ἂν εὔκλειαν ἐν δόμοισι,
5 τέκνων τε κελεύθοις
ἐπίστροφον αἰὼ κτίσας,
πολύχωστον ἂν εἶχες
Τάφον διαποντίου‿γᾶς,
δώμασιν εὐφόρητον.

ά β'.   Χ. Φίλος φίλοισι τοῖς ἐκεῖ καλῶς θανοῦσι
κατὰ χθονὸς ἐμπρέπων σεμνότιμος ἀνάκτωρ,
Πρόπολός τε τῶν μεγίστων χθονίων ἐκεῖ τυράννων·
βασιλεὺς γὰρ ἦσθ' ὄφρ' ἔζης, μόριμον λάχος πιπλάντων
5 χεροῖν πεισίβροτόν τε βάκτρον.

ά, γ'.   Ή. Εἶθ' ὑπὸ Τρωίας
τείχεσι φθίμενος, πάτερ,
μετ' ἄλλῳ δορικμῆτι λαῷ
παρὰ Σκαμάνδρου πόρῳ 'τέθαψο·
5 πάρος δ' ἐν ἀκόντων
[βολαῖσιν ἂν ἔσχες] δαμεὶς
θανατηφόρον αἶσαν,
Πρόσω τινὰ πυνθάνεσθαι
τῶνδε πόνων ἄπειρον.

συ. β'.   Χ. Ταῦτα μὲν, ὦ παῖ, κρείσσονα χρυσοῦ
μεγάλης τε τύχης καὶ ὑπερβορέου
μείζονα φωνεῖς· οὐ δύναται δ' ἄρα.
ἀλλὰ διπλῆς γὰρ τῆσδε μαράγνης
5   δοῦπος ἱκνεῖται· τῶν μὲν ἀρωγοὶ
κατὰ γῆς ἤδη, τῶν δὲ κρατούντων
χέρες οὐχ ὅσιαι στυγερῶν τούτων·
παισὶ δὲ μᾶλλον γεγένηται.

σ. δ'.   Ή. Τοῦτο διαμπερὲς οὖς
ἵκετ' ἅπερ τι βέλος.

Ζεῦ Ζεῦ κάτωϑεν ὁ πέμπων
ὑστερόποινον ἄταν
    Βροτῶν τλήμονι καὶ πανούργῳ   5
χειρί, τοχεῦσιν ὅμοια τήρει.

Str. γ'.

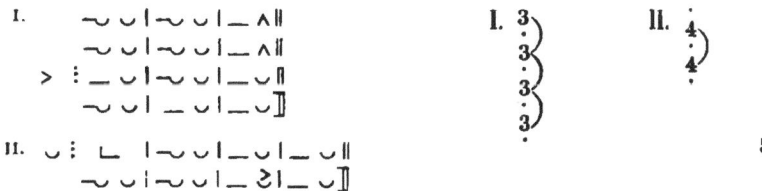

Str. δ'.

σ. ε'.　　X. Ἐφυμνῆσαι γένοιτό μοι 'πιακχοῦντ' ὀλολυγμὸν ἀνδρὸς
　　　　Ͽεινομένου γυναικός τ'
　　　　ὀλλυμένας· τί γὰρ κεύϑω φρενὸς οἷον ἐντὸς
　　　　ποτᾶται; πάροιϽεν
　　　5 δὲ δριμὺς ἧται κραδίας
　　　　Ͽυμός, ἔγκοτον στύγος.

ἀ δ'.　　　Ō. Καὶ πότ' ἂν ἀμφιλαφῆ
　　　　Ζεὺς ἐπὶ χεῖρα βάλοι,
　　　　φεῦ φεῦ, κάρανα δαΐξας;
　　　　πιστὰ γένοιτο χώρᾳ.
　　　5 Δίκαν δ' ἐξ ἀδίκων ἀπαιτῶ.
　　　　κλῦτε παρὰ χϿονίων τιμηταί.

συ. γ'.　　　X. Ἀλλὰ νόμος μέν, φονίας σταγόνας
　　　　χυμένας ἐς πέδον ἄλλο προσαιτεῖν
　　　　αἷμα· βοᾷ γὰρ λοιγὸς Ἐρινύν,
　　　　παρὰ τῶν πρότερον φϿιμένων ἄτην
　　　　ἑτέραν ἐπάγουσαν ἐπ' ἄτῃ.

σ. ς'.　　　Ō. Ποποῖ δᾶ, νερτέρων τυραννίδες,
　　　　ἴδετε πολυκρατεῖς Ἀραὶ
　　　　φϿινομένων, ἴδεσϿ' Ἀτρειδᾶν τὰ λοίπ' ἀμηχάνως
　　　　ἔχοντα καὶ δωμάτων
　　　5 ἄτιμα. πᾶ τίς τράποιτ' ἄν, ὦ Ζεῦ;

ἀ ε'.　　　X. Πέπαλται δ' αὐτέ μοι φίλον κέαρ τόνδε κλύουσαν οἶκτον·
　　　　καὶ τότε μὲν δύσελπις,
　　　　σπλάγχνα δέ μοι κελαινοῦνται τόδ' ἔπος κλυούσᾳ,
　　　　τότ' ἂν δ' αὐτίκ' ἐλπὶς
　　　5 Ͽρασεῖ' ἀπέστασεν ἄχος
　　　　πρὸς τὸ φαίνεσϿαι καλά.

ἀ. ς'.　　　Ē. Τί δ' ἂν φάντες τύχοιμεν, ἢ τάπερ
　　　　πάϿομεν ἄχεα πρός γε τῶν
　　　　τεκομένων; πάρεστι σαίνειν, τὰ δ' οὔτι Ͽέλγεται·
　　　　λύκου γὰρ ὥστ' ὠμόφρων
　　　5 ἄσαντος ἐκ ματρός ἐστι Ͽυμός.

Str. ε′.

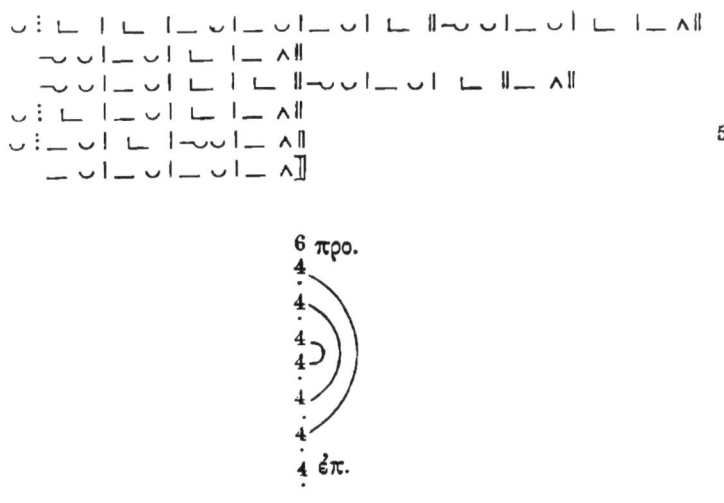

5

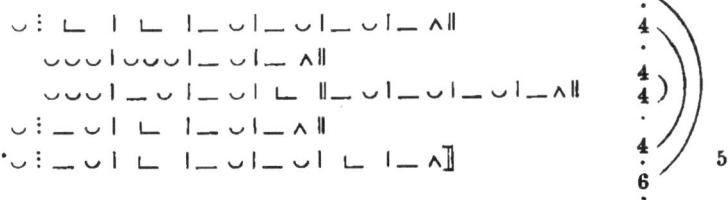

Str. ς′.

Str. ε′.

Durch häufige τοναί, die durch die Eurhythmie bewiesen werden, geht diese Strophe schon in jambisch-trochäisches Mass über. Weiter wird der Uebergang durch die nächsten beiden Strophen vermittelt, die durch ihre Tribracheis sich auszeichnen.

σ. ζ'.   Χ. Ἔκοψα κομμὸν Ἄριον ἔν τε Κισσίας
νόμοις ἰηλεμιστρίας,
ἀπριγδόπληκτα πολυπλάνητά τ' ἦν ἰδεῖν
ἐπασσυτεροδόνητα χερὸς ὀρέγματα
5 ἄνωθεν ἀνέκαθεν, κτύπῳ δ' ἐπερρόθει
κροτητὸν ἀμὸν καὶ πανάθλιον κάρα.
Ἠ. ἰὼ ἰὼ δαῖα
πάντολμε μᾶτερ, δαΐαις ἐν ἐκφοραῖς
Ἄνευ πολιτᾶν ἄνακτ'
10 ἄνευ δὲ πενθημάτων
ἔτλας ἀνοίμωκτον ἄνδρα θάψαι.

σ. η'.   Ὀ. Τὸ πᾶν ἀτίμως ἔλεξας, οἴμοι.
Πατρὸς δ' ἀτίμωσιν ἆρα τίσει
ἕκατι μὲν δαιμόνων
ἕκατι δ' ἀμᾶν χερῶν.
5 ἔπειτ' ἐγὼ νοσφίσας ὀλοίμαν.

ἀ. η'.   Ἠ. Ἐμασχαλίσθη δ' ἔθ', ὡς τόδ' εἰδῇς,
ἔπρασσε δ' ἅπερ νιν ὧδε θάπτει,
μόρον κτίσαι μωμένα
ἄφερτον αἰῶνι σῷ.
5 κλύεις πατρῴους δύας ἀτίμους.

ἀ. ζ'.   Χ. Λέγεις πατρῷον μόρον· ἐγὼ δ' ἀπεστάτουν
ἄτιμος, οὐδὲν ἀξία.
μυχῷ δ' ἄφερκτος πολυσινοῦς κυνὸς δίκαν,
ἑτοιμότερα γέλωτος ἀνέφερον λίβη,
5 χέουσα πολύδακρυν γόον κεκρυμμένα.
τοιαῦτ' ἀκούων σαῖσιν ἐν φρεσὶν γράφου.
Ἠ. γράφου, δι' ὤτων δὲ σῶν
τέτραινε μῦθον ἡσύχῳ φρενῶν βάσει.
Τὰ μὲν γὰρ οὕτως ἔχει,
10 τὰ δ' αὐτὸς ὄργα μαθεῖν.
πρέπει δ' ἀκάμπτῳ μένει καθήκειν.

Str. ζ'.

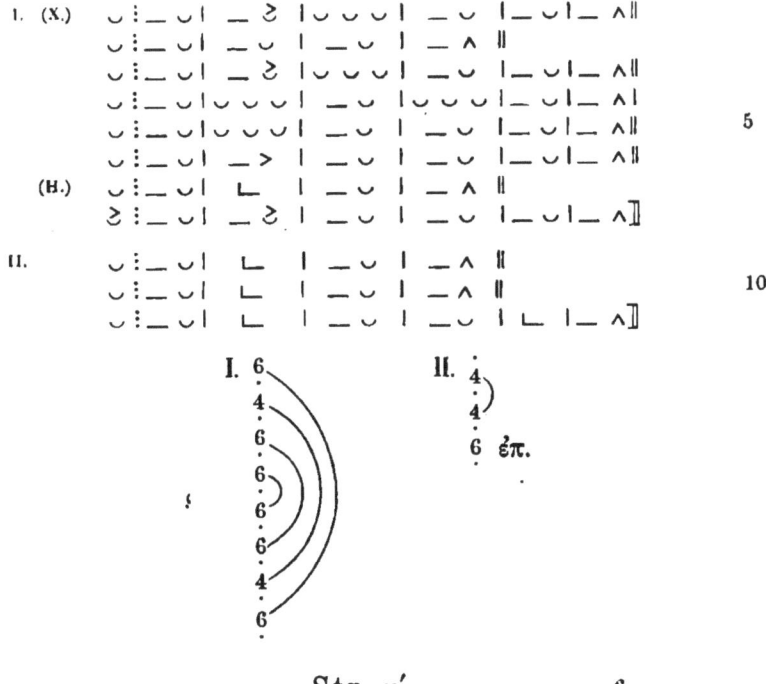

Str. η'.

Str. ζ'.

Sehr schön fällt Elektra noch in die erste Periode mit ein; gerade bei einer rein antithetischen Periode ist dies effectvoll. Vgl. § 11, 2, III.

Str. η'.

Ueber die musikalische Bedeutung des Proodikons ist zu vergleichen die Anm. zu Ag. I, Str. ε'.

σ. 5′.   Ō. Σέ τοι λέγω, ξυγγενοῦ, πάτερ, φίλοις.
    Ħ. ἐγὼ δ᾽ ἐπιφθέγγομαι κεκλαυμένα.
    X̄. στάσις δὲ πάγκοινος ἆδ᾽ ἐπιρροθεῖ.
    "Ακουσον ἐς φάος μολών,
  5 ξὺν δὲ γενοῦ πρὸς ἐχθρούς.

ἀ. 5′.   Ō. "Αρης "Αρει ξυμβαλεῖ, Δίκα Δίκᾳ.
    Ħ. ἰὼ θεοί, κραίνετ᾽ ἐνδίκως [δίκας].
    X̄. τρόμος μ᾽ ὑφέρπει κλύουσαν εὐγμάτων.
    Τὸ μόρσιμον μένει πάλαι,
  5 εὐχομένοις δ᾽ ἂν ἔλθοι.

σ. ι′.   Ō. 'Ω πόνος ἐγγενής,
    καὶ παράμουσος ἆσας
    αἱματόεσσα πλαγά.
    'Ιὼ δύστον᾽ ἄφερτα κήδη,
  5 ἰὼ δυσκατάπαυστον ἄλγος.

ἀ. ι′.   Ħ. Δώμασιν ἔμφυτον
    τῶνδ᾽ ἄκος, οὐδ᾽ ἀπ᾽ ἄλλων
    ἔκτοθεν, ἀλλ᾽ ἀπ᾽ αὐτῶν,
    Δι᾽ ὠμὰν ἔριν αἱματηράν.
  5 θεῶν τῶν κατὰ γᾶς ὅδ᾽ ὕμνος.

συ. δ′.   X̄. 'Αλλὰ κλύοντες, μάκαρες χθόνιοι,
    τῆσδε κατευχῆς, πέμπετ᾽ ἀρωγὴν
    παισὶν προφρόνως ἐπὶ νίκῃ.

Str. 5′.

Die erste Periode ist nicht als repetirt stichisch zu fassen;
denn wenn eine Periode unter mehrere Hauptsänger vertheilt ist,
ist die antithetische (oder mesodische) Anordnung die schönste.
Vgl. Str. ς′.

Str. ϛ′.

I. Or. ‿ ┆ — ‿ | ∟ | — ‿ | — ‿ | — ‿ | — ∧ ‖
   El. ‿ ┆ — ‿ | ∟ | — ‿ | — ‿ | — ‿ | — ∧ ‖
   Ch. ‿ ┆ — ‿ | ∟ | — ‿ | — ‿ | — ‿ | — ∧ ⟧

II.   ‿ ┆ — ‿ | — ‿ | — ‿ | — ‿ | — ∧ ‖
       ‿‿ ‿ | — ‿ | ∟ | — ∧ ⟧

I. 6.
    .
    6.
    .
    6.)
    .

II. 4.
    .
    4.)
    .

Str. ι′.

I.   ‿‿ ‿ | — ‿ | — ∧ ‖
      ‿‿ ‿ | — ‿ | — ‿ ‖
      ‿‿ ‿ | — ‿ | — ‿ ⟧

I. 3.
   .
   3.
   .
   3.)

II. 4.
    .
    4.)
    .

II. ‿ ┆ ∟ | — ‿‿ ‿ | — ‿ | — ‿ ‖
    ‿ ┆ ∟ | — ‿‿ ‿ | — ‿ | — ‿ ⟧

IV.

Das erste Stasimon, V. 585—652.

σ. α'. Πολλὰ μὲν γᾶ τρέφει δεινὰ δειμάτων ἄχη
πόντιαί τ' ἀγκάλαι κνωδάλων
ἀνταίων βροτοῖσι,
πλάϑουσι καὶ πεδαίχμιοι λαμπάδες πεδάοροι,
5 πτηνά τε καὶ πεδοβάμονα κἀνεμόεντ' ἂν
αἰγίδων φράσαις κότον.

ἀ. α'. 'Αλλ' ὑπέρτολμον ἀνδρὸς φρόνημα τίς λέγοι
καὶ γυναικῶν φρεσὶν τλαμόνων
παντόλμους ἔρωτας,
ἄταισι συννόμους βροτῶν; συζύγους ὁμαυλίας
5 ϑηλυκρατὴς ἀπέρωτος ἔρως παρανικᾷ
κνωδάλων τε καὶ βοτῶν.

σ. β'. "Ιστω δ', ὅστις οὐχ ὑπόπτερος φροντίσιν, δαῖαν
ἂν παιδολύμας τάλαινα Θεστιὰς μήσατο
πυρδαὴς γέννα ποινάν, καταίϑουσα παιδὸς δαφοινὸν
Δαλόν, ἥλικ' ἐπεὶ μολὼν ματρόϑεν κελάδησε
5 σύμμετρόν τε βίῳ [τέκνου] μοιρόκραντον ἐς ἆμαρ.

ἀ. β'. "Αλλαν δεῖ τιν' ἐν λόγοις στυγεῖν φοινίαν Σκύλλαν, ἅτ'
ἐχϑρῶν ὑπὲρ φῶτ' ἀπώλεσεν φίλον, Κρητικοῖς
χρυσοδμήτοισιν ὅρμοις πιϑήσασα δώροισι Μίνω,
Νῖσον ἀϑανάτας τριχὸς νοσφίσασ', ἀπροβούλως
5 πνείονϑ', ἁ κυνόφρων, ὕπνῳ· κιγχάνει δέ νιν 'Ερμῆς.

Str. α'.

Ueber die schöne Responsion von K. 3 und 7 (ähnlich 4
und 8) vgl. die Bemerkung zu Ag. I, β' Dort stehen K. 1 und 6
genau in demselben Verhältniss.

Str. ά.

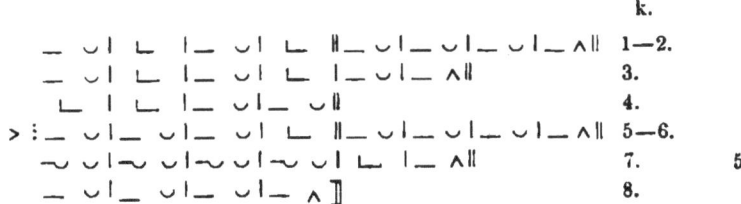

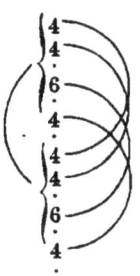

Str. β'.

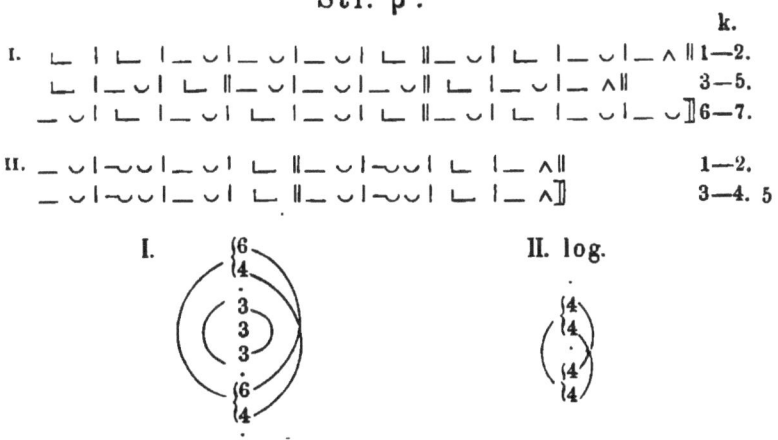

Str. β'.

V. 2 zeigt ausgezeichnet deutlich durch die metrische Gestalt seiner Kola die mesodische Anordnung. — Westphal (p. 174) hat eine rhythmische Eintheilung, die auch recht sein würde, wenn sie sich nicht auf die falsche Lesart im ersten Vers der Strophe gründete. Er quantitirt δᾱείς!

σ. γ. Ἔπειτ᾽ ἐπεμνησάμην ἀμειλίχων
πόνων, μεγαίρω δὲ δυσφιλὲς γαμήλευμ᾽, ἀπεύχετον δόμοις,
Γυναιχοβούλους τε μήτιδας φρενῶν
ἐπ᾽ ἀνδρὶ τευχεσφόρῳ,
5 ἐπ᾽ ἀνδρὶ δάοισιν εἰκότως σέβας·
Τίω δ᾽ ἀθάρσυντον ἑστίαν δόμων,
γυναικείαν ἄτολμον αἰχμάν.

ἀ. γ. Κακῶν δὲ πρεσβεύεται τὸ Λήμνιον
λόγῳ· βοᾶται δὲ δήμοθεν κατάπτυστος· ἤκασεν δέ τις
Τὸ δεινὸν ἂν Λημνίοισι πήμασι.
Θεοστυγήτῳ δ᾽ ἄγει
5 βροτῶν ἀτιμωθὲν οἴχεται γένος.
Σέβει γὰρ οὔτις τὸ δυσφιλὲς θεοῖς.
τί τῶνδ᾽ οὐκ ἐνδίκως μεγαίρω;

σ. δ. Τὸ δ᾽ ἄγχι πνευμόνων ξίφος
διανταίαν ὀξυπευκὲς οὐτᾷ
Δίας Δίκας· ὃ μὴ θέμις γὰρ λὰξ πέδοι πατούμενον
ποινᾷ Διὸς σέβας παρεκβάντας οὐ θεμίστως.

ἀ. δ. Δίκας δ᾽ ἐρείδεται πυθμήν.
προχαλκεύει δ᾽ Αἶσα φασγανουργός.
Τέκνον δ᾽ ἐπεισφέρει δόμοισιν αἱμάτων παλαιτέρων.
τίνει μύσος χρόνῳ κλυτὰ βυσσόφρων Ἐρινύς.

Str. δ′.

Da bei reinen Trochäen oder Jamben der erste Takt durchaus nicht irrational sein darf, so lag die oben gegebene metrische
Gestaltung von K. 2 am nächsten.

Die Westphalsche Eintheilung (p. 238) stützt sich auf den unverständlichen überlieferten Text. Hartung hat sich auch hier vortrefflich verdient gemacht.

Str. γ′.

I. ◡ ⫶ _ ◡ ╎ ∟ ╎ _ ◡ ╎ _ ◡ ╎ _ ◡̆ ╎ _ ∧ ‖
    ◡ ⫶ _ ◡ ╎ ∟ ╎ _ ◡ ╎ _ ◡ ╎ _ ◡ ╎ ∟ ‖ _ ◡ ╎ _ ◡ ╎ _ ◡ ╎ _ ∧ ⟧

II. ◡ ⫶ _ ◡ ╎ ∟ ╎ _ ◡ ╎ _ ◡ ╎ _ ◡ ╎ _ ∧ ‖
    ◡ ⫶ _ ◡ ╎ ∟ ╎ _ ◡ ╎ _ ∧ ‖
    ◡ ⫶ _ ◡ ╎ ∟ ╎ _ ◡ ╎ _ ◡ ╎ _ ◡ ╎ _ ∧ ⟧

III. ◡ ⫶ _ ◡ ╎ ∟ ╎ _ ◡ ╎ _ ◡ ╎ _ ◡ ╎ _ ∧ ‖
     ◡ ⫶ ∟ ╎ ∟ ╎ _ ◡ ╎ _ ◡ ╎ ∟ ╎ _ ∧ ⟧

I. 6⎞
    6⎟
    4 ἐπ.

II. 6⎞
    4⎟
    6⎠

III. 6⎞
     6⎠

Str. δ.

I. ◡ ⫶ _ ◡ ╎ _ ◡ ╎ _ ◡ ╎ _ ∧ ‖   1.
    ◡ ⫶ ∟ ╎ ╎ ∟ ╎ ╎ ∟ ‖ _ ◡ ╎ _ ◡ ╎ ∟ ╎ _ ∧ ⟧   2—3.

II. ⟩ ⫶ _ ◡ ╎ _ ◡ ╎ _ ◡ ╎ _ ⟩ ‖ _ ◡ ╎ _ ◡ ╎ _ ◡ ╎ _ ∧ ‖   4—5.
    ⟩ ⫶ _ ◡ ╎ _ ◡ ╎ _ ◡ ╎ ∟ ‖ _ ◡ ╎ _ ◡ ╎ ∟ ╎ _ ∧ ⟧   6—7.

I. 4⎞
    3⎨
    4⎠

II. ⎛4⎞
    ⎝4⎠
    ⎛4⎞
    ⎝4⎠

V.

Das zweite Stasimon, V. 783—847.

σ. α′.   Νῦν παραιτουμένᾳ μοι, πάτερ Ζεῦ θεῶν ᾿Ολυμπίων
δὸς τύχας εὖ τυχεῖν
Κυρίως τὰ σώφρον᾽ εὖ μαιομένοις ἰδεῖν.
διὰ δίκας πᾶν ἔπος
5 ἔλακον, ὦ Ζεῦ· σύ νιν φυλλάσσοις.

συ. α′.   Περὶ δ᾽ ἐχθρῶν νιν ἔσωθεν μελάθρων, Ζεῦ,
θές· ἐπεί νιν μέγαν ἄρας,
δισσά τε καὶ τριπλᾶ παλίμποινα θέλων ἀμείψει.

ά. α′.   ῎Ισθι δ᾽ ἀνδρὸς φίλου πῶλον εὖνιν ζυγέντ᾽ ἐν ἄρματι
πημάτων· ἐν δρόμῳ
Προστιθεὶς μέτρον κτίσον, σωζομένου ῥυθμοῦ,
τοῦτ᾽ ἰδεῖν γάπεδον
5 ἀνομένων βημάτων ὄρεγμα.

Str. α′.

Die Aenderungen Hartungs empfehlen sich schlecht durch den
irrationalen zweiten Takt in Str. V. 3: σ͞ῷζουσιν.

Jon. Syst.

Strophe und Gegenstrophe oder vielmehr -System enthalten
theils einen lebhaften Anruf an die Gottheit, theils eine directe
Aufmunterung an Orestes. Daher das feurige Metrum der Jonici
a minori, und daher auch der Mangel an Periodologie; denn diese
Verse vertreten ganz jene anapästischen Systeme, die zu ähnlichen
Zwecken zwischen die periodologischen Strophen mancher Wechsel-
gesänge u. s. w. eingeschoben werden. Hieraus ist ersichtlich, dass
Hartung die Verse nicht von dem Platze, den ihnen die Ueberlieferung anwies, verrücken durfte.

Str. α.

I. ‿ ‿ | ⌞ | ‿ ‿ | ⌞ ‖ ‿ ‿ | ⌞ | ‿ ‿ | ‿ ‿ | ‿ ‿ | ‿ ∧ ‖
　‿ ‿ | ⌞ | ‿ ‿ | ‿ ∧]]

II. ‿ ‿ | ‿ ‿ | ‿ ‿ | ⌞ ‖ ‿ ‿ | ‿ ‿ | ‿ ∧ ‖
　‿ ‿ | ⌞ | ‿ ‿ | ‿ ∧ ‖
　‿ ‿ ‿ | ⌞ | ‿ ‿ | ‿ ‿ | ⌞ | ‿ ∧]]

$$\text{I.} \left.\begin{array}{c} 4 \\ 6 \\ \vdots \\ 4 \end{array}\right) \qquad \text{II.} \left.\begin{array}{c} \vdots \\ 4 \\ 3 \\ \vdots \\ 4 \\ \vdots \end{array}\right)$$

6 ἐπ.　5

Jonisches System nebst einem logaödischen Verse.

‿ ‿ : ‿ ‿ ‿ ‿ | ‿ ‿ ‿ ‿ | ‿ ‿ ‿̄ ‖
‿ ‿ : ‿ ‿ ‿ ‿ | ‿ ‿ ‿̄ ‖
‿ ‿ | ‿ ‿ | ‿ ‿ | ⌞ ‖ ‿ ‿ | ‿ ‿ | ⌞ | ‿ ∧ ‖

Wollte man aber, gegen die Natur der Verse, eine Periodologie suchen, so liesse sich dieselbe allerdings leicht in System
und Gegensystem herstellen, und wir erhielten das Schema:

I. ‿ ‿ : ‿ ‿ ‿ ‿ | ‿ ‿ ‿̄ ‖
　‿ ‿ : ‿ ‿ ‿̄ ‖
　‿ ‿ : ‿ ‿ ‿ ‿ | ‿ ‿ ‿̄]]

II. ‿ ‿ | ‿ ‿ | ‿ ‿ | ⌞ ‖ ‿ ‿ | ‿ ‿ | ⌞ | ‿ ∧]]

I. jonisch.　　　　II. logaödisch.

$$\left.\begin{array}{c} 2 \\ \vdots \\ 2 \end{array}\right) \qquad \left.\begin{array}{c} 4 \\ 4 \end{array}\right)$$

Es handelt sich aber lediglich darum, das zu finden, was der
Dichter beabsichtigt habe und in seinem Geist ist, nicht was uns
genehmer ist.

In der Textgestaltung folgte ich Hartung, doch war V. 3
δίδυμα nicht zu dulden.

δισσά τε

entspricht dem Sprachgebrauche besser und wird vom Metrum
verlangt (πρὸ̄ς σ̆ε τ̆εκνον im Gegensystem).

σ. β'.   Οἵ τ' ἔσω δωμάτων
πλουτογαϑῆ μυχὸν ἐνίζετε,
κλῦτε σύμφρονες ϑεοί·
Τῶν πάλαι πεπραγμένων λούσασϑ'
5 αἷμα προσφάτοις δίκαις·
γέρων φόνος μηκέτ' ἐν δόμοις τέκοι.

μεσ.   Τὸ δὲ καλῶς κτίμενον, ὦ μέγα ναίων
στόμιον, εὖ δὸς ἀνιδεῖν δόμον ἀνδρός,
Καί νιν ἐλευϑερίως λαμπρῶς τ' ἰδεῖν
φιλίοις ὄμμασιν [ἐκ] δνοφερᾶς καλύπτρας.

ά. β'.   Ξυλλάβοι δ' ἐνδίκως
παῖς ὁ Μαίας ἐπιφορώτατος
πρᾶξιν οὐρίαν τελῶν.
Ἄσκοπον δ' ἔπος λέγω· νυκτός
5 προὐμμάτων σκότον φέροι,
καϑ' ἡμέραν δ' οὐδὲν ἐμφανέστερον.

ο. γ'.   Καὶ τότ' ἤδη πολὺν δωμάτων λυτήριον
ϑῆλυν οὐριοστάταν ὧδε κρεκτὸν νόμον
ὑμνήσομεν· πόλει τάδ' εὖ· ἐμὸν ἐμὸν δ' ἀέξεται
κέρδος· ἄτα δ' ἀποστατεῖ φίλων.

συ. β'.   Σὺ δὲ ϑαρσῶν ὅταν ἥκῃ μέρος ἔργων
ἐπαΰσας πατρὸς αὐδὰν
πρός σε „τέκνον" ϑροῦσα πέραιν' οὐκ ἐπίμομφον ἄταν.

ά. γ'.   Περσέως δ' ἐν φρεσὶν καρδίαν σχέϑων, φίλοις
τοῖς ἄνωϑε πρὸς χάριν πρᾶξον ὀργὰς λάϑρας,
τοῖς ἔνδοϑεν [παρημένοισι] φονίαν ἄταν τιϑεὶς
ἐξαπολλὺς τὸν αἴτιον μόρου.

Str. β′.

5

Mesodos.

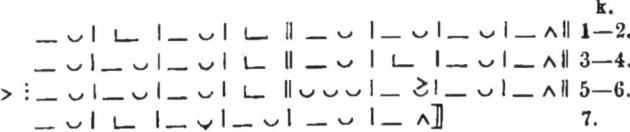

Str. γ′.

6 ἐπ.

Str. β′.

Man hätte eine einzige repetirte palinodische Periode annehmen können; aber die Interpunction spricht zu deutlich für Trennung in zwei mesodische Perioden. Diese bilden einen genauen Gegensatz zu einander.

Str. und Gstr. γ′.

Strophe wie Gegenstrophe leiden in den Handschriften an der grössten Verderbniss. Hartung hat sich durch die willkührlichsten Aenderungen geholfen, aber immer rächt sich ein solches Verfahren durch die Zerstörung der Eurhythmie. — Bei meinen Emendationen habe ich mich so streng an das Ueberlieferte gehalten, wie irgend möglich war, und nur diejenigen Aenderungen gemacht, welche vom Sinne wie vom Metrum zugleich verlangt wurden. In den Handschriften sind einige Silben versetzt worden, was schon Andere anerkannten, eine Erscheinung, die bei Aeschylus nicht selten ist.

Hier das Handschriftliche, mit der Versabtheilung, die sich später herausgestellt hat:

Str.

1. καὶ τότε δὴ πλοῦτον δωμάτων λυτήριον
2. θῆλυν οὐριοστάταν ὁμοῦ κρεκτὸν γοήτων νόμον
3. μεθήσομεν πόλει· τάδ᾽ εὖ, ἐμὸν ἐμὸν κέρδος
4. ἀέξεται τόδε. ἄτα δ᾽ ἀποστατεῖ φίλων.

Gstr.

1. Περσέως τε ἐν φρεσὶν καρδίαν σχέθων φίλοισιν
2. τοῖς τ᾽ ἄνωθεν προπράσσων χάριτας ὀργὰς λυπρὰς
3. ἔνδοθεν φονίαν ἄταν τιθείς
4. τὸν αἴτιον δ᾽ ἐξαπολλὺς μόρου.

I.

Gstr. V. 1 zeigt nach der nothwendigen Correctur δ᾽ ἐν für τε ἐν das Metrum:

$$\underline{} \cup \mid \underline{} \mid \underline{} \cup \mid \underline{} \mid \underline{} \parallel \underline{} \cup \mid \underline{} \cup \mid \underline{} \cup \mid \underline{} \cup \parallel.$$

Die Verbindung zweier trochäischer oder jambischer Tetrapodien zu einem Verse ist bei Aeschylus ausserordentlich beliebt;

aber fast immer ist dabei die schliessende Tetrapodie katalektisch.
Vergleichen wir nun mit V. 1 der Str., wo λυτήριον ‿ _ ‿ _
den Schluss bildet, so erkennen wir, dass hier

φίλοις statt φίλοισιν

zu schreiben ist. Auf diese Art ist der beliebteste Vers des
Aeschylus hergestellt.

    Str. V. 1. Die Gegenstrophe bestätigt demgemäss die Har-
tungsche Emendation τότ' ἤδη für τότε δή und lässt erkennen,
dass für πλοῦτον — πολύν geschrieben stand, wie ebenfalls schon
Hartung gefunden hat. Der gedankenlose Abschreiber, der nicht
den ganzen Zusammenhang fasste, gab, was ihm unmittelbar zusammen zu gehören schien, den πλοῦτος δωμάτων; das Metrum
war ihm, wie immer, gleichgültig.

    Im Uebrigen ist in V. 1 der Str. und Gstr. nichts zu ändern.
Bereits im Chorikon II haben wir ἀναλυτὴρ δόμων vorgefunden;
ganz denselben Sinn hat das adjectivische δομάτων λυτήριος: das
Haus (die Familie) „erlösend"; jedes Lexikon belehrt über solchen
Gebrauch von λύειν. Somit ist die Hartungsche Aenderung δειμάτων λυτήριον entschieden zu verwerfen. Dass derselbe Ausdruck, wenig variirt, an zwei Stellen desselben Dramas vorkommt,
ist ein sicheres Kriterium, dass an beiden Stellen die Ueberlieferung zuverlässig ist, und in solchen Fällen darf die handschriftliche Auctorität am wenigsten angetastet werden. Hartung freilich
scheint gerade darin etwas zu suchen, was an den verschiedensten
Stellen übereinstimmend überliefert ist, auf die gewaltsamste Weise
zu entfernen; vgl. die Anm. zu Suppl. I, γ'. — Selbst die ge-
ringfügige Aenderung κραδίαν ist unannehmbar, da sie vom Metrum
verworfen wird.

    Wir haben nun:

Str. V. 1.

καὶ τότ' ἤδη πολὺν δωμάτων λυτήριον

Gstr. V. 1.

Περσέως δ' ἐν φρεσὶν καρδίαν σχέθων, φίλοις

II.

Str. V. 4.   Die letzten Worte

ἄτα δ' ἀποστατεῖ φίλων

geben das Metrum:

⌞ ｜＿ ◡ ｜＿ ◡ ｜＿ ◡ ｜＿ ⋀ ‖

Wir erkennen daraus, dass die Worte der Gstr. eine Versetzung erfahren haben und nach Blomfield zu stellen sind:

ἐξαπολλὺς τὸν αἴτιον μόρου.

＿ ◡ ｜ ⌞ ｜＿ ◡ ｜＿ ◡ ｜＿ ◡ ｜＿ ⋀ ‖

So ist eine trochäische Hexapodie gewonnen, die bei Aeschylus ganz besonders gern mit Tetrapodien zu Perioden vereinigt
wird. Hier gewinnt der Sinn ausserdem an Klarheit durch die
Umstellung.

Im entsprechenden Verse der Strophe fehlt nun aber der
erste Takt: _ ◡. Auch hier hat Blomfield bereits das Richtige
gefunden, indem er an eine Versetzung von χέρδος dachte. Wir
acceptiren seine Emendation und haben:

Str. V. 4.

χέρδος· ἄτα δ' ἀποστατεῖ φίλων.

Gstr. V. 4.

ἐξαπολλὺς τὸν αἴτιον μόρου.

III.

V. 2 ist in Strophe und Gegenstrophe verderbt: weder
Sinn noch Metrum ist vorhanden. Sehen wir aber zunächst, was
an V. 2 gesund ist. Aller Wahrscheinlichkeit nach sind es die
Wörter, welche ins Metrum passen. Nun hat die Strophe:

θῆλυν οὐριοστάταν,

＿ ◡ ＿◡＿ ◡ ＿

wo eine mit der legalen Synkope am Schlusse versehene Tetrapodie zu erkennen ist.

Im γοήτων ist wohl allgemein eine Glosse zu κρεκτὸν anerkannt (ursprünglich γοητὸν); auch vom Metrum wird das Wort
verworfen. Ueberhaupt kommen bei Aeschylus kaum Interpolationen metri causa vor; im Gegentheil: sind Glossen als Erklärungen seltner Wörter eingedrungen, so zerstören sie immer das
Metrum oder wenigstens die Eurhythmie (vgl. z. B. die Glosse
χρονίας zu ἐχενῇδας, Ag. I, Epod. V. 8). Bot sich aber dem
Abschreiber für ein seltenes Wort ein anderes ähnliches, ihm
geläufiges, so setzte er es ohne Bedenken an dessen Stelle, wobei
ihm die Prosodie oder das Metrum völlig gleichgültig waren. Vgl.
z. B. Ag. IV, Str. β' γεῖτων für das ursprüngliche γειτονιῶν; ein
anderes Beispiel werden wir in V. 2 unserer Gegenstrophe finden.
Beide Fälle sind überhaupt häufig, auch bei Sophokles und Euripides, wo es der Texteskritik oft ungemein geschadet hat, wenn
man an metrische Interpolationen dachte.

Da die Gstr. in V. 2 nicht den geringsten Anhalt bietet, so
muss hier ohne Rücksicht darauf weiter geholfen werden. Ob das
gewonnene metrische Schema dann aber ohne grobe Interpolationen
in der Gstr. herzustellen ist oder nicht, dies wird gegen oder für
die gemachten Conjecturen entscheiden. In der Gstr. nämlich
muss gerade das gewonnene metrische Schema auf die leichteste
und nach allen Seiten genügende Emendation führen.

Wir haben nun:

$$\_\cup\_\cup\_\cup\_\cup\parallel \bar{\cup}\ \_\ \_\ \_\ \cup\ \_$$
Θῆλυν οὐριοτάταν ὁμοῦ κρεκτὸν νόμον

Das sind zwei zu einem Verse verbundene Tetrapodien, die
aber eine ungewöhnliche Bildung haben. Aeschylus pflegt nämlich
bei einer solchen Verbindung zweier diplasischer Tetrapodien zu
Einem Verse nicht in der zweiten, sondern in der ersten derselben die meisten τοναί zu haben, ausgenommen, wo der Vers
etwa eine τονή in der vorletzten Silbe hat, wie

$$\_\cup\mid\_\cup\mid\_\cup\mid\_\mid\_\cup\mid\_\cup\mid\_\mid\_\wedge\parallel$$

Sogar die gewöhnlichen Längen der ersten Tetrapodie werden
nicht selten in der zweiten aufgelöst. Belege sind in unsern

Schemen reichlich zu finden. Hier aber hätten wir den sehr
seltnen Fall, dass das Verhältniss sich umkehrt:

$$\_ \cup | \_ \cup | \_ \cup | \_ \cup \| \_ | \_ | \_ | \_ \cup | \_ \wedge \|\quad \text{oder}$$

$$\_ \cup | \_ \cup | \_ \cup | \_ \cup \| \_ | \_ | \_ | \_ \cup | \_ \cup | \_ \|,$$

wie der Anschaulichkeit zu Liebe auch geschrieben werden kann
(und gleichfalls correct ist, nach § 4, 5).

Stände nun im Texte für den Jambus ὁμοῦ ein Trochäus, so
würde der Vers die legale Form haben:

$$\_ \cup | \_ \cup | \_ \cup | \_ | \_ \| \_ \cup | \_ | \_ | \_ \cup | \_ \wedge \|,$$

da Eine τομή mehr in der zweiten Tetrapodie nicht so auffällig
wäre. Da nun obendrein die Gegenstrophe am allerwenigsten nach
jenem schlechteren Schema zu emendiren ist, so vermuthe ich
ὧδε für ὁμοῦ.

Es könnte ὁμοῦ eine Interpolation von einem Abschreiber sein,
der ὧδε nicht verstand, dessen Beziehung aber klar genug ist.

Wir haben nun mit verhältnissmässig leichter Aenderung:
Θῆλυν οὑριοστάταν ὧδε κρεκτὸν νόμον.

In der Gegenstrophe stimmt mit dem metrischen Schema:

$$\_ \cup \_ \cup \ \_ \cup | \_ \| \_ \cup | \_ \ \_ \cup \_ \|$$
τοῖς ἄνωθε   ὀργὰς

Das Schlusswort λυπρὰς ist eben so entschieden zu verwerfen, als Hartungs Conjectur λυγρὰς. Beide Wörter haben
durchaus ein langes υ, und der dritte Takt darf in keinem Falle
irrational sein. Hartung ist die Quantität unbekannt, denn er stellt
λυγρὰς her, „weil λυπρὰς nicht in den Vers passt". Im übrigen
hat er Recht, wenn er ὀργὰς πράσσειν erklärt, „eine zornige That
ausführen", analog dem sonst bei Aeschylus vorkommenden ἄλγος
πράσσειν (Ag. 1467), αἶσχος πράσσειν (Suppl. 1009). Vom Standpunkte des Chors aus aber können diese ὀργαί weder λυπραί noch
λυγραί genannt werden, namentlich, wenn das Vorhergehende, wie
sich bald zeigen wird, lauten muss: „Den Vorfahren zur Befriedigung · · · · vollbringe die Handlung des Zorns." Vielmehr ist zu
schreiben
λάθρας:
der verborgene Ingrimm soll zur Ausführung gebracht werden.

Dieses Epithet passt gut zur Situation. Die Seltenheit der Form λάϿρος aber scheint zu einer Interpolation Anlass gegeben zu haben; übrigens ist dieselbe nicht nur durch das bekannte Adverb, sondern auch durch Hesych bezeugt und findet sich bei Manetho angewandt.

Es bleibt noch zu emendiren

$$\breve{} \; — \; — \; \breve{}\breve{}\breve{}$$
προπράσσων χάριτας.

Wir sehen auch hier nicht ohne Genugthuung, dass überall, wo die Lesart der Handschrift ohne Sinn ist, auch das Metrum zerstört ist. Verlangt wird die metrische Grösse

$$— \; \breve{} \; — \; — \; \breve{}$$

Hartung war auf dem richtigen Wege der Emendation, aber sein

$$— \; \breve{} \; — \; \breve{}\breve{}\breve{}$$
πρᾶσσε πρὸς χάριτας

entspricht dem Metrum nicht besser, eben so wenig, wenn ὁμοῦ. in der Strophe stehen bleibt. Auch aus folgenden Gründen genügt diese Conjectur nicht:

1) Man sagt eben so wohl πρὸς χάριν, wenn von Mehreren die Rede ist, als wenn nur Eine Person erwähnt wird, zu deren Gunsten etwas geschehen soll: denn der Plural χάριτες bedeutet entweder „Anmuth" oder „einzelne Gunstbezeugungen". Daher wird die Aenderung

πρὸς χάριν

nothwendig.

2) Der Sinn verlangt den Imperativ des Aorists von πράσσειν: πρᾶξον.

Nun ist auch leichter zu erklären, wie aus πρᾶξον verschrieben werden konnte πράσσων, als wie dies aus πρᾶσσε geschehen konnte.

Versetzungen von Silben spielen also die ganze Strophe und Gegenstrophe hindurch eine grosse Rolle, so hier die von πρὸς (προ). Der Acc. pl. χάριτας scheint durch den Gleichklang mit ὀργᾶς λάϿρας veranlasst zu sein: denn für den Abschreiber existirten keinerlei prosodische Unterschiede. Diese Unkenntniss tritt

in manchen Euripidischen Dramen besonders deutlich hervor, wo
z. B. $\overline{\alpha}\chi_{o\varsigma}$ gemessen wird.

Schreiben wir also

$$\overline{\pi\rho\dot{o}\varsigma}\ \breve{\chi}\acute{\alpha}\overline{\rho\iota\nu}\ \overline{\pi\rho\overline{\alpha}}\breve{\xi}ov,$$

so ist auch hergestellt

Gstr. V. 2.
$$\tau o\tilde{\iota}\varsigma\ \check{\alpha}\nu\omega\mathcal{D}\varepsilon\ \pi\rho\dot{o}\varsigma\ \chi\acute{\alpha}\rho\iota\nu\ \pi\rho\tilde{\alpha}\xi ov\ \dot{o}\rho\gamma\grave{\alpha}\varsigma\ \lambda\acute{\alpha}\mathcal{D}\rho\alpha\varsigma.$$

IV.

Str. V. 3 stimmt μεθήσομεν zwar ins trochäische (in diesem
Vers jambische) Metrum, ist aber ohne Sinn. Hartung sagt:
θήσομεν, aber dies gewährt nur dann einen Sinn, wenn man mit
so ungeheurer Willkühr ändert als er. Da wir aber V. 1—2 der
Strophe Wort für Wort mit Ausnahme des in gar keiner Weise
passenden und auch von Andern verdammten γοήτων belassen
haben, nur für πλοῦτον πολὺν geschrieben haben, während die
Aenderung von ὁμοῦ in ὧδε durchaus nichts im ganzen Zusammenhange und im Sinne des Ueberlieferten ändert, so ist uns auch
eine andere Emendation nöthig.   Schreiben wir also

$$\dot{\upsilon}\mu\nu\acute{\eta}\sigma o\mu\varepsilon\nu\ \text{für}\ \mu\varepsilon\mathcal{D}\acute{\eta}\sigma o\mu\varepsilon\nu,$$

was in Silbenzahl stimmt: und es ist bis πόλει Sinn und Metrum
in der Strophe in Ordnung.   Die Versetzung von κέρδος und
ἀέξεται wurde bereits nach Blomfield aufgenommen.   Nun aber
erfordern Sinn und Metrum noch in gleicher Weise:

1) Die Einrückung von δ' hinter ἐμόν.
2) Die Entfernung von τόδε.

So gewinnen wir:

$$\dot{\upsilon}\mu\nu\acute{\eta}\sigma o\mu\varepsilon\nu\cdot\ \pi\acute{o}\lambda\varepsilon\iota\ \tau\acute{\alpha}\delta'\ \varepsilon\tilde{\upsilon},\ \dot{\varepsilon}\mu\grave{o}\nu\ \dot{\varepsilon}\mu\grave{o}\nu\ \delta'\ \dot{\alpha}\acute{\varepsilon}\xi\varepsilon\tau\alpha\iota$$
$$> | \_\cup\_ \quad \cup\_ \quad \cup\_ \quad \cup\ \breve{\cup}\ \cup\ \cup\_ \quad \cup\_\cup\_$$

Somit ist auch das rhythmische Gesammtbild der Strophe entstanden.   Die tadellose Eurhythmie hat sich ganz von selbst ergeben, indem nur auf den Sinn und das Metrum geachtet wurde.
Das sechste Kolon mit seiner Auflösung dient dazu, der Folge von

sechs Tetrapodien Abwechselung zu geben und den ermüdenden Charakter ihr zu benehmen. Zu ähnlichen Mitteln hat Aeschylus immer gegriffen, wo eine fast stichische (von Westphal auch so genannte) Periode irgend grössere Ausdehnung hatte. Dass diese Auflösung in der zweiten Tetrapodie des Verses stattfindet, stimmt auch ganz vorzüglich mit dem sonstigen Gebrauche unseres Dichters. So ist denn diese Periode durch alle ihre Eigenthümlichkeiten im hervorragenden Grade Aeschyleïsch zu nennen.

V.

Gstr. V. 3 bleibt nun noch herzustellen. Hier ist eine Lücke vorhanden, es fehlt eine Anzahl von Silben, auch nachdem das verkehrte τόδε hinter ἀέξεται in der Strophe getilgt ist. Natürlich muss diese Lücke gerade da sein, · wo metrische Grössen fehlen. Dass vor ἔνδοθεν τοῖς gehöre, haben schon Andere anerkannt, und schreiben wir so, dann erhalten wir:

> ˃ ⁝ _ ∪ | _   ∪ | _ ∪ | ⌣ ‖ ∪   ∪ ∪ | _ ˃ | _ ∪ | _   ⌃ ‖
> τοῖς ἔνδοθεν   φονίαν ἄταν τιθείς

Es fehlt also nach ἔνδοθεν:

> ∪ _ ∪ _ ∪

ἄταν zu verdächtigen, ist kein Grund, namentlich weil durch den Tribrachys eine Abwechslung von zwei- und dreisilbigen Takten entstanden ist, wobei die Irrationalität am ersten vorkommen darf (Anklang an logaödisches Taktmass) auch in der Tetrapodie.

Wenn hier aber die Gegenstrophe und die Eurhythmie übereinstimmend eine Lücke andeuten, so zeigt der Sinn nicht weniger auf eine solche hin. Und zwar müssen οἱ ἔνδοθεν, denen blutiger Untergang bereitet werden soll, durch einen Zusatz bestimmt werden, der nicht sowohl die sittliche Rechtfertigung der Handlung enthält (denn das geschieht durch die Worte des Schlussverses: τὸν αἴτιον μόρου), als vielmehr hervorhebt, wie bitter, wie lästig oder drückend ihre Gegenwart und ihr Benehmen sei. Ich vermuthe deshalb

> ∪ _ ∪ _ ∪
> [παρημένοισι],

das uns an die lästigen und übermüthigen Eindringlinge im Hause
des Odysseus erinnert, von denen es heisst, Od. 18, 231:

$$\text{ἐκ γάρ με πλήσσουσι παρήμενοι ἄλλοθεν ἄλλος}$$
$$\text{οἵδε κακὰ φρονέοντες, ἐμοὶ δ' οὐκ εἰσὶν ἀρωγοί.}$$

Hiermit vergleiche man noch Il. 9, 311. Od. 11, 578.

Eine Reminiscenz jener Stelle der Odyssee ist aber sehr wohl
denkbar, denn auch dort ist der Sohn verdrängt, weil der Vater
— wie angenommen — nicht mehr am Leben ist. Und das Vorspiel der Rache hat auch dort bereits begonnen. — Ein homeri-
scher Ausdruck, wie der obige, kann dem Aeschylus nicht fremd
sein; dem Abschreiber aber konnte das Verständniss desselben
fern liegen, weshalb er ihn fortliess.

VI.

Hier noch einige Bemerkungen, namentlich zur Vertheidigung
der von mir erhaltenen handschriftlichen Lesarten, die von Hartung
aus dem Texte verdrängt sind.

1. Der οὐριοστάτας νόμος ist nichts so Ungeheuerliches, wie
Hartung meint. Die Tropen von οὖρος und οὔριος sind bekannt
genug. Es ist οὔρ. νόμ. einfach: der ein günstiges Omen bezeichnende Gesang. Ist auch die Zusammensetzung von οὐριοστάτας
nicht mit den strengeren Principien in Uebereinstimmung, so kann
dieses von manchen anderen Epitheten ebenfalls ausgesagt werden.
So dürfen auch wir nicht sagen: „ich sehne Liebe", oder „das
Herz sehnt Liebe"; trotzdem aber ist der Ausdruck „liebesehnen-
des Herz" dichterisch schön und noch von Niemandem ange-
fochten.

2. οἱ ἄνωθεν sind, wie bekannt, die Vorfahren, hier natürlich κατ' ἐξοχήν Agamemnon. Hieran hat Hartung sicher nicht
gedacht, als er ergänzte:

$$\text{[τοῖς δ' ὑπὸ χθονὸς] φίλοις τοῖς τ' ἄνωθεν.}$$

Dies ist ungriechisch, denn nie kann τὰ ἄνωθεν, οἱ ἄνωθεν
u. s. w. gleichbedeutend sein mit τὰ ἄνω, οἱ ἄνω; nur fordert es
die bekannte griechische Anschauungsweise, dass jene Ausdrücke in
allen den Fällen gewählt werden, wo z. B. auch παρὰ c. gen. steht,
während wir παρὰ c. dat. erwarten. So würde ein Kundschafter

Feinde, die er auf einem Berge bemerkt, οἱ ἄνωθεν πολέμιοι nennen können, denn von jenem Berge herab kommt, nach griechischer Denkweise, das Bild zu ihm; nimmermehr aber würde er sich und seine Genossen selbst οἱ ἄνωθεν ἐπὶ τῶν ὁρῶν nennen können. Der Chor würde aber hier, nach Hartungs Aenderung, die oben (auf der Erde) Befindlichen, wozu er selbst gehört, mit οἱ ἄνωθεν denen ὑπὸ χθονός entgegensetzen. Auch wenn der Chor mit οἱ ἄνωθεν nur die nahen Angehörigen des Orestes meinen, sich selbst aber ausschliessen sollte, wäre der Ausdruck falsch gewählt, da hier von keiner Intuition die Rede ist, durch welche ἄνωθεν für ἄνω erklärlich würde.

VI.

Die Exodos, V. 935—972.

σ.   Ἔμολε μὲν δίκα Πριαμίδαις χρόνῳ,
βαρύδικος Ποινά.
ἔμολε δ᾽ ἐς δόμον τὸν Ἀγαμέμνονος
διπλοῦς λέων, διπλοῦς Ἄρης.
5   Ἔλαχε δ᾽ ἐς τὸ πᾶν
ὁ Πυθοχρήστας φυγὰς
Θεόθεν εὖ φραδαῖσιν ὡρμημένος.
ἐπολολύξατ᾽, ὦ δεσποσύνων δόμων
ἀναφυγὰς κακῶν καὶ κτεάνων τριβᾶς
10 ὑπὸ δυοῖν μιαστόροιν τ᾽ ἔκλυσιν δυσοίστου τύχας.

ά.   Ἔμολε δ᾽ ᾇ μέλει κρυπταδίου μάχας
δολιόφρων Ποινά·
ἔθιγε δ᾽ ἐν μάχᾳ δορὸς ἐτητύμως
Διὸς κόρα· Δίκαν δέ νιν
5   Προσαγορεύομεν
βροτοὶ τυχόντες καλῶς
Ὀλέθριον πνέουσαν ἐχθροῖς κότον·
τάπερ ὁ Λοξίας ὁ Παρνάσιος,
μέγαν ἔχων μυχὸν χθονὸς ἀπέφθεγξεν·
10 τὰν δολίαν δόλῳ βλαπτομέναν, χρονισθεῖσαν ἐποίχεται.

Str.

I. ⏑ ⋮ ⏑ ⏑ — ⏑ | — > ‖ ⏑ ⏑ — ⏑ | — ⋀ ‖
   ⏑ ⋮ ⏑ ⏑ — > | — ⋀ ‖
   ⏑ ⋮ ⏑ ⏑ — ⏑ ‖ ⏑ ⏑ ‖ ⏑ ⏑ — ⏑ | — ⋀ ‖
   ⏑ ⋮ — ⏑ | — ⏑ | — ⏑ | — ⋀ ⟧

II. ⏑ ⋮ ⏑ ⏑ — ⏑ | ⌞ ⏞ ‖   5
   ⏑ ⋮ — ⏑ — | — ⏑ — ⟧

III. ⏑ ⋮ ⏑ ⏑ — ⏑ | — ⏑ ‖ — — ⏑ | — ⋀ ‖
    ⏑ ⋮ ⏑ ⏑ — ⏑ | — � ‖ ⏤ — ⏑ | — ⋀ ‖
    ⏑ ⋮ ⏑ ⏑ — ⏑ | — ⧡ ‖ ⏑ ⏑ — ⧡ | — ⋀ ‖
    ⧡ ⋮ ⏑ ⏑ — ⏑ | — ⧡ ‖ — — ⏑ | — ⧡ ‖ — — ⏑ | — ⋀ ⟧

I.   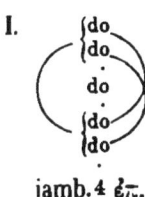

II.   bacch. 2 ⟩
      pāon. 2 ⟩
         ·

jamb. 4 ἐπ.

III.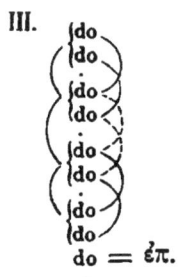

do = ἐπ.

ἐπ.   Κρατεῖ πως τὸ θεῖον·

πάρα τὸ μὴ κακοῖς ὑπουργεῖν.

ἄξιον οὐρανοῦχον ἀρχὰν σέβειν.

πάρα τὸ φῶς ἰδεῖν, μέγα δ' ἀφηρέθη ψάλιον οἴκων.

5   τύχαι δ' εὐπρόσωποί τ'

ἰδεῖν θρεομένοις τ' ἀκοῦσαι·

μέτοικοι δόμων πεσοῦνται πάλιν.

"Ανα γε μάν, δόμοι· πολὺν ἄγαν χρόνον

χαμαιπετεῖς ἔκεισθ' ἀεί.

10 τάχα δὲ παντελὴς χορὸς ἀμείψεται

πρόθυρα δωμάτων, ὅταν ἀφ' ἑστίας

μύσος ἅπαν ἐλαθῇ καθαρμοῖς.

Epodos.

Die ausserordentlich schöne Eurhythmie, die auf den ersten Blick und unwiderleglich sich aufdrängt, unterstützt eben so sehr als Sinn und Zusammenhang, wonach Hartung allein sich gerichtet, die von diesem vorgenommene Umsetzung der Verse (in den Handschriften bilden V. 5—7 den Schluss); aber weiter durfte auch nicht gegangen werden. Hartung wiederholt V. 4 hinter V. 7 und erhält so zwei gleiche Strophen (V. 1—4 und V. 5—7. 4.), die aber keine eurhythmische Gliederung haben, was völlig unzulässig ist, wo in sich folgender Strophe und Gegenstrophe derselbe Refrain ist.

Ueber die metrische Gestalt der Kola vgl. § 18, 3. Die dochmischen Kola sind als solche gesichert durch den Inhalt und die Conformität mit der voraufgegangenen Strophe.

Epodos.

k.

I. ‿ː ＿ ＿ ‿ │ ＿ ＿ ∧‖   1.

  ‿ː ‿ ‿ ＿ ‿ │ ＿ ‿ ＿ │＿ ⋏‖   2.

  ＞ː ‿ ‿ ＿ ‿ │ ＿ ‿ ‖ ＿ ＿ ‿ │ ＿ ∧‖   3—4.

    ‿ ‿ ‿ │ ＿ ‿ │ ＿ ‖ ‿ ‿ ‿ │ ＿ ‿ │＿ ‖ ‿ ‿ ‿ │＿ │ ＿ ∧‖ 5—7.

  ‿ː ＿ ＿ ‿ │ ＿ ＿ ∧ ‖   8.   5

  ‿ː ＿ ‿ ‿ ‿ │ ＿ ‿ ＿ │ ＿ ⋏ ‖   9.

  ‿ː ＿ ＿ ‿ │ ＿ ‿ ‖ ＿ ＿ ‿ │＿ ∧〛   10—11.

II. ‿ː ‿ ‿ ＿ ‿ │ ＿ ‿ ‖ ‿ ‿ ＿ ‿ │ ＿ ∧‖   12—13.

  ‿ː ＿ ‿│＿ ‿ │ ＿ │ ＿ ‿ ‖   14.

  ‿ː ‿ ‿ ＿ ‿ │ ＿ ‿ ‖ ‿ ‿ ＿ ‿ │ ＿ ∧‖   15—16. 10

  ‿ː ‿ ‿ ＿ ‿ │ ＿ ‿ ‖ ‿ ‿ ＿ ‿ │ ＿ ∧‖   17—18.

  ‿ ‿ ‿ │‿‿ ‿ │ ＿ ‿ │ ＿ ‿〛   19.

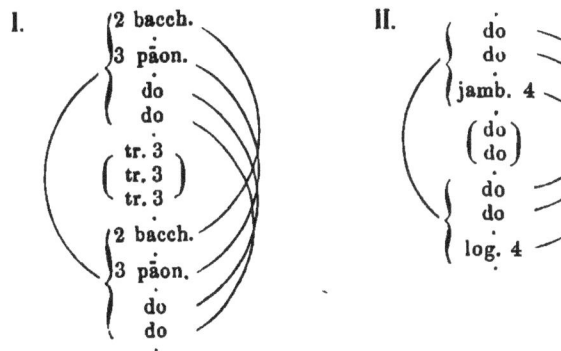

I.   2 bacch. / 3 päon. / do / do / tr. 3 / tr. 3 / tr. 3 / 2 bacch. / 3 päon. / do / do

II.   do / do / jamb. 4 / (do / do) / do / do / log. 4

VII.

Das Schlusslied, V. 1007—1009.   1018—1020.

σ.   Αἰαῖ αἰαῖ μελέων ἔργων·
     στυγερῷ θανάτῳ διαπράχθης.
     μίμνον δέ τι καὶ πάθος ἀνθεῖ.

ἀ.   Οὔτις μερόπων ἀσινῆ βίοτον
     διὰ παντὸς ἄλυμος ἀμείψει·
     μοχθεῖ δ' ὁ μὲν αὐτίχ', ὁ δ' ἑξῆς.

VII.

VII.

Gesungen scheinen diese Klaganapästen eben so gut zu sein, als die Chorlieder in strengeren Metren.

Die lyrischen Partien in den Eumeniden.

I.

Das Eingangslied, V. 143—178.

'Ιοὺ ἰού, πόπαξ.   σ. α'.

ἐπάθομεν, φίλαι —

ἢ πολλὰ δὴ παθοῦσα καὶ μάτην ἐγώ —

    'Επάθομεν πάθος δυσαχές, ὦ πόποι,

ἄφερτον κακόν.   5

ἐξ ἀρκύων πέπτωκεν οἴχεταί θ' ὁ θήρ.

ὕπνῳ κρατηθεὶς ἄγραν ὤλεσα.

'Ιὼ παῖ Διός,   ά. α'.

ἐπίκλοπος πέλει.

νέος δὲ γραίας δαίμονος καθιππάσω,

    Τὸν ἱκέταν σέβων, ἄθεον ἄνδρα καὶ

τοκεῦσιν πικρόν,   5

τὸν μητραλοίαν δ' ἐξέκλεψας ὢν θεός.

τί τῶνδ' ἐρεῖ τις δικαίως ἔχειν;

Str. α'.

jamb. trim.   pāon. 3 = ἐπ.

Str. α'.

Durch den zweiten Trimeter V. 6 wird das Epodikon V. 7
von seiner Periode abgetrennt (§ 11, 4). Die Trimeter wurden
gesprochen.

σ. β'. 'Εμοὶ δ' ὄνειδος ἐξ ὀνειράτων μολὸν

     "Ετυψεν | δίκαν | διφρηλάτου ||

     Μεσολαβεῖ | κέντρῳ |

     ὑπὸ φρένας, | ὑπὸ λοβόν. ||

5   Πάρεστι μαστίκτορος | δαΐου δαμίου |

     βαρύ τι περίβαρυ κρύος ἔχειν. ||

ἀ. β'. Τοιαῦτα δρῶσιν οἱ νεώτεροι θεοί,

     Κρατοῦντες | πέρα | δίκας, πλέων ||

     Φονολιβοῦς | θρόμβου |

     περὶ πόδα, | περὶ κάρα. ||

5   Πάρεστι γᾶς ἐμφαλὸν | προσδρακεῖν αἱμάτων |

     βλοσυρὸν ὀρόμενον ἄγος ἔχειν. ||

Str. β'.

Ueber die eigenthümliche Responsion von Takt zu Takt ist bereits § 18, 9—10 gesprochen. Es ist unmöglich, metrisch anders einzutheilen, als hier geschehen ist, und rhythmisch ist der „Amphidochmius" und der „umgekehrte Dochmius" auch leicht zu erklären. In unserer Strophe und Gegenstrophe aber — woran ich nicht im geringsten dachte, als ich zuerst die erwähnten Kola constatirte — liegt in der Responsion von Takt zu Takt ein grosser Sinn. Per. I wurde nämlich von den drei Eumeniden so gesungen, dass jede einen Takt vortrug: lebendig wurde dies gegenseitige Einfallen dadurch, dass die zweite Eumenide den ersten Takt erst durch die Arsis vervollständigte; dasselbe that die dritte mit dem zweiten Takt. In der antithetischen Per. II fielen der zweiten Eumenide die beiden Mitteltakte zu. — Ich habe die Stimmenvertheilung im Text durch Querstriche bezeichnet. Die Sache ist über

Str. β'.

I. ⏑ ⋮ — —
     ⏑ | —
       ⏑ | — ⏑ — ⟧

II. ⏑ ⋮ ⏑ ⏑ —
     > | — ∧ ‖
  ⏑ ⋮ ⏑ ⏑ ⏑ |
     ⏑ ⏑ ⏑ — ⟧

III. ⏑ ⋮ — ⏑ — | — ⏑ — ‖   5
       — ⏑ — | — ⏑ — ‖
  ⏑ ⋮ ⏑ ⏑ ⏑ | ⏑ ⏑ ⏑ | ⏑ ⏑ ⏑ | — ∧ ⟧

I. bacch. takt.⟍
   troch. takt. ⟩
   päon. takt.⟋

II. bacch. takt.⟍
   troch. takt.⟍
             ⟩
   troch. takt.⟋
   päon. takt.⟋

III. päon. 2⟍
    päon. 2⟋
    jamb. 4 ἐπ.

---

allen Zweifel erhaben, da durch sie erst die eigenthümlichen Kola
ihr wahres Licht erhalten. Zufall ist es auch nicht, wenn in Str.
und Gstr. genau dieselben Worteinschnitte sind!

σ. γ΄.   Ἐφεστίῳ δὲ μάντις ὢν μιάσματι
          Μυχὸν ἔχρανας αὐτόσσυτος, αὐτόκλητος,
          παρὰ νόμον θεῶν βρότεα μὲν τίων,
          παλαιγενεῖς δὲ Μοίρας φθίσας.

ά. γ΄.   Κἀμοί τε λυπρὸς καὶ τὸν οὐκ ἐκλύσεται·
          Ὑπό τε γᾶν φυγὼν οὔποτ' ἐλευθεροῦται.
          ποτιτρόπαιος ὢν δ' ἕτερον ᾧ κάρα
          μιάστορ' ἐγγενῆ πάσεται.

Str. γ΄.

Die vereinzelten Ausrufe in der vorigen Strophe waren, wie
wir sahen, äusserst kunstvoll zu kleinen Perioden grösstentheils
mit Responsion nach Einzeltakten vereinigt. In unserer Strophe
und Gegenstrophe nun, wo die Erinyen die ganze Grösse des
ihnen geschehenen Unrechts hervorheben und andererseits den
vollen Fluch über den menschlichen Verbrecher aussprechen, muss
ihr Gesang auch zu einem grösseren rhythmischen Ganzen zusammengefasst werden.   Daher nur Eine Periode (eine repetirte
palinodische), die einen schönen Contrast zu der Zerstückelung in
der vorigen Strophe bildet.   Vielleicht waren die Verse so unter
die Erinyen vertheilt, dass eine derselben den Trimeter sprach, die
zweite den ersten dochmischen Vers, dann die dritte den zweiten
dochmischen Vers sang, während alle drei zusammen dann den
Schlussvers vortrugen.

Ueber den sehr ungewöhnlichen akatalektischen Ausgang in
V. 2 ist § 18, 4 gesprochen worden, über den gedehnten Dochmius in V. 4 ebendaselbst, 6.   Auch hier ist der Nachdruck nicht
zu verkennen, welcher den Wörtern παλαιγενεῖς und μιάστορ'
durch die τογή gegeben wird.   Fast ganz dieselbe dochmische

Str. γ́.

˙jamb. trim.

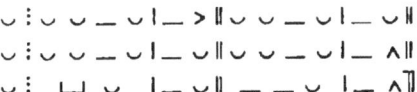

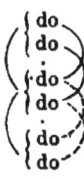

Periode findet sich Suppl. VI, α', nur dass dort der erste Vers, wie gewöhnlich, katalektisch ist.

In unserer Strophe ist keine andere Eintheilung als die gegebene denkbar.

II.

Der erste Wechselgesang, V. 254—275.

Ᾱ. Ὅρα, ὅρα μάλ᾽ αὖ,
λεύσσετον πάντα, μὴ
λάϑῃ φύγδα βάς ματροφόνος ἀτίτας.

Β̄. Ἀλλ᾽ αὖτ᾽ ἄρ᾽ ἀλκὰν ἔχων,
5   περὶ βρέτει πλεχϑεὶς ϑεᾶς ἀμβρότου
ὑπόδικος ϑέλει γενέσϑαι χρεῶν.

Γ̄. Τὸ δ᾽ οὐ πάρεστιν· αἷμα μητρῷον χαμαὶ
δυσαγκόμιστον, παπαῖ·
τὸ διερὸν πέδοι χύμενον οἴχεται.

10   Ᾱ. Ἀλλ᾽ ἀντιδοῦναι δεῖ σ᾽ ἀπὸ ζῶντος ῥοφεῖν
ἐρυϑρὸν ἐκ μελέων πέλανον· ἀπὸ δὲ σοῦ
βοσκὰν φεροίμαν πώματος δυσπότου·
καὶ ζῶντά σ᾽ ἰσχάνασ᾽ ἀπάξομαι κάτω,
ἀντίποιν᾽ ὡς τίνῃς ματροφόνου δύας.

15   Β̄. Ὄψει δὲ κεἴ τις ἄλλος ἤλιτεν βροτῶν,
ἢ ϑεὸν ἢ ξένον τιν᾽ ἀσεβῶν
ἢ τοκέας φίλους,
ἔχονϑ᾽ ἕκαστον τῆς δίκης ἐπάξια.

Γ̄. Μέγας γὰρ Ἅιδης ἐστὶν εὔϑυνος βροτῶν,
20   ἔνερϑε χϑονός,
δελτογράφῳ δὲ πάντ᾽ ἐπωπᾷ φρενί.

II.

Der Inhalt wie die fortwährend eingestreuten jambischen Trimeter lassen von vornherein keine Periodologie erwarten: es ist
ein ἄτακτον μέλος. Dennoch ist eine gewisse Gesetzlichkeit in
der Aufeinanderfolge der Kola vorhanden, die zuweilen selbst kleine
Perioden bilden. — Compositionen, wie die vorliegende, sind der
regellosen Dichtungsart, die unsere Schriftsteller fälschlich „dithy-
rambisch“ nennen, noch am verwandtesten.
Ueber V. 16 vgl. § 18, 8.

II.

A.   ⏑ ⋮ ⏑ ⏑ _ ⏑ | _ ∧ ‖
        _ ⏑ _ | _ ⏑ _ ‖
      ⏑ ⋮ _ _ ⏑ | _ > ‖ ⏑ ⏑ ⏑ ⏑ ⏑ | _ ∧ ‖

B.   > ⋮ _ ⏑ _ | _ ⏑ _ ‖
      ⏑ ⋮ ⏑ ⏑ _ > | _ ⏑ ‖ _ _ ⏑ | _ ∧ ‖   5
      ⏑ ⋮ ⏑ ⏑ _ ⏑ | _ ⏑ ‖ _ _ ⏑ | _ ∧ ‖

Γ. jamb. trim.

      ⏑ ⋮ _ ⏑ _ | _ ⏑ _ ‖
      ⏑ ⋮ ⏑ ⏑ _ ⏑ | _ ⏑ ‖ ⏑ ⏑ _ ⏑ | _ ∧ ‖

Α'. jamb. trim.   10

      ⏑ ⋮ ⏑ ⏑ _ ⏑ | _ ⏑ ‖ ⏑ ⏑ ⏑ ⏑ ⏑ | _ ∧ ‖
      > ⋮ _ ⏑ _ | _ _ ⏑ ‖ _ _ ⏑ | _ ∧ ‖

      jamb. trim.

        _ ⏑ _ | _ ⏑ _ ‖ ⏑ ⏑ | _ ⏑ | _ ∧ ‖

B. jamb. trim.   15

      > ⋮ ⏑ ⏑ _ ⏑ | _ ⏑ ⏑ ⏑ | _ ∧ ‖
      > ⋮ ⏑ ⏑ _ ⏑ | _ ∧ ‖

      jamb. trim.

Γ. jamb. trim.

      ⏑ ⋮ _ _ ⏑ | _ ∧ ‖   20
      > ⋮ ⏑ ⏑ _ ⏑ | _ ⏑ ‖ _ _ ⏑ | _ ∧ ‖

III.

Die Parodos, V. 321—396.

σ. α'.　Μᾶτερ ἅ μ' ἔτιχτες, ὦ μάτερ Νύξ, ἀλαοῖσι
　　　χαὶ δεδορχόσιν ποινάν,
　　　χλῦϑ', ὁ Λατοῦς γὰρ ἶνίς μ' ἄτιμον τίϑησιν,
　　　τόνδ' ἀφαιρούμενος
5　πτῶχα, ματρῷον ἄγνισμα χύριον φόνου.
　　　'Επὶ δὲ τῷ τεϑυμένῳ
　　　τόδε μέλος, παραχοπὰ
　　　παραφορὰ φρενοδαλής,
　　　　"Υμνος ἐξ 'Ερινύων
10　δέσμιος φρενῶν, ἀφόρμιχτος αὐονὰ βροτοῖς.

ἀ.α'.　Τοῦτο γὰρ λάχος διανταία Μοῖρ' ἐπέχλωσεν
　　　ἐμπέδως ἔχειν, ϑνατῶν
　　　εὖτ' ἂν αὐτουργίαις ξυμπέσῃ τις ματαίοις,
　　　τῷδ' ὁμαρτεῖν ὄφρ' ἂν
5　γᾶν ὑπέλϑῃ· ϑανὼν δ' οὐκ ἄραν ἐλεύϑερος.
　　　'Επὶ δὲ τῷ τεϑυμένῳ
　　　τόδε μέλος, παραχοπὰ
　　　παραφορὰ φρενοδαλής,
　　　　"Υμνος ἐξ 'Ερινύων
10　δέσμιος φρενῶν, ἀφόρμιχτος αὐονὰ βροτοῖς.

Str. α'.

I.　‿ ∪ | ‿ ∪ | ‿ ∪ | ‿ ‖‿ > | ‿∪ ∪ | ‿ | ‿ ∧ ‖
　　‿ ∪ | ‿ ∪ | ‿ | ‿ ∪ ‖
　　‿ ∪ | ‿ | ‿ ∪ | ‿ ‖‿ ∪ | ‿ | ‿ ∪ | ‿ ∪ ‖
　　‿ ∪ | ‿ | ‿ ∪ | ‿ ∧ ‖
　　‿ ∪ | ‿ | ‿ ∪ | ‿ ‖ ‿ ∪ | ‿ ∪ | ‿ ∪ | ‿ ∧]]　　5

II.　∪ ∪ ∪ | ‿ | ∪ ∪ ∪ | ‿ ∧ ‖
　　∪ ∪ ∪ | ‿ | ∪ ∪ ∪ | ‿ ∧ ‖
　　∪ ∪ ∪ | ‿∪ ∪ | ‿ | ‿ ∧]]

III.　‿ ∪ | ‿ ∪ | ‿ ∪ | ‿ ∧ ‖
　　‿ ∪ | ‿ ∪ | ‿ ∪ | ‿ ‖ ‿ ∪ | ‿ ∪ | ‿ ∪ | ‿ ∧]]　　10

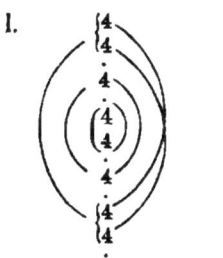

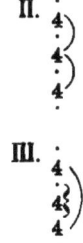

σ. β'.   Γιγνομέναισι λάχη τάδ' έφ' άμὶν ἐκράνθη,
ἀθανάτων διχ' ἔχειν γέρας, οὐδέ τίς ἐστιν
συνδαίτωρ μετάκοινος.

Παλλεύκων δὲ πέπλων ἀπόμοιρος ἄκληρος ἐτύχθην·
5 δωμάτων γὰρ εἱλόμαν
'Ανατροπάς· ὅταν "Αρης
τιθασὸς ὢν φίλον ἕλῃ,
ἐπιτόνως διόμεναι
κρατερὸν ὄνθ' ὅμως μαυροῦμεν ἀμφ' αἵματος νέοιο.

ά. β'.   Σπευδομένα δ' ἀφελεῖν τινα τάσδε μερίμνας
θεῶν ἀτέλειαν ἐμαῖς μελέταις ἐπικραίνω,
μηδ' εἰς ἄγκρισιν ἐλθεῖν.
Ζεὺς δ' αἱμοσταγὲς ἀξιόμισον ἔθνος τόδε λέσχας
5 ἃς ἀπηξιώσατο.
Μάλα γὰρ οὖν ἁλομένα
ἀνέκαθεν βαρυπεσῆ
καταφέρω ποδὸς ἀκμάν,
σφαλερὰ τανυδρόμοις εἰς κῶλα ῥίπτουσα δύσφρον' ἄταν.

Westphal (p. 174) weiss sich mit dem letzten Kolon nicht zu behelfen. Wie er dazu kommt, die ganze Strophe für eine trochäische zu erklären, ist schwer zu begreifen. Die erste Periode ist vielmehr rein dactylisch, die zweite hat ein trochäisches Epodikon, um in das folgende Metrum überzuleiten. Dass dieses Epodikon aber nicht zur nächsten Periode gehört, zeigt theils die Interpunction, theils die eigenthümliche Gestalt der folgenden Trochäen.

Sehr unrecht thut Westphal, Str. V. 5 παντολεύκων gegen die Auctorität der Handschriften zu schreiben und so nicht bloss eine ungebräuchliche Wortform zu bilden, sondern auch in ein rein dactylisches Kolon einen Trochäus einzudrängen.

Str. V. 4 ist die allgemein anerkannte Emendation ἀπόμοιρος für ἄμοιρος evident. ἄκληρος darf aber nicht gestrichen werden, da es in der Gegenstrophe die Streichung von αἱματοσταγές nach sich ziehen muss, wofür einfach das auch bei Euripides vorkommende αἱμοσταγές herzustellen ist, während γάρ entfernt werden

Str. β'.

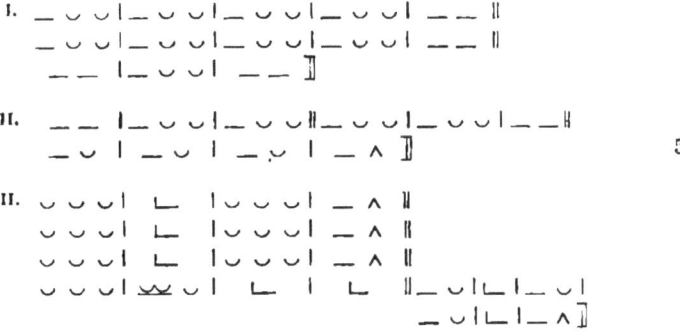

I. dactylisch.   II. dactylisch.   III. trochäisch.

5)
5'
3 ἐπ.

3)
3'
troch. 4 ἐπ.

4)
4'
4)
4'
6 ἐπ.

muss. Unmöglich kann aber sowohl ἄκληρος in der Strophe, als αἱμοσταγές im selben Verse der Gegenstrophe Interpolation sein, am allerwenigsten das letzte Wort.

Hartung wurde zu diesen Streichungen wohl veranlasst, um eine Pentapodie gleich der des ersten und zweiten Verses zu erlangen. Er konnte freilich nicht ahnen, dass gerade hierdurch alle Eurhythmie aufgehoben wurde; denn bei ihm ist jene περίοδος ἀπερίοδος entstanden, die wir schon § 11, 2, II als Monstrosität bezeichneten und anführten:

5 προῳδ.

⎛5
⎜3 μεσῳδ.
⎝5

troch. 4 ἐπῳδ.

Und doch ist Hermanns Zusatz ἀγέραστος noch viel schlimmer. Es entsteht dadurch ein siebentaktiger dactylischer Vers, mit dem

σ. γ'. Δόξαι τ' ἀνδρῶν καὶ μάλ' ὑπ' αἰθέρι σεμναὶ
τακόμεναι κατὰ γᾶς μινύθουσιν ἄτιμοι
ἁμετέραις ἐφόδοις μελανείμοσιν ὀρχησμοῖς τ' ἐπιφθόνοις ποδός.

ἀ. γ'. Πίπτων δ' οὐκ οἶδεν τόδ' ὑπ' ἄφρονι λύμᾳ·
τοῖον ἐπὶ κνέφας ἀνδρὶ μυσὸν πεπόταται,
καὶ δνοφεράν τιν' ἀχλὺν κατὰ δώματος αὐδᾶται πολύστονος
φάτις.

σ. δ'. Ἡμεῖς γὰρ εὐμήχανοί τε καὶ τέλειοι, κακῶν τε μνήμονες
σεμναί,
Καὶ δυσπαρήγοροι βροτοῖς
ἄτιμ' ἀτίετα διόμεναι
Λάχη θεῶν διχοστατοῦντ', ἀνάλιοι
5 λαμπάδων, ὁδοπαίπαλα
δερκομένοισι καὶ δυσομμάτοις ὁμῶς.

ἀ. δ'. Τίς οὖν τάδ' οὐχ ἅζεταί τε καὶ δέδοικεν βροτῶν, ἐμοῦ κλύων
θεσμὸν
Τὸν μοιρόκραντον ἐκ θεῶν
δοθέντα τέλεον; ἐπὶ δέ μοι
[Πέλει] γέρας παλαιόν, οὐδ' ἀτιμίας
5 κύρω, καίπερ ὑπὸ χθονὸς
τάξιν ἔχουσα καὶ δυσάλιον κνέφας.

---

gar nichts anzufangen ist. Und welche Häufung von Epitheten
würde man da dem Dichter aufbürden! — Je grösser die Abwei-
chung von dem Ueberlieferten, desto mehr schwindet die Eurhythmie. Dies ist wiederum ein deutliches Beispiel jener Textänderungen
metri causa, die metri causa zu verwerfen sind.

Gstr. V. 1 darf das handschriftliche δ' nicht in τ' umgeändert
werden; dagegen ist

σπευδομένα für σπευδόμεναι

nothwendig wegen ἐμαῖς in V. 2. Der Abschreiber hat das Versehen wegen der vorhergehenden Pluralia gemacht und daher auch
V. 2 ἐπικραίνειν statt ἐπικραίνω geschrieben. Stand nun einmal

Str. γ′.

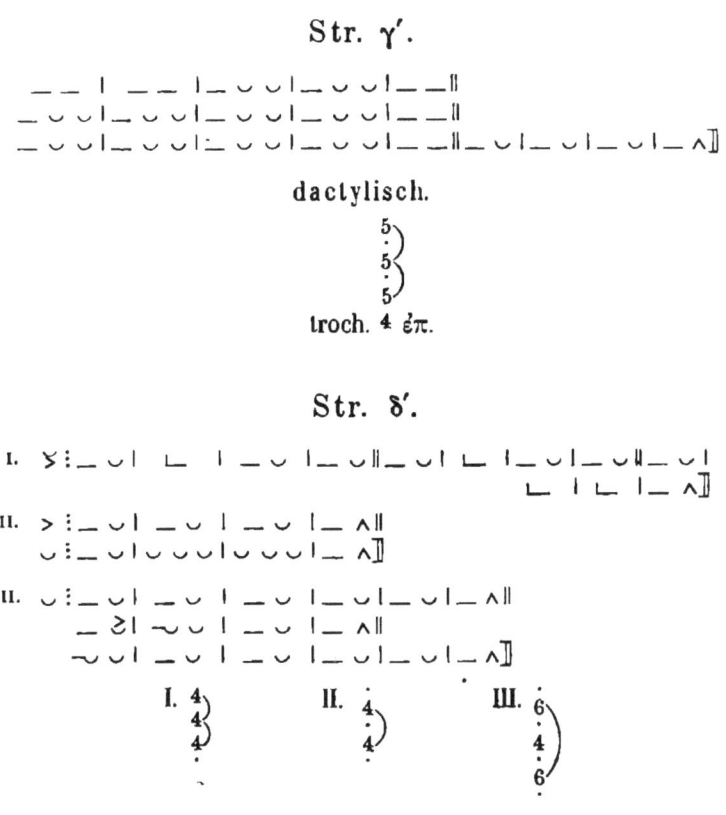

dactylisch.

$$\left.\begin{matrix}5 \\ 5 \\ 5\end{matrix}\right\}$$

troch. 4 ἐπ.

Str. δ′.

der Infinitiv ἐπικραίνειν, so musste man ihn mit ἐλθεῖν V. 3 parallel fassen; aus dieser Ursache drang δ′ hinter θεῶν in den Text.

Str. δ′.

Die Westphalsche Eintheilung (p. 240) gründet sich auf die von Hartung glücklich beseitigten schlechten Lesarten. An Dochmien ist nicht im entferntesten zu denken.

IV.

Das erste Stasimon, V. 490—565.

σ. α'. Νῦν καταστροφαὶ νόμων
θεσμίων, εἰ κρατήσει δίκα τε καὶ βλάβα
τοῦδε ματροκτόνου.
πάντας ἤδη τόδ' ἔργον εὐχερείᾳ συναρμόσει βροτούς,
5 πολλὰ δ' ἄτιτα παιδότρωτα
πάθεα προσμένει τοκεῦσιν μετακλαῦσαι ἐν χρόνῳ.

Οὔτε γὰρ βροτοσκόπων
μαινάδων τῶνδ' ἐφέρψει κότος τις ἐργμάτων·
πάντ' ἐφήσω μόρον.
5 πεύσεταί τ' ἄλλος ἄλλοθεν προφωνῶν τὰ τῶν πέλας κακά,
λῆξιν ὑπόδοσίν τε μόχθων·
ἄκεα δ' οὐ βέβαια, τλάμων ἃ μάταν παρηγορεῖ.

σ. β'.
Μηδέ τις κικλησκέτω
ξυμφορᾷ τετυμμένος,
τοῦτ' ἔπος θροούμενος·
5 „ὦ Δίκα, ὦ θρόνοι τ' Ἐρινύων."
Ταῦτά τις τάχ' ἂν πατὴρ ἢ τεκοῦσα νεοπαθὴς
οἶκτον οἰκτίσαιτ', ἐπειδὴ πίτνει δόμος Δίκας.

ά. β'. Ἔσθ' ὅπου τὸ δεινὸν εὖ,
καὶ φρενῶν ἐπίσκοπον
δεῖ μένειν καθήμενον.
5 ξυμφέρει σωφρονεῖν ὑπὸ στένει.
Τίς δὲ μηδὲν ἐν δέει καρδίαν ἀναστρέφων
ἢ πόλις βροτός θ' ὁμοίως ἔτ' ἂν σέβοι δίκαν;

Str. α'.

Str. V. 6 hat Hartung μετακλαῦσαι für das überlieferte
μεταῦθις geschrieben. So gewaltsam diese Aenderung ist, so war
doch nicht leicht andere Abhülfe zu schaffen. Der kyklische

Str. α′.

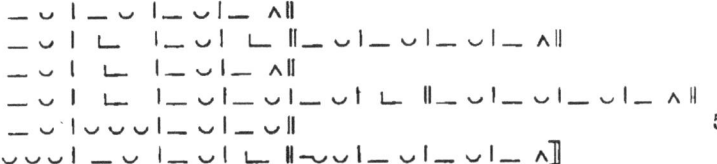

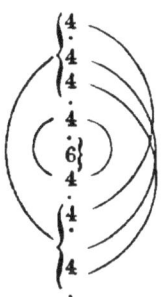

Str. β′.

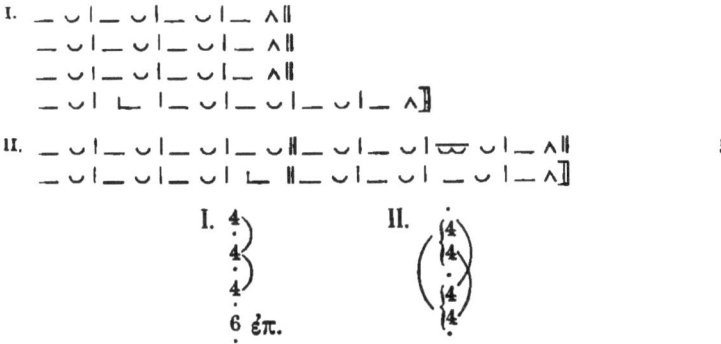

Dactylus im Schlusskolon der Strophe ist gut am Platze. Im entsprechenden Verse der Gegenstrophe hat Hartung dem Sinne und Metrum vorzüglich gut geholfen durch τλάμων ἆ für τλάμων δέ τις.

σ. γ΄.   Μήτ᾽ ἀνάρχετον βίον,
μήτε δεσποτούμενον
αἰνέσῃς.
Παντὶ μέσῳ τὸ κράτος θεὸς ὤπασεν, ἀλλ᾽
5 ἄλλα δ᾽ ἐφορεύει.
ξύμμετρον δ᾽ ἔπος λέγω·
δυσσεβίας μὲν ὕβρις τοκάς ὡς ἐτύμως·
Ἐκ δ᾽ ὑγιείας φρενῶν ὁ πάμφιλος
καὶ πολύευκτος ὄλβος.

ἀ. γ΄.   Ἐς τὸ πᾶν δέ σοι λέγω·
βωμὸν αἴδεσαι Δίκας,
μηδέ νιν
Κέρδος ἰδὼν ἀθέῳ ποδὶ λὰξ ἀτίσῃς·
5 ποινὰ γὰρ ἔπεσται,
κύριον μένει τέλος.
πρὸς τάδε τις τοκέων σέβας εὖ προτίων
Καὶ ξενοτίμους δόμων ἐπιστροφὰς
αἰδόμενός τις ἔστω.

Str. γ΄.

Der Rhythmus dieser Strophe ist ganz ausgezeichnet; nichts
an ihr ist zwecklos und zufällig.

Per. I ist trochäisch, denn es werden mit aller Ruhe Warnungen gegeben. Sie bricht mit einer Dipodie ab, die wegen
ihrer Seltenheit mehr als integrirender Theil eines grösseren Kolon
erscheint, daher den Eindruck des Nichtabgeschlossenseins zurück-
lässt und die Aufmerksamkeit des Hörers anregt und spannt.

Nun plötzlich beginnt Per. II mit feierlichen Dactylen, obendrein zu dem grösstmöglichen Kolon, der Pentapodie, ausgedehnt!
Ein schöner Contrast und so gross, wie die Rhythmik ihn nur
bieten kann. In diesen altehrwürdigen Dactylen werden nun die
höchsten moralischen Lehren ausgesprochen, die heiligsten Gebote
gegeben und Warnungen entgegengestellt, die tief die Seele er-
schüttern müssen, weil sie in prophetischer Dunkelheit entgegen-
treten (δυσσεβίας ·· ὕβρις τοκάς). Die beiden innern Kola, 5—6
bilden also einen neuen Gegensatz, da sie diplasisch sind; mit

Str. γ΄.

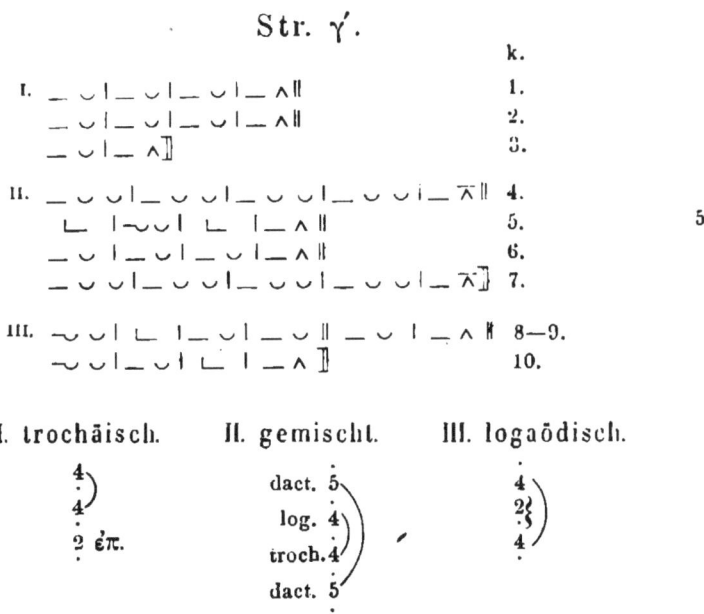

I. trochäisch.   II. gemischt.   III. logaödisch.

diesem Metrum werden die eignen, persönlichen Gefühle und Anschauungen ausgedrückt, mit ihm wendet man sich auch an die
Einzelperson, während die Dactylen gern allgemeine Wahrheiten
aussprechen. Man beachte nun, wie genau dies in Str. und Gstr.
zutrifft!

Per. III geht nun mehr in logaödisches Mass über, denn es
liegt ein gewisser Eifer in den Worten derselben; es werden nun
die gegebenen Lehren dringend anempfohlen. Mit vollendeter Kunst
wird die Dipodie wieder angewandt, auf den Hauptausspruch vorzubereiten. So ist ausserdem eine Anknüpfung an die erste Periode
gewonnen und die Einheit der Strophe tritt auf das deutlichste ins
Bewusstsein.

Sehr beachtenswerth ist ferner der antithetische Bau der
zweiten Periode: der Inhalt zeigt dieselben Antithesen, am schwächsten bei den Kolis, welche sich berühren (K. 5—6), am stärksten
bei den Hauptkolis, die von einander getrennt sind, deren Gegensatz desshalb um so schärfer ausgeprägt sein muss. Diese Anti-

σ. δ'. Ἑκὼν δ' ἀνάγκας ἄτερ δίκαιος ὢν
οὐκ ἄνολβος ἔσται,
πανώλεθρος δ' οὔποτ' ἂν γένοιτο.
Τὸν ἀντίτολμον δέ φημι παρβάταν
5 τὰ πολλὰ παντόφυρτ' ἄγοντ' ἄνευ δίκας
βιαίως, ξὺν χρόνῳ καθήσειν
Λαῖφος, ὅταν λάβῃ πόνος θραυομένας κεραίας.

ἀ. δ'. Καλεῖ δ' ἀκούοντας οὐδὲν ἐν μέσᾳ
δυσπαλεῖ τε δίνᾳ·
γελᾷ δ' ὁ δαίμων ἐπ' ἀνδρὶ θερμῷ,
Τὸν οὔποτ' αὐχοῦντ' ἰδὼν ἀμηχάνοις
5 δύαις λεπαδνόν, οὐδ' ὑπερθέοντ' ἄκραν·
δι' αἰῶνος δὲ τὸν πρὶν ὄλβον
Ἕρματι προσβαλὼν Δίκας ὤλετ' ἄκλαυστος, ἀστος.

---

thesen sind in der Strophe: τὸ μέσον (das rechte Masshalten, bei
den Griechen wesentlich ein sittlicher Begriff) und — ὕβρις; in
der Gstr.: ἀτίσης (δίκαν) und — προτίων (τοκέων σέβας).

Ein so schöner Rhythmus, in jeder Beziehung ein Meisterstück, konnte unmöglich verstanden werden. Daher ist z. B. Westphals Eintheilung (p. 176) ganz unrhythmisch, und er meint: „Die
Abtheilung in Reihen ist unsicher."

Ich will bei dieser Gelegenheit noch einige Winke geben, auf
welche Weise zunächst ganz mechanisch die richtige Eurhythmie
einer Strophe gefunden wird.

Die Dipodie K. 3 ist vollkommen gesichert durch die Strophe,
wo der zweite Vers schliesst auf δεσποτούμενον, worauf αἰνέσης
folgt mit vocalischem Anlaut. Es muss also dieses Wort abgetrennt
werden, und eben so wenig kann es mit dem folgenden rein dactylischen Verse vereinigt werden.

Die zweite Periode springt sogleich als eine antithetische in
die Augen durch ihre zwei dactylischen Kola, und während leicht
einzusehen ist, dass jedes derselben einen selbständigen Vers bilden
muss, fällt es dagegen schwer, zu begreifen, wie Westphal dazu
kommt, dem dactylischen K. 4 das trochäische K. 5 anzuhängen,

Str. δ.

I. ⏑ ⋮ — ⏑ | ⌞ | — ⏑ | — ⏑ | — ⏑ | — ∧ ‖   I. 6.   II. 6.   III. log.

      — ⏑ | — ⏑ | ⌞ | — | ∧ ‖   4.   6.   4.

   ⏑ ⋮ — ⏑ | ⌞ | — ⏑ | — ⏑ | ⌞ | — ∧ ⌋   6.   6.   4.

II. ⏑ ⋮ — ⏑ | ⌞ | — ⏑ | — ⏑ | — ⏑ | — ∧ ‖

   ⏑ ⋮ — ⏑ | — ⏑ | — ⏑ | — ⏑ | — ⏑ | — ∧ ‖   5

   ⏑ ⋮ ⌞ | | ⌞ | — ⏑ | — ⏑ | ⌞ | — ∧ ⌋

III. ⏑⏑ ⏑ | — ⏑ | — ⏑ | ⌞ ‖ ⏑⏑ ⏑ | — ⏑ | ⌞ | — ∧ ⌋

---

um so einen gemischten Vers zu erhalten. (Ganz anders ist der Fall, wo ein alloiometrisches Kolon als Epodikon angehängt wird, um zu einer Periode in anderem Metrum überzuleiten.)

Jetzt wird auch die Responsion der beiden Mittelkola erkannt. — Endlich, dass V. 8 in zwei Kola, Tetrapodie und Dipodie zu zerlegen war, das zeigte nicht nur die Eurhythmie, nach der eine Hexapodie und eine Tetrapodie keine bestimmte Beziehung haben können, sondern was zu thun war, ging besonders aus Per. I hervor, wo eine Dipodie einen selbständigen Vers bildet. Also auch hier war in einer Dipodie die Auflösung des Räthsels zu vermuthen. Bei Pindar muss auf diesem Wege ganz gewöhnlich die Ausdehnung der Kola gefunden werden, und es ist schon § 16, 1, V über diese Methode gesprochen worden. Ist aber die Dipodie bei Aeschylus sehr selten, so war um so eher zu vermuthen, dass das so ungewöhnliche Kolon in der Strophe nicht unvermittelt stände.

Nach dieser mechanischen Arbeit ist dann immer zu prüfen, wie die gefundene Form mit dem Inhalte stimme, und erst wenn auch in dieser Beziehung Zweckdienlichkeit und Conformität erkannt ist, darf die gefundene Eurhythmie mit zweifelloser Gewissheit als die richtige bezeichnet werden, namentlich bei Aeschylus.

V.

Das repetirte Chorikon

(zweites Stasimon),

V. 778—793 = 808—823.   837—848 = 870—880.

σ. α'.   Ᾱ. Ἰὼ
Θεοὶ νεώτεροι,
παλαιοὺς νόμους
Καθιππάσασθε κἀκ χερῶν εἵλεσθέ μου.
5 ἐγὼ δ' ἄτιμος ἁ τάλαινα βαρύκοτος
Ἐν γᾷ τᾷδε, φεῦ
ἀντιπαθῆ μεθήσω κραδίας ἰόν, σταλαγμὸν χθονὶ
ἄφορον· ἐκ δὲ τοῦ
Λειχὴν ἄφυλλος ἄτεκνος, ὦ Δίκα Δίκα,
10 πέδον ἐπισύμενος
βροτοφθόρους κηλῖδας ἐν χώρᾳ βαλεῖ.
Β̄. Στενάζω; τί ῥέξω; γελῶμαι πολίταις.
ἔπαθον, ὤ, δύσοιστα.
Γ̄. ἰώ, ὤ, μεγάλα τοι κόραι δυστυχεῖς
15 Νυκτὸς ἀτιμοπενθεῖς.

Str. ά.

Periodologie war bei einem repetirten Chorliede zu erwarten; die eingestreuten Trimeter sind melisch, wie die Auflösungen verrathen. In V. 14 habe ich ὤ hinter ἰώ eingesetzt; die Eurhythmie ist zu evident, als dass man nicht auf den Ausfall dieser Interjection kommen sollte. Die Abschreiber haben die Nothwendigkeit derselben für die Eurhythmie natürlich nicht erkennen können. Zweifellos wird die letztere durch die tadellose Anordnung der folgenden Strophe.

Str. α.

A.   I.   ⌣ ⋮ ∟ ‖
      ⌣ ⋮ _ _ _ ⌣ ∣ _ ∧‖
      ⌣ ⋮ _ _ _ ⌣ ∣ _ ∧ ⟧

  II.   ⌣ ⋮ _ ⌣ ∣ _ ⌣ ∣ _ ⌣ ∣ _ ⌣ ∣ _ ⌣ ∣ _ ⌣ ∣ _ ⌣ ∣ _ ∧‖
      ⌣ ⋮ _ ⌣ ∣ _ ⌣ ∣ _ ⌣ ∣ _ ⌣ ∣ ⌣ ⌣ ⌣ ∣ _ ∧ ⟧   5

  III.   ⌣ ⋮ _ _ ⌣ ∣ _ ∧‖
      > ⋮ ⌣ ⌣ _ ⌣ ∣ _ > ‖ ⌣ ⌣ _ ⌣ ∣ _ ⌣‖ _ _ ⌣ ∣ _ ∧‖
      ⌣ ⋮ ⌣ ⌣ _ ⌣ ∣ _ ∧ ⟧

  IV.   > ⋮ _ ⌣ ∣ _ ⌣ ∣ ⌣ ⌣ ⌣ ∣ _ ⌣ ∣ _ ⌣ ∣ _ ⌣ ∣ _ ∧ ‖
      ⌣ ⋮ ⌣ ⌣ ⌣ ⌣ ⌣ ∣ _ ∧ ‖   10
      ⌣ ⋮ _ ⌣ ∣ _ > ∣ _ _ ⌣ ∣ _ > ∣ _ ⌣ ∣ _ ∧ ⟧

B.   V.   ⌣ ⋮ _ _ ⌣ ∣ _ _ ⌣‖ _ _ ⌣ ∣ _ _ ∧ ‖
      ⌣ ⋮ ⌣ ⌣ _ ⌣ ∣ _ _ ∧‖
      ⌣ ⋮ _ _ ⌣ ∣ ⌣ ⌣ _ ⌣‖ _ _ ⌣ ∣ _ ⅄ ‖
      > ⋮ ⌣ ⌣ _ ⌣ ∣ _ _ ∧ ⟧   15

I. dochmisch.   II. rein jambisch.   III. rein dochmisch.

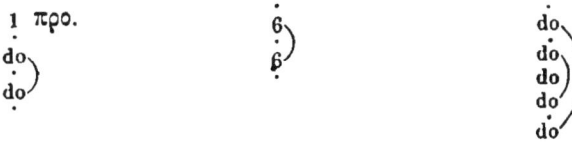

IV. gemischt.   V. rein bacchiisch.

σ. β'.   Ā. Ἐμὲ παθεῖν τάδε;
ἐμὲ παλαιόφρονα, φεῦ, κατὰ γᾶς οἰκεῖν,
ἀτίετον μύσος;
    Β. Πνέω τοι μένος ϑ' ἅπαντά τε κότον.
5 οἰοῖ δᾶ, φεῦ φεῦ.
τίς ὀδύνα με πλευρὰς ὑποδύεται;
    Γ. Θυμὸν ἄιε, μᾶτερ Νύξ.
ϑεῶν ἀπό με γὰρ τιμᾶν δαμιᾶν
δυσπάλαμοι παρ' οὐδὲν ἦραν δόλοι.

Str. β'.

In Wechselgesängen sind, nach § 11, 2, III, Proodika auch
inmitten der Strophe gestaltet; daher hat das Proodikon in Per. III
nichts Auffälliges. Aus der häufigen Erscheinung, dass logaödische
Kola dochmische Systeme oder Perioden schliessen, darf man hier
nicht folgern, dass V. 7 als Epodikon zu Per. II gehöre. An und
für sich wäre dies nicht undenkbar; solche gegenseitige Ergän-
zungen der Perioden durch die Sänger kommen im Wechselgesange oft vor. In unserer Strophe aber, wo der melische Satz
klar hervortritt, scheint dieser die Geltung von V. 7 als Proodikon
zu verlangen. Wir bemerken nämlich, dass das Hauptthema der
Musik ein aus zwei Dochmien bestehender Satz sei; diesem tritt
der eindochmische Satz gegenüber. Daraus werden — wie so
oft — zwei Perioden gebildet, die sich umgekehrt entsprechen:
was in der einen Mittelglied ist, ist in der andern' Aussenglied.
Damit ist die Combination beider Themata erschöpft; es muss das
Gefühl höchster Befriedigung zurückbleiben, das in diesem Falle
kein alloiometrisches Anhängsel dulden würde. Aber gerade, weil
der melische Satz vollständig abgeschlossen ist, muss durch ein
Proodikon auf eine eigenthümliche Variation des Hauptthemas aufmerksam gemacht werden.

Str. β′.   ·

A. I. ◡ : ◡ ◡ _ ◡ | _ ∧ ‖
        ◡ : ◡ ◡ _ ◡ | ◡ ◡ > ‖ ◡ ◡ _ > | _ ∧ ‖
        ◡ : ◡ ◡ _ ◡ | _ ∧]

B. II. ◡ : _ _ ◡ | _ ◡ ‖ _ ◡ ◡ ◡ | _ ∧ ‖
         > : _ _ > | _ ∧ ‖
         ◡ : ◡ ◡ _ ◡ | _ > ‖ ◡ ◡ _ ◡ | _ ∧]

L. III.   _ ◡ | ◡◡ ◡ | _ > | _ ∧ ‖
            ◡ : _ ◡ ◡ ◡ | _ > ‖ _ _ ◡ | _ ∧ ‖
            ◡ : ◡ ◡ _ ◡ | _ ◡ ‖ _ _ ◡ | _ ∧]

I. do
   do
   do
   do

II. {do
     {do
      do
     {do
     {do

III. log. 4̇ = προ.
     {do
     {do
     {do
     {do

VI.

Der sechste Chorgesang, V. 916—1020.

σ. α′. **X.** Δέξομαι Παλλάδος ξυνοικίαν, οὐδ' ἀτιμάσω πόλιν
τὰν καὶ Ζεὺς ὁ παγκρατής, Ἄρης τε φρούριον θεῶν νέμει,
Ῥυσίβωμεν Ἑλλάνων ἄγαλμα δαιμόνων.
ᾷ τ' ἐγὼ κατεύχομαι θεσπίσασα πρευμενῶς
5   Ἐπιρρύτους βίου τύχας ὀνησίμους,
γαῖάν τ' εἰσαυγάζειν
φαιδρὸν ἀλίου σέλας.

συ. α′.   **Α.** Τάδ' ἐγὼ προφρόνως τοῖσδε πολίταις
πράσσω, μεγάλας καὶ δυσαρέστους
δαίμονας αὐτοῦ κατανασσαμένη.
πάντα γὰρ αὗται τὰ κατ' ἀνθρώπους
5   ἔλαχον διέπειν· ὁ δὲ μὴ κύρσας
βαρέων τούτων οὐκ οἶδεν ὅθεν
πληγαὶ βιότου [τελέθουσιν].
τὰ γὰρ ἐκ προτέρων ἀπλακήματά νιν
πρὸς τάσδ' ἐπάγει, σιγῶν δ' ὄλεθρος
10   καὶ μέγα φωνοῦντ'
ἐχθραῖς ὀργαῖς ἀμαθύνει.

ἀ. α′.   **X.** Δενδροπήμων δὲ μὴ πέσοι βλάβα — τὰν ἐμὰν χάριν
λέγω· —
φλογμός τ' ὀμματοστερὴς φυτῶν μένοι πέραν ὅρου τόπων,
Μηδ' ἄκαρπος αἰανὴς ἐφερπέτω νόσος,
μῆλά τ', εὐθενοῦντ' ἄγαν ξὺν διπλοῖσιν ἐμβρύοις,
5   Τρέφοι χρόνῳ τεταγμένῳ γόνον· πόνος
πλουτόχθων ἑρμαίαν
δαιμόνων δόσιν τίοι.

Syst. ά.

V. 6 βαρέων τούτων war nicht zu verändern. Der Sinn ist:

Str. α′.

I.

```
_ ∪ | └─ | └─ | _ ∪ | _ ∪ | _ ∪ | └─ ‖ _ ∪ | _ ∪ | _ ∪ | _ ∧ ‖
└─ | └─ | └─ | └─ | _ ∪ | _ ∪ | _ ∪ | _ ∪ ‖ _ ∪ | _ ∪ | _ ∪ | _ ∧ ⟧
```

II.

```
_ ∪ | _ ∪ | └─ | └─ | └─ ‖ _ ∪ | _ ∪ | _ ∪ | _ ∧ ‖
_ ∪ | _ ∪ | _ ∪ | └─ ‖ _ ∪ | _ ∪ | _ ∪ | _ ∧ ⟧
```

III.

```
∪ ⫶ _ ∪ | _ ∪ | _ ∪ | _ ∪ | _ ∪ | _ ∧ ‖                                  5
└─ | └─ | └─ | └─ | └─ | └─ | └─ | _ ∧ ‖ .
_ ∪ | _ ∪ | _ ∪ | _ ∧ ⟧
```

I.
$$\left(\begin{matrix}6\\4\\6\\4\end{matrix}\right.$$

II.
$$\left(\begin{matrix}4\\4\\4\\4\end{matrix}\right.$$

III.
$$\begin{matrix}6\\6\\4\ \ \text{έπ.}\end{matrix})$$

„Wen ihre schwere Hand nicht drückt, der weiss nicht, woher Schicksalsschläge kommen", d. i., „der ist von Schicksalsschlägen frei". Dann fährt der Dichter fort: „denn die Sünden der Vorfahren führen ihn den Erinyen zu", d. i. den, der ihre Hand fühlt. — Man fasste: „der weiss nicht, woher die Schicksalsschläge kommen" = „dem kommen sie von allen Enden". — Wegen dieser Auffassung glaubte man sich zu willkührlichen Aenderungen befugt (Hermann, Hartung).

V. 10 ist μέγα φωνοῦντ' eben so gut als Hartungs μέγα κομποῦντ', das er „als von selbst sich verstehend" aufnimmt. φωνεῖν ist eigentlich: „seine Stimme erschallen lassen", d. h. mit kräftiger Stimme aussprechen, ein Zeichen des Muthes, der Keckheit u. s. w.

συ. β'.

        Α. Ἦ τάδ' ἀκούετε, πόλεως φρούριον,
        οἷ' ἐπικραίνει; μέγα γὰρ δύναται
        πότνι' Ἐρινὺς παρά τ' ἀθανάτοις
        τοῖς θ' ὑπὸ γαῖαν· περὶ δ' ἀνθρώπων

5   φανερῶς τελέως διαπράσσουσιν
        τοῖς μὲν ἀείδειν τοῖς δὲ δακρύειν,
        βίον ἀμβλωπὸν παρέχουσαι.

σ. β'.   X̄. Ἀνδροκμῆτας δ' ἀώρους ἀπεννέπω τύχας
     νεανίδων τ' ἐπηράτων
        Ἀνδροτυχεῖς βιότους δότε κύρι' ἔχοντες
     θεοὶ τῶν, Μοῖραι
5 ματροκασιγνῆται, δαίμονες ὀρθονόμοι,
     παντὶ δόμῳ μετάκοινοι, παντὶ χρόνῳ δ' ἐπιβριθεῖς
     ἐνδίκοις ὁμιλίαις
     παντᾷ τιμιώταται θεῶν.

συ. γ'.

        Ᾱ. Τάδε τοι χώρᾳ τῇμῇ προφρόνως
        ἐπικραινομένων
        γάνυμαι· στέργω δ' ὄμματα Πειθοῦς,
        ὅτι μοι γλῶσσαν καὶ στόμ' ἐπωπᾷ

5   πρὸς τάσδ' ἀγρίως ἀπανηναμένας·
        ἀλλ' ἐκράτησε Ζεὺς ἀγοραῖος,
        νικᾷ δ' ἀγαθῶν
        ἔρις ἡμετέρα διὰ παντός.

ἀ. β'.   X. Τὰν δ' ἄπληστον κακῶν μήποτ' ἐν πόλει στάσιν
     τᾷδ' ἐπεύχομαι βρέμειν.
        Μηδὲ πιοῦσα κόνις μέλαν αἷμα πολιτᾶν,
     δι' ὀργὰν ποινᾶς
5 ἀντιφόνους ἄτας ἁρπαλίσαι πόλεως.
     χάρματα δ' ἀντιδιδοῖεν κοινοφιλεῖ διανοίᾳ
     καὶ στυγεῖν μιᾷ φρενί.
     πολλῶν γὰρ τόδ' ἐν βροτοῖς ἄκος.

A.　Αἶσα φρονοῦσι γλώσσης ἀγαθῆς
ὁδὸν εὑρίσκει, κἀκ τῶν φοβερῶν
τῶνδε προσώπων μέγα κέρδος ὁρῶ
τοῖσδε πολίταις. τάσδε γὰρ εὔφρονας
εὔφρονες ἀεὶ μέγα τιμῶντες　　　　　　　　5
καὶ γῆν καὶ πόλιν ὀρθοδίκαιοι
πρέψετε πάντως διέποντες.

Str. β'.

I.

II.

II. gemischt.

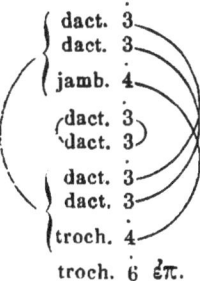

I. trochäisch.　　　II. gemischt.

Str. β'.

Westphal, der ganz in die richtigen Verse eingetheilt hat
(p. 178) combinirt diese doch falsch. Der Wechsel dactylischer
und trochäischer (jambischer) Verse ist mit derselben Absichtlich-
keit gewählt, wie IV, γ'. Vgl. daselbst die Anmerkung.

σ. γ'.   X. Χαίρετε χαίρετ' ἐν αἰσιμίαισι πλούτου,
χαίρετ' ἀστικὸς λεώς, ἴκταρ ἥμενοι Διός,
παρθένου φίλας φίλοι, σωφρονοῦντες ἐν χρόνῳ.
Παλλάδος δ' ὑπὸ πτεροῖς ὄντας ἄζεται πατήρ.

ου. ε'.   Ā. Χαίρετε χὑμεῖς· προτέραν δ' ἐμὲ χρὴ
στείχειν θαλάμους ἀποδείξουσαν
πρὸς φῶς ἱερὸν τῶνδε προπομπῶν.
ἴτε, καὶ φεγγὼν τῶνδ' ὑπὸ σεμνῶν
5   κατὰ γῆς σύμεναι, τὸ μὲν ἀτηρὸν
χώρας κατέχειν, τὸ δὲ κερδαλέον
πέμπειν πόλεως ἐπὶ νίκῃ·
ὑμεῖς δ' ἡγεῖσθε, πολισσοῦχοι
παῖδες Κραναοῦ, ταῖσδε μετοίκοις.
10   εἴη δ' ἀγαθῶν
ἀγαθὴ διάνοια πολίταις.

ἀ. γ'.   X. Χαίρετε, χαίρετε δ' αὖθις, ἔπος διπλοίζω,
πάντες οἱ κατὰ πτόλιν, δαίμονές τε καὶ βροτοί,
Παλλάδος πόλιν νέμοντες· μετοικίαν δ' ἐμὴν
εὖ σέβοντες οὔτι μέμψεσθε συμφορὰς βίου.

Str. γ.

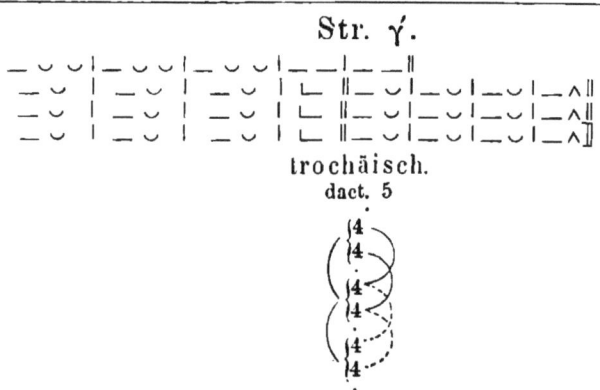

trochäisch.
dact. 5

Str. γ'.

Ueber die dactylische Pentapodie vgl. das zu IV, γ' Gesagte.

Ich habe in diesem Gedichte, wie überall, die anapästischen Systeme nicht als „Systeme“ und „Gegensysteme“ bezeichnet, weil hiermit sich leicht falsche Begriffe verbinden. Die genaue Stichomythie ist, wo sie vorkommt, auch ohne diese Bezeichnung leicht zu erkennen.

VII.

Die Exodos, V. 1032—1047.

Π. Βᾶτε δόμῳ, μεγάλαι φιλότιμοι   σ. α΄.
Νυκτὸς παῖδες ἄπαιδες, ὑπ᾽ εὔφρονι πομπᾷ —
Ᾱ. εὐφαμεῖτε δέ, χωρῖται.

Π. Γᾶς ὑπὸ κεύθεσιν ὠγυγίοισι,   ἀ. α΄.
τιμαῖς καὶ θυσίαις περίσεπται ἐν εὐχαῖς.
Ᾱ. εὐφαμεῖτε δὲ πανδαμί.

Π. Ἵλαοι δὲ καὶ εὔφρονες ἀστοῖς   σ. β΄.
δεῦρ᾽ ἴτε σεμναὶ θεαί, πυριδάπτῳ
λαμπάδι τερπόμεναι καθ᾽ ὁδόν.
Ᾱ. ὀλολύξατε νῦν ἐπὶ μολπαῖς.

Π. Σπονδαὶ δ᾽ ἔστων ἐνθάδ᾽ ἐνοίκων   ἀ. β΄.
Παλλάδος ἀστοῖς· Ζεὺς ὁ πανόπτας
οὕτω Μοῖρά τε συγκατέβα.
Ᾱ. ὀλολύξατε νῦν ἐπὶ μολπαῖς.

Str. α΄.

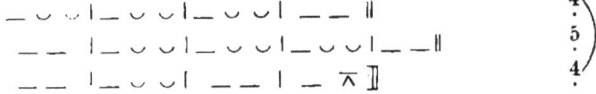

Str. β΄.

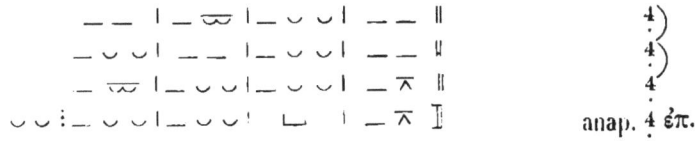

anap. 4 ἐπ.

Die lyrischen Partien in den Schutzflehenden.

I.

Die Parodos, V. 41—176.

σ. α′.   Νῦν δ ἐπικεκλομένα
Δῖον πόρτιν ὑπερπόντιον τιμάορ᾽, ἵνιν
ἀνθονόμου τὸν προγόνου βοὸς ἐξ ἐπιπνοίας
Ζηνός — ἔφαψιν ἐπωνυμίᾳ δ᾽ ἐπεκραίνετο μόρσιμος αἰὼν
5 εὐλόγως, Ἔπαφόν τ᾽ ἐγέννασεν —,

ἀ. α′.   Ὅν τ᾽ ἐπικεκλομένα
νῦν ἐν ποιονόμοις ματρὸς ἀρχαίας τόποις, τῶν
πρόσθε πόνων μνασομένα γονέων ἐπιδείξω
πιστὰ τεκμήρια· πᾶσιν ἄμωμα δ᾽, ἄελπτά περ ὄντα, φανεῖται,
5 γνώσεται δὲ λόγους τις ἐν μάκει.

σ. β′.   Εἰ δὲ κυρεῖ τις πέλας οἰωνοπόλων
ἔγγαιος οἶκτον ἀΐων,
δοξάσει τιν᾽ ἀκούειν ὄπα τᾶς
Τηρεΐας, μήτιδος οἰκτρᾶς, ἀλόχου,
5 κιρκηλάτας ἀηδόνος,

ἀ. β′.   Ἅτ᾽ ἀπὸ χλωρῶν πετάλων ἐργομένα
πενθεῖ νέον οἶκτον ἠθέων
ξυντίθησι δὲ παιδὸς μόρον, ὡς
αὐτοφόνως ὤλετο πρὸς χειρὸς ἕθεν,
5 δυσμάτορος κότου τυχών.

Str. α′.

Westphal (p. 529) nennt Strophen wie diese logaödisch! Sie ist recht eigentlich dactylo-epitritisch; dass τοναί an diesem Charakter nichts ändern, zeigen schon gar manche Strophen Pindars.

Str. α′.

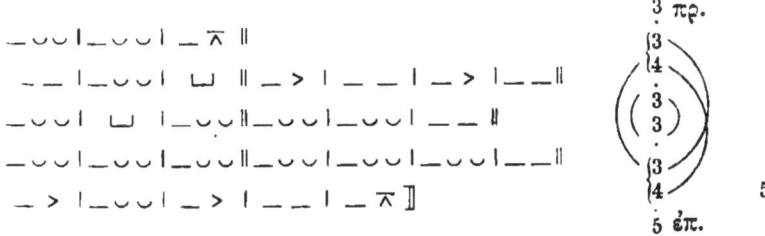

Str. β′.

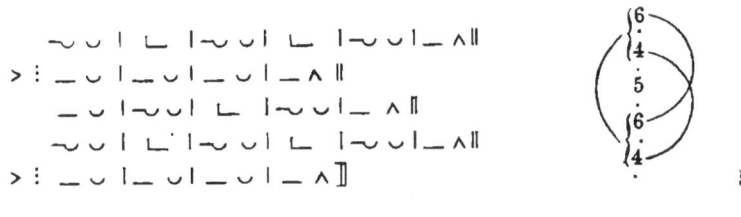

Str. β′.

Wer auf den Inhalt von Strophe und Gegenstrophe achtet, wo von den feierlichen Erklärungen, welche Str. und Gstr. α′ enthalten, abgegangen, und ein Blick auf die Situation geworfen, so wie ein Anruf an die Bewohner der Gegend gemacht wird, der wird sogleich vermuthen, dass hier keine Dactylen, sondern Logaöden zu suchen seien. Und diese Ansicht wird durch die metrische Gestalt bestätigt, durch die allzu häufigen τοναί und die rein trochäischen Tetrameter ohne beigemischte Spondeen.

σ. γ'.   Τὼς καὶ ἐγὼ φιλόδυρτος Ἰαονίοισι νόμοισι
δάπτω τὰν ἀπαλὰν εἰλοθερῆ παρειάν,
Ἀπειρόδακρύν τε καρδίαν.
γοεδνὰ δ' ἀνθεμίζομαι,
5   Δειμαίνουσα φίλους, τᾶσδε φυγᾶς ἀερίας ἀπὸ γᾶς
εἴ τίς ἐστι κηδεμών.

ἀ. γ'.   Ἀλλὰ θεοὶ γενέται κλύετ', εὖ τὸ δίκαιον ἰδόντες,
ἢ καὶ μὴ τέλεον δόντες ἔχειν περ αἶσαν,
Ὕβριν δ' ἐτύμως στυγοῦντες, οὐ
πέλοιτ' ἂν ἔκδικοι νόμοις.
5   Ἔστι δὲ κἀκ πολέμου τειρομένοις βωμὸς Ἄρης, φυγάσιν
ῥῦμα δαιμόνων σέβας.

Str. γ'.

Die Dactylen, ein Metrum, das im Allgemeinen die feierliche
und gehobene Stimmung bezeichnet, gehen leicht auch in ein
Metrum der Klage über. Dies geschieht durch τοναί, wie schon
die Elegie erkennen lässt; denn die Grundgestalt der Distichen ist:

$$\_ \cup \cup \,|\, \_ \cup \cup \,|\, \_ \cup \cup \,\|\, \_ \cup \cup \,|\, \_ \cup \cup \,|\, \_ \_ \,\|$$ vulgo: Hexameter.

$$\_ \cup \cup \,|\, \_ \cup \cup \,|\, \_ \,\|\, \_ \cup \cup \,|\, \_ \cup \cup \,|\, \_ \,\|$$ „ Pentameter.

Der feierliche Charakter aber ist damit keineswegs verschwunden: vielmehr haben diese Klagedactylen immer einen sehr würdigen und gemessenen Inhalt und neigen eher zu moralischen und
religiösen Betrachtungen als zum wilden Kommos, dem die Dochmien als Metrum dienen. Dienen sie ja der Todtenklage, so erscheint auch diese als ein heiliger und religiöser Gebrauch, geht
also leicht in ein Gebet über. Hieraus ist ersichtlich, dass V. 1,
2 und 5 in unserer Strophe nur Dactylen sein können; denn die
Klagen der Danaiden haben einen moralischen Grund, und wir
sehen, dass sie hier in ein feierliches Gebet übergehen oder endlich zu fester Zuversicht sich erheben (Gstr. V. 5). Mehr individuelle Betrachtungen sind, wie gewöhnlich, in diplasischen Versen
(3. und 4.) ausgesprochen. — Auf keinen Fall durften die drei

Str. γ'.

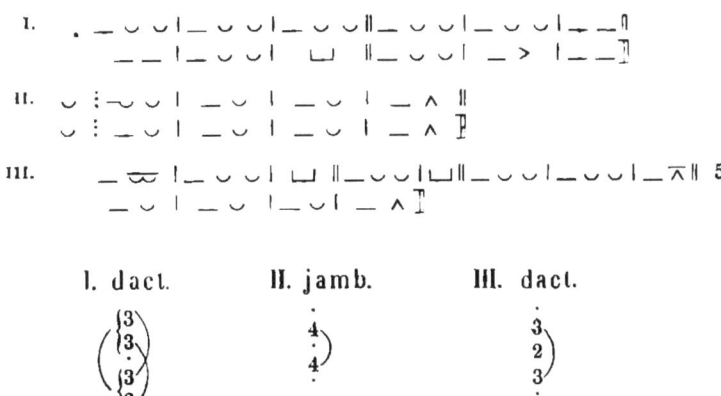

I. dact.   II. jamb.   III. dact.

troch. 4

---

ersten Strophen als in demselben logaödischen Metrum stehend betrachtet werden. — Das Epodikon unserer Strophe soll den Uebergang zu den folgenden diplasischen Strophen vermitteln.

Str. V. 4 hat Hartung δ' ἀνϑεμίζομαι in τανταλίζομαι umgeändert. Dies ist eine seiner allermisslungensten Conjecturen, denn es wird hierdurch die grammatische Correlation aufgehoben, ein echt griechischer und besonders Aeschyleïscher Tropos entfernt und eine ganz neue Metapher eingeführt. Sagt doch Aeschylos Ag. V, ς': ἀμφιϑαλῆ κακοῖς · · βίον, VII, Syst. α' ἐπανϑίζεσϑαι αἷμα u. s. w.: wie ist es möglich, an so vielen übereinstimmenden Stellen die Auctorität der Handschriften für nichts zu achten? Gerade dass diese Stellen (wozu noch mehr gefügt werden können) zum Theil fehlerhaft überliefert sind, ist ein neuer Beweis, dass die Ausdrucksweise antik ist, von byzantinischen Abschreibern aber nicht mehr verstanden wurde.

Ich komme gegen meinen Gebrauch auf Conjecturen zu sprechen, denen ich das Ueberlieferte vorgezogen. Schon V. 5 ist nämlich ein ähnlicher Fall. Hartung schreibt δειμαίνουσα, eine unerhörte Form, die vom Metrum keineswegs verlangt wird.

σ. δ'.   Εὖ θείη θεός. εἰ δ' ἄρ' ἀληθῶς,
Διὸς ἵμερος οὐκ εὐθήρατος ἐτύχθη·
Παντᾷ τοι φλεγέθει
κἀν σκότῳ, μελαίνᾳ ξυντυχίᾳ μερόπεσσι λαοῖς.

ἀ. δ'.   Πίπτει δ' ἀσφαλὲς οὐδ' ἐπὶ νώτῳ,
κορυφᾷ Διὸς εἰ κρανθῇ πρᾶγμα τέλειον.
Δαυλοὶ γὰρ πραπίδων
δάσκιοί τε παρτείνουσι πόροι, κατιδεῖν ἄφραστοι.

σ. ε'.   Ἰάπτει δ' ἐλπίδων
ἀφ' ὑψιπύργων πανώλεις βροτούς,
βίαν δ' οὔτις ἐξαλύξει.
Πάντ' ἄπονον δ' ἑζόμενον
5   Ζηνὸς ἄνω φρόνημά πως
αὐτόθεν ἐξέπραξεν ἔμπας ἑδράνων ἀφ' ἁγνῶν.

ἀ. ε'.   Ἰδέσθω δ' εἰς ὕβριν
βρότειον, οἷα νεάζει, πυθμὴν
δι' ἁμὸν γάμον τεθαλὼς
Δυσπαραβούλοισι φρεσίν,
5   καὶ δι' ἄνοιαν μαινόλιν
κέντρον ἔχων ἄφυκτον, ἄταν δ' ἀπάτᾳ μεταγνούς.

σ. ς'.   Τοιαῦτα πάθεα μέλεα θρεομένα δ' ἐγὼ
λιγέα βαρέα δακρυοπετῆ,
ἰὴ ἰή,
Ἰηλέμοισιν ἐμπρεπῆ
5   ζῶσα γόοις με τιμῶ.
Ἱλέομαι μέν σ' Ἀπίαν βοῦνιν,
κάρβανον αὐδὰν εἰ κοεῖς,
Πολλάκι δ' ἐμπίτνω
ξὺν λακίδι λίνοισιν ἦ Σιδονίᾳ καλύπτρᾳ.

ἀ. ς'.   Θεοῖς δ' ἐναγέα τέλεα, πελομένων καλῶς,
ἐπίδρομος ὅθι θάνατος ἀπῇ.
ἰὼ ἰώ,
Ἰὼ δυσάγκριτοι πόνοι·
5   ποῖ τόδε κῦμ' ἀπάξει;

Ἱλέομαι μέν σ' Ἀπίαν βοῦνιν,
κάρβανον αὐδὰν εἰ κοεῖς,
  Πολλάκι δ' ἐμπίτνω
ξὺν λακίδι λίνοισιν ἦ Σιδονίᾳ καλύπτρᾳ.

Str. δ'.

Str. ε'.

Str. ς'.

σ. ζ.   Πλάτα μὲν οὖν λινορραφής τε δόμος ἅλα στέγων δορὸς
ἀχείματον μ᾽ ἔπεμπεν ἀμπνοαῖς,
     Οὐδὲ μέμφομαι· τελευτὰς δ᾽ ἐν χρόνῳ
πατήρ μοι πανόπτας πρευμενεῖς κτίσειεν,
5   Σπέρμα σεμνᾶς μέγα ματρὸς εὐνὰς
ἀνδρῶν ἄγαμον ἀδάματον ἐκφυγεῖν.

ά. ζ.   Θέλουσα δ᾽ αὖ θέλουσαν ἀγνά μ᾽ ἐπιδέτω Διὸς κόρα,
ἔχουσα σέμν᾽ ἐνώπι᾽ Ἄρτεμις,
     Παντὶ δὲ σθένει, διωγμοῖς ἀσχαλῶσ᾽,
ἀδμήτας ἀδμήτα ῥύσιος γενέσθω,
5   Σπέρμα σεμνᾶς μέγα ματρὸς εὐνὰς
ἀνδρῶν ἄγαμον ἀδάματον ἐκφυγεῖν.

σ. η′.   Εἰ δὲ μή, μελανθὲς
ἡλιόκτυπον γένος
τὸν γάιον τὸν πολυξενώτατον Ζῆνα τῶν κεκμηκότων
ἱξόμεσθα σὺν κλάδοις
5   ἀρτάναις θανοῦσαι,
μὴ τυχοῦσαι θεῶν Ὀλυμπίων.
     Ὦ Ζάν, Ἰοῦς ἰὼ
μῆνις μάστειρ᾽ ἐκ θεῶν.
κοννῶ δ᾽ ἄταν γαμετᾶς
10   οὐρανόνικον· χαλεποῦ γὰρ
ἐκ πνεύματος εἰσιν χειμών.

ά. η′.   Καὶ τότ᾽ οὐ δικαίοις
Ζεὺς ἐνέξεται λόγοις,
τὸν τᾶς βοὸς παῖδ᾽ ἀτιμάσας τὸν αὐτός ποτ᾽ ἔκτισεν γάμῳ,
νῦν ἔχων παλίντροπον
5   ὄψιν ἐν λιταῖσιν·
ὑψόθεν δ᾽ εὖ κλύοι καλούμενος.
     Ὦ Ζάν, Ἰοῦς ἰὼ
μῆνις μάστειρ᾽ ἐκ θεῶν.
κοννῶ δ᾽ ἄταν γαμετᾶς
10   οὐρανόνικον· χαλεποῦ γὰρ
ἐκ πνεύματος εἰσιν χειμών.

Str. ζ'.

I.   ‿ : ⏤ ‿ | ⏤ | ⏤ ‿ | ⏤ ‿ | ⏤ ≳ ‖ ‿ ‿ ‿ | ⏤ ‿ | ⏤ ‿ | ⏤ ⌃ ‖
    ‿ : ⏤ ‿ | ⏤ ‿ | ⏤ ‿ | ⏤ ‿ | ⏤ ⌃]

II.   ⏤ ‿ | ⏤ ‿ | ⏤ ‿ ‖ ∟ ‖ ∟ | ⏤ ‿ | ⏤ ⌃ ‖
    ‿ : ∟ | ⏤ ‿ | ∟ | ∟ ‖ ⏤ ‿ | ⏤ ‿ | ⏤ ‿]

III.   ⏤ ‿ | ∟ | ⏤ ‿‿ | ⏤ ‿ | ⏤ ‿ ‖   5
    ≳ : ⏤ ‿ | ‿ ‿ ‿ | ‿ ‿ ‿ | ⏤ ‿ | ⏤ ⌃]

I. 4) 4) 5   II. (4) (3) (4') (3)   III. 5) 5)

Str. η'.

I.   ⏤ ‿ | ⏤ ‿ | ⏤ ‿ ‖
    ⏤ ‿ | ⏤ ‿ | ⏤ ‿ | ⏤ ⌃ ‖
    ‿ : ⏤ ‿ | ∟ | ⏤ ‿ | ⏤ ≳ ‖ ⏤ ‿ | ∟ ‖ ⏤ ‿ | ⏤ ‿ | ⏤ ‿ | ⏤ ⌃ ‖
    ⏤ ‿ | ⏤ ‿ | ⏤ ‿ ‖ ⏤ ⌃ ‖
    ⏤ ‿ | ∟ | ⏤ ‿ | ⏤ ‿ | ⏤ ‿ | ⏤ ⌃]   5

II.   ⏤ : ⏤ ⏤ | ⏤ ⏤ | ⏤ ⊼ ‖
    ⏤ : ⏤ ⏤ | ⏤ ⏤ | ⏤ ⊼ ‖
    ⏤ : ⏤ ⏤ | ⏤ ‿ ‿ | ⏤ ⊼ ‖
    ⏤ : ‿ ‿ ⏤ | ⏤ ‿ ‿ | ⏤ ⏤ ‖   10
    ⏤ : ⏤ ‿ ‿ | ⏤ ⏤ | ⏤ ⏤]

I. trochäisch.   II. anapästisch.

I. 3 4 4 2 4 4 3 6 ἐπ.   II. 3) 3) 3) 3) 3)

Str. δ' — η'.

Zerlegung in kleine Perioden, mehrfaches Vorkommen der
Dipodie (in ζ' als Einzelvers, und daher gut vertheidigt) u. s. w.
sind diesen Strophen eigenthümlich; Per. I in η' vereinigt dann alle
Hauptkola in sich, fasst also gleichsam die voraufgegangenen Perioden zusammen.

II.

Der zweite Chorgesang, V. 346—406.

σ. α'.   Παλαίχϑονος
τέκος, κλῦϑί μου πρόφρονι καρδίᾳ,
Πελασγῶν ἄναξ.
"Ἴδε με τὰν ἱκέτιν φυγάδα, περίδρομον
5 λυκοδίωκτον, ὡς δάμαλιν ἀμ πέτραις
'Ηλιβάτοις, ἵν' ἀλκᾷ πίσυνος μέμυκε φράζουσα βοτῆρι μόχϑους.

ἀ. α'.   "Ἴδοιτο δῆτ'
ἄνατον φυγὰν ἱκεσία Θέμις
Διὸς Κλαρίου.
Σὺ δὲ παρ' ὀψιγόνου μάϑε πέρα φρονῶν·
5 ποτιτρόπαιον αἰδόμενος οὐ μάτην
[Θεοκλυτήσεις, ἀλλ'] ἱεροδόκα [πέλει] ϑεῶν λήμματ' ἀπ'
ἀνδρὸς ἁγνοῦ.

σ. β'.   Σύ τοι πόλις,
σὺ δὲ τὸ δάμιον, πρύτανις ἄκριτος ὤν,
Κρατύνεις βωμόν, ἑστίαν χϑονός·
μονοψήφοισι νεύμασιν σέϑεν
5 μονοσκήπτροισι δ' ἐν ϑρόνοις χρέος
πᾶν ἐπικραίνεις· ἄγος φυλάσσου.

ἀ. β'.   Τὸν ὑψόϑεν
σκοπὸν ἐπισκόπει, φύλακα πολυπόνων
Βροτῶν οἳ τοῖς πέλας προσήμενοι,
δίκας οὐ τυγχάνουσιν ἐννόμου.
5 μένει τοι Ζηνὸς ἱκεσίου κότος
δυσπαράϑελκτος παϑόντος οἴκτοις.

Str. α′.

I. ◡ : ‒ ◡ ‒‖
◡ : ‒ ‒ ◡ | ‒ ◡ ‖ ◡ ◡ ‒ ◡ | ‒ ᴧ ‖
◡ : ‒ ‒ ◡ | ‒ ᴧ]

II. ◡ ◡ ◡ | ‒◡ | ᴸ ‖ ◡ ◡ ◡ | ‒ ◡ | ‒ ᴧ‖
◡ ◡ ◡ | ‒ ◡ | ᴸ ‖ ◡ ◡ ◡ | ‒ ◡ | ‒ ᴧ]   5

III. ⅋ : ◡ ◡ ‒ ⁊ | ‒ ⅋ ‖ ◡ ◡ ◡ | ‒ ⁊ ‖ ᴸ | ‒◡ ◡ | ‒ ◡ | ‒ ◡]

I. dochmisch.   II. trochäisch.   III. dochmisch.

päon. προ.

do ⎞
do})
do ⎠

(3 ⎞
  3 ⎟
  3 ⎟
  3 ⎠)

do ⎞
do)
log. 4 ἐπ.

Str. β′.

I. ◡ : ‒ ◡ ‒ ‖
◡ : ◡ ◡ ‒ ◡ | ‒ ◡ ‖ ◡ ◡ ◡ ◡ ◡ | ‒ ᴧ]

II. ◡ : ᴸ | ᴸ | ‒ ◡ | ‒ ◡ | ‒ ◡ | ‒ ᴧ‖
◡ : ᴸ | ᴸ | ‒ ◡ | ‒ ◡ | ‒ ◡ | ‒ ᴧ ‖
◡ : ᴸ | ᴸ | ‒ ◡ | ‒ ◡ | ‒ ◡ | ‒ ᴧ ‖   5
‒◡ ◡ | ᴸ | ‒ ◡ | ‒ ◡ | ᴸ | ‒ ᴧ]

I. dochmisch.   2. jambisch.

päon.

do ⎞
do)

6 ⎞
6 ⎟
6 ⎟
6 ⎠

Str. α′.

V. 4—5 können durchaus nicht in Dochmien getheilt werden,

σ. γ′.   Μήτι ποτ᾽ οὖν γενοίμαν ὑποχείριος
κράτεσιν ἀρσένων. δι᾽ ἄστρων δέ τοι
μῆχαρ ὁρίζομαι γάμου δύσφρονος
φυγᾷ, ξύμμαχον δ᾽ ἑλόμενος Δίκαν κρῖνε σέβας τὸ πρὸς θεῶν.

ἀ. γ′.   Ἀμφοτέρων ὁμαίμων τάδ᾽ ἐπισκοπεῖ
Ζεὺς ἑτερορρεπής, νέμων εἰκότως
ἄδικα μὲν κακοῖς, ὅσια δ᾽ ἐννόμοις.
τί, τῶνδ᾽ ἐξ ἴσου ῥεπομένων μεταλγεῖς τὸ δίκαιον ἔρξαι;

Str. γ′.

k.

> : ⏝ ⏝ _ ⏝ | _ > ‖ ⏝ ⏝ _ ⏝ | _ ∧ ‖   1—2.
⋛ : ⏝ ⏝ _ ⏝ | _ ⏝ ‖ _ _ _ ⏝ | _ ∧ ‖   3—4.
⋛ : ⏝ ⏝ _ ⏝ | _ ⏝ ‖ ⤳ _ _ ⏝ | _ ∧ ‖   5—6.
⏝ : _ _ ⏝ | _ ⏝ ‖ ⏝ ⏝ _ ⏝ | _ ‖ ⁓ ⏝ | _ ⏝ | _ | _ ∧ ‖ 7—9.

log. 4 ἐπ.

da der erste derselben die unmögliche Form ⏝ : ⏝ ⏝ ⏝ ⁓ ⏝ | _
erhalten würde; s. § 18, 5, vgl. 3.

     Gstr. V. 6 ist lückenhaft überliefert. Die Hartungschen Aenderungen und Zusätze genügen keineswegs, da auch nur eine mangelhafte metrische Responsion dadurch hergestellt wird, wie das Schema zeigt. Es war aber nicht besseres in promptu.

Str. γ′.

Ueber den Dochmius K. 8 vgl. § 18, 6.

III.

Der dritte Chorgesang, V. 418—437.

Φρόντισον, καὶ γενοῦ πανδίκως   ɔ. α΄.
εὐσεβὴς πρόξενος·
τὰν φυγάδα μὴ προδῷς,
τὰν ἕκαθεν ἐκβολαῖς
δυσθέοις ὁρμέναν·   5

Μηδ᾿ ἴδῃς μ᾿ ἐξ ἑδρᾶν πολυθέων   ἀ. α΄.
ῥυσιασθεῖσαν, ὦ
πᾶν κράτος ἔχων χθονός.
γνῶθι δ᾿ ὕβριν ἀνέρων,
καὶ φύλαξαι κότον.   5

Μήτι τλῇς τὰν ἱκέτιν εἰσιδεῖν,   σ. β΄.
ἀπὸ βρετέων βίᾳ Δίκας ἀγομέναν
ἱππηδὸν πλέκων
πολυμίτων πέπλων τ᾿ ἐπιλαβὰς ἐμῶν.

Ἴσθι γάρ, παισὶ τάδε καὶ δόμοις   ἀ. β΄.
ὁπότερ᾿ ἂν κτίσῃς, μένειν χερὶ τίνειν
ὁμοίαν θέμιν.
τάδε φράσαι δίκαια Διόθεν κράτη.

Str. α΄.

```
_ ᴜ _ | _ ᴜ _ | ⌣⌣ ᴜ _ ||          pãonisch.
_ ᴜ _ | _ ᴜ _ ||                    3 προ.
_ᴜᴜᴜ | _ ᴜ _ ||                     2
_ᴜᴜᴜ | _ ᴜ _ ||                     2
_ ᴜ _ | _ ᴜ _]]                     2
                                    2      5
```

Str. β΄.

```
 ·
    _ ᴜ _ | _ ᴜ ᴜ ᴜ | _ ᴜ _ ||           dochmisch.
ᴜ : ᴜ ᴜ _ ᴜ | _ ᴜ  || _ ᴜ ᴜ ᴜ | _ ʌ ||   pãon. 3 προ.
⋛ : _ _ ᴜ |  _ ʌ  ||                      {do
ᴜ : ᴜ ᴜ _ ᴜ | _ ᴜ  || ᴜ ᴜ _ ᴜ | _ ʌ]]     {do
                                            do
                                           {do
                                           {do
```

IV.

Das erste Stasimon, V. 524—599.

σ. α'. Ἄναξ ἀνάκτων, μακάρων
μακάρτατε, καὶ τελέων
τελειότατον κράτος, ὄλβιε Ζεῦ,
πιϑοῦ τι καὶ γένει σῷ,
5   Ἄλευσον ἀνδρῶν ὕβριν εὖ στυγήσας·
λίμνᾳ δ' ἔμβαλε πορφυροειδεῖ
τὰν μελανόζυγ' ἄταν.

ἀ. α'. Τὸ πρόσϑεν αἴνοις ἐπιδὼν
παλαίφατον ἀμέτερον
γένος φιλίας προγόνου γυναικός,
νέωσον εὔφρον' αἶνον,
5   Γενοῦ πολυμνᾶστορ, ἔφαπτορ Ἰοῦς.
δίας τοι χϑονὸς εὐχόμεϑ' εἶναι,
γᾶς ἀπὸ τᾶσδ' ἔνοικοι.

σ. β'. Παλαιὸν δ εἰς ἴχνος μετέσταν,
ματέρος ἀνϑονόμους ἐπωπάς,
λειμῶνα βούχιλον, ἔνϑεν Ἰὼ
Οἴστρῳ ἐρεσσομένα
5 φεύγει ἁμαρτίνοος,
Πολλὰ βροτῶν διαμειβομένα φῦλα, διχῇ δ' ἀντίπορον
Γαῖαν, ἐν αἴσᾳ διατέμνουσα πόρον κυματίαν, ὁρίζει.

ἀ β'. Διέπτα δ' Ἄσιδος δι' αἴας
μηλοβότου Φρυγίας διαμπάξ·
περᾷ δὲ Τεύϑραντος ἄστυ Μυσῶν
Λύδιά τ' ἀγ γύαλα
5 καὶ δι' ὀρῶν Κιλίκων,
Παμφύλων τε διορνυμένα καὶ ποταμοὺς ἀενάους
Καὶ βαϑύπλουτον χϑόνα καὶ τὰν Ἀφροδίτας πολύπυρον αἶαν.

Str. α′.

Str. β′.

Str. β′.

Kleine Perioden und Dipodien sind für die Cantica in den Schutzflehenden charakteristisch.

σ. γ′.   Ἰκνεῖται δ᾽, ἐκτορουμένα βέλει
βουκόλου πτερόεντος,
Δῖον πάμβοτον ἄλσος,
λειμῶνα χιονόβοσκον, ὅν τ᾽ ἐπέρχεται
5   Τυφῶ μένος
ὕδωρ τε Νείλου νόσοις ἄθικτον,
Μαινομένα πόνοις ἀτίμοις ὀδύναις τε κεντροδαλήμοσι θυιας
῞Ηρας.

ά. γ′.   Βροτοὶ δ᾽ οἳ γᾶς τότ᾽ ἦσαν ἔννομοι
χλωρῷ δείματι θυμὸν
πάλλοντ᾽, ὄψιν ἀήθη
σῶμ᾽ εἰσορῶντες δυσχερὲς μιξόμβροτον,
5   Τὰν μὲν βοός,
τὰν δ᾽ αὖ γυναικός· τέρας δ᾽ ἐθάμβουν.
Καὶ τότε δὴ τίς ἦν ὁ θελξας πολύπλαγκτον ἀθλίαν οἰστρο-
δίνητον Ἰώ;

σ. δ′.   Ζεὺς αἰῶνος κρέων ἀπαύστου.
κραίνων Ζεὺς γὰρ ἔθηκεν
δύας ἀπήμαντον σθένει καὶ θείαις ἐπιπνοίαις.
παύεται δακρύων ἀποστάζειν πένθιμον αἰδῶ,
5   λαβοῦσα δ᾽ ἕρμα Δῖον ἀψευδεῖ λόγῳ
γείνατο παῖδ᾽ ἀμεμφῆ

ά. δ′.   Δι᾽ αἰῶνος μακροῦ πάνολβον.
ἔνθεν πᾶσα βοᾷ χθών·
„φυσίζοον γένος τόδε Ζηνός ἐστιν ἀληθῶς·
τίς γὰρ ἂν κατέπαυσεν ῞Ηρας νόσους ἐπιβούλους;“
5   Διὸς τόδ᾽ ἔργον· καὶ τόδ᾽ ἂν γένος λέγων
ἐξ Ἐπάφου κυρήσαις.

Str. γ′.

Die Responsion ⏒ ⏑ im vierten Verse ist auffällig, aber
handschriftlich. Man darf in solchem Falle nicht ändern, da eine
antistrophische Responsion ad amussim keineswegs überliefert, für
den melischen Satz auch nicht nothwendig ist.

Str. γ′.

I. ⏑ : ⌞ | ⌞ |‿⏑|‿⏑|‿⏑|‿⏑|‿∧‖
  ‿ ₹ |∾⏑|‿⏑‖
  ‿ > |∾⏑|‿⏑‖
  > :‿⏑|∾ ₹|‿⏑|‿ ₹|‿⏑|‿∧]

II. > :‿⏑|‿∧ ‖   5
  ₹:‿⏑| ⌞ ‖‿⏑|‿⏑| ⌞ |‿∧]

III.   ∾⏑|‿⏑|‿⏑| ⌞ ‖∾⏑|‿⏑|‿⏑| ⌞ ‖∾⏑|
                          ‿⏑| ⌞ |‿∧]

I. 6.}   II. 2.}   III. 4.}
  3.}   2.}   4.}
  3.}   4. ἐπ.   4.}
  6.

Str. δ′.

⌐ : ⌞ | ⌞ |‿⏑|‿⏑| ⌞ |‿∧‖
  ‿ > |∾⏑| ⌞ |‿∧‖
⏑ :‿⏑|‿ ₹|‿⏑| ⌞ ‖‿⏑|∾⏑|⌞|‿∧‖
  ‿⏑|∾⏑|‿⏑| ⌞ ‖‿ ₹|∾⏑|⌞|‿∧‖
⏑ :‿⏑|‿ ₹|‿⏑|‿ ₹|‿⏑|‿∧‖   5
  ∾⏑|‿⏑| ⌞ |‿∧]

Die zweite Periode ist malerisch, das Erstaunen zu bezeichnen, in der Strophe bei der Erscheinung des Typhon, in der Gegenstrophe bei dem σῶμα μιξόμβροτον; daher die Dipodie.

Str. δ′.

Str. V. 4. Was die Handschriften bieten, ist, wie Hartung

σ. ε'. Τίν' οὖν ϑεῶν ἐνδικωτέρως ἂν
κεκλοίμαν εὐλόγοις ἐπ' ἔργοις;
["Εστ' ἄρα] πατὴρ φυτουργὸς αὐτόχειρ, ἄναξ,
γένους παλαιόφρων μέγας
5 τέκτων, τὸ πᾶν μῆχαρ, οὔριος Ζεύς.

ά. ε'. 'Υπ' ἀρχᾶς δ' οὔτινος ϑοάζει
τὸ μεῖον, κρεσσόνων κρατούντων,
Οὔτινα δ' ἄνωϑεν ἥμενον σέβει κάτω.
πάρεστι δ' ἔργον ὡς ἔπος
5 σπεῦσαί τι τῶν βούλιος φέρει φρήν.

---

richtig bemerkt, ohne Sinn; aber alles ist vollkommen in Ordnung,
wenn man schreibt

ἀποστάζειν für ἀποστάζει.

Der prädicative Infinitiv ist bekanntlich bei παύειν gar nicht
selten. Der Sinn ist nun: „Sie hört auf, in tröpfelnden Thränen
Trauer und Scham zu zeigen.“ — Das Hartungsche ἀποστᾶσα
ist unannehmbar; mindestens müsste ein mediales Particip, ἀπο-
στασαμένα, stehen; aber auch dann käme kein Sinn heraus, denn
man könnte nur übersetzen: „Sie hört auf, Trauer und Scham
von sich abgewendet zu haben.“

Str. V. 5 hat Hartung ἕρμα mit ἔρνος vertauscht: es ist eins
der vielen Beispiele, wo er die griechische Tropologie missver-
steht. ˙ Der Tropos ἔρνος im Sinne des σπέρμα Δῖον ist völlig unmöglich: ἔρνος ist der aufwachsende Sprössling oder Baum, demgemäss tropisch der aufwachsende Jüngling. ἕρμα dagegen ist in
echt antiker und natürlicher Anschauungsweise gebraucht; es ist
nicht blos = saburra, sondern jede Last, womit ein hohler Körper
angefüllt wird. — Eben so unverständlich ist Hartungs αἰὼν χρό-
νων, welches er Str. V. 1 herstellt.

Str. ε'.

Str. V. 1.   οὖν und ἄν nach Hartung.

Str. ε′.

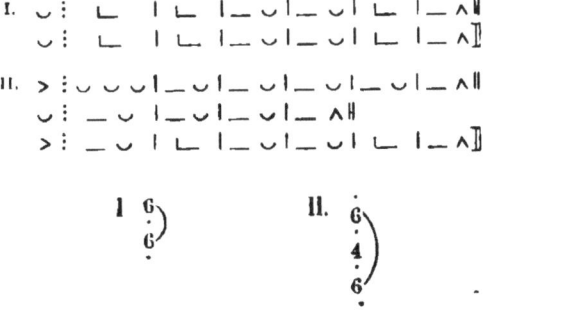

5

Str. V. 3. Wie die Gegenstrophe zeigt, ist hier eine Lücke, die ich durch

$$[ἔστ' ἄρα]$$

ausgefüllt habe.

Die kühnen Streichungen Hartungs in Strophe und Gegenstrophe konnten in keinem Falle gut geheissen werden. Vielmehr sind in der Gegenstrophe nur die Wortformen (besonders die Flexionen) in Verwirrung gerathen, und es konnte leicht Abhülfe durch folgende Abänderungen erzielt werden:

δοάζει für δοάζων,
κρατούντων für κρατύνειν,
οὕτινα δ' für οὕτινος,
ἥμενον für ἡμένου.

Die ganze Verwirrung ist wohl daraus entstanden, dass man δοάζειν fälschlich = sedere, statt = frequentare fasste.

V.

Das zweite Stasimon, V. 630—709.

σ. α'.   Νῦν ὅτε καὶ θεοὶ
Διογενεῖς, κλύοιτ' εὐκταῖα γένει χεούσας·
μήποτε πυρίφατον
Τὰν Πελασγίαν πόλιν
5 τὸν ἄχορον βοὰν κτίσαι
μάχλον Ἄρη, τὸν ἀρότοις
θερίζοντα βροτοὺς ἐν ἄλλοις·
Οὕνεχ' ᾤκτισαν ἡμᾶς,
ψῆφον δ' εὔφρον' ἔθεντο·
10 αἰδοῦνται δ' ἱκέτας Διός, ποίμναν τάνδ' ἀμέγαρτον.

ἀ α'.   Οὐδὲ μετ' ἀρσένων
ψῆφον ἔθεντ', ἀτιμώσαντες ἔριν γυναικῶν,
Δῖον ἐπιδόμενοι
Πράκτορ' [ὑψόθεν] σκοπὸν
5 δυσπολέμητον, ὃν τίς ἂν
δόμος ἕλοιτ' ἐπ' ὀρόφων
ἐμβαίνοντα; βαρύς δ' ἐφίζει.
Ἄζονται γὰρ ὁμαίμους
Ζηνὸς ἵκτορας ἁγνοῦ.
10 τοιγάρτοι καθαροῖσι βωμοῖς θεοὺς ἀρέσονται.

Str. α'.

Das Metrum der Schlussperiode dient mehrfach als eine Art Refrain für diplasische Strophen, so hier noch Str. β' und γ', dann Ag. II, α', β', γ'.

Die Aenderungen Hartungs in der Strophe sind unnöthig. Besser sind seine Leistungen in der Gegenstrophe, doch war Δῖον V. 3 zu belassen. V. 4 konnte πράκτορα [πάν] σκοπον, dem zu Liebe Hartung in der Strophe ändert, nicht hergestellt werden,

Str. α'.

vielmehr war für das handschriftliche τε σκοπόν etwas zu suchen, welches dem Metrum der Strophe entsprach. Ich vermuthe

[ὑψόθεν],

da τε jedenfalls nicht verwendbar ist. Hiermit stimmt auch die Erklärung des Scholiasten, der sicher nicht die Glosse πάνσκοπον geschrieben hätte, wenn dieses schon im Texte gestanden hätte. Das ὑψόθι, ὑψόθεν ist eine ganz geläufige Bestimmung der Götter, wenn von ihrer Herrschaft oder ihrem Blick über die ganze Erde gesprochen wird (ὑψιμέδων, Ὑπερίων u. dgl.). Nur dadurch ist Helios, Zeus u. s. w. der allsehende, dass er von oben herabblickt und, wie es von letzterem im vorigen Chorikon heisst:

οὕτινα δ' ἄνωθεν ἥμενον σέβει κάτω.

Demgemäss wäre die Notiz des Scholiasten, πάνσκοπον, eine blosse Verflachung und Erklärung von ὑψόθεν σκοπόν.

σ. β'.   Καὶ γὰρ ὑποσκίων νῦν στομάτων ποτάσθω φιλότιμος εὐχά,
      Μήποτε λοιμὸς ἀνδρῶν
     τῶνδε πόλιν κενώσαι·
     μηδ' ἐπιχωρίοις [στάσις]
5 πτώμασιν αἱματίσαι πέδον γᾶς.
      Ἥβας δ' ἄνθος ἄδρεπτον
     ἔστω, μηδ' Ἀφροδίτας
     εὐνάτωρ βροτόλοιγος Ἄρης κέρσειεν ἄωτον.

ά. β'.   Καὶ γεραροὶ [δὲ] πρεσβυτοδόκοι γεμόν ων θυμέλαι, φλε-
                                     γόντων,
      Ὡς πόλις εὖ νέμοιτο,
     Ζῆνα μέγαν σεβόντων
     τὸν ξένιον δ' ὑπέρτατον,
5 ὃς πολιῷ νόμῳ αἶσαν ὀρθοῖ.
      Τίκτεσθαι δ' ἐφόρους γᾶς
     ἄλλους εὐχόμεθ' ἀεί.
     Ἄρτεμιν δ' Ἑκάταν γυναικῶν λόχους ἐφορεύειν.

σ. γ'.   Μηδέ τις ἀνδροκμὴς λοιγὸς ἐπελθέτω
     τάνδε πόλιν δαΐζων
     ἄχορον ἀκίθαριν δακρυογόνον Ἄρη
     βοάν τ' ἔνδημον ἐξοπλίζων.
5   Νούσων δ' ἑσμὸς ἀπ' ἀστῶν
     ἵζοι κρατὸς ἀτερπής,
     εὐμενὴς δ' ὁ Λύκειος ἔστω πάσᾳ νεολαίᾳ.

ά. γ'.   Καρποτελῆ δέ τοι Ζεὺς ἐπικραινέτω
     φέρματι γᾶν πανώρῳ,
     πρόνομα τε βοτὰ γᾶς πολύγονα τελέθοι·
     τὸ πᾶν δ' ἐκ δαιμόνων λάβοιεν.
5   Εὔφαμον δ' ἐπὶ βωμοῖς
     μοῦσαν θεῖεν ἀοιδοί.
     ἁγνῶν δ' ἐκ στομάτων φερέσθω φάμα φιλόφορμιγξ.

Str. β′.

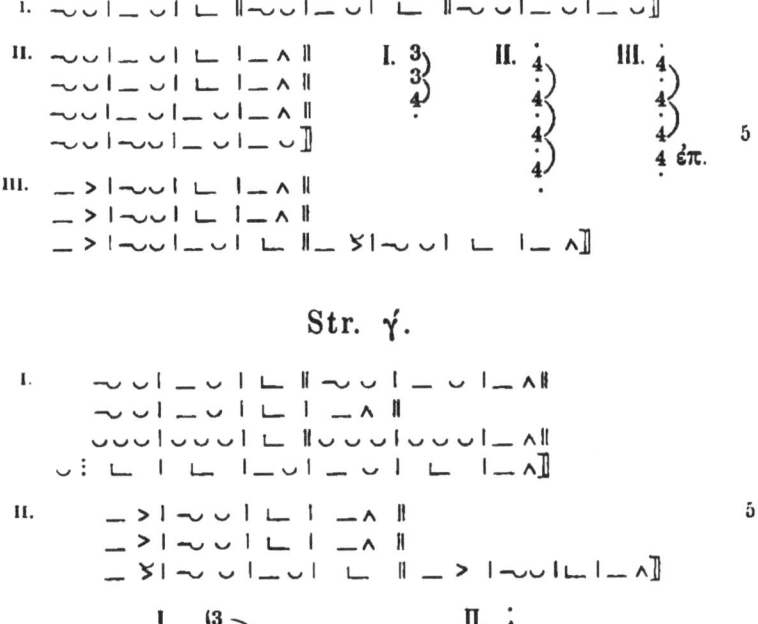

Str. γ′.

Str. γ′.

Gstr. V. 1. Hartungs Aenderung ἔτει ist verfehlt, da man φέρματι πανώρῳ nur als Erklärung von καρποτελεῖ ἔτει, die matt genug wäre, fassen könnte. Ich habe Stanleys Besserung δέ τοι vorgezogen.

Gstr. V. 3. Hartungs ποιονόμα passt nicht ins Metrum; ich habe deshalb πρόνομα belassen und Hermanns βοτὰ γᾶς aufgenommen. Dies bedeutet einfach: „Das Weidevieh des Landes" und ist von Hartung mit Unrecht bespottet worden.

σ. δ'.   Φυλάσσοι [Ͽαρραλέως] δὲ τιμὰς
τὸ δήμιον τὸ πτόλιν κρατύνει
προμηϿές, εὐκοινόμητις ἀρχά·
Ξένοισι τ' εὐξυμβόλους,
5 πρὶν ἐξοπλίζειν "Αρη
δίκας ἄτερ πημάτων διδοῖεν.

ἀ. δ'.   Θεοὺς δ', οἳ γᾶν ἔχουσιν, ἀεὶ
τίοιεν ἐγχωρίους πατρῴαις
δαφνηφόροις βουϿύτοισι τιμαῖς.
Τὸ δ' αὖ τεκόντων σέβας
5 τρίτον τόδ' ἐν Ͽεσμίοις
Δίκας γέγραπται μεγιστοτίμου.

Str. δ'.

Str. V. 1 war nichts zu ändern als ἀτιμίας, das ein blosser
Schreibfehler aus dem folgenden τιμάς ist. Hartungs Emendation
ἀτρέμας bildet, wie ἀτιμίας, einen nicht zu duldenden Hiatus mit
φυλάσσοι, oder auch es zieht weitere Aenderungen nach sich, zu
denen kein Grund vorhanden ist. Auf ἀτιμίας ist vielmehr
keinerlei Rücksicht zu nehmen, und die Lücke ist durch irgend
ein in Metrum und Sinn passendes Wort auszufüllen. Ich habe
[Ͽαρραλέως]
gewählt.

Str. V. 3.   Grammatik und Metrum fordern gleichmässig
προμηϿές für προμηϿεύς.

Somit wäre der Strophe geholfen ohne Aenderungen von dem
Umfange, wie Hartung sie vorgenommen hat.

Str. δ'.

I.   ‿ ⋮ ∟ | ∟ |‿‿|‿‿| ∟ |‿∧ ‖
    ‿ ⋮‿‿| ∟ |‿‿|‿‿| ∟ |‿∧ ‖
    ‿ ⋮‿‿| ∟ |‿‿|‿‿| ∟ |‿∧ ‖

II.   ‿ ⋮‿‿| ∟ |‿‿|‿∧ ‖
    ‿ ⋮‿‿| ∟ |‿‿|‿∧ |
    ‿ ⋮‿‿| ∟ |‿‿|‿‿| ∟ |‿∧ ‖

                                                                         5

$$\text{I.} \quad \left.\begin{matrix} \dot{6} \\ \dot{6} \\ \dot{6} \end{matrix}\right\} \qquad\qquad \text{II.} \quad \left.\begin{matrix} \dot{4} \\ \dot{4} \end{matrix}\right)$$

                                          $\dot{6}$ ἐπ.

VI.

Der sechste Chorgesang, V. 734—759.

σ. α'. Πάτερ, φοβοῦμαι, νῆες ὡς ὠκύπτεροι
ἥκουσι, μῆκος δ' οὐδὲν ἐν μέσῳ χρόνου.
Περίφοβόν μ' ἔχει τάρβος· ἐτητύμως
πολυδρόμου φυγᾶς ὄφελος εἴ τι μοι
5   παροίχεται, πάτερ, δείματι.

ἀ. α'. Ἐξῶλές ἐστι μάργον Αἰγύπτου γένος
μάχης τ' ἄπληστον· καὶ λέγω πρὸς εἰδότα.
Δοριπαγεῖς δ' ἔχοντες κυανώπιδας
νῆας, ἔπλευσαν ὧδ' ἐπὶ ταχεῖ κότῳ,
5   πολεῖ μελαγχίμῳ ξὺν στρατῷ.

σ. β'. Μόνην δὲ μὴ πρόλειπε· λίσσομαι, πάτερ·
γυνὴ μονωθεῖσ' οὐδέν· οὐκ ἔνεστ' Ἄρης.
Δολόφρονες δ' [ἐχθροὶ] καὶ δολομήτιδες
δυσάγνοις φρεσίν, κόρακες ὥστε, βωμῶν ἀλέγοντες
οὐδέν.

ἀ. β'. Οὐ μὴ τριαίνας τάσδε καὶ θεῶν σέβη
δείσαντες ἡμῶν χεῖρ' ἀπόσχωνται, πάτερ·
Περίφρονες δ' ἄγαν ἀνιέρῳ μένει
μεμαργωμένοι κυνοθρασεῖς, θεῶν οὐδὲν ἐπαΐοντες.

Str. α'.

Fast dieselbe dochmische Periode findet sich Eum. I, γ' angewandt; auch dort bildet sie die ganze Strophe, doch geht nur
Ein Trimeter voraus. Ueber K. 5 vgl. § 18, 6.

Str. α'.

jamb. trim.

jamb. trim.   k.

⏑ ⋮ ⏑ ⏑ — ⏑ | — > ‖ ⏑ ⏑ — ⏑ | — ∧ ‖   1—2.

⧁ ⋮ ⏑ ⏑ — ⏑ | — ⏑ ‖ ⏑ ⏑ — ⏑ | — ∧ ‖   3—4.

⏑ ⋮ ⊔ ⏑ | — ⏑ ‖ — — ⏑ | — ∧ ⟧   5—6.

Str. β'.

jamb. trim.

jamb. trim.   k.

⏑ ⋮ ⏑ ⏑ — ⧁ | — ⧁ ‖ ⏑ ⏑ — ⏑ | — ∧ ‖   1—2.

⏑ ⋮ — — ⏑ | — ⏑ ‖ ⏑ ⏑ — ⏑ | ⊔ ‖ ⏑ ⏑ | — ⏑ | ⊔ | — ∧ ⟧ 3—5.

log. 4 ἐπ.

Str. β'.

Ueber K. 4 vgl. § 18, 6.

VII.

Das dritte Stasimon, V. 776—824.

σ. α′.   Ἰὼ γᾶ βοῦνι, πάνδικον σέβας,
τί πεισόμεσθα; τοῖ φύγωμεν Ἀπίας
χθονός, κελαινὸν εἴ τι κεῦθός ἐστί που;
μέλας γενοίμαν καπνὸς
    5 νίφεσσι γειτονῶν Διὸς,
τὸ πᾶν δ᾽ ἄφαντος ἀμπετὴς εἰς αἰθέρ᾽ ὡς
κόνις ἄτερθε πτερύγοιν ὀροίμαν.

ἀ. α′.   Ἄθικτον δ᾽ οὐκέτ᾽ ἂν πέλοι κέαρ,
κελαινόχρῳ δὲ πάλλεται κλυδωνίῳ·
πατρὸς σκοπαὶ δέ μ᾽ εἷλον· οἴχομαι φόβῳ.
θέλοιμι δ᾽ ἂν μορσίμου
    5 βρόχου τυχεῖν ἐν ἀρτάναις,
πρὶν ἄνδρ᾽ ἄπευκτον τῷδε χριμφθῆναι χροῖ,
πρόπαρ θανούσας Ἀίδας ἀνάσσοι.

σ. β′.   Πόθεν δέ μοι γένοιτ᾽ ἂν αἰθέρος θρόνος,
παρ᾽ ὃν νέφη δι᾽ ὑγρὰ γίγνεται χιών;
    Ἢ λισσὰς αἰγίλιψ ἀπρόστεικτος οἰόφρων κρεμας
γυπιὰς πέτρα, βαθὺ πτῶμα μαρτυροῦσά μοι,
    5 πρὶν βίᾳ δαΐκτορος καρδίας γάμου κυρῆσαι.

ἀ. β′.   Κυσὶν δ᾽ ἔπειτ᾽ ἕλωρα κἀπιχωρίοις
ὄρνισι δεῖπνον οὐκ ἀναίνομαι πέλειν·
    Ὁ γὰρ θανὼν ἐλευθεροῦται φιλαιάκτων κακῶν.
ἐλθέτω μόρος πρὸ κοίτας γαμηλίου τυχών.
    5 ἀμφυγὰν ἔτ᾽ ἢ μόρον τίνα τέτμω γάμου λυτῆρα;

σ. γ′.   Ἴυζε δ᾽ ὀμφὰν οὐρανίαν,
μέλη λίτανα θεοῖσιν, οὐκ
ἀτέλεα, δεῖμα πολέμιον
λύσιμα· μάχαν δ᾽ ἔπιδε, πάτερ·
    5 βίαια μὴ φιλῇς ὁρῶν
ὄμμασιν ἐνδίκοις·

Σεβίζου δ᾽ ἱκέτας σέϑεν,
γαιάοχε παγκρατὲς Ζεῦ.

Γένος γὰρ Αἰγύπτιον ὕβριν   ἀ. γ'.
ἄφερτον, Ἄρεος [ἔμπλεον],

Str. ά.

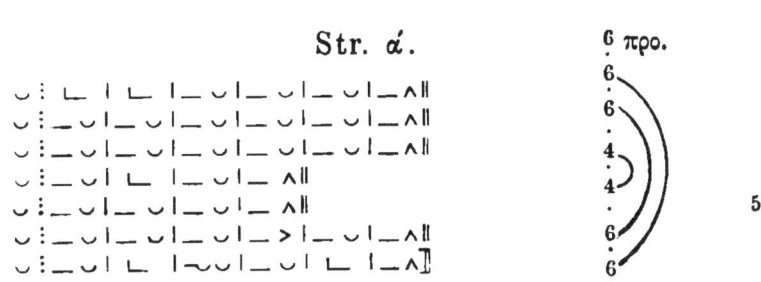

6 προ.
6.
6.
4.
4.
6.
6.

5

Str. β'.

I.
II.

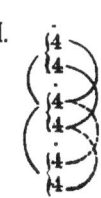

I. 6.
6.

II.

5

Str. γ'.

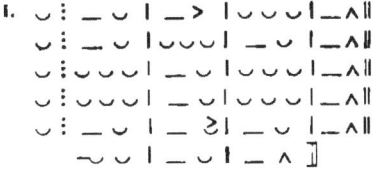

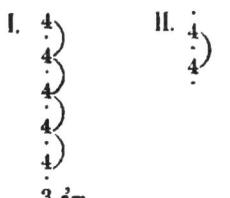

I. 4.
4.
4.
4.
4.
4.

3 ἐπ.

II. 4.
4.

5

μετά με δρόμοισι διόμενοι
φυγάδα μάταισι πολυθρόοις
5 βίαια δίζηνται λαβεῖν.
σὺν δὲ ῥέπει ζυγὸν
Ταλάντου· τί δ' ἄνω σέθεν
θνατοῖσι τέλειον ἔστιν;

Str. γ'.

Ein Blick auf das völlig übereinstimmende Metrum des ersten Verses in der Str. und Gstr. konnte zeigen, dass hier nicht die Verderbniss steckte. Folglich waren die starken Versetzungen und Aenderungen Hartungs nicht annehmbar. Und mit ihnen hat er nicht einmal ein Metrum erreicht, das sich in Str. und Gstr. übereinstimmend hätte in Takte theilen lassen; denn bei ihm ist das Schema von V. 2.

$$\triangledown \,\_\, \cup\, \cup\, \overline{\overline{\cup}} \,\_\, \cup \,\_$$

Dies gibt,

in der Str.:   ∪ ⫶ ⌣ ∪ | ∪ ∪ ∪ | ⫶ ∪ | ⫶ ∧ ‖
in der Gstr.:   > ⫶ ⌣ ∪ | ⌣ | ⫶ ∪ | ⫶ ∧ ‖

Dass aber Takte wie ∪ ∪ ∪ und ⌣ sich nicht entsprechen können, liegt auf der Hand.

Die Corruption war hauptsächlich in V. 2 zu suchen, der auch in der Ueberlieferung in Str. und Gstr. ein verschiedenes Metrum hat. ἀρσενογενές ist offenbar ohne Sinn, denn „von Männern erzeugt" sind Mädchen eben so gut wie Männer, und das Epithet könnte höchstens gebraucht werden in Wendungen wie „Sei tapfer, bedenkend deine männliche Herkunft", oder auch Athene könnte so genannt werden. Ganz unmöglich aber ist die Verbindung γένος ἀρσενογενές.

Für δύσφορον kann, um dem Metrum zu helfen, nichts anderes gelesen werden, als das Aeschylus sehr beliebte

ἄφερτον.

Dem Abschreiber kommt es auf die Quantität nicht an, er nimmt das ihm geläufigere Wort.

Hartungs ἀρσενοπλη̣θές Gst. V. 2 dann genügt dem Metrum nicht. Es wird verlangt die Grösse

$$\smile \smile \smile - \smile -$$

Ich finde nun keine näher liegende Verbindung als

$$\text{Ἄρεος [ἔμπλεον]},$$

welches ich in den Text gesetzt habe.

Gstr. V. 4 ist Hartungs Aenderung von πολυθρόοις in πολυθόοις durchaus verwerflich. Wer bürgt dafür, dass dieses Compositum überhaupt gebildet worden sei? Ob diese Bildung mit dem Wortsinne vereinbar sei, darüber würde eine griechische Synonymik — die uns leider fehlt — belehren können.

VIII.

Der achte Chorgesang, V. 843—908.

σ. α′.   Χ. Εἶϑ' ἀνὰ πολύρυτον
ἁλμυρόεντα πόρον
δεσποσύνῳ σὺν ὕβρει
γομφοδέτῳ τέ δορὶ ξυνώλου.

ἀ. α′.   Μήποτε πάλιν ἴδοιμ'
ἀλφεσίβοιον ὕδωρ,
ἔνϑεν ἀεξόμενον
ζώφυτον αἷμα βροτοῖσι ϑάλλει.

Str. α′.

An der Restauration dieses Wechselgesanges (schon V. 825 beginnend) hat die scharfsinnigste Kritik vergeblich alle ihre Kräfte angewandt. Auch wenn man, wie ich gethan, die ganze Partie von V. 825 bis V. 842, ferner den zweiten Theil der nachgebliebenen Str. α′, dann die Worte des Herolds bis zu den Trimetern nach Str. β′ streicht, bleibt nichts als ein schlechter Operntext zurück. So viel ist gewiss, dass Aeschylus sich mancher fremdländischer, vielleicht gar echt ägyptischer Ausdrücke bedient hat, und es ist eine reine Unmöglichkeit, diese herzustellen. Ob dahin das ἠσυδούπια τάπιτα u. s. w. gehört, ist aber fraglich und nicht zu entscheiden. Eben so wenig ist die Richtigkeit der Interjectionen ἰόφ und ὅμ durch das Zeugniss des Scholiasten ausser Zweifel gesetzt.

Hartung hat fast ganz selbständig gedichtet, doch hat nament-

Str. α.

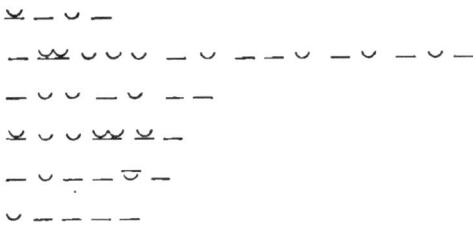

3)
3)
3)
4 ἐπ.

lich seine erste Strophe (V. 825 sq., bei ihm V. 770 sq.) gar kein Metrum; das Schema von Str. und Gstr. ist:

Da nun der überlieferte Text eigentlich nichts als einige Silben enthält, die etwa in einem emendirten Texte verbleiben müssten, so dass kaum von kritischen Problemen die Rede sein kann, vielmehr der Herausgeber durchaus selbst zu dichten hat, mit demselben Zwange der z. B. in jedem Akrostichon herrscht: so wird man die Ueberschlagung jener Stellen gewiss mir nicht zum Vorwurfe machen. Es wäre vielmehr zu wünschen, dass die Herausgeber des ganzen Dramas denselben Weg befolgten, so dass weder durch eine Anhäufung unverständlicher Silben der Gesammteindruck des Werkes zerstört würde, noch der Leser genöthigt wäre, moderne Dichtungen als antike Erzeugnisse hinzunehmen.

σ. β'.   X. Αἰαῖ, αἰαῖ.
εἰ γὰρ δυσπαλάμως ὄλοιο
δι' ἁλίρρυτον ἄλσος
Κατὰ Σαρπήδονιον χῶμα πο λύψαμμον ἀλαθεὶς ἀερίαις
ἐν αὔραις.

K. Ἴυζε καὶ λάκαζε καὶ κάλει θεούς·
Αἰγυπτίαν γὰρ βᾶριν οὐχ ὑπερθορεῖ,
ἠχοῦσα καὶ πικρότερον οἰζύος νόμον.

ἀ. β'.   X. Οἰοῖ, οἰοῖ.
λυμανθεὶς σὺ πρὸ γᾶς ὑλάσκοις,
περίκομπα βρυάζων·
Ἐπαρωγὸς δὲ μέγας Νεῖλος ὑβρίζοντά σ' ἀποστρέψειεν
ἄιστον ὕβρεως.

K. Βαίνειν κελεύω βᾶριν εἰς ἀμφίστροφον
ὅσον τάχιστα· μηδέ· τις σχολαζέτω·
ὁλκὴ γὰρ οὐδὲν πλόκαμον οὐδάμ' ἄζεται.

σ. γ'.   X. Οἰοῖ.
πάτερ, βρέτεος ἀποσπάσας
ἀμαλάδ' ἄγει μ' ἄραχνος ὡς πεδάορον.
Ὀτοτοτοῖ.
5   μᾶ Γᾶ μᾶ Γᾶ, βοᾶν
φοβερὸν ἀπότρεπε
ὢ βᾶ, Γᾶς παῖ, Ζεῦ.

K. Οὔτοι φοβοῦμαι δαίμονας τοὺς ἐνθάδε.
οὐ γάρ μ' ἔθρεψαν οὐδ' ἐγήρασαν τροφῇ.

ἀ. γ'.   X. Οἰοῖ.
μαιμᾷ πέλας δίπους ὄφις,
ἔχιδνα δ' ὥς μέ τις πόδ' ἐνδακοῦσ' ἔχει.
Ὀτοτοτοῖ.
5   μᾶ Γᾶ μᾶ Γᾶ, βοᾶν
φοβερὸν ἀπότρεπε
ὢ βᾶ, Γᾶς παῖ, Ζεῦ.

Κ. Εἰ μή τις ἐς ναῦν εἴσιν αἰνέσας τάδε,
λακὶς χιτῶνος ἔργον οὐ κατοικτιεῖ.

Χ. Ἰὼ πόλεως ἀγοὶ   σ. δ′.
πρόμοι, δάμναμαι.

Κ. Πολλοὺς ἄνακτας, παῖδας Αἰγύπτου, τάχα
ὄψεσϑε· ϑαρσεῖτ′· οὐκ ἐρεῖτ′ ἀναρχίαν.

Χ. Διώλομεσϑ′. ἄελπτ′,   ἀ. δ′.
ἄναξ, πάσχομεν.

Str. β′.

Str. γ′.

Ueber V. 1 u. 5 vgl. §. 11, 3.

Str. δ′.

IX.

Die Exodos, V. 1018—1074

σ. α'.   X. Ἴτε μάν, ἀστυάνακτας
μάκαρας θεοὺς γανάοντες πολιούχους
τε, καὶ οἳ χεῦμ' Ἐρασίνου
περιναίονται παλαιόν.

5 Θ. ὑποδέξασθε δ' ὁπαδοὶ
μέλος. αἶνος δὲ πόλιν τάνδε Πελασγῶν
ἐχέτω, μηδ' ἔτι Νείλου
προχοὰς σέβωμεν ὕμνοις·

ἀ. α'.   X. Ποταμοὺς δ' οἳ διὰ χώρας
θελεμὸν πῶμα χέουσιν πολύτεκνοι,
λιπαροῖς χεύμασι γαίας
τόδε μειλίσσοντες οὖδας.

5 Θ. ἐπίδοι δ' Ἄρτεμις ἁγνὰ
στόλον οἰκτιζομένα· μηδ' ὑπ' ἀνάγκας
γάμος ἔλθοι Κυθέρειος·
στυγερὸν πέλει τόδ' ἆθλον.

σ. β'.   X. Κύπριδος δ' οὐκ ἀμελεῖ θεσμὸς ὅδ' εὔφρων.
δύναται γὰρ Διὸς ἄγχιστα σὺν Ἥρᾳ·
Τίεται δ' αἰολόμητις
θεὸς ἔργοις ἐπὶ σεμνοῖς.

5   Θ. Μετάκοινοι δὲ φίλα ματρὶ πάρεισιν
πόθος, ᾇ τ' οὐδὲν ἄπαρνον
τελέθει θέλκτορι Πειθοῖ.
δέδοται δ' Ἁρμονίας μοῖρ' Ἀφροδίτᾳ
ψεδυροὶ τρίβοι τ' Ἐρώτων.

α. β'.   X. Φυγάσιν δ' ἐξ ἐπιπλοίας κακά τ' ἄλγη
πολέμους θ' αἱματόεντας προφοβοῦμαι.
Τί ποτ' εὔπλοιαν ἔπραξαν
ταχυπόμποισι διωγμοῖς;

5   Θ. Ὅ τί τοι μόρσιμόν ἐστιν, τὸ γένοιτ' ἄν.

Διὸς οὐ πάρβατός ἐστιν
μεγάλη φρὴν ἀπέραντος.
μετὰ πολλῶν δὲ γάμων ἅδε τελευτὰ
προτερᾶν πέλοι γυναικῶν.

Str. α′.

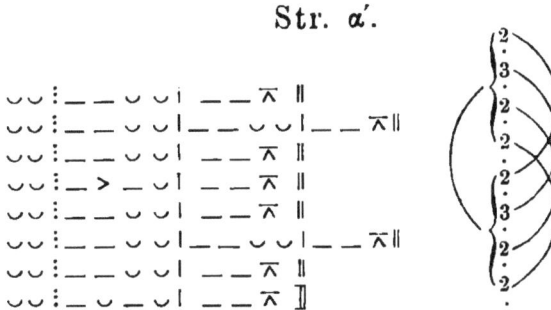

5

Str. β′.

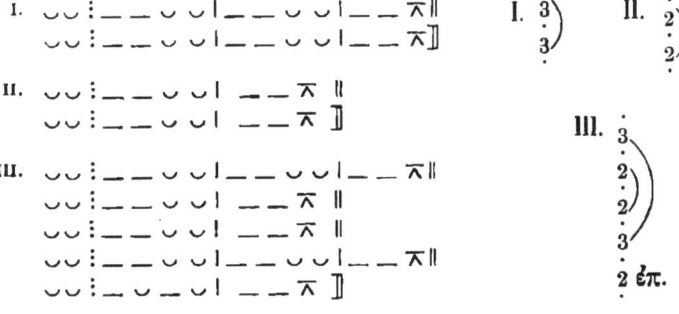

X = Chor der Danaiden. Θ = Chor der Dienerinnen (Ͽεράπαιναι),
nach Hartung.

σ. γ′.   Χ. Ὁ μέγας Ζεὺς ἀπαλέξαι
γάμον Αἰγυπτογενῆ μοι.
τὸ μὲν ἂν βέλτατον εἴη.
     Θ. Σὺ δὲ θέλγοις ἂν ἄθελκτον;
5 Χ. σὺ δέ γ᾽ οὐκ οἶσθα τὸ μέλλον.

ά. γ′.   Θ. Τί δὲ μέλλω φρένα Δίαν
καθορᾶν, ὄψιν ἄβυσσον;
μέτριον νῦν ἔπος εὔχου.
     Χ. Τίνα καιρόν με διδάσκεις;
5 Θ. τὰ θεῶν μηδὲν ἀγάζειν. ,

σ. δ′.   Χ. Ζεὺς ἄναξ ἀποστρέφοι μοι γάμον δυσάνορα
δάιον, ὅσπερ Ἰὼ
πημονᾶς ἐλύσατ᾽ εὖ χειρὶ παιωνίᾳ
καταστροφὰν εὐμενεῖ βίᾳ κτίσας.

ά. δ′.   Καὶ κράτος νέμοι γυναιξίν· — τὸ βέλτερον κακοῦ
καὶ τὸ δίμοιρον αἰνῶ —
καὶ δίκα δίκας ἑπέσθω, ξὺν εὐχαῖς ἐμαῖς,
λυτηρίοις μηχαναῖς θεοῦ πάρα.

Str. γ′.

I. ◡◡ : ＿ ＿ ◡ ◡ | ＿ ＿ ⊼ ‖
　 ◡◡ : ＿ ＿ ◡ ◡ | ＿ ＿ ⊼ ‖
　 ◡◡ : ＿ ＿ ◡ ◡ | ＿ ＿ ⊼]]

II. ◡◡ : ＿ ＿ ◡ ◡ | ＿ ＿ ⊼ ‖
　 ◡◡ : ＿ ＿ ◡ ◡ | ＿ ＿ ⊼]]　　　5

I. 2 ⎞
· 2 ⎬
2 ⎠
·　　　II. 2 ⎞
· 2 ⎠
·

Str. δ′.

＿ ◡ | ＿ ◡ | ＿ ◡ | ∟ ‖ ＿ ◡ | ＿ ◡ | ＿ ◡ | ＿ ◡ | ＿ ∧ ‖
◡ ◡ | ＿ ◡ | ∟ 丨＿ ∧ ‖
＿ ◡ | ＿ ◡ | ＿ ◡ | ∟ ‖ ＿ ◡ | ∟ 丨＿ ◡ | ↽ ∧ ‖
◡ : ＿ ◡ | ∟ 丨＿ ◡ | ＿ ◡ | ＿ ◡ | ＿ ∧]]
·

{4 ⎞
{4 ⎟
· 4 : ⎬
{4 ⎟
{4 ⎠
6 ἐπ.
·

Die lyrischen Partien in den Sieben gegen Theben.

.

I.

Dio Parodos, V. 78—181.

.

σ. α΄.   Θρεῦμαι φοβερὰ μεγάλ᾽ ἄχη.
    μεϑεῖται στρατὸς στρατόπεδον λιπών·
    ῥεῖ πολὺς ὅδε λεώς
    Πρόδρομος ἱππότας αἰϑερία κόνις με πείϑει φανεῖσ᾽,
5 ἄναυδος σαφὴς ἔτυμος ἄγγελος.
    Ἔλε δ᾽ ἐμὰς φρένας δέος· ὅπλων κτύπος ποτιχρίμπτεται,
    ποτᾶται, βρέμει δ᾽ ἀμαχέτου δίκαν ὕδατος ὀροτύπου. ·

ἀ. α΄.   Ἰὼ ἰώ· ὦ ϑεοὶ
    ϑεαί τ᾽, ὀρόμενον κακὸν ἀλεύσατε
    στάντες ὑπὲρ τειχέων·
    Ὁ λεύκασπις ὄρνυται λαὸς εὐπρεπὴς ἐπὶ πόλιν.
5 τίς ἄρα ῥύσεται; τίς ἄρ᾽ ἐπαρκέσει;
    Πότερα δῆτ᾽ ἐγὼ ποτιπέσω βρέτη [πάντων] δαιμόνων;
    ἀκμάζει βρετέων ἔχεσϑαι — τί μέλλομεν; — ἀγαστόνους.

σ. β΄.   Ἀκούετ᾽ ἢ οὐκ ἀκούετ᾽ ἀσπίδων κτύπον;
    πέπλων καὶ στεφέων πότ᾽, εἰ μὴ νῦν ἀμφὶ λίταν᾽ ἕξομεν;

ἀ. β΄.   Κτύπον δέδορκα, πάταγος οὐχ ἑνὸς δορός.
    τί ῥέξεις παλαίχϑων Ἄρης; προδώσεις τὰν γᾶν τεάν;

Str. α′.

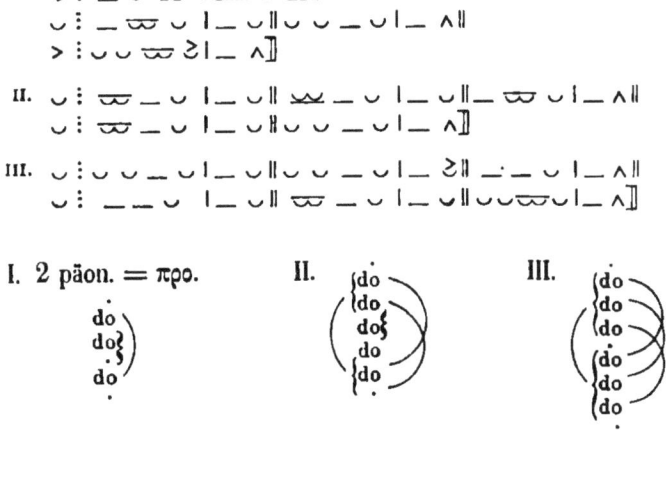

I. 2 päon. = προ.   II.   III.

Str. β′.

jamb. 6

Str. α′.

Str. V. 6 nach Dindorf. Der Hartungs'che Text ist ganz unrhythmisch. Sonst bin ich meist II. gefolgt, nur dass ich dessen
Strophe γ′ als zu lückenhaft überliefert ausgelassen habe.

σ. γ'.   'Αλλ', ὦ Ζεῦ πάτερ, πᾶν τέλος ὅς κραίνεις,
      πάντως ἄρηξον δαΐων ἅλωσιν.
      'Αργεῖοι γὰρ πόλισμα Κάδμου
      κυκλοῦνται· φόβος δ' ἀρείων ὅπλων
   5 διέτορεν φρένας· γενῦν ἱππείων
      μινύρονται φόνον χαλινοί.
      ἑπτὰ δ' ἀγάνορες πρέποντες στρατοῦ
      δορυσόοι ταγοὶ πύλαις ἑπτὰ δὴ.
      προσίστανται, πάλῳ λάχοντες.

μεσ.   Σύ τ', ὦ Διογενὲς φιλόμαχον κράτος,
      ῥυσίπολις γενοῦ Παλλάς, ὅ Σ' ἵππιος ποντομέδων ἄναξ
      Ποσειδᾶν, φόβων ἐπλυσιν δίδου.

ἀ. γ'.   Σύ τ', Ἄρης, φεῦ φεῦ, Κάδμου ἐπώνυμον
      πόλιν φύλαξον κήδεσαί τ' ἐναργῶς,
      Κύπρις Σ', ἅπερ γένους προμάτωρ,
      ἄλευσον· σέΣεν γὰρ ἐξ αἵματος
   5 γεγόναμεν· λιπαῖσί σε Σεοκλύτοις
      ἀπύουσαι πελαζόμεσΣα.
      καὶ σύ, Λύκει' ἄναξ, Λύκειος γενοῦ
      στρατῷ δαΐῳ, σύ τ', ὦ Λατῴα
      κούρα, τόξοισιν εὖ τυχάζου.

Str. γ'.

Gstr. V. 6.   Die Quantitirung ἀπύουσαι, welche überliefert ist,
ist unbedenklich.   Vgl. Rost, griech. Gramm. §. 8. 3. Abschn. 2. β.

Mesodos.

Das handschriftliche ἰχΣυβόλῳ μαχανᾷ hinter V. 2 ist eine
Interpolation, die auf keine Weise in den Rhythm passt, auch an
sich kein Metrum bildet.

Str. γ′.

I. ⏓ ⁞ — — ⏓ | — > ‖ ϖ̄ — ⏓ | — ∧ ‖
⏓ ⁞ — ⏑ | — > | — ⏑ | — ⏑ | ⊔ | — ∧]]

II. ⏓ ⁞ ⊔ | ⊔ | — ⏑ | — ⏑ | ⊔ | — ∧ ‖
⏑ ⁞ — — ⏑ | — ⏑ ‖ — — ⏑ | — ∧ ‖
⏑ ⁞ ⏑ ⏑ — ⏑ | — ⏑ ‖ ⏝ — ⏓ | — ∧ ‖
⏑ ⁞ ⊔ | ⊔ | — ⏑ | — ⏑ | ⊔ | — ∧ ‖
> ⁞ ⏑ ⏑ — ⏑ | — ⏑ ‖ — — ⏑ | — ∧ ‖
⏑ ⁞ ϖ̄ — ⏓ | — ⏑ ‖ — — ⏓ | — ∧ ‖
⏓ ⁞ ⊔ | ⊔ | — ⏑ | — ⏑ | ⊔ | — ∧]]

I.

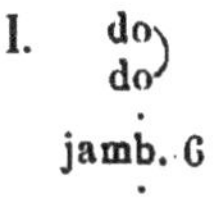

do
do
jamb. 6

II.

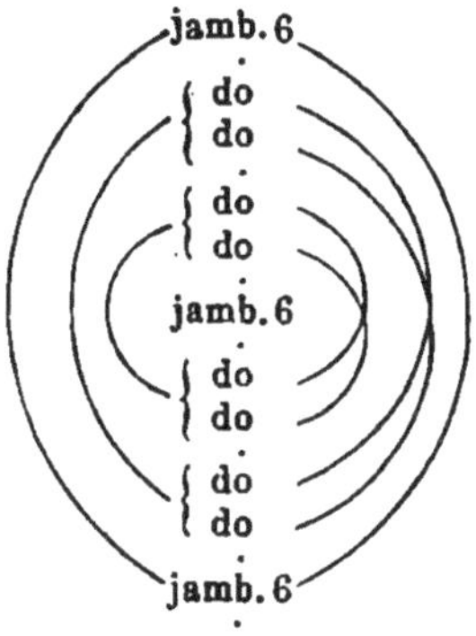

jamb. 6
do
do
do
do
jamb. 6
do
do
do
do
jamb. 6

Mesodos.

⏑ ⁞ — ⏑ ⏑ ⏑ | — ⏑ ‖ ⏑ ⏑ — ⏑ | — ∧ ‖
⏑ ⁞ ⏑ ⏑ — ⏑ | — > ‖ ⏑ ⏑ — ⏑ | — > ‖ ⏑ ⏑ — ⏑ | — ∧ ‖
⏑ ⁞ — — ⏑ | — ⏑ ‖ ⏑ ⏑ — ⏑ | — ∧]]

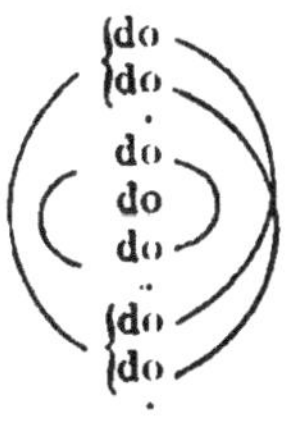

do
do
do
do
do
do
do

σ. δ'.   Ὄτοβον ἀρμάτων ἀμφὶ πόλιν κλύω,
ὦ πότνι' Ἥρα.
Ἔλακον ἀξόνων βριθομένων χνόαι,
δοριτίνακτος δ' αἰθὴρ ἐπιμαίνεται.
5 τί πόλις ἁμῖν πάσχει; τί γενήσεται;
ποῖ δ' ἔτι τέλος ἐπάγει θεός;

ἀ. δ'.   Ἀκροβόλων δ' ἐπάλξεων λιθὰς ἔρχεται,
ὦ φίλ' Ἄπολλον·
Κόναβος ἐν πύλαις χαλκοδέτων σακέων.
Διόθεν [εἴη] κραντὸν πολέμου τέλος.
5 σύ τε, μάκαιρ' ἄνασσ', Ὄγκα πρόπτολις,
ἑπτάπυλον ἕδος ἐπιρρύου.

σ. ε'.   Ἰὼ παναλκεῖς θεοί,
ἰὼ τέλειοι τέλειαί τε γᾶς τᾶσδε πυργοφύλακες,
πόλιν δορίπονον μὴ προδῶθ' ἑτεροφώνῳ στρατῷ.
Κλύετε παρθένων κλύετε πανδίκως χειροτόνους λιτάς.

ἀ. ε'.   Ἰὼ φίλοι δαίμονες
λυτήριοί τ' ἀμφιβάντες πόλιν δείξαθ'.ὡς φιλοπόλεις,
μέλεσθε θ' ἱερῶν δημίων, μελόμενοι ἀρήξατε·
Φιλοθύτων δέ τοι πόλεος ὀργίων μνήστορες ἐστέ μοι.

Str. δ.

Gstr. V. 4. εἴη ist von Hartung richtig ergänzt. Das handschriftliche πολεμόκραντον passt weder ohne, noch mit εἴη ins
Metrum; ich habe desshalb κραντὸν πολέμου τέλος geschrieben;
solche Wortversetzungen sind in den Handschriften unseres Dichters
häufig.

Str. ε.

V. 3 hat, wie er überliefert ist, in Str. u. Gstr. ein verschiedenes Metrum; Hartung emendirt nach letzterer und schreibt in
der Strophe ἐν ἑτεροθρόῳ στρατῷ. Aber das Schema

∪ — ∪ ∪ ∪ — — ∪ — ∪   ∪ ∪ — ∪ — ∪ —

Str. δ'.

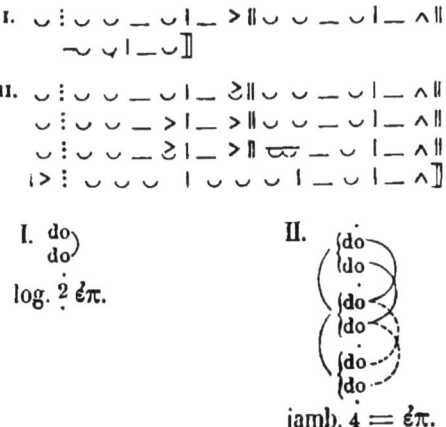

I. do
   do
log. 2 ἐπ.

II. do
    do
    do
    do
    do
    do
jamb. 4 = ἐπ.

Str. ε'.

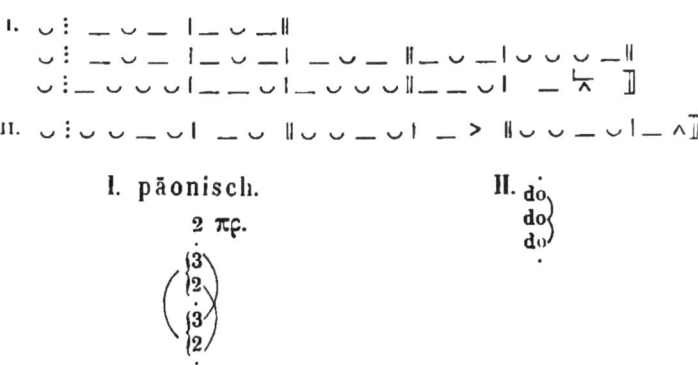

I. päonisch.

2 πρ.

II. do
    do
    do

hat keinen Rhythmus. Es war deshalb gerade in der Gstr. zu emendiren, wo ich δ' vor ἀρήξατε ausgelassen habe; das Asyndeton in solchen Ausrufen hat gar nichts auffälliges. — Unsere Strophe ist vermittelst ihres Proodikons in nahe Beziehung mit der ersten Strophe gebracht; sie bildet dann das Thema des Präludiums zu einer selbständigen Periode aus, kehrt aber schliesslich zum dochmischen Hauptthema zurück.

II.

Der zweite Chorgesang, V. 204—241.

σ. α'. Ὦ φίλον Οἰδίπου
τέχος, ἔδεισ' ἀκούσασα τὸν ἁρματόκτυπον ὄτοβον ὄτοβον
ὅτε σύριγγες ἔκλαγξαν ὀλοίτροχοι,
   Ἱππικῶν τ' ἄπυον
5 πηδαλίων διαστόμια
πυριγενετᾶν χαλινῶν.

ἁ. α'. Ἀλλ' ἐπὶ δαιμόνων
πρόδρομος ἦλθον ἀρχαῖα βρέτη, θεοῖσι πίσυνος νιφάδος
ὅτ' ὀλοᾶς νιφομένας βρόμος ἐν πύλαις·
   Δὴ τότ' ἤρθην φόβῳ
5 πρὸς μακάρων λιτάς, πόλεος
ἵν' ὑπερέχοιεν ἀλκάν.

σ. β'. Μήποτ' ἐμὸν κατ' αἰῶνα λίποι θεῶν
ἅδε πανάγυρις, μηδ' ἐπίδοιμι τάνδ'
ἀστυδρομουμέναν πόλιν καὶ στράτευμ'
ἁπτομέναν πυρὶ δαΐῳ.

ἁ. β'. Ἔστι θεοῖς δ' ἔτ' ἰσχὺς καθυπερτέρα·
πολλάκι δ' ἐν κακοῖσι τὸν ἀμάχανον
κἀκ χαλεπᾶς δύας ὕπερθ' ὀμμάτων
κρημναμενᾶν νεφελᾶν ὀρθοῖ.

σ. γ'. Διὰ θεῶν πόλιν νεμομεθ' ἀδάματον,
δυσμενέων δ' ὄχλον πύργος ἀποστέγοι.
τίς τάδε νέμεσις στυγεῖ;

ἁ. γ'. Ποταινὸν κλύουσα πάταγον θάμα
ταρβοσύνῳ φόβῳ τάνδ' ἐς ἀκρόπτολιν,
τίμιον ἕδος, ἱκόμαν.

Str. γ'.

Gstr. V. 1 haben die Handschriften am Schlusse ἄμμιγα, welches nicht ins Metrum passt; mit ἄμα ist eben so wenig abge-

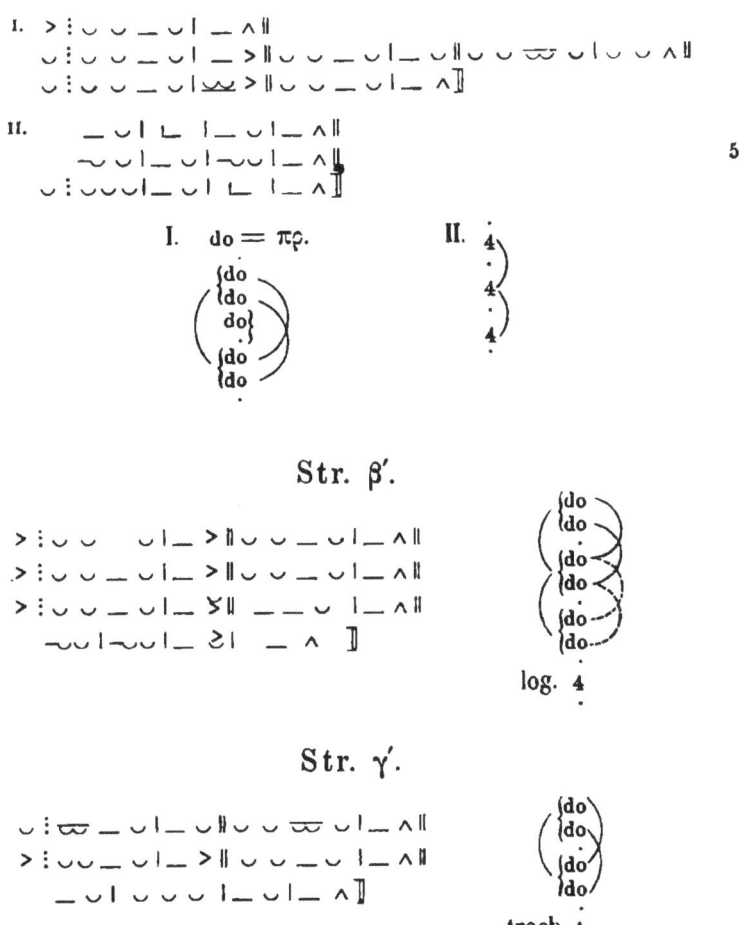

holfen. Hartung stellt um und schreibt: πάταγον ἄμμιγα κλύουσα ποταίνιον; dann würde aber die Responsion des letzten Dochmius so gut wie aufgehoben sein:

$$\overline{\smile\smile} \,\smile\, \smile\, \overset{\scriptstyle\diagup}{\varsigma} | \overset{\sim}{\underset{\smile}{}}$$

Ich habe deshalb ϑάμα in den Text gesetzt.

III.

Der dritte Chorgesang, V. 287—368.

σ. α'. Μέλει, φόβῳ δ' οὐχ ὑπνώσσει κέαρ, γείτονες δὲ καρδίας
μέριμναι ζωπυροῦσι· ταρβῶ
Τὸν ἀμφιτειχῆ λεών, δράκοντος ὥς τις τέκνων
ὑπὲρ δέδοικεν λεχαίων δυσευνατόρων πάντρομος πελειάς.
5   Τοὶ μὲν γὰρ ποτὶ πύργοις
πανδημεὶ πανομιλεί,
τοὶ δ' ἐπ' ἀμφιβόλοισιν
ἰάπτουσι πολίταις
χερμάδ' ὀκριόεσσαν.
10   Παντὶ τρόπῳ, δῖοι θεοί, πόλιν καὶ στρατὸν Καδμογενῆ ῥύεσθε.

ἀ. α'. Ποῖον δ' ἀμείψεσθε γαίας πέδον τᾶσδ' ἄρειον, δᾴοις
ἀφέντες τὰν βαθύχθον' αἶαν
Ὕδωρ τε Διρκαῖον, εὐτραφέστατον πωμάτων
ὅσων ἵησιν Ποσειδᾶν ὁ γαιάοχος Τηθύος τε παῖδες;
5   Πρὸς τάδ', ὦ πολιοῦχοι
θεοί, τοῖσι μὲν ἔξω
πύργων ῥίψοπλον ἄταν
ἐμβάλλοντες ἄροισθε
κῦδος τοῖσδε πολίταις,
10   Καὶ πόλεως ῥυτῆρες εὔεδροί τε στάθητ' ὀξυγόοις λιταῖσιν.

σ. α'. Οἰκτρὸν γάρ, πόλιν ὧδ' ὠγυγίαν
Ἀΐδᾳ προῖάψαι, δορὸς ἄγραν
δουλίαν, ψαφαρᾷ σποδῷ
ὑπ' ἀνδρὸς Ἀχαιοῦ θεόθεν
5   περθομέναν ἀτίμως,
Τάς δὲ κεχειρωμένας
ἄγεσθαι, νέας τε καὶ παλαιὰς
ἱππηδὸν πλοκάμων,
περιρρηγνυμένων φαρέων.
10   Βοᾷ δ' ἐκκενουμένα πόλις, λαΐδος ὀλλυμένας,
μιξόθροος· βαρείας τοι τύχας προταρβῶ.

Str. α′.

I.　‿ː＿‿｜ ∟ ｜＿‿｜ ∟ ｜＿‿｜ ∟ ‖＿‿｜＿ ⩾｜ ∟ ｜＿ ∧‖
　‿ː ∟ ｜ ∟ ｜＿‿｜＿‿｜ ∟ ｜＿ ∧〛

II.　‿ː＿‿｜ ∟ ｜＿‿｜＿‿‖＿‿｜ ∟ ｜＿‿｜＿ ∧‖
　‿ː＿‿｜ ∟ ｜＿‿｜ ∟ ‖＿‿｜ ∟ ｜＿‿｜ ∟ ‖＿‿｜＿‿｜
　　　　　　　　　　　　　　　　　　　∟ ｜＿ ∧〛 5

III.　＿ ⩾｜‿‿｜＿ ‿‖
　⩾ː ∟ ｜‿‿｜＿ ‿‖
　＿ ⩾｜‿‿｜＿ ‿‖
　⩾ː ∟ ｜‿‿｜＿ ‿‖
　＿ ⩾｜‿‿｜＿ ‿〛

IV.　‿‿｜＿ ⩾｜＿‿｜＿‿‖ ∟ ｜＿‿｜ ∟ ‖‿‿｜＿‿｜ ∟ ｜ 10
　　　　　　　　　　　　　　　　　　　＿ ∧〛

I.	II.	III. log.	IV. log.
6⟩ 4⟩ :5 6	⟨4 ⟨4 ⟨4 ⟨4 4 ἐπ.	3 3 3 3 3 3	4 3 4

Str. β′.

I.　＿ ⩾｜‿‿｜ ∟ ｜＿‿｜＿ ∧‖
　‿‿ː‿‿｜ ∟ ｜＿‿｜＿ ‿‖
　＿‿｜‿‿｜＿ ‿｜＿ ∧‖
　‿ː‿‿｜ ∟ ｜＿‿｜＿ ∧‖
　‿‿｜＿‿｜ ∟ ｜＿ ∧〛　　　　　　5

II.　‿‿｜ ∟ ｜＿‿｜＿ ∧‖
　‿ː ∟ ｜ ∟ ｜＿‿｜＿‿｜＿ ‿‖
　∟ ｜ ∟ ｜＿‿｜＿ ∧‖
　‿ː ∟ ｜＿‿‿｜ ∟ ｜＿‿｜＿ ∧〛

III.　‿ː ∟ ｜＿‿｜＿‿｜＿‿‖ ∟ ｜＿‿‿｜＿‿｜＿ ∧‖　10
　‿‿｜＿‿｜ ∟ ｜ ∟ ‖＿‿｜＿‿｜ ∟ ｜＿ ∧〛

I.	II.	III.
5 προ.	⟨4 :5 ⟨4 :5	⟨4 ⟨4 ⟨4 ⟨4
⟨4 ⟨4 :4 ⟨4 ⟨4		

ά. β'.   Κλαυτὸν δ' ἀμφὶ τόπους ὠμοφρόνων
δοκίμων προπάροιϑεν διαμεῖψαι
δωμάτων στυγερὰν ὁδόν.
τί γάρ; φϑιμενόν τοι προλέγω
5   βέλτερα τῶνδε πράσσειν.

     Πολλὰ γὰρ εὖτε πτόλις
δαμασϑῇ, δυστυχῇ τε πράσσει.
ἄλλος δ' ἄλλον ἄγει,
φονεύει, τὰ δὲ καὶ πυρφορεῖ.
10   Καπνῷ χραίνεται πόλισμ' ἅπαν· μαινόμενος δ' ἐπιπνεῖ
λαοδάμας μιαίνων εὐσέβειαν Ἄρης.

σ. γ'.   Κορκορυγαὶ δ' ἀν' ἄστυ,
ποτὶ πτόλιν δ' ὀρκάνα πυργῶτις.
πρὸς ἀνδρὸς δ' ἀνὴρ δορὶ·μαίνεται·
     Βλαχαὶ δ' αἱματόεσσαι
5   τῶν ἐπιμασδίων
ἀμφὶ βρεφέων βρέμονται.
     Ἁρπαγαὶ δὲ διαδρομᾶν ὁμαίμονες·
ξυμβολεῖ φέρων φέροντι,
παῖ κενὸς κενὸν καλεῖ,
10   ξύννομον ϑέλων ἔχειν,
οὔτε μεῖον οὔτ' ἴσον λελημμένοι.
τίς ἂν τῶνδ', εἰκάσαι, λόγος πάρα;

ά. γ'.   Παντοδαπὸς δὲ καρπὸς
χαμαὶ πεσὼν ἀλγύνει, κυρήρας
πικρῶν ἐμμάτων ϑαλαμηπόλων·
     Πολλὰ δ' ἀκριτόφυρτος
5   γᾶς δόσις οὐτιδανοῖς
ἐν ῥοϑίοις φορεῖται.
     Δμωΐδες δὲ καινοπήμονες νέαι
τλᾶσαν εὐνὰν αἰχμάλωτον
δυσμενοῦς ὑπερτέρου
10   ἀνδρὸς εὐτυχοῦντος, ὥστ'
ἐλπίς ἐστι νύκτερον τέλος μολεῖν,
παγκλαύτων ἀλγέων ἀπαλλαγήν.

Str. γ́.

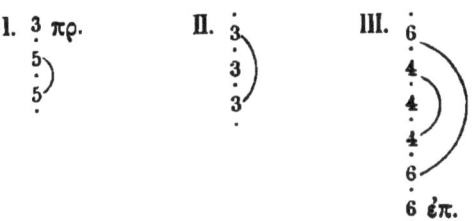

I. 3 πρ.

II. 3.

III. 6.

IV.

Der vierte Chorgesang, V. 417—630.

(417—421 = 452—456.   481—485 = 521—525.   563—567 = 626—630.)

σ. α′.   Τὸν ἀμὸν νῦν ἀντίπαλον εὐτυχεῖν
     θεοὶ δοῖεν, ὡς δικαίως πόλεως
     πρόμαχος ὄρνυται·
     Τρέμω δ’ αἱματηφόρους μόρους ὑπὲρ φίλων
5 ὀλομένων ἰδέσθαι.

ἀ. α′.   Ὄλοιθ’ ὃς πόλει μεγάλ’ ἐπεύχεται,
     κεραυνοῦ δέ νιν βέλος ἐπισχέθοι,
     πρὶν ἐμὸν ἐσθορεῖν
     Δόμον, πωλικῶν δ’ ἑδωλίων μ’ ὑπερκόπῳ
5 δορί ποτ’ ἐκλαπάξαι.

σ. β′.   Ἐπεύχομαι δὴ τῷδε μὲν εὐτυχεῖν,
     ἰὼ πρόμαχ’ ἐμῶν
     δόμων, τοῖσι δὲ δυστυχεῖν.
     Ὡς δ’ ὑπέραυχα βάζουσιν ἐπὶ πτόλει
5   Μαινομένᾳ φρενί, τώς νιν
     Ζεὺς νεμέτωρ ἐπίδοι κοταίνων.

ἀ. β′.   Πέποιθα δὴ τὸν [μὲν] Διὸς ἄντυπον,
     ἔχοντ’ ἄφιλον ἐν
     σάκει τοῦ χθονίου δέμας
     Δαίμονος, ἐχθρὸν εἴκασμα βροταῖς τε καὶ
5   Δαροβίοισι θεοῖσιν,
     πρόσθε πυλᾶν κεφαλὰν ἰάψειν.

Str. α′.

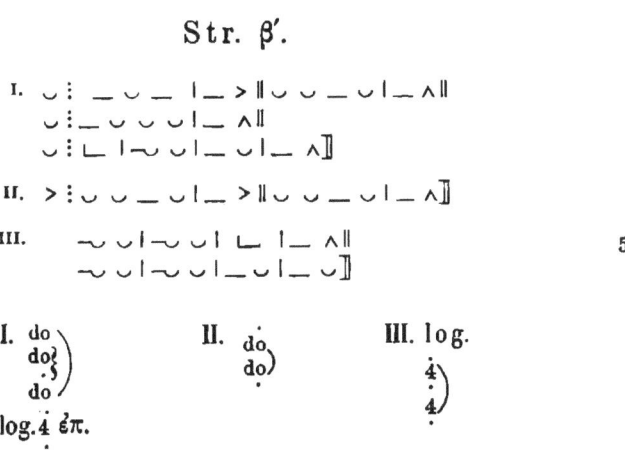

Str. β′.

Str. β′.

Ueber den päonischen Dochmius in V. 1, vgl. §. 18, 7.

In V. 1 der Gstr. ist eine Lücke. Hartung ändert nun will-
kührlich in Str. und Gstr., erhält aber so eine logaödische Pentapodie, welche völlig die Eurhythmie der Strophe aufhebt. Ich habe

σ. γ'. Ἱκνεῖται λόγος διὰ στηθέων
τριχὸς δ' ὄρθιος πλόκαμος ἵσταται
Μεγάλα μεγαληγόρων κλυούσας
Ἀνοσίων ἀνδρῶν. εἴθε γὰρ
5 θεοὶ τούσδ' ὀλέσειαν ἐν γᾷ.

ἀ. γ'. Κλύοντες θεοὶ δικαίας λιτὰς
ἁμετέρας τελεῖθ', ὡς πόλις εὐτυχῇ,
Δορίπονα κάκ' ἐκτρέποντες γᾶς πρὸς
Ἐπιμόλους πύργων δ' ἔκτοθεν
5 βαλὼν Ζεύς σφε κάνοι κεραυνῷ·

Str. γ'.

I.   ⏑ : _ _ ⏑ | _ ⏑ ‖ _ _ _ ⏑ | _ ⌃ ‖   1—2.
      ≳ : ⤳ _ ⏑ | _ ≳‖ ⏑ ⏑ _ ⏑ | _ ⌃]   3—4.
II.   ⏑⏑⏑⏑⏑ | _ ⏑ ‖ _ ≳ | _ _ ⌃ ‖   5—6.
III. ⏑ : ⏑ ⏑ _ > | ⌞ | _ ⏑ _ ‖   7.
      ⏑ : ⌞ | ⤳⏑ | _ ⏑ | _ _ ⏑]   8.

I. ({do, II. päon. takt.   III. bacch. takt.,
     {do,   troch. takt.   troch. takt.
     {do'   troch. takt.   päon. takt.
     {do   bacch. takt.
                                   log. 4 ἐπ.

nur in der Gstr. [μέν] vor Διὸς eingesetzt. So stimmt nicht allein
das Metrum in Str. und Gstr. genau, sondern auch die Eurhythmie
ist unversehrt erhalten. — Die kleinen abgerissenen Perioden stimmen
vortrefflich zum Inhalt.

Str. γ'.

Ueber den päonischen Dochmius K. 5 vgl. §. 18, 7; über
den umgekehrten Dochmius K. 6 ebendaselbst, 10, dann besonders
die Anmerkung zu Eum. I. β', wo dieselben Responsionen nach
Einzeltakten vorkommen.

Auch in unserer Strophe ist eine andere Auffassung nicht
möglich.

V.
Der fünfte Chorgesang, V. 686—708.

Τί μέμονας τέκνον;   σ. α'.
μήτι σε θυμοπληθής δορίμαργος ἄτα φερέτω· κακοῦ δ'
ἔκβαλ' ἔρωτος ἀρχάν.

Ὠμοδακής σ' ἄγαν   ά. α'.
ἵμερος ἐξοτρύνει πικρόκαρπον ἀνδροκτασίαν τελεῖν
αἵματος οὐ θεμιστοῦ.

Ἀλλὰ σὺ μὴ ἐποτρύνου· κακὸς οὐ κεκλήσει, βίου εὖ κυρήσας· σ. β'.
μελάναιγις οὐκ εἶσι δόμους Ἐρινύς, ὅταν ἐκ χερῶν
θεοὶ θυσίαν δέχωνται.

Νῦν ὅτε σοι παρέστακεν· ἐπεὶ δαίμων, λήματος ἐν τροπαίᾳ ά. β'.
χρονίᾳ μεταλλακτός, ἴσως ἂν ἔλθοι χαλαρωτέρῳ
πνεύματι· νῦν δ' ἔτι ζεῖ.

Str. α'.

Str. β'.

Str. β'.

Ueber V. 1 vgl. §. 12, 5. Die ganze Strophe lässl sich auch
als logaödisch aulfassen, ebenso Str. α'; die Cäsuren } _ _ ∪ | _ ∪
statt des gewöhnlichen } ∪ | _ _ ∪ | _ ∶ ∪ scheinen hierauf hin-
zudeuten.

VI.

Der sechste Chorgesang, V. 720—791.

σ. α′.　Πέφρικα τὰν ὠλεσίοικον
　　　Θεόν, οὐ Θεοῖς ὁμοίαν,
　　　παναληθῆ, κακόμαντιν
　　　πατρὸς εὐκταίαν Ἐρινὺν
　5　τελέσαι τὰς περιθύμους
　　　κατάρας Οἰδιπόδα βλαψίφρονας.
　　　παιδολέτωρ δ᾽ ἔρις ἅδ᾽ ὀτρύνει.

ἀ. α′.　Ξένος δὲ κλήρους ἐπινωμᾷ
　　　Χάλυβος Σκυθῶν ἄποικος,
　　　κτεάνων χρηματοδαίτας
　　　πικρός, ὠμόφρων σίδαρος,
　5　χθόνα ναίειν διαπήλας,
　　　ὁπόσ᾽ ἀρκεῖ φθιμένοισιν κατέχειν
　　　τῶν μεγάλων πεδίων ἀμοίρους.

σ. β′.　Ἐπειδὰν αὐτοκτόνως
　　　αὐτοδάικτοι θάνωσιν
　　　καὶ γαῖα κόνις πίῃ
　　　μελαμπαγὲς αἷμα φοίνιον,
　5　Τίς ἂν καθαρμοὺς πόροι, τίς ἂν σφε λούσειεν; ω
　　　πόνοι δόμων νέοι παλαιοῖσι συμμιγεῖς　κακοῖς.

ἀ. β′.　Παλαιγενῆ γὰρ λέγω
　　　παρβασίαν οὐκ ἄποινον,
　　　αἰῶνα δ᾽ ἐς τρίτον μένει
　　　Ἀπόλλωνος εὖτε Λάιος
　5　Βίᾳ, τρὶς εἰπόντος ἐν μεσομφάλοις Πυθικοῖς
　　　χρηστηρίοις, θνάσκοντα γέννας ἄτερ σώζειν πόλιν,

Str. α′.

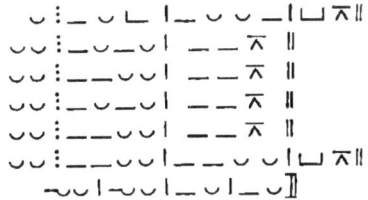

jonisch.

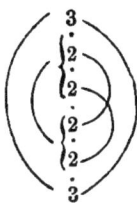

log. 4̇ ἐπ.

5

Str. β′.

5

σ. γ'.   Κρατηθεὶς δ' αὖ φίλων ἀβουλίαις
Ἐγείνατο μὲν μόρον αὑτῷ,
πατροκτόνον Οἰδιπόδαν, ὅστε ματρὸς ἁγνάν
σπείρας ἄρουραν, ἵν' ἐτράφη,
5 ῥίζαν αἱματόεσσαν
ἔτλα. παράνοια συνᾶγε νυμφίους φρενώλεις.

ἀ. γ'.   Κακῶν δ' ὥσπερ θάλασσα κῦμ' ἄγει·
Τὸ μὲν πίτνον, ἄλλο δ' ἀείρει
τραφαλόν, ὃ καὶ περὶ πρύμναν πόλεως καχλάζει.
μεταξὺ δ' ἀλκὰ δι' ὀλίγου
5 τείνων πύργος ἀνείργει.
δέδοικα δὲ σὺν βασιλεῦσι μὴ πόλις δαμασθῇ.

σ. δ'.   Τέλειαι γὰρ παλαιφάτων ἀραί,
βαρεῖαι καταλλαγαί.
τὰ δ' ὀλοὰ πελόμεν' οὐ παρέρχεται·
πρόπρυμνα δ' ἐκβολὰν φέρει
5 ἀνδρῶν ἀλφησᾶν ὄλβος ἄγαν παχυνθείς.

ἀ. δ'.   Τίν' ἀνδρῶν γὰρ τοσόνδ' ἐθαύμασαν
θεοὶ καὶ ξυνέστιοι
πόλεως πολυβίοτος τ' αἰὼν βροτῶν,
ὅσον πότ' Οἰδίπουν τίον,
5 τὰν ἁρπαξάνδραν Κῆρ' ἀφελόντα χώρας;

σ. ε'.   Ἐπεὶ δ' ἀρτίφρων ἐγένετο μέλεος ἀθλίων γάμων
ἐπ' ἄλγει δυσφορῶν
Μαινομένᾳ κραδίᾳ δίδυμα κάκ' ἐτέλεσεν·
πατροφόνῳ χερὶ μὲν
5 κεστρoτύπων ὀμμάτων ἐπλάγχθη,

ἀ. ε'.   Τέκνοις δ' ὡραίας ἐφῆκεν ἐπίκοτος τροφᾶς, αἰαῖ,
πικρογλώσσους ἀράς,
Καὶ σφε σιδαρονόμῳ διὰ χερί ποτε λαχεῖν
κτήματα· νῦν δὲ τρέω
5 μὴ τελέσῃ καμψίπους Ἐρινύς.

Str. γ′.

I. ⌣ : ⌞ | ⌞ | ⌣ ⌣ ‖ ⌞ ⌣ | ⌞ ⌣ | ⌞ ⋀ ⟧
   ⌣ : ⌣⌣ ⌣ | ⌣⌣ ⌣ | ⌣ ⌣ ‖
   ⌣ : ⌣⌣ ⌣ | ⌣⌣ ⌣ | ⌞ ‖ ⌞ ⌣ | ⌞ ⌣ | ⌞ ⌣ ‖
   ⊰ : ⌞ ⌣ | ⌞ ⊰ | ⌣ ⌣ ⌣ | ⌞ ⋀ ‖
     ⌞ ⊰ | ⌣⌣ ⌣ | ⌞ ⌣ ‖
   ⌣ : ⌣⌣ ⌣ | ⌣⌣ ⌣ | ⌞ ⌣ ‖ ⌞ ⌣ | ⌞ ⌣ | ⌞ ⌣ ⟧

5

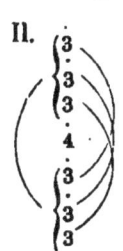

I. 3)
   3

II.

Str. δ′.

⌣ : ⌞ | ⌞ | ⌞ ⌣ | ⌞ ⌣ | ⌞ ⌣ | ⌞ ⋀ ‖
⌣ : ⌞ | ⌞ ⌣ | ⌞ ⌣ | ⌞ ⋀ ‖
⌣ : ⌣⌣ ⌣ | ⌣ ⌣ ⌣ | ⌞ ⌣ | ⌞ ⌣ | ⌞ ⋀ ‖
⌣ : ⌞ ⌣ | ⌞ ⌣ | ⌞ ⌣ | ⌞ ⋀ ‖
⊱ : ⌞ | ⌞ ⊳ | ⌞ | ⌞ ⌣⌣ | ⌞ ⌣ | ⌞ ⟧

6
4
5
4
6

5

Str. ε′.

I. ⌣ : ⌞ | ⌞ ⌣ | ⌞ ⌣ | ⌣⌣ ⌣ ‖ ⌣ ⌣ ⌣ | ⌞ ⌣ | ⌞ ⌣ | ⌞ ⋀ ‖
   ⌣ : ⌞ | ⌞ | ⌞ | ⌞ ⌣ | ⌞ ⋀ ⟧

II.   ⌣⌣ ⌣ | ⌣⌣ ⌣ | ⌞ ⌣ ‖ ⌣⌣⌣ | ⌣ ⌣ ⌣ | ⌞ ⋀ ‖
   ⌣⌣ ⌣ | ⌣⌣ ⌣ | ⌞ ⋀ ‖
   ⌣⌣ ⌣ | ⌞ | ⌞ ⌣ ‖ ⌞ ⌣ | ⌞ | ⌞ | ⌞ ⋀ ⟧

5

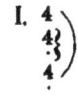

I. 4
   4
   :3
   4

II.

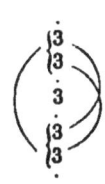

VII.

Der siebente Chorgesang, V. 832—860.

σ. α'.   Ὦ μέλαινα καὶ τελεία γένεος Οἰδίπου τ' ἀρά,
κακόν με καρδίαν τι περιπίτνει κρύος.
ἔτευξα τύμβῳ μέλος θυιάς, αἱματοσταγεῖς
Νεκροὺς κλύουσα δυσμόρως θανόντας· ἦ δύσορνις ἅδε ξυναυλία
λέχους.

ἀ. α'.   Ἐξέπραξεν οὐδ' ἀπεῖπε πατρόθεν εὐκταία φάτις·
βουλαὶ δ' ἄπιστοι Λαΐου διήρκεσαν.
μέριμνα δ' ἀμφὶ πτόλιν· θέσφατ' οὐκ ἀμβλύνεται.
Ἰὼ πολύστονοι τάδ' εἰργάσασθ' ἄπιστον· ἦλθε δ' αἰακτὰ
πήματ' οὐ λόγῳ.

σ. β'.   Τάδ' αὐτόδηλα, προῦπτος ἀγγέλου λόγος.
διπλαῖ μέριμναι, διδυμάνορα δίμοιρα
κάκ' αὐτοφόνα, τέλεια τάδε πάθη. τί φῶ;
τί δ' ἄλλο γ' ἢ πόνοι δόμων ἐφέστιοι;
5 ἀλλὰ γόων, ὦ φίλοι, κατ' οὖρον

ἀ. β'.   Ἐρέσσετ' ἀμφὶ κρατὶ πόμπιμον χεροῖν
πίτυλον, ὃς αἰεὶ δι' Ἀχέροντ' ἀμείβει
τὰν ἄστολον μελάγκροκον θεωρίδα,
τὰν ἀστιβῆ Ἀπόλλωνι, τὰν ἀνάλιον,
5 πάνδοκον ἐς δυσφαῆ τε χέρσον.

Str. β'.

V. 2—3 zeigen schon durch ungenaue antistrophische Responsion, dass der Text noch sehr der Emendation bedarf. Auch die
Messung διδυμᾰνορα ist unstatthaft; ein irrationaler Takt ◡ ◡ >
zwischen melischen Jamben ist aber schwerlich zulässig.

Str. ά.

I.   ‿ ‿ | ‿ ‿ | ‿ ‿ | ‿ ⟫ ‖ ‿‿‿ | ‿ ‿ | ‿ ‿ | ‿ ∧ ‖

  ⟫ ⁝ ‿ ‿ | ‿ ⟫ | ‿ ‿ | ⌣‿ ‿ | ‿ ‿ | ‿ ∧ ‖

  ‿ ⁝ ‿ ‿ | ∟ | ‿ ‿ | ∟ ‖ ‿ ‿ | ‿ ‿ | ‿ ‿ | ‿ ∧ ⟧

II. ‿ ⁝ ‿ ‿ | ‿ ‿ | ‿ ‿ | ‿ ‿ ‖ ‿ ‿ | ‿ ‿ | ‿ ‿ | ∟ ‖ ‿ ‿ |

                                     ‿ ‿ | ‿ ‿ | ‿ ∧ ⟧

I.  II.

Str. β′.

‿ ⁝ ‿ ‿ | ‿ ‿ | ‿ ‿ | ‿ ‿ | ‿ ‿ | ‿ ∧ ‖

‿ ⁝ ⌣‿ ‿ | ‿ > | ‿‿‿ | ⌣‿ ‿ | ∟ | ‿ ∧ ‖

⟫ ⁝ ‿ ‿ | ⌣‿ ‿ | ‿ ‿ | ⌣‿ ‿ | ‿ ‿ | ‿ ∧ ‖

⟫ ⁝ ‿ ‿ | ‿ ‿ | ‿ ‿ | ‿ ‿ | ‿ ‿ | ‿ ∧ ‖

⌒‿ ‿ | ∟ | ‿ ‿ | ‿ ‿ | ∟ | ‿ ∧ ⟧

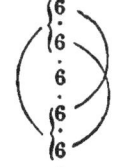   5

VIII.

Der achte Chorgesang (ein Threnos), V. 874—960.

σ. α'.   ΉΜ. Ā. Ἰὼ ἰὼ
δύσφρονες φίλων ἄπιστοι καὶ κακῶν ἀτρύμονες,
πατρῴους δόμους ἑλόντες μέλεοι σὺν αἰχμᾷ.
    B̄. Μέλεοι δῆϑ', οἳ μελέους ϑανάτους
5 εὕροντο δόμων ἐπὶ λύμῃ·

ά. α'.   Ā. Ἰὼ ἰὼ
δωμάτων ἐρειψίτοιχοι καὶ πικρὰς μοναρχίας
ἰδόντες, τί δὴ διήλλαχϑε σὺν σιδάρῳ;
    B̄. Κάρτα δ' ἀληϑὴς πατρὸς Οἰδιπόδα
5 πότνι' Ἐρινὺς ἐπέκρανεν.

σ. β'.   Ā. Δι' εὐωνύμων τετυμμένοι —
    B̄. τετυμμένοι δῆϑ' ὁμοσπλάγχνων
γε πλευρωμάτων
διεκρίϑητε δή·
5 αἰαῖ δαιμόνιοι,
αἰαῖ δ' αὐτοφόνων ϑανάτων ἀραί.
    Ā. Διανταίαν λέγεις δόμοισι καὶ
σώμασιν πεπλαγμέναν
ἀναυδάτῳ μένει
10 ἀραίῳ τ' ἐκ πατρὸς διχόφρονι πότμῳ.

ά. β'.   B̄. Διήκει δὲ καὶ πόλιν στόνος.
    Ā. ˙ στένουσι πύργοι, στένει πέδον
φίλανδρον· μενεῖ
κτέανά τ' ἐπιγόνοις,
5 δι' ὧν αἰνομόροις
δι' ὧν νεῖκος ἔβα, ϑανάτου τέλος.
    B̄. Ἐμοιράσαντο δ' ὀξυκάρδιοι
κτήμαϑ' ὥστ' ἴσον λαχεῖν.
διαλλακτὴρ δ' ἄρ' οὐκ
10 ἀμεμφὴς ἦν φίλοις οὐδ' εὔχαρις Ἄρης.

Str. ά.

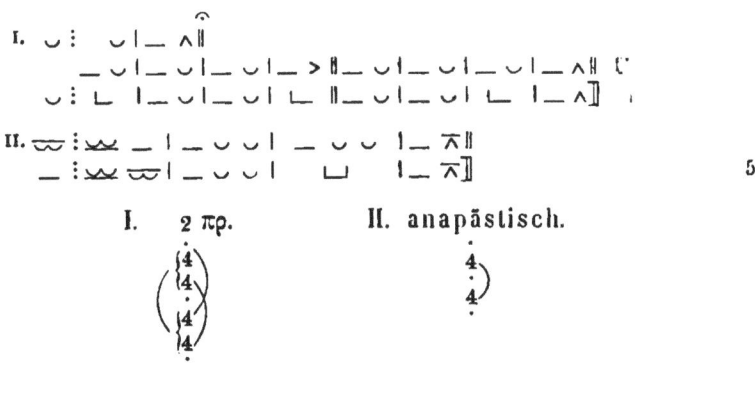

I.   2 πρ.   II. anapästisch.

Str. β′.

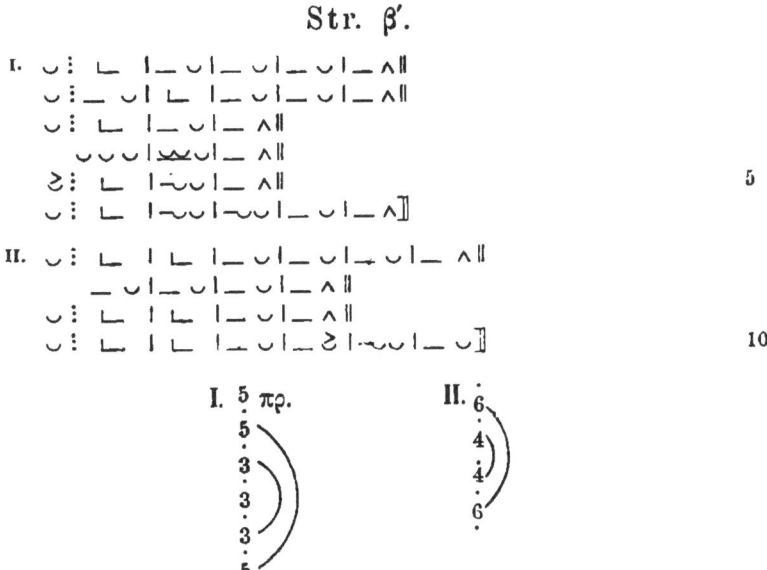

I. 5 πρ.   II.

Str. β′.

In der Gstr., V. 9—10 hat Hartung den richtigen Weg der

σ. γ'.   Ā. Σιδαρόπλακτοι μὲν ὧδ' ἔχουσι,
          σιδαρόπλακτοι δὲ τοὺς μένουσι —
          τάχ' ἄν τις εἴποι τίνες; —
          τάφων πατρῴων λάχαι.
5   B̄. δόμων μάλ' ἀχὰν ἐς οὓς προπέμπει
          δαΐκτὴρ γόος αὐτόστονος, αὐτοπήμων,
          Δαΐόφρων, οὐ φιλογαϑής, ἐτύμως
          δακρυχέων ἐκ φρενός, ἃ κλαιομέναισιν μινύϑει ταῖνδε δυοῖν
                                                        ἀνάσσαιν.

ἀ. γ'.   Ā. Πάρεστι δ' εἰπεῖν ἐπ' ἀϑλίοισιν,
          ὡς ἐρξάτην πολλὰ μὲν πολίτας,
          ξένων δὲ πάντων στίχας
          πολυφϑόρους ἐν δαΐ.
5   B̄. ἰώ, δυσαίων σφιν ἁ τεκοῦσα
          πρὸ πασᾶν ὁπόσαι τεκνογόνοι κέκληνται.
          Παῖδα μὲν αὐτᾶς πόσιν αὐτᾷ ϑεμένα
          τοῦσδ' ἔτεχ', οἱ δ' ὧδ' ἐτελεύτασαν ὑπ' ἀλλαλοφόνοις χερσὶν
                                                        ὁμοσπόροισιν.

Emendation gezeigt, doch sind seine Aenderungen zu gewaltsam;
von seinen Conjecturen habe ich nur so viel aufgenommen, als zur
Herstellung von Sinn und Metrum nothwendig war. Das Verhältniss der Texte ist:

          (m. = die handschriftliche Ueberlieferung,
          S. = von mir recipirter Text,
          H. = der Text bei Hartung.)

          V. 9. m. διαλλακτῆρι δ' οὐκ
                S. διαλλακτὴρ δ' ἄρ' οὐκ
                H. διαλλακτὴρ δ' ἄρ' οὔτ'

Str. γ'.

I. ⏑ː⏤⏑⏐⏓⏐⏤⏑⏐⏤⏑⏐⏓⏐⏤⌃‖
  ⏑ː⏤⏑⏐⏓⏐⏤⏑⏐⏤⏑⏐⏓⏐⏤⌃‖
  ⏑ː⏤⏑⏐⏓⏐⏤⏑⏐⏤⌃‖
  ⏑ː⏤⏑⏐⏓⏐⏤⏑⏐⏤⌃‖
  ⏑ː⏤⏑⏐⏓⏐⏤⏑⏐⏤⏑⏐⏓⏐⏤⌃‖　　　　5
  ⏑ː⏓⏐⏤⏖⏑⏐⏓⏐⏤⏖⏑⏐⏤⏑⏐⏤⏑]

II. ⏤⏑⏑⏤⏐⏤⏑⏑⏤⏐⏤⏑⏑⏤‖
  ⏤⏑⏑⏤⏐⏤⏑⏑⏤⏐⏤⏑⏑⏤‖⏤⏑⏑⏐⏓⏐⏤⏖⏑⏐⏤⏑⏐
                            ⏓⏐⏤⌃]

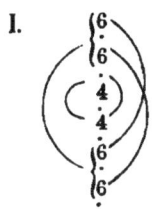

I.

II. choriambisch.

3
3
log. 6

V. 10. m.　ἀμεμφία φίλοις, οὐδ' ἐπίχαρις Ἄρης.
　　S.　ἀμεμφὴς ἦν φίλοις, οὐδ' εὔχαρις Ἄρης.
　　II.　ἀμεμφὴς ἦν φίλοις, οὔτ' ἄσμενος ἐχϑροῖς.

σ. δ'.   Ā. Ὁμόσποροι δῆτα καὶ πανώλεθροι

διαπλοκαῖς ἀφίλοις, ἔριδι μαινομένα,

νείκεος ἐν τελευτᾷ.

B̄. Πέπαυται δ' ἔχθος, ἐν δὲ γαίᾳ

5 ζοὰ φονορύτῳ

Μέμικται· κάρτα δ' εἴσ' ὅμαιμοι.

πικρὸς λυτὴρ νεικέων

ὁ Πόντιος ξεῖνος ἐκ πυρὸς συθεὶς

θηκτὸς σίδαρος, πικρὸς δὲ χρημάτων

10 πικρῶν δατητὰς Ἄρης,

ἀρὰν πατρῴαν τιθεὶς ἀλαθῆ.

ά. δ'.   Ā. Ἔχουσι μοῖραν λαχόντες, ω μέλεοι

διοσδότων ἀχέων· ὑπὸ δὲ σώματι γᾶς

πλοῦτος ἄβυσσος ἔσται.

B̄. ἰὼ πολλοῖς ἐπανθίσαντες

5 πόνοισι γενεάν·

Τελευταῖοι δ' ἐπηλάλαξαν

Ἀραὶ τὸν ὀξὺν νόμον,

τετραμμένου παντρόπῳ φυγᾷ γένους.

ἔστακε δ' Ἄτας τροπαῖον ἐν πύλαις,

10 ἐν αἷς ἐθείνοντο, καὶ

δυοῖν κρατήσας ἔληξε δαίμων.

Str. δ.

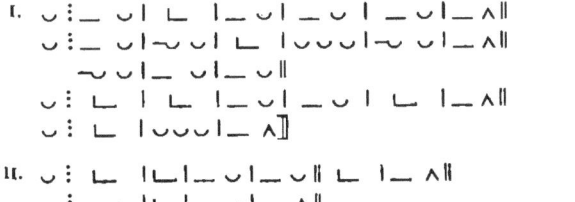

5

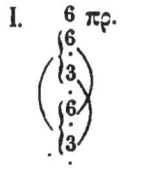

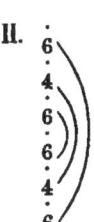

10

IX.

Der Schlussgesang, V. 961—1004.

πρ. ΑΝ. Παισθείς ἔπαισας. ΙΣ. σὺ δ' ἔθανες κατακτανών.
Ᾱ. δορὶ δ' ἔκανες. Ι. δορὶ δ' ἔθανες.
Ᾱ. μελεόπονος. Ι. μελεοπαθής.
Ᾱ. ἴτω δάκρυα. Ι. ἴτω γόος.
Ᾱ. πρόκεισαι. Ι. κατακτάς.

σ. Ᾱ. Ἦ μαίνεται γόοισι φρήν.
Ι. ἐντὸς δέ καρδία στένει.
Ᾱ. ἰὼ ἰὼ πάνδυρτε σύ.
Ι. συ δ' αὖτε καὶ πανάθλιε.
5 Ᾱ. Πρὸς φίλου ἔφθισο.
Ι. καὶ φίλον ἔκτανες.
Ᾱ. Διπλᾶ λέγειν
Ι. διπλᾶ δ' ὁρᾶν.
Ᾱ. Ἀχέων τοίων τάδ' ἔγγυθεν
10 Ι. αἵδ' ἀδελφαὶ ἀδελφέων.
Ᾱ. Ἰὼ Μοῖρα βαρυδότειρα, μογερά,
πότνιά τ' Οἰδίπου σκιά,
μέλαιν' Ἐρινύς τ', ἦ μεγασθενής τις εἶ.

ά. Ι. Ἦ δυσθέατα πήματα
Ᾱ. ἐδείξατ' ἐκ φυγᾶς ἰών.
Ι. οὐδ' ἵκεθ' ὡς κατέκτανεν,
Ᾱ. σωθεὶς δέ πνεῦμ' ἀπώλεσεν.
5 Ι. Ὤλεσε δῆτ' ἄπο,
Ᾱ. τόνδε δ' ἐνόσφισε.
Ι. Τάλαν γένος.
Ᾱ. τάλαν πάθος.
Ι. Δύστανα κήδη ὁμώνυμα,
10 Ᾱ. λυγρὰ διπάλτων πημάτων.
Ι. Ἰὼ Μοῖρα βαρυδότειρα, μογερά,
πότνιά τ' Οἰδίπου σκιά,
μέλαιν' Ἐρινύς τ', ἦ μεγασθενής τις εἶ.

Proodos.

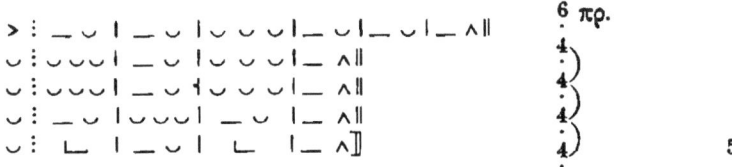

```
>⋮ ‒ ᴜ | ‒ ᴜ | ᴜ ᴜ ᴜ | ‒ ᴜ | ‒ ᴜ | ‒ ᴧ ‖      6 πϱ.
ᴜ⋮ ᴜ ᴜ ᴜ | ‒ ᴜ | ᴜ ᴜ ᴜ | ‒ ᴧ ‖                  4·)
ᴜ⋮ ᴜ ᴜ ᴜ | ‒ ᴜ ◁ ᴜ ᴜ ᴜ | ‒ ᴧ ‖                  4·)
ᴜ⋮ ‒ ᴜ | ᴜ ᴜ ᴜ | ‒ ᴜ | ‒ ᴧ ‖                    4·)
ᴜ⋮ ∟ | ‒ ᴜ | ∟ | ‒ ᴧ ]]                        4·)            5
```

Str.

```
I.   >⋮ ‒ ᴜ | ‒ ᴜ | ‒ ᴜ | ‒ ᴧ ‖
     ⩒⋮ ‒ ᴜ | ‒ ᴜ | ‒ ᴜ | ‒ ᴧ ‖
     >⋮ ‒ ᴜ | ‒ ᴜ | ‒ ᴜ | ‒ ᴧ ‖
     >⋮ ‒ ᴜ | ‒ ᴜ | ‒ ᴜ | ‒ ᴧ ]]

II.      ‿ ᴜ | ‿ ᴜ ‖
         ‿ ᴜ | ‿ ᴜ ]]                                         5

III. ᴜ⋮ ‒ ᴜ | ‒ ᴧ ‖
     ᴜ⋮ ‒ ᴜ | ‒ ᴧ ]]

IV.  ⩒⋮ ‒ ᴜ | ⩒ | ‒ ᴜ | ‒ ᴧ ‖
        ‒ ⩆ | ‒ ⩒ | ‒ ᴜ | ‒ ᴧ ]]                              10

V.   ᴜ⋮ ∟ | ‒ ᴜ | ᴜ ᴜ ᴜ | ∟ | ᴜ ᴜ ᴜ | ‒ ᴧ ‖
        ‿ ᴜ | ‒ ᴜ | ‒ ᴜ | ‒ ᴧ ‖
     ᴜ⋮ ‒ ᴜ | ‒ > | ‒ ᴜ | ‒ ᴜ | ‒ ᴜ | ‒ ᴧ ]]
```

```
I.  (4            II. ·2·)        III. ·2·)        IV. ·4·)        V. ·6·)
    (4                ·2·                ·2·            ·4·            ·4·
    (4                                                                ·6/
    (4
```

ἐπ.   Α. Σὺ τοίνυν οἶσθα διαπερῶν —

I.   σὺ δ' οὐδέν ὕστερον μαθών —

Α.   ἐπεὶ κατῆλθες ἐς πόλιν

I.   δορός γε τῷδ' ἀντηρέτας.

5   Α.   Ἰὼ πόνος

I.   ἰὼ κακά

Α.   Δώμασι καὶ χθονὶ

I.   καὶ τὸ πρόσω γ' ἐμοί.

Α.   Ἰὼ δυστάνων πημάτων

10 I.   ἰὼ πολυστονώτατοι

πάντων, δαιμονῶντες Ἄτᾳ.

Α.   Ποῦ σφε θήσομεν χθονός;

I.   ποῦ 'στι τιμιώτατον;

Α.   ἰὼ πῆμα πατρὶ ξύνευνον.

Epodos.

Die letzten drei Verse gehören nicht mehr zur Epodos; der Inhalt scheint anzudeuten, dass sie nicht gesungen, sondern gesprochen wurden; vielleicht wurde aber der Schlussvers wieder gesungen.

Die ganze Epodos hat in ihrem rhythmischen Satze eine auffallende Aehnlichkeit mit unserm schönen Kirchengesange „Wie schön leuchtet der Morgenstern", dessen Analyse §. 8, 8, IV. gegeben ist. Die Melodie freilich musste, dem Inhalte gemäss, einen ganz anderen Charakter haben, und so ist auch das Taktmass verschieden.

Epodos.

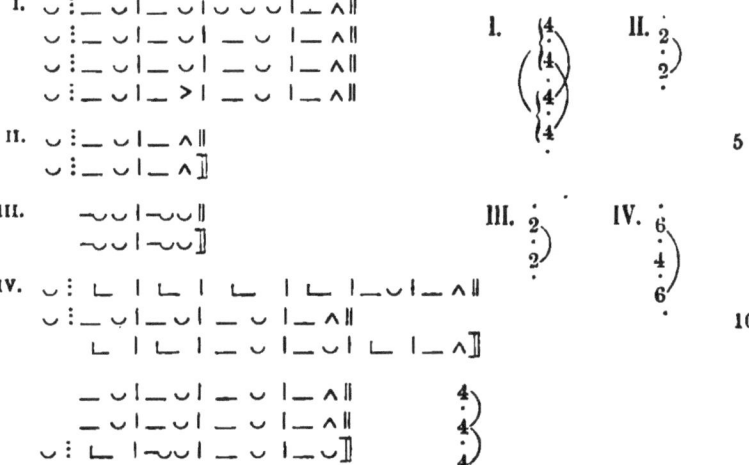

Die lyrischen Partien in den Persern.

I.

Die Parodos, V. 65—139.

σ. α′.   Πεπέρακεν μὲν ὁ περσέπτολις ἤδη
      βασίλειος στρατὸς εἰς ἀντίπορον γείτονα χώραν,
      λινοδέσμῳ σχεδίᾳ πορθμὸν ἀμείψας
      Ἀθαμαντίδος Ἕλλας
  5 πολύγομφον ὅδισμα ζυγὸν ἀμφιβαλὼν αὐχένι πόντου.

ἀ. α′.   Πολυάνδρου δ᾽ Ἀσίας θούριος ἄρχων
      ἐπὶ πᾶσαν χθόνα ποιμανόριον θεῖον ἐλαύνει
      διχόθεν, πεζονόμοις ἔκ τε θαλάσσας
      Ὀχυροῖσι πεποιθὼς
  5 στυφελοῖς ἐφέταις, χρυσογόνου γενεᾶς ἰσόθεος φώς.

σ. β′.   Κυανοῦν δ᾽ ὄμμασι λεύσσων φονίου δέργμα δράκοντος,
      πολύχειρ καὶ πολυναύτας, Σύριον θ᾽ ἅρμα διώκων,
      ἐπάγει δουρικλύτοις ἀνδράσι τοξοδάμνον Ἄρη.

σ. β′.   Δόκιμος δ᾽ οὔτις, ὑποστὰς μεγάλῳ ῥεύματι φωτῶν,
      ὀχυροῖς ἔρκεσιν εἴργειν ἄμαχον κῦμα θαλάσσας·
      ἀπρόσοιστος γὰρ ὁ Περσῶν στρατός, ἀλκίφρων τε λαός.

ἐπ.   Δολόμητιν δ᾽ ἀπάταν θεοῦ τις ἀνὴρ θνατὸς ἀλύξει;
      τίς ὁ κραιπνῷ ποδί, πηδήματος εὐπετής, ἀνάσσων;
      φιλόφρων γὰρ παρασαίνει βροτὸν εἰς ἄρκυας ἄτας,
      ὅθεν οὐκ ἔστιν ὕπερθεν ἀλύξαντα φυγεῖν.

σ. γ′.   Θεόθεν γὰρ κατὰ Μοῖρ᾽ ἐκράτησεν
      τὸ παλαιόν, ἐπέσκηψε δὲ Πέρσαις
      Πολέμους πυργοδαΐκτους
      διέπειν, ἱππιοχάρμας τε κλόνους, πόλεών τ᾽ ἀναστάσεις.

ἀ. γ′.   Ἔμαθον δ᾽ εὐρυπόροιο θαλάσσας
      πολιαινομένας πνεύματι λάβρῳ
      Ἐσορᾶν πόντιον ἄλσος,
      πίσυνοι λεπτοδόμοις πείσμασι, λαοπόροις τε μαχαναῖς.

Str. α′.

I. ∪∪⋮_ _ ∪ ∪|_ _ ∪ ∪| _ _ ⌃ ‖
    ∪∪⋮_ _ ∪ ∪|_ _ ∪ ∪‖_ _ _ ∪ ∪| _ _ ⌃ ‖
    ∪∪⋮_ _ ∪ ∪|_ _ ∪ ∪| _ _ ⌃]̅ .

II. ∪∪⋮ ⊔ ∪ ∪ | _ _ ⌃ ‖
    ∪∪⋮ ⊔ ∪ ∪ |_ _ ∪ ∪‖ ⊔ ∪ ∪ |_ _ ∪ ∪|_ _ ⌃] 5

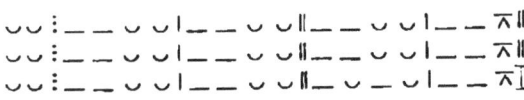
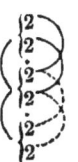

I. 3
    ·2
    2
    ·3

II. ·2
     2
     3 ἐπ.

Str. β′.

∪∪⋮_ _ ∪ ∪|_ _ ∪ ∪‖_ _ ∪ ∪|_ _ ⌃‖
∪∪⋮_ _ ∪ ∪|_ _ ∪ ∪‖_ _ ∪ ∪|_ _ ⌃‖
∪∪⋮_ _ ∪ ∪|_ _ ∪ ∪‖_ ∪ _ ∪|_ _ ⌃]̅

⎰2
⎱2
⎰2
⎱2
⎰2
⎱2

Epodos.

∪∪⋮_ _ ∪ ∪|_ _ ∪ ∪‖_ _ ∪ ∪|_ _ ⌃‖
∪∪⋮_ _ ∪ ∪|_ _ ∪ ∪‖_ ∪ _ ∪|_ _ ⌃‖
∪∪⋮_ _ ∪ ∪|_ _ ∪ ∪‖_ ∪ _ ∪|_ _ ⌃‖
∪∪⋮_ _ ∪ ∪| ⊔ ∪ ∪ ‖_ _ ∪ ∪| ⊔ ⌃]

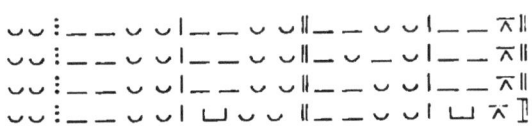
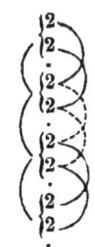

,

⎰2
⎱2
⎰2
⎱2
⎰2
⎱2
⎰2
⎱2

Str. γ′.

I. ∪∪⋮_ _ ∪ ∪| ⊔ ∪ ∪ |_ _ ⌃‖
    ∪∪⋮ ⊔ ∪ ∪ |_ _ ∪ ∪|_ _ ⌃]̅

I. 3
    3

II. ·2
     2

3 ἐπ.

II. ∪∪⋮_ _ ∪ ∪| _ _ ⌃ ‖
    ∪∪⋮_ _ ∪ ∪|_ _ ∪ ∪‖⊔ ∪ ∪|_ ∪ _ ∪|⊔ ⌃]

σ. δ'.   Ταῦτά μοι μελαγχίτων φρὴν ἀμύσσεται φόβῳ,
δᾶ,

Περσικοῦ στρατεύματος τοῦδε, μὴ πόλις πύϑηται κένανδρον
μέγ' ἄστυ Σούσιδος.

ἀ. δ'.   Καὶ τὸ Κισσίων πόλισμ' ἀντίδουπον ᾄσεται,
δᾶ,

Τοῦτ' ἔπος γυναικοπληϑής ϑ' ὅμιλος ἀπύων, βυσσίνοις δ'
ἐν πέπλοις πέσῃ λακίς.

σ. ε'.   Πᾶς γὰρ ἱππηλάτας καὶ πεδοστιβὴς λεὼς
Σμῆνος ὡς ἐκλέλοιπεν μελισσᾶν σὺν ὀρχάμῳ στρατοῦ,
τὸν ἀμφίζευκτον ἐξαμείψας ἀμφοτέρας ἅλιον πρῶνα κοινὸν αἴας.

ἀ. ε'.   Λέκτρα δ' ἀνδρῶν πόϑῳ πίμπλαται δακρύμασιν,
Περσίδες δ' ἀκροπενϑεῖς ἑκάστα πόϑῳ φιλάνορι
τὸν αἰχμάεντα ϑοῦρον εὐνατῆρα προπεμψαμένα λείπεται μονόζυξ.

Str. δ'.

‒ ᴗ | ‒ ᴗ | ‒ ᴗ | ∟ ‖ ‒ ᴗ | ‒ ᴗ | ‒ ᴗ | ‒ ᴧ ⟧

ᴗ : ∟ ⁀‖

‒ ᴗ | ‒ ᴗ | ‒ ᴗ | ∟ ‖ ‒ ᴗ | ‒ ᴗ | ‒ ᴗ | ∟ | ‒ ᴗ | ∟ ‖

‒ ᴗ | ‒ ᴗ | ‒ ᴗ | ‒ ᴧ ⟧

I. $\dfrac{4}{4}$)   II. $\dfrac{4}{6}$)
4

Str. ε'.

I.   ‒ ᴗ | ∟ | ‒ ᴗ | ∟ ‖ ‒ ᴗ | ‒ ᴗ | ‒ ᴗ | ‒ ᴧ ⟧

II.   ‒ ᴗ | ∟ | ‒ ᴗ | ∟ | ‒ ᴗ | ∟ ‖ ‒ ᴗ | ‒ ᴗ | ‒ ᴗ | ‒ ᴧ ‖

ᴗ : ∟ | ∟ | ‒ ᴗ | ‒ ᴗ | ∟ | ∟ ‖ ‒ ᴗᴗ | ‒ᴗᴗ | ∟ | ‒ ᴗ |

‒ ᴗ | ‒ ᴗ ⟧

I. $\dfrac{4}{4}$)   II. $\begin{matrix}6\\4\}\\6\\6\end{matrix}$) ἐπ.

────────────────────────────────

Str. δ'.

Ueber den Ausruf V. 2 vgl. §. 11, 3.

────────

II.

Der zweite Chorgesang, V. 266—289.

σ. α'.   "Ανια κακὰ νεόκοτα
καὶ δάι'. αἰαῖ, διαίνεσϑε, Πέρσαι, τόδ' ἄχος κλύοντες.

ἀ. α'.   Ἦ μακροβίοτος ὅδε τις
αἰὼν ἐφάνϑη γεραιοῖς, ἀκούειν τόδε πῆμ' ἄελπτον.

σ. β'.   Ὀτοτοτοῖ, μάταν
τὰ πολλὰ βέλεα παμμιγῆ
γᾶς ἀπ' Ἀσίδος ἦλϑε δά αν ἐς Ἑλλάδα χώραν.

ἀ. β'.   Ὀτοτοτοῖ, φίλων
ἁλιδνὰ σώματα πολυβαφῆ
κατϑανόντα λέγεις φέρεσϑαι πλάγκτ' ἐν διπλάκεσσιν.

σ. γ'.¹   "Ιυζ' ἄποτμον βοάν·
αἰανεῖς Πέρσαι, ὤ,
τά πάντ' ὡς παγκάκως
ἔϑεσαν, αἰαῖ, στρατοῦ φϑαρέντος.

ἀ. γ'.   Στυγναὶ δ' Ἀϑᾶναι· [μάταν] —
μεμνῆσϑαί τοι πάρα —
ὡς πολλὰς Περσίδων
ἔκτισαν εὐνατόρων ἀνάνδρους.

Str. α'.

Der Text ist äusserst unsicher; ich bin grösstentheils Hartung gefolgt.

Str. α'.

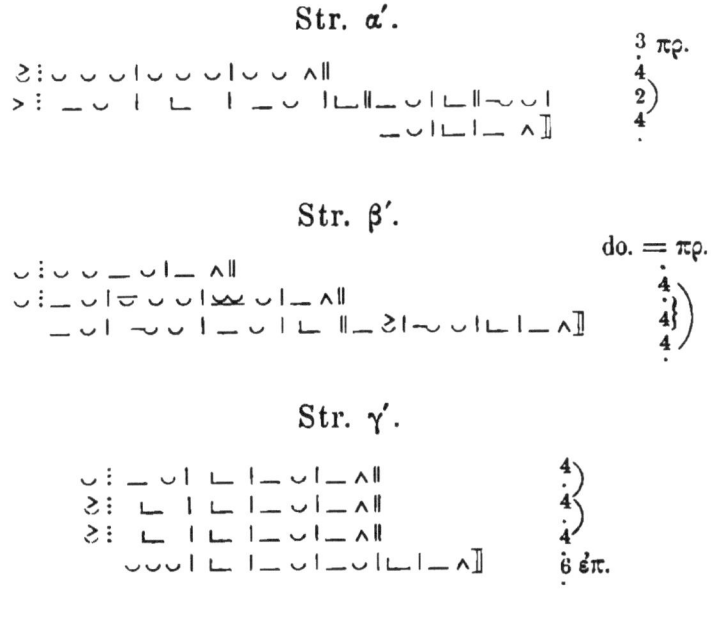

Str. β'.

Str. γ'.

Str. β'.

Die metrische (antistrophische) Responsion von βέλεα ◡ ◡ ◡ und σώματα ◡ ◡ ◡ ist auffällig, doch überliefert.

Str. γ'.

Was die Handschriften haben ist ganz ohne Rhythmus und Metrum, ausserdem divergiren Strophe und Gegenstrophe sehr stark. Hartung hat sich um die Restauration sehr verdient gemacht, obgleich seine Aenderungen sehr kühn sind. Ich habe seinen Text genau wiedergegeben.

III.

Das erste Stasimon, V. 547—597.

σ. α'.   Νῦν δὴ πρόπασα μὲν στένει
γαῖ' Ἀσὶς ἐκκενουμένα.
Ξέρξης μὲν ἄγαγεν, τοτοῖ,
Ξέρξης δ' ἀπώλεσεν, τοτοῖ,
5 Ξέρξης δὲ πάντ' ἐπέσπεν
δυσφρόνως βαρίδεσσι ποντίαις.
      Τίππε Δαρεῖος μὲν οὕτω τότ' ἀβλαβὴς ἐπῆν
τόξαρχος πολιήταις, Σουσίδαις φίλος ἄκτωρ;

ἀ. α'.   Πεζούς τε καὶ θαλασσίους
λινόπτεροι κυανώπιδες
νᾶες μὲν ἄγαγον, τοτοῖ,
νᾶες δ' ἀπώλεσαν, τοτοῖ,
5 νᾶες πανωλέθροισιν
ἐμβολαῖς ἐξ Ἰαόνων χερός.
      Τυτθὰ δ' ἐκφυγεῖν ἄνακτ' αὐτὸν εἰσακούομεν
Θρήκης ἀμ πεδιήρεις δυσχίμους τε κελεύθους.

σ. β'.   Τοὺς δ' ἄρα πρωτομόρους, φεῦ,
ληφθέντας πρὸς Ἀνάγκας
ἀκτὰς ἀμφὶ Κυχρείας —
    Ὀᾶ, φεῦ — στένε καὶ δάκρυσον,
5 βαρὺ δ' ἀμβόασον οὐράνι' ἄχη,
    Τεῖνε δὲ δυσβάυκτον
βοᾶτιν τάλαιναν αὐδάν.

ἀ. β'.   Γναπτόμενοι δ' ἁλὶ δεινᾷ
σκύλλονται πρὸς ἀναύδων
παίδων τᾶς ἀμιάντου.
      Πενθεῖ δ' ἄνδρα δόμος στερηθείς·
5 τοκέες δ' ἄπαιδες, δαιμόνι' ἄχη
    Δυρόμενοι, γοῶνται,
τὸ πᾶν δὴ κλύοντες ἄλγος.

Str. α′.

I. > : _ ∪ | _ ∪ | _ ∪ | _ ∧ ‖
    > : _ ∪ | _ ⏑̆ | _ ∪ | _ ∧ ‖
    > : _ ∪ | _ ∪ | _ ∪ | _ ∧ ‖
    > : _ ∪ | _ ∪ | _ ∪ | _ ∧ ‖
    > : _ ∪ | _ ∪ | ⌞ | _ ∧ ‖   5
        _ ∪ | ⌞ | _ ∪ | _ ∪ | _ ∪ | _ ∧ ⟧

II.   _ ∪ | _ ⏑̆ | _ ∪ | ⌞ ‖ _ ∪ | _ ∪ | _ ∪ | _ ∧ ‖
        _ ∪ | ⌣∪ | ⌞ | ⌞ ‖ _ ∪ | ⌣∪ | ⌞ | _ ∧ ⟧

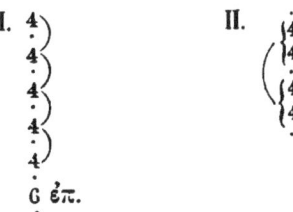

I. 4⎞
   4⎟
   ·
   4⎟
   4⎟
   4⎠
   ·
   6 ἐπ.
   ·

II. ⎛4⎞
    ⎜4⎟·
    ⎜4⎟
    ⎝4⎠

Str. β′.

I.   ⌣∪ | ⌣∪ | ⌞ | _ ∧ ‖
      _ > | ⌣∪ | ⌞ | _ ∧ ‖
      _ > | ⌣∪ | ⌞ ⌐ _ ∧ ⟧

II.   > : ⌞ | ⌣∪ | _ ∪ | ⌞ | _ ∧ ‖
      ∪∪ : _ ∪ | _ > | ⌞ | ∪ ∪∪ | _ ∧ ⟧   5

III. ⌣∪ | _ ∪ | ⌞ | _ ∧ ‖
      ∪ : ⌞ | ⌣ ∪ | _ ∪ | _ ∪ ⟧

I. 4⎞   II. ·   III. ·
   4⎟   5⎞   4⎞
   4⎠   5⎠   4⎠
   ·   ·

σ. γ'.   Τοὶ δ' ἀνὰ γᾶν 'Ασίαν δὴν

οὐκέτι περσονομοῦνται,

οὐκέτι δασμοφοροῦσιν

δεσποσύνοισιν ἀνάγκαις,

5 οὐκ ἐς γᾶν προπίτνοντες

ἄρξονται· βασιλεία

γὰρ διόλωλεν ἰσχύς.

ἀ. γ'.   Οὐδ' ἔτι γλῶσσα βροτοῖσιν

ἐν φυλακαῖς· λέλυται γὰρ

λαὸς ἐλεύθερα βάζειν,

ὡς ἐλύθη ζυγὸν ἀλκᾶς.

5 αἱμαχθεῖσα δ' ἄρουρα,

Αἴαντος περικλύστα

νᾶσος, ἔχει τὰ Περσῶν.

Str. γ′.

⏑ ⏑ | ⏑ ⏑ | ⎵ | ⎵ ∧ ‖   4)
⏑ ⏑ | ⏑ ⏑ | ⎵ | ⎵ ∧ ‖   4)
⏑ ⏑ | ⏑ ⏑ | ⎵ | ⎵ ∧ ‖   4)
⏑ ⏑ | ⏑ ⏑ | ⎵ | ⎵ ∧ ‖   4)
⎵ > | ⏑ ⏑ | ⎵ | ⎵ ∧ ‖   4)   5
⎵ > | ⏑ ⏑ | ⎵ | ⎵ ∧ ‖   4)
⏑ ⏑ | ⎵ ⏑ | ⎵ | ⎵ ∧]   4)

Str. γ′.

Dass hier keine akatalektischen Tripodien anzunehmen seien,
zeigt Str. β′, wo die τονή in der vorletzten Silbe von der Eurhythmie bewiesen wird (in Per. II. und III.). Auch eignen sich
Logaōden durch eine solche τονή erst recht zu einem Metrum der
Klage. Die hastigen ersten beiden Takte in diesen Tripodien zeigen
die innere Aufregung; die beiden letzten Takte, eigentlich trochäisch,
verrathen den nagenden Schmerz. — Die repetirte stichische Periode ist vorzüglich geeignet zu langen Herzählungen gleichartiger
Facta, wie hier.

IV.

Das zweite Stasimon, V. 633—680.

σ. α'. Ἦ ῥ' ἀίει μου μακαρίτας ἰσοδαίμων βασιλεὺς
βάρβαρά γε σαφηνῆ
Ἱέντος τὰ παναίολ' αἰανῇ δύσθροα βάγματα,
Παντάλανα δ' ἄχη βοῶντος
5 νέρθεν ἄρα κλύει μου;

ἀ. α'. Ἀλλὰ σύ μοι Γᾶ τε καὶ ἄλλοι χθονίων ἀγεμόνες,
δαίμονα μεγαλαυχῆ
Ἰόντ' αἰνέσατ' ἐκ δόμων Περσᾶν Σουσιγενῆ θεόν,
Πέμπετε δ' ἄνω οἷον οὔπω
5 Περσὶς αἶ' ἐκάλυψεν.

σ. β'. Ἦ φίλος ἀνήρ, φίλος ὄχθος· φίλα γὰρ κέκευθεν ἤθη.
Ἀιδωνεὺς δ' ἀναπομπὸς ἀνείης,
Ἀιδωνεὺς Δαρεῖον, οἷον ἄνακτα Δαρειάν.

ἀ. β'. Οὔτε γὰρ ἄνδρας ποτ' ἀπώλλυ πολεμοφθόροισιν ἄταις,
θεομήστωρ δ' ἐκικλήσκετο Πέρσαις,
Θεομήστωρ δ' ἔην ἐπεὶ στρατὸν εὖ ἐποδήγει.

Str. α'.

Hartung's Aenderungen, alle Autorität der Codices vernichtend, erweisen sich als unrhythmisch. Der vorletzte Vers der Strophe ist allerdings sehr verderbt überliefert und ich habe Hartung's Aenderung hier recipirt, doch mit anderer Stellung des δέ, wodurch allein das Metrum gewahrt wird.

Str. α'.

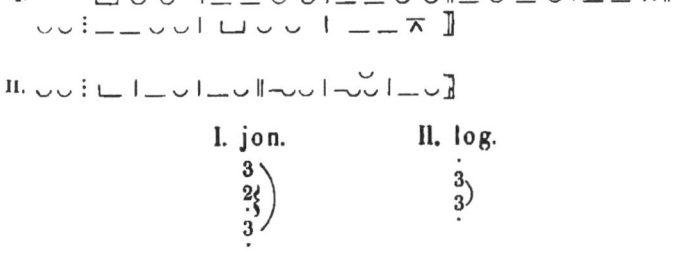

I. choriambisch.   II. log.   III. log.

Str. β'.

I. jon.   II. log.

Str. β'.

Auch in dieser Strophe erweisen sich die Hartung'schen Aus-
merzungen als ganz verkehrt, da durch sie der sonst vorhandene
Rhythm zerstört wird. Ich habe mich wieder streng an das Ueberlieferte gehalten, nur dass ich Gstr. V. 3 schrieb

ἔην für ἔσκεν und

ἐποδήγει für ἐπεδώκει.

Hartung schreibt 'ποδόχει, eine Form, die schon an und für sich
nicht so wahrscheinlich ist als ἐποδήγει.

Die zweisilbige Anakruse in Per. II. ist bemerkenswerth: die

σ. γ′.   Βαλήν, ἀρχαῖε βαλήν, ἴϑι, ἱκοῦ,
         ἔλϑ᾽ ἐπ᾽ ἄκρον κόρυμβον ὄχϑου,
         κροκόβαπτον ποδὸς εὔμαριν ἀείρων,
         Βασιλείας τιάρας φάλαρον πιφαύσκων·
       5 βάσκε, πάτερ, ἄκακε Δαρεῖ᾽, ἄνω,

ἀ. γ′.   Ὅπως καινά τε κλύῃς νέα τ᾽ ἄχη,
         δέσποτα δεσπότου φάνηϑι.
         Στυγία γάρ τις ἐπ᾽ ἀχλὺς πεπόταται·
         Νεολαία γὰρ ἤδη κατὰ γᾶς ὄλωλεν.
       5 βάσκε, πάτερ, ἄκακε Δαρεῖ᾽, ἄνω.

ἐπ.   Αἰαῖ, αἰαῖ.
         ὦ πολύκλαυτε φίλοισι ϑανών,
         τί τάδ᾽ ἀδύνατα δύναται περισῶσαι δίδυμα,
         διαλύειν ϑ᾽ ἁμαρτίαν,
       5 Πᾶσαι [δι᾽ ἂν] γᾶ τᾷδ᾽ ἐξέφϑινται.
         αἱ τρίσκαλμοι νᾶες ἄναες ἄναες;

Logaöden gewinnen dadurch einen jonischen Anklang. In der folgenden Strophe kehrt diese Erscheinung wieder, die unter keinen Umständen zur Annahme von jonici verleiten darf, wo diese nicht sonst indicirt sind.

Str. γ′.

Hartung ist bemüht gewesen, durch mehrere Aenderungen Jonici herzustellen; da aber dies doch nicht in allen Takten gelingt, so bleibt ein wunderbares Gemisch der verschiedensten Taktarten zurück, mit dem vom rhythmischen Standpunkte aus gar nichts anzufangen ist.

Epodos.

Da die Handschriften nichts Verständliches haben, so habe ich mich an Hartung gehalten. Die Conjectur v. 3 περιστᾶσαι δίδυμα,

Str. γ′.

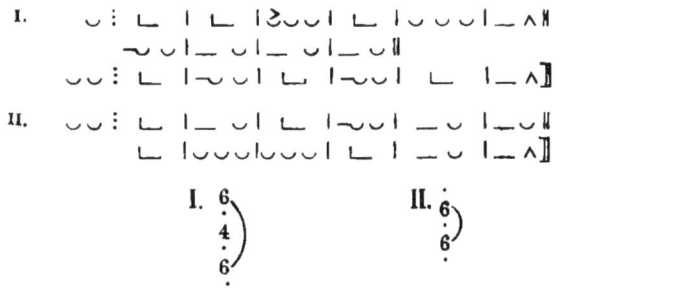

Epodos.

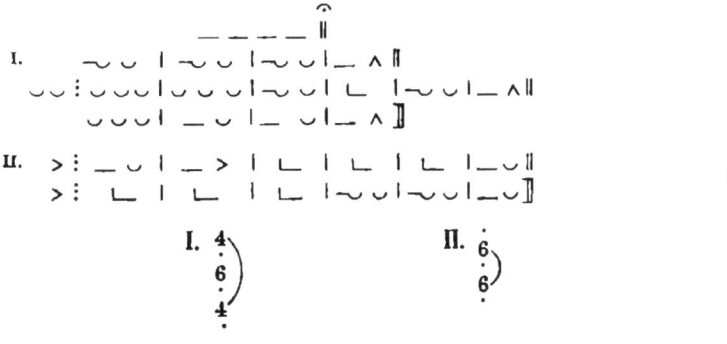

deren Sinn Hartung schwerlich selbst verstanden hat, konnte jedoch unmöglich recipirt werden und ich habe deshalb

περισῶσαι δίδυμα

hergestellt. — Ueberflüssig, ja die bereits gewonnene Eurhythmie wieder zerstörend, sind die Streichungen und Versetzungen, welche Hartung in dem Schlussverse vornimmt; ich bin hier also wieder treu der Ueberlieferung gefolgt.

V.

Der fünfte Chorgesang, V. 694—696.   700—702.

σ.   Σέβομαι μὲν προσιδέσϑαι,
σέβομαι δ᾿ ἀντία λέξαι
σέϑεν, ἀρχαίῳ περὶ τάρβει.

ά.   Δέομαι μὲν χαρίσασϑαι,
δέομαι δ᾿ ἀντία φάσϑαι,
λέξας δύσλεκτα φίλοισιν.

⏑⏑ ⁞ ‒ ‒ ⏑ ⏑ | ‒ ‒ ⏞ ‖   jon. 2
⏑⏑ ⁞ ‒ ‒ ⏑ ⏑ | ‒ ‒ ⏞ ‖   jon. 2
⏗ ⁞ ‒ > | ‿⏑⏑ | ‒ ⏑ ⟧   log. 3 ἐπ.

Der Schlussvers darf nicht als jonisch betrachtet und demgemäss constituirt werden:

⏗ ⁞ ‒ > ‿⏑⏑ | ‒ ‒ ⏞ ‖

So unregelmässige Kola kommen in der classischen Poesie nicht
vor. Ueber die Logaöden als Schluss der Periode s. §. 18, 1.

Auch die Tetrapodie,

⏗ ⁞ ‒ > | ‿⏑ ⏑ | ‒ | ‒ ⋀ ‖

ist hier nicht wahrscheinlich: es wird hier kein Uebergang zu einem
Metrum der Klage u. dgl. verlangt.

VI.

Das dritte Stasimon, V. 852—908.

'Ω πόποι, ἡ μεγάλας ἀγαθᾶς τε πολισσονόμου βιοτᾶς ἐπε- σ. α'.
        κύρσαμεν,
εὖθ' ὁ γηραιὸς παντάρχας ἀκάκας ἄμαχος βασιλεὺς
ἰσόθεος Δαρεῖος ἄρχε χώρας.

Πρῶτα μὲν εὐδοκίμου στρατιᾶς ἀπεφαίνομεθ', ἠδὲ νομίσματα ἀ. α'.
        Περσικὰ
πάντ' ἐπεύθυνον· νόστοι δ' ἐκ πολέμου ἀπόνους ἀπαθεῖς
[πάντας] εὖ πράσσοντας ἆγον οἴκους.

Str. α'.

$$\begin{pmatrix}4\\4\\4\\4\end{pmatrix}$$
5 ἐπ.

Str. α'.

Die tadellose Eurhythmie, welche in der Strophe herrschte,
zeigte, dass an dem Handschriftlichen nichts zu ändern war; es ist
deshalb im obigen Texte keine der willkührlichen Aenderungen
Hartungs recipirt worden. — In der Gstr. dagegen war eine Lücke,
die ich durch [πάντας] ergänzt habe. Es lag für die Abschreiber
nahe, dieses Wort wegzulassen wegen des vorhergehenden πάντ'.

Str. V. 3 ist ἰσόθεος zu quantitiren.

σ. β'.   Ὅσσας δ᾽ εἷλε πόλεις, πόρον οὐ διαβὰς "Αλυος ποτάμοιο,
οὐδ᾽ ἀφ᾽ ἑστίας συθείς,
οἷοι Στρυμονίου πελάγους Ἀχελωΐδες εἰσὶ πάροικοι,
Θρηκίων ἐπαύλων·

ἀ. β'.   Λίμνας τ᾽ ἔντοθεν αἱ κατὰ χέρσον ἐληλαμέναι περίπυργοι
τοῦδ᾽ ἄνακτος ἄιον
"Ελλας τ᾽ ἀμφὶ πόρον πλατύν, ἀρχόμεναι, μυχία τε Προποντὶς
καὶ στόμωμα Πόντου·

σ. γ'.   Νᾶσοί θ᾽ αἱ κατὰ πρῶν᾽ ἅλιον περίκλυστοι,
τᾷδε γᾷ προσήμεναι·
οἷα Λέσβος, ἐλαιόφυτός τε Σάμος, Χίος,
ἠδὲ Πάρος, Νάξος, Μύκονος,
5 Τήνῳ τε προσάπτουσ᾽ "Ανδρος ἀγχιγείτων·

ἀ. γ'.   Καὶ τὰς ἀγχιάλους ἐκράτυνε μεσάκτους·
λῆμνον Ἰκάρου θ᾽ ἕδος·
καὶ Ῥόδον ἠδὲ Κνίδον Κυπρίας τε πόλεις Πάφον
ἠδὲ Σόλους Σαλαμῖνά τε, τᾶς
5 νῦν ματρόπολις τῶνδ᾽ αἰτία στεναγμῶν.

ἐπ.   Καὶ τὰς εὐκτεάνους κατὰ κλῆρον Ἰώνιον πολυάνδρους
Ἑλλάνων ἐκράτυνε
σφετέραις φρεσίν. ἀκάματον δὲ παρῆν σθένος ἀνδρῶν τευχηστήρων
παμμίκτων τ᾽ ἐπικούρων.
5 νῦν δ᾽ οὐκ ἀμφιλόγως θεόπρεπτα τάδ᾽ αὖ φέρομεν πολέμοισι
δμαθέντες μεγάλως πλαγαῖσι ποντίαισιν.

Str. β'.

Dass die Tetrapodien V. 2 und 4 isorrhythmisch seien, er-
hellt aus γ' V. 2, wo Responsion mit einer rein daclylischen Tetrapodie stattfindet. Sie dienen dazu, die Melodie etwas lebhafter zu
machen und ihre Takte werden im Melos dieselbe Fassung gehabt
haben, als der erste Takt der „Epitriten". Vgl. §. 5, 7.

Str. β'.

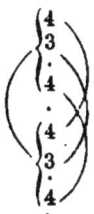

Str. γ'.

5 ἐπ. 5

Epodos.

5

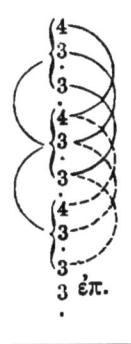

3 ἐπ.

VII.

Der Schlussthrenos, V. 931—1074.

σ. α'.   Ξ. Ὄδ' ἐγώ, οἰοῖ, αἰακτὸς
μέλεος γέννᾳ γᾷ τε πατρῴᾳ
κακὸν ἄρ' ἐγενόμαν.

Χ. Πρόσφθογγόν σοι νόστου τὰν
5 κακοφάτιδα βοάν, κακομέλετον ἰὰν
Μαριανδυνοῦ θρηνητῆρος
πέμψω πέμψω πολύδακρυν ἰαχάν.

ἀ. α'.   Ξ. Ἵετ' αἰανῆ πάνδυρτον
δύσθροον αὐδάν. δαίμων γὰρ ὅδ' αὖ
μετάτροπος ἐπ' ἐμοί.

Χ. Ἥσω τοι καὶ πάνδυρτον,
5 λαπάθιά τε σέβων ἀλίτυπά τε βάρη.
πόλεως γέννας πενθητῆρα
κλάγξω κλάγξω δ' ἀρίδακρυν ἰαχάν.

σ. β'.   Ξ. Ἰαόνων γὰρ ἀπηύρα
ναύφαρκτος Ἄρης ἑτεραλκής,
Νυχίαν πλάκα κερσάμενος
δυσδαίμονά τ' ἀκτάν.

5   Χ. Βόα καὶ πάντ' ἐκπεύθου ·
ποῦ δὲ φίλων ἄλλος ὄχλος,
Ποῦ δέ σοι παραστάται,
οἷος ἦν Φαρανδάκης,
Σούσας, Παλάγων,
10   Καὶ Δότμας, Ἀγδαβάτας, Ψάμμις,
Σουσισκάνης τ' Ἀγβάταν' ἀπολιπών;

ἀ. β'.   Ξ. Ὀλωλότας κατέλειπον
ναὸς Τυρίας ἔρροντας
Σαλαμινιάσι στυφέλους
θείνοντας ἐπ' ἀκτάς.
5   Χ. Οἴ, ποῦ σοι Φαρνοῦχος

Ἀριόμαρδός τ' ἀγαθός;
   Ποῦ δὲ Σευάλκης ἄναξ,
ἢ Λίλαιος εὐπάτωρ;
Μέμφθις, Θάμυρις
   Καὶ Μασίστρας καὶ Ὀισταίχμας
κ'Ἀρτεμβάρης; τάδε σ' ἐπανέρομαι.

10

Str. α'.

Str. β'.

Str. β'.

Da weder in der Strophe noch in der Gstr. die Ueberlieferung einen festen Anhalt bot, so habe ich mich an Hartung halten müssen, dessen Aenderungen freilich gewaltsam sind, aber dem Sinne und Metrum genügen. Die Quantitirung von 'Ἀγβάταν' ist auffällig.

σ. δ'.　　Ξ. Βεβᾶσι γὰρ τοίπερ ἀγέται στρατοῦ.

　　　　Χ. βεβᾶσιν, οἴ, νώνυμοι.

　　　　Ξ. ἰὴ ἰή, ἰὼ ἰώ.

　　　　Χ. ἰὼ ἰώ, δαίμονες

5　　ἔϑεντ᾽ ἄελπτον κακὸν

　　　ζαπρέπον, οἷον δέδρακεν ῎Ατα.

ἀ. δ'.　　Ξ. Πεπλήγμεϑ᾽ οἴ, αἵδε δαίμονος τύχαι.

　　　　Χ. πεπλήγμεϑ᾽, εὔδηλα γάρ,

　　　　Ξ. νέαι νέαι δύαι δύαι.

　　　　Χ. Ἰαόνων ναυβατᾶν

5　　κύρσαντες οὐκ εὐτυχῶς.

　　　δυσπόλεμον δὴ γένος τὸ Περσᾶν.

σ. ε'.　　Ξ. Πῶς δ᾽ οὔ; στρατὸν μὲν τοσοῦτον τάλας πέπληγμαι.

　　　　Χ. Τί δ᾽; οὐκ ὄλωλεν μεγάλως τὰ Περσᾶν;

　　　　Ξ. ὁρᾷς τὸ λοιπὸν τόδε τᾶς ἐμᾶς στολᾶς;

　　　　Χ. ὁρῶ ὁρῶ. Ξ. τάνδε τ᾽ οἰστοδέγμονα;

5　　　Χ. Τί τόδε λέγεις σεσωσμένον;

　　　　Ξ. ϑησαυρὸν βελέεσσιν.

　　　　Χ. βαιά γ᾽ ὡς ἀπὸ πολλῶν.

　　　　Ξ. ἐσπανίσμεϑ᾽ ἀρωγῶν.

　　　　Χ. Ἰάνων λαὸς οὐ φυγαίχμας.

ἀ. ε'.　　Ξ. Ἀγανόρειος· κατεῖδον δὲ πῆμ᾽ ἄελπτον.

　　　　Χ. Τραπέντα ναύφρακτον ἐρεῖς ὅμιλον;

　　　　Ξ. πέπλον δ᾽ ἐπέρρηξ᾽ ἐπὶ συμφορᾷ κακῶν.

　　　　Χ. παπαῖ παπαῖ. Ξ. καὶ πλέον ἢ παπαῖ μὲν οὖν.

5　　　Χ. Δίδυμα γάρ ἐστι καὶ τριπλᾶ.

　　　　Ξ. λυπρά, χάρματα δ᾽ ἐχϑροῖς.

　　　　Χ. καὶ σϑένος γ᾽ ἐκολούσϑη.

　　　　Ξ. γυμνός εἰμι προπομπῶν.

　　　　Χ. φίλων τ᾽, ἄταισι ποντίαισιν.

Str. δ'.

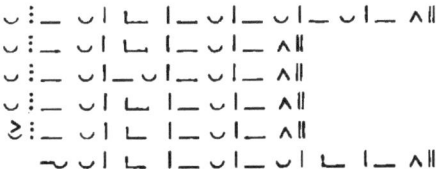

```
⏑ :_  ⏑ |  ⌐  |_⏑|_⏑|_⏑|_ ∧‖
⏑ :_  ⏑ |  ⌐  |_⏑|_ ∧‖
⏑ :_  ⏑ |_⏑|_⏑|_ ∧‖
⏑ :_  ⏑ |  ⌐  |_⏑|_ ∧‖
≿ :_  ⏑ |  ⌐  |_⏑|_ ∧‖                    5
   ⌣ ⏑ |  ⌐  |_⏑|_⏑|  ⌐  |_ ∧‖
```

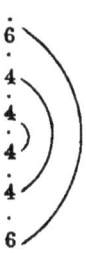

```
6
.
4
.
4
.
4
.
4
.
6
.
```

Str. ε'.

```
I.   ≿ :_ ⏑ |  ⌐  |_ ⏑|  ⌐  ‖_⏑|_⏑|  ⌐  |_∧‖
II.  ⏑ :_ ⏑ |  ⌐  |⌣⏑|_⏑|  ⌐  |_ ∧‖
     ⏑ :_ ⏑ |  ⌐  |⌣⏑|_⏑|_⏑|_ ∧‖
     ⏑ :_ ⏑ |  ⌐  |⌣⏑|_⏑|_⏑|_ ∧‖
III. ⏑ :⏑⏑ ⏑|_ ⏑|_ ⏑|_ ∧‖                    5
       _ ≽ |⌣⏑| ⌐ |_ ∧‖
       _ ≽ |⌣⏑| ⌐ |_ ∧‖
       _ ⏑ |⌣⏑| ⌐ |_ ∧‖
     ⏑ :  ⌐ | ⌐ |_⏑|_⏑| ⌐ |_ ∧‖
```

```
I.  4)        II. 6         III. 4
    4)            .              .
    .             6              4
                  .              .
                  6              4
                  .              .
                                 4
                                 .
                                 6 ἐπ.
                                 .
```

Str. und Gstr. γ΄ sind namentlich in ihrem ersten Theile so
mangelhaft überliefert, dass ich vorgezogen habe, sie fortzulassen.
Hartung hat trotz mehrerer starker Aenderungen durchaus keine
Eurhythmie hergestellt. Westphal (p. 118) zeigt freilich die Eurhythmie im ersten Theil der Strophe (nur dass die Interjectionen
hier, wie so oft, stören), doch fügt sich die Gegenstrophe durchaus
nicht in dies Metrum. Wahrscheinlich steckt in ihr das Haupt-
verderbniss.

Die folgenden beiden Strophen nebst der Epodos sind so
lückenhaft und corrupt überliefert, dass für unsern Zweck eine
Behandlung derselben von äusserst geringem Interesse sein würde.
Hartung mag nicht Unrecht haben, dass mehrfache Versetzungen
von Versen stattgefunden haben; doch sind die von ihm gebildeten
Strophen ganz unrhythmisch. An eine Heilung der tief liegenden
Schäden ist in einem eigentlich doch sehr inhaltlosen Wechselgesange wohl kaum zu denken. Die Abschreiber selbst sind in
solchen Gesängen am allerunachtsamsten gewesen, wofür Suppl. VIII
ein beredtes Zeugniss ist; in dem wirren Gerede schien es ihnen
auf ein par Worte mehr oder weniger gar nicht anzukommen.
Diese Erscheinung ist eigentlich für die Kritik der chorischen Texte
von grosser Wichtigkeit, denn wir erlangen dadurch den sichern
Beweis, dass man an metrische oder gar rhythmische Interpolationen nirgend zu denken habe. Blosse Interjectionen und andere
ziemlich inhaltlose Ausrufe sind fast immer in Formen überliefert,
welche Rhythmus und Metrum zerstören. Hätte man aber, schon
in ziemlich alten Zeiten noch den wahren Rhythmus verstanden, so
würde man gerade mit diesen Wörtern das leichteste Spiel für
Herstellung desselben gehabt haben. Denn was ist bequemer, als
zu einem αἰαῖ oder ἰώ noch das zweite hinzuzufügen, oder das
beliebte ὀτοτοτοῖ um Silben zu verkürzen oder zu vermehren?
Wie aber die Ueberlieferung gewöhnlich ist, bleibt erst dem modernen Herausgeber diese Operation vorbehalten.

In Textausgaben, wo auch Strophen wie die erwähnten nicht
fehlen dürfen, wird man sie, da kein Auskunftsmittel ist, in un-
rhythmischer Form dulden müssen, und es wird besser sein Strophe
und Gegenstrophe nicht gewaltsam nach einander — metri causa —
zu ändern, so lange der Mangel des Rhythmus beweist, dass das
Hergestellte eben so falsch und wahrscheinlich noch viel falscher

sei als das Ueberlieferte. Genug, dass die wahrhaft schönen und poetischen Chorgesänge gerade wegen ihres Inhaltes restaurirbar sind. Die wenigen Strophen aus Suppl. VIII, Sept. I und Pers. VII wird niemand zu grossem Leidwesen unter den rhythmisch geordneten Gesängen vermissen. Es sind, trotzdem gerade der Text des Aeschylus viel mangelhafter überliefert ist, als der der übrigen Tragiker, die einzigen Strophen des grossen Dichters, die ohne die grösste Gewaltthätigkeit nicht herzustellen sind, die aber auch, an und für sich ohne dichterischen Werth, nur durch kunstvolle melische Composition und den Effect auf der Scene selbst Interesse gewähren konnten.

Die lyrischen Partien im Prometheus.

I.

Die Parodos, V. 128—192.

σ. α'. X. Μηδὲν φοβηθῇς· φιλία γὰρ ἥδε τάξις πτερύγων θοαῖς ἁμίλλαις προσέβα τόνδε πάγον, πατρῴας
μόγις παρειποῦσα φρένας. κραιπνοφόροι δέ μ᾽ ἔπεμψαν αὖραι.
κτύπου γὰρ ἀχὼ χάλυβος διῇξεν ἄντρων μυχόν, ἐκ δ᾽ ἔπληξέ
μου τὰν θεμερῶπιν αἰδῶ·
σύθην δ᾽ ἀπέδιλος ὄχῳ πτερωτῷ.

συ. α'.   Π. Αἰαῖ, αἰαῖ,
τῆς πολυτέκνου Τηθύος ἔκγονοι,
τοῦ περὶ πᾶσαν θ᾽ εἱλισσομένου
χθόν᾽ ἀκοιμήτῳ ῥεύματι παῖδες
5   πατρὸς Ὠκεανοῦ·
δέρχθητ᾽, ἐσίδεσθ᾽ οἵῳ δεσμῷ
προσπορπατός, τῆσδε φάραγγος
σκοπέλοις ἐν ἄκροις
φρουρὰν ἄζηλον ὀχήσω.

ἀ. α'. X. Λεύσσω Προμηθεῦ· φοβεροῖς ἐμοῖσι δ᾽ ὄσσοις. ὀμίχλα προσ-
ῇξε πλήρης δακρύων, σὸν δέμας εἰσιδούσα
πέτραις προσαυαινόμενον ταῖσδ᾽, ἀδαμαντοδέτοισι λύμαις.
νέοι γὰρ οἰακονόμοι κρατοῦσ᾽ Ὀλύμπου· νεοχμοῖς δὲ δὴ νόμοις
Ζεὺς ἀθέτως κρατύνει.
τὰ πρὶν δὲ πελώρια νῦν ἀιστοῖ.

συ. β'.   Π. Εἰ γάρ μ᾽ ὑπὸ γῆν νέρθεν θ᾽ Ἅιδου
τοῦ νεκροδέγμονος εἰς ἀπέραντον

Τάρταρον ἧκεν, δεσμοῖς ἀλύτοις
ἀγρίως πελάσας, ὡς μήτε θεὸς
μήτε τις ἄλλος τοῖσδ' ἐγεγήθει.
νῦν δ' αἰθέριον κήνυγμ' ὁ τάλας
ἐχθροῖς ἐπίχαρτα πέπονθα.

5

Str. α'.

_ : _ ∪ | ∟ | ∼ ∪ | _ ∪ ‖ _ ∪ | ∟ | ∼ ∪ | _ ∪ ‖ _ ∪ | ∟ |
∼ ∪ | ∟ ‖ ∼ ∪ | _ ∪ | ∟ | _ ∧ ‖
∪ : _ ∪ | ∟ | ∼ ∪ | ∟ ‖ ∼ ∪ | ∼ ∪ | _ ∪ | _ ∪ ‖
∪ : _ ∪ | ∟ | ∼ ∪ | _ ∪ ‖ _ ∪ | ∟ | ∼ ∪ | _ ∪ ‖ _ ∪ | ∟ |
∼ ∪ | _ ∪ | ∟. | _ ∧ ‖
∪ : ∼ ∪ | ∼ ∪ | _ ∪ | _ ∪ ‖

Str. α'.

Wegen der Länge der Verse vgl. §. 12, 5, und wegen des
Mangels an Periodologie §. 19, 1. Hätte man aber Periodologie
gegen die Natur der Sache suchen wollen, so wäre sie allerdings
auch herzustellen gewesen. Der vorletzte Vers wäre dann zu
schreiben:

∪ : _ ∪ | ∟ | ∼ ∪ | _ ∪ ‖ _ ∪ | ∟ | ∼ ∪ | _ ∪ | _ ∪ | ∟ ‖
∼ ∪ | _ ∪ | ∟ | _ ∪ ‖

So erhielte man:

I.	4	II.	4	III.	4
	4		4		6
	4				4
	4				4 ἐπ.

24 *

σ. β'.　　Χ. Τίς ὧδε τλησικάρδιος
θεῶν, ὅτῳ τάδ' ἐπιχαρῆ;
　　Τίς οὐ ξυνασχαλᾷ κακοῖς
τεοῖσι, δίχα γε Διός; ὁ δ' ἐπικότως ἀεὶ
5 θέμενος ἄγναμπτον νόον
δάμναται οὐρανίαν
　　Γένναν, οὐδὲ λήξει, πρὶν ἂν ἢ κορέσῃ κέαρ, ἢ παλάμᾳ τινὶ
　　　　τὰν δυσάλωτον ἕλῃ τις ἀρχάν.

συ. γ'.　　Π. Ἦ μὴν ἔτ' ἐμοῦ, καίπερ κρατεραῖς
ἐν γυιοπέδαις αἰκιζομένου,
χρείαν ἕξει μακάρων πρύτανις,
δεῖξαι τὸ νέον βούλευμ', ὑφ' ὅτου
5 σκῆπτρον τιμάς τ' ἀποσυλᾶται.
καί μ' οὔτε μελιγλώσσοις πειθοῦς
ἐπαοιδαῖσιν
θέλξει, στερεάς τ' οὔποτ' ἀπειλὰς
πτήξας τόδ' ἐγὼ καταμηνύσω,
10 πρὶν ἂν ἐξ ἀγρίων δεσμῶν χαλάσῃ
ποινάς τε τίνειν
τῆσδ' αἰκίας ἐθελήσῃ.

ἀ. β'.　　Χ. Σὺ μὲν θρασύς τε καὶ πικραῖς
δύαισιν οὐδὲν ἐπιχαλᾷς,
　　Ἄγαν δ' ἐλευθεροστομεῖς.
ἐμὰς δὲ φρένας ἐρέθισε διάτορος φόβος
5 δέδια δ' ἀμφὶ σαῖς τύχαις
πᾶ ποτε τῶνδε πόνων
　　Χρή σε τέρμα κέλσαντ' ἐσιδεῖν, ἀκίχητα γὰρ ἤθεα καὶ
　　　　κέαρ ἀπαράμυθον ἔχει Κρόνου παῖς.

συ. δ'.　　Π. Οἶδ' ὅτι τραχὺς καὶ παρ' ἑαυτῷ
τὸ δίκαιον ἔχων Ζεύς· ἀλλ' ἔμπας
μαλακογνώμων ἔσται ποθ', ὅταν
ταύτῃ ῥαισθῇ.
5 τὴν δ' ἀτέραμνον στορέσας ὀργὴν
εἰς ἀρθμὸν ἐμοὶ καὶ φιλότητα
σπεύδων σπεύδοντί ποθ' ἥξει.

Str. β′.

I. ◡ : ‒ ◡ | ‒ ◡ | ‒ ◡ | ‒ ⌃ ‖
　　◡ : ‒ ◡ | ‒ ◡ | ◡ ◡ ◡ ◡ | ‒ ⌃]

II. ◡ : ‒ ◡ | ‒ ◡ | ‒ ◡ | ‒ ⌃ ‖
　　◡ : ‒ ◡ | ◡ ◡ ◡ ◡ | ◡ ◡ ◡ ◡ | ◡ ◡ ◡ ◡ | ‒ ◡ | ‒ ⌃ ‖
　　　◡ ◡ ◡ ◡ | ‒ ◡ͻ | ‒ ◡ | ‒ ⌃ ‖
　　　◡ ◡ ◡ | ◡ ◡ ◡ | ‒ ⌃]

III. ‒ ◡ | ‒ ◡ | ◡ ‒ ‖ ◡ ◡ | ◡ ◡ | ◡ ◡ ◡ ‖ ◡ ◡ ◡ | ◡ ◡ ◡ | ◡ ◡ ◡ ‖
　　　　　　　　　　　　◡ ◡ ◡ | ‒ ◡ | ‒ ◡]

I. 4⎞
　. 4⎠
　.

II. .
　4⎞
　.
　6⎟
　.
　4⎠
　.
3 ἐπ.

III. .
　3⎞
　3⎟
　3⎟
　3⎠
　.

5

II.

Das erste Stasimon, V. 397—435.

σ. α'.   Στένω σε τᾶς οὐλομένας τύχας, Προμηθεῦ·
δακρυσίστακτον ἀπ' ὄσσων ῥαδινὰν ῥέος παρειὰν
νοτίοις ἔτεγξε παγαῖς· ἀμέγαρτα γὰρ τάδε Ζεὺς
ἰδίοις νόμοις κρατύνων ὑπερήφανον θεοῖς τοῖς πάρος ἐνδείκνυσιν
αἰχμάν.

ἀ. α'.   Πρόπασα δ' ἤδη στονόεν λέλακε χώρα·
μεγαλοσχήμονά τ' ἀρχαιοπρεπῆ στένουσι τὰν σὰν
ξυνομαιμόνων τε τιμὰν ὁπόσοι κάτοικον ἁγνᾶς
Ἀσίας ἕδος νέμονται, μεγαλοστόνοις τε σοῖς πήμασι συγκάμ-
νουσι θνατοί.

σ. β'.   Κολχίδος τε γᾶς ἔνοικοι
παρθένοι, μάχας ἄτρεστοι
καὶ Σκύθης ὅμιλος, οἳ γᾶς
Ἔσχατον τόπον ἀμφὶ Μαιῶτιν ἔχουσι λίμναν.

ἀ. β'.   Κ'Αρίας ἄρειον ἄνθος,
ὑψίκρημνον οἳ πόλισμα
Καυκάσου πύλας, νέμονται,
Δάιος στρατός, ὀξυπρώροισι βρέμων ἐν αἰχμαῖς.

ἐπ.   Μόνον δὴ πρόσθεν ἄλλον ἐν πόνοις
δαμέντ', ἀδαμαντοδέτοις Τιτᾶνα λύμαις εἰσιδόμαν θεὸν Ἄτλαν,
ὃς αἰὲν ὑπέροχον σθένος κραταιὸν
οὐράνιόν τε πόλον νώτοις ὑποστεγάζει.
5   Βοᾷ δὲ πόντιος κλύδων ξυμπίτνων, στένει βυθός,
κελαινὸς Ἄιδος ὑποβρέμει μυχὸς γᾶς,
παγαί θ' ἁγνορύτων ποταμῶν στένουσιν ἄλγος οἰκτρόν.

Str. α'.

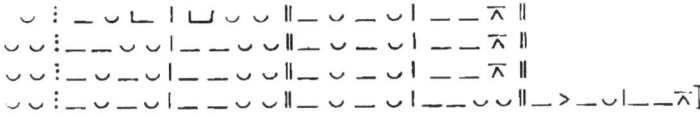

jonisch.

2 ἐπ.

Str. β'.

I. _ ∪ | _ ∪ | _ ∪ | _ ∪ ‖　　I. trochäisch.　　II. logaöd.

_ ∪ | _ ∪ | _ ∪ | _ ∪ ‖

_ ∪ | _ ∪ | _ ∪ | _ ∪ ⟧

II. _ ∪ | ‿∪ | _ ∪ | _ ‖‿∪ | _ ∪ | _ | _ ∧⟧

Epodos.

I. ∪ : _ | _ | _ | _ ∪ | _ ∪ | _ ∪ | _ ∧‖

∪ : ‿∪ | ‿∪ | _ ∪ | _ ∪ ‖ _ > | ‿∪ | ‿∪ | _ ∪ ‖

∪ : _ ∪ | ∪∪∪ | _ ∪ | _ ∪ | _ | _ ∧‖

‿∪ | ‿∪ | _ | _ | _ ‖ _ ∪ | _ ∪ | _ | _ ∧⟧

II. ∪ : _ ∪ | _ ∪ | _ ∪ | _ | _ ‖ _ ∪ | _ ∪ | _ ∪ | _ ∧‖　　5

∪ : _ ∪ | ∪∪∪ | ∪∪∪ | _ ∪ | _ | _ ∧‖

_ > | ‿∪ | ‿∪ | _ ∪ | _ ∪ ‖ _ ∪ | _ ∪ | _ | _ ∧⟧

I.　　　II.　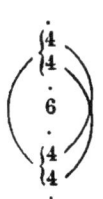

III.

Das zweite Stasimon, V. 526—560.

σ. α'.   Μηδάμ' ὁ πάντα νέμων
Ͽεῖτ' ἐμᾷ γνώμᾳ κράτος ἀντίπαλον Ζεύς,
μηδ' ἐλινύσαιμι Ͽεοὺς ὁσίαις
Ͽοίναις ποτινισσομένα
5   Βουφόνοις παρ' Ὠκεανοῦ πατρὸς ἄσβεστον πόρον·
Μηδ' ἀλίτοιμι λόγοις·
ἀλλά μοι τόδ' ἐμμένοι καὶ μήποτ' ἐκτακείη.

.ἀ α'.   Ἡδύ τι Ͽαρσαλέαις
τὸν μακρὸν τείνειν βίον ἐλπίσι, φαναῖς
Ͽυμὸν ἀλδαίνουσαν ἐν εὐφροσύναις.
φρίσσω δέ σε δερκομένα
5   Μυρίοις πόνοις διακναιόμενον Ͽεῖον δέμας.
Ζῆνα γὰρ οὐ τρομέων
ἰϿέᾳ γνώμᾳ σέβει Ͽνατοὺς ἄγαν, ΠρομηϿεῦ.

σ. β'.   Φέρ' ὅπως ἄχαρις χάρις, ὦ φίλος· εἰπὲ ποῦ τις ἀλκά;
τίς ἐφαμερίων ἄρηξις; οὐδ' ἐδέρχϿης
ὀλιγοδρανίαν ἄκικυν,
ἰσόνειρον, ᾇ τὸ φωτῶν
5   ἀλαὸν γένος ἐμπεποδισμένον; οὔποτε γὰρ τὰν
Διὸς ἁρμονίαν Ͽνατῶν παρεξίασι βουλαί.

ἀ. β'.   ἜμαϿον τάδε σᾶς προσιδοῦσ' ὀλοὰς τύχας, ΠρομηϿεῦ.
τὸ διαμφίδιον δέ μοι μέλος προσέπτα
τόδ' ἐκεῖνό Ͽ' ὅτ' ἀμφὶ λουτρὰ
λέχος εἰς σὸν ὑμεναίουν
5   ἰότατι γάμων, ὅτε τὰν ὁμοπάτριον ἔδνοις
ἄγες Ἡσιόναν πιϿὼν δάμαρτα κοινόλεκτρον.

Str. α'.

Die mangelhafte Interpunction der Perioden und ihr etwas

Str. α'.

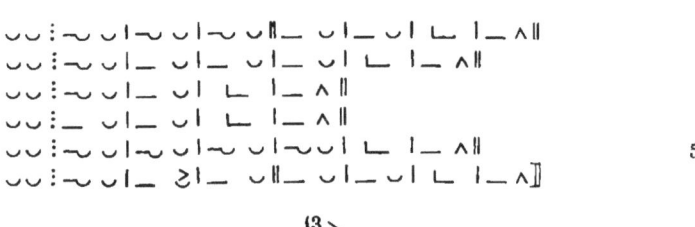

Str. β'.

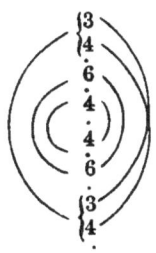

künstlicher Bau erinnern lebhaft an Pindars Epinikien, welche in demselben dactylo-epitrischen Masse geschrieben sind.

IV.

Gesang der Jo, V. 561—608.

συ.   Ῑ. Τίς γῆ; τί γένος; τίνα φῶ λεύσσειν
          τόνδε χαλινοῖς ἐν πετρίνοισιν
          χειμαζόμενον;
          τίνος ἀμπλακίας ποινά σ' ὀλέκει;
     5   σήμηνον ὅποι
          γῆς ἡ μογερὰ πεπλάνημαι.   .

πρ. ῾Α ᾰ
      χρίει τις αὖ με τὰν τάλαιναν οἶστρος·
      εἴδωλον Ἄργους γηγενοῦς ἀλύω,
      φεῦ δᾶ,
   5 τὸν μυριωπὸν εἰσορῶσα βούταν.
      ὁ δὲ πορεύεται ϑολερὸν ὄμμ' ἔχων,
      ὃν οὐδὲ κατϑανόντα γαῖα κεύϑει.
      ἀλλά με τὰν τάλαιναν
      ἐξ ἐνέρων περῶν κυναγεῖ, πλανᾷ τε νῆστιν ἀνὰ τὰν παραλίαν
                                              ψάμμαν.

   σ. ῾Υπὸ δὲ κηρόπλαστος ὀτοβεῖ δόναξ
      ἀχέτας ὑπνολέταν νόμον·
      ὤ πόποι πόποι,
      πόποι, πῇ μ' ἄγουσι τηλέπλανοι πλάναι;
   5 τί ποτέ μ', ὦ Κρόνιε παῖ, τί ποτε ταῖσδ' ἐνέζευξας εὑρὼν ἁμαρ-
                                              τοῦσαν ἐν πημοσύναις;
      αἰαῖ.
      οἰστρηλάτῳ δὲ δείματι δειλαίαν
      παράκοπον ὧδε τείϱεις;
      πυρί με φλέξον, ἢ χϑονὶ κάλυψον ἢ ποντίοις
  10 δάκεσι δὸς βοράν,
      μηδέ μοι φϑονήσῃς
      εὐγμάτων, ἄναξ.
      ἄδην με πολύπλανοι πλάναι
      γεγυμνάκασιν, οὐδ' ἔχω μαϑεῖν ὅπα

πημονὰς ἀλύξω.   15
κλύεις φθέγμα τᾶς βουκέρω παρθένου;

    Π. Πῶς δ' οὐ κλύω τῆς οἰστροδινήτου κόρης
τῆς Ἰναχείας; ἢ Διὸς θάλπει κέαρ
ἔρωτι, καὶ νῦν τοὺς ὑπερμήκεις δρόμους
Ἥρᾳ στυγητὸς πρὸς βίαν γυμνάζεται.

Proodos.

                                          5

Strophe.

ἀ. Ι. Πόθεν ἐμοῦ σὺ πατρὸς ὄνομ' ἀπύεις;
εἰπέ μοι τᾷ μογερᾷ, τίς ὤν,
τίς ἄρα μ', ὦ τάλας,
ταλαίπωρον ὧδ' ἐτήτυμα προσθροεῖς;
5 θεόσυτόν τε νόσον ὠνόμασας, ἃ μαραίνει με χρίουσα κέντροις
ἀεὶ φοιταλέοις.
αἰαῖ.
σκιρτημάτων δὲ νήστισιν αἰκίαις
λαβρόσυτος ἦλθον, Ἥρας
ἐπικότοισι μήδεσι δαμεῖσα. δυσδαιμόνων
10 δὲ τίνες οἳ' ἐγώ,
οἳ' ἐγώ, μογοῦσιν;
ἀλλά μοι τορῶς
τέκμηρον ὅ τι μ' ἐπαμμένει
παθεῖν; τί μῆχαρ ἢ τί φάρμακον νόσου;
15 δεῖξον, εἴπερ οἶσθα·
θρόει, φράζε τᾷ δυσπλάνῳ παρθένῳ.

Dass in diesem Gesange, seines Inhalts wegen, nicht im entferntesten an Periodologie gedacht werden konnte, geht aus §. 19, 1
hervor. Dem bunten Inhalte entspricht ein ebenso bunter Wechsel
der Metra: neben den wenigen Dochmien finden sich Bacchien
(auch Päonen) und Trochäen, sowie Logaöden. Dennoch sind die
ersteren das Grundmetrum, denn die bacchiischen und trochäischen
Kola lassen sich als eine Art Zerlegung derselben auffassen.

V.

Das dritte Stasimon, V. 887—906.

Ἦ σοφός, ἦ σοφὸς ὃς   σ.
πρῶτος ἐν γνώμᾳ τάδ᾽ ἐβάστασε καὶ γλώσσᾳ διεμυθολόγησεν
Ὡς τὸ κηδεῦσαι καθ᾽ ἑαυτὸν ἀριστεύει μακρῷ
Καὶ μήτε τῶν πλούτῳ διαθρυπτομένων
μήτε τῶν γέννᾳ μεγαλυνομενων   5
ὄντα χερνήταν ἐρᾶν συνεύνων.

Μήποτε, μήποτέ μ᾽, ὦ   ά.
πότνιαι Μοῖραι, λεχέων Διὸς εὐνάτειραν ἴδοισθε πέλουσαν·
Μηδὲ πλαθείην γαμέτᾳ τινι τῶν ἐξ οὐρανοῦ.
Ταρβῶ γὰρ ἀστεργάνορα παρθενίαν
εἰσορῶσ᾽ Ἰοῦς ἄμα δαπτομέναν   5
δυσπλάνοις Ἥρας ἀλατίαισιν.

Ἐμοὶ μὲν ὁμαλὸς ὁ γάμος ἄφοβος, ἀλλὰ   ἐπ.
δέδια μηδὲ κρεισσόνων
θεῶν ἄφυκτον ὄμμα προσδράκοι με.
ἀπόλεμος ὅδε γ᾽ ὁ πόλεμος, ἄπορα πόριμος·
οὐδ᾽ ἔχοιμ᾽ ἂν ὅ τι γενοίμαν.   5
Τὰν Διὸς γὰρ οὐχ ὁρῶ μῆτιν ὅπα φύγοιμ᾽ ἄν.

Strophe.

Epodos.

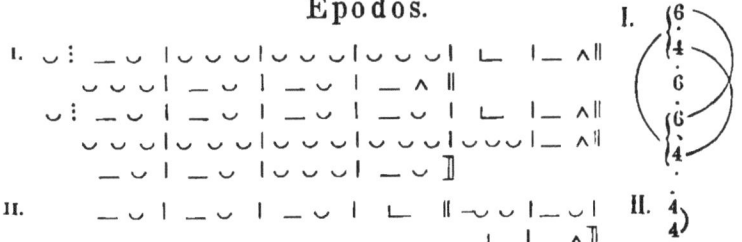

Schemata zu Pindars olympischen Gesängen.

Ol. I. Logaödisch.

Strophen.

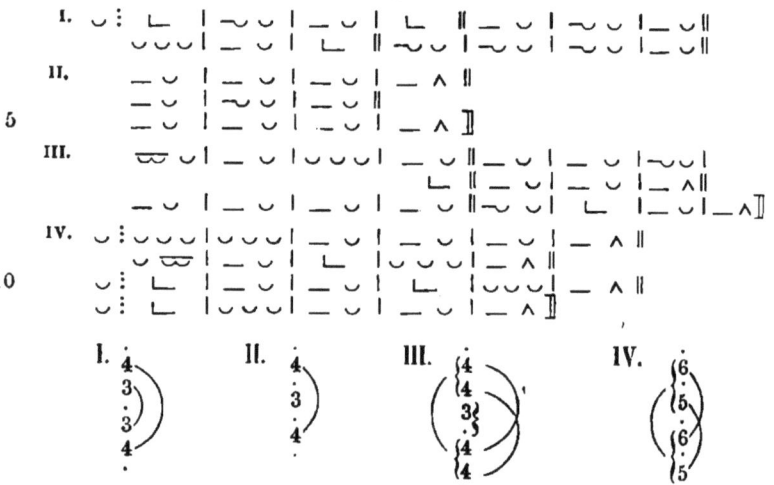

Epoden.

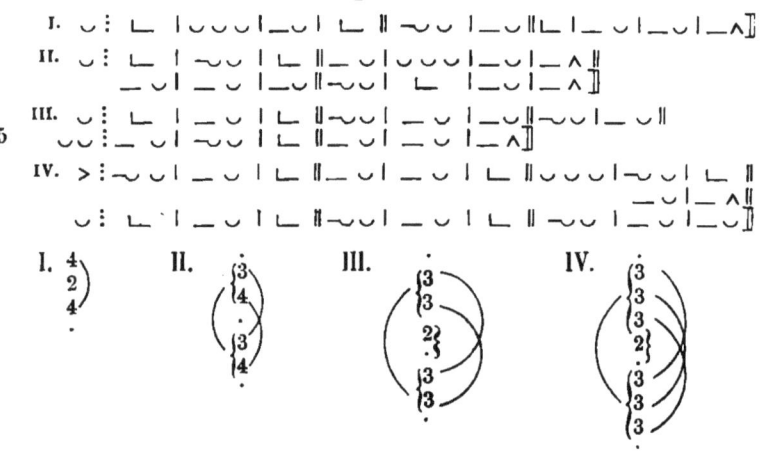

Ueber den ersten Takt von Str. V. 9 vgl. § 3, 5.

Ol. II. Päonisch.

Strophen.

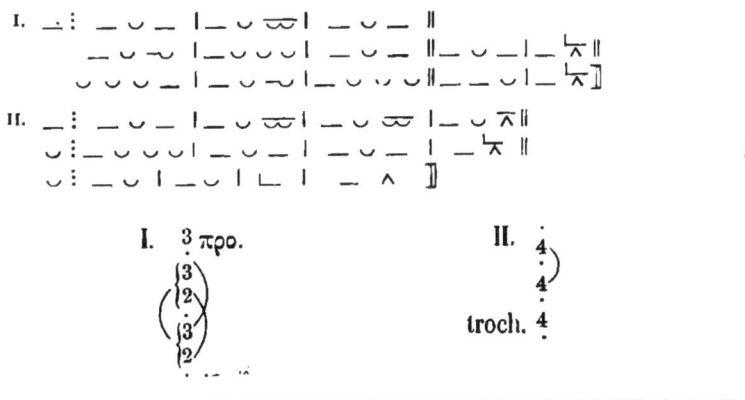

Epoden.

Epod. V. 6. Man sieht, dass die Tragiker, indem sie gern mit einer diplasischen Tetrapodie mit τονή in der vorletzten Silbe ihre dochmischen Gruppen schliessen, hierin einem alten Herkommen gefolgt sind, welches bei hemiolischen Metren stattfand

Ol. III.   Dactylo - epitritisch.

Strophen.

I. _ ◡ ◡ | _ ◡ ◡ | _ _ | _ > | _ _ ‖ _ ◡ ◡ | _ ◡ ◡ | _ ⋀ ‖
    _ ⋮ _ ◡ ◡ | _ ◡ ◡ | _ _ | _ > | _ ⋀ ‖
    _ ⋮ _ ◡ ◡ | _ ◡ ◡ | _ _ | _ > | _ _ ‖ _ ◡ ◡ | _ ◡ ◡ | _ ⋀]·

II. _ ⋮ _ > | _ _ | _ > | _ _ ‖ _ > | _ _ ‖ _ ◡ ◡ | _ ◡ ◡ | _ _ |
5   _ > | _ _ | _ > | _ _ ‖ _ > | _ _]   _ > | _ ⋀ ‖

Epoden.

I. _ > | _ _ | _ > | _ _ ‖ _ ◡ ◡ | _ ◡ ◡ | _ ⋀ ‖
    _ > | _ _ ‖ _ ◡ ◡ | _ ◡ ◡ | _ _ ‖ _ > | _ _ |
                        _ > | _ ⋀]

II. _ ◡ ◡ | _ ◡ ◡ | _ _ ‖ _ ◡ ◡ | _ ◡ ◡ | _ _ | _ > | _ ⋀ ‖
    _ ◡ ◡ | _ ◡ ◡ | _ _ | _ > | _ > ‖ _ ◡ ◡ | _ ◡ ◡ | _ ⋀]

5 III. _ > | _ _ ‖ _ > | _ _ ‖ _ > | _ _]

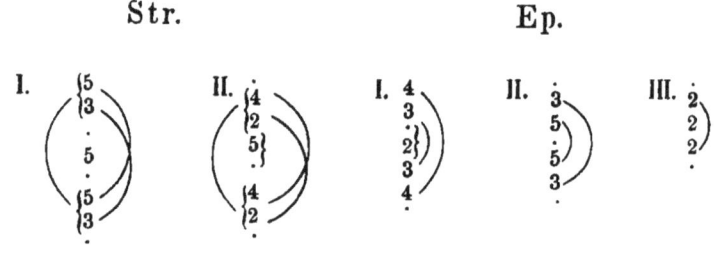

Die letzte Periode der Epoden ist nicht als eine repetirt stichische zu fassen, theils, weil Pindar überhaupt diesen rhythmischen Satz als zu kunstlos nicht liebt, theils der Concinnität wegen, da alle übrigen Perioden dieses Epinikions antithetisch sind.

Ol. IV.   Logaödisch.

Strophen.

Epoden.

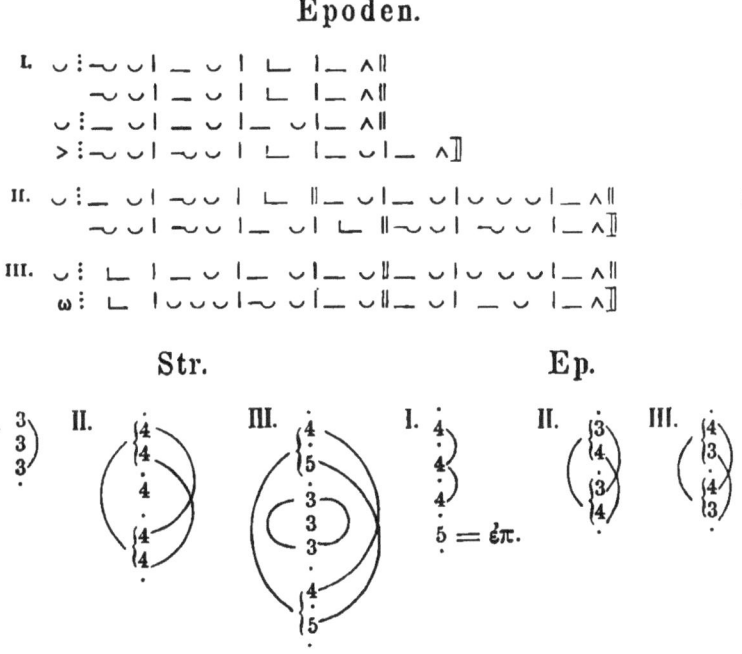

V. 7 ist ἀνδράσι für das gewöhnliche ἀνδράσιν zu lesen. Der Vers schliesst mit πολιαί; die beiden Schlussverse der Ausgaben sind als Ein Vers zu schreiben.

Die kleinen Perioden, worin dieses Epinikion wie die meisten
anderen zum Theil zerfällt, sind in ihrer rhythmischen, melischen
und orchestischen Bedeutung leicht zu würdigen, und denken wir
nur an unsern unübertrefflich schönen Gesang „Wie schön leuchtet
der Morgenstern", so vermögen wir selbst den musikalischen Werth
der allerkleinsten und unbedeutendsten Perioden, nämlich der nicht
repetirten stichischen, ja sogar wenn sie nur aus zwei Dipodien
besteht, zu würdigen. In dem melischen Satz dieser Strophe
nämlich bilden gerade die Verse

was lebt,   ⌣ | ⌣ ‖   2)
was schwebt ⌣ | ⌣ ‖   2)

den hervorstechendsten musikalischen Moment. Man hat solche Erscheinungen sehr wohl im Auge zu behalten und darf durchaus
nie nach grossen und künstlichen rhythmischen Perioden suchen,
wo diese nicht von selbst sich bemerkbar machen. Ueberhaupt
darf man nie vergessen, dass die chorischen Gedichte der Alten
durchaus für den Gesang, meist auch für die Orchesis bestimmt
waren und dass deshalb ein künstlicher äusserer Schematismus
ohne melische Bedeutung nirgend angenommen werden darf.

Ich komme auf diesen Punkt zu sprechen, weil gerade in
diesem Epinikion Rossbach (p. 210 sq.) die allerkunstreichste eurhythmische Composition zu finden geglaubt hat. Schon §. 10, 6
habe ich die rhythmische Responsionsart, welche er hier annimmt,
als falsch bezeichnet, da die melische und orchestische Bedeutung
vollkommen unklar ist. Hier folge nun sein ganzes Schema von
Strophe und Epodos, damit an einem eclatanten Beispiele der volle
Unterschied unserer rhythmischen Systeme klar werde.

Rossbach findet auch einen eigenthümlichen Zusammenhang
der mesodischen Perioden vermittelst ihrer Mesodika, der von der
Strophe sich in die Epodos hinein erstreckt:

Sollte selbst die wunder-
bare Periodenart gegen § 10, 6
anerkannt werden können, so
wäre sie in jedem Falle hier
zu verwerfen, da nicht weniger
als sieben Verstösse gegen den
Pausensatz in der grossen
„Periode" vorkommen. —
Selbst die beiden kleinen Perioden der Epodos haben je
einen Verstoss gegen den
Pausensatz.

Solche Perioden könnten
nur gedichtet sein von Vers-
machern, die solche hübsche
Schemen sich dabei gezeichnet
hätten, und die chorischen
Lieder wären da nichts anderes
gewesen, als carmina figurata.

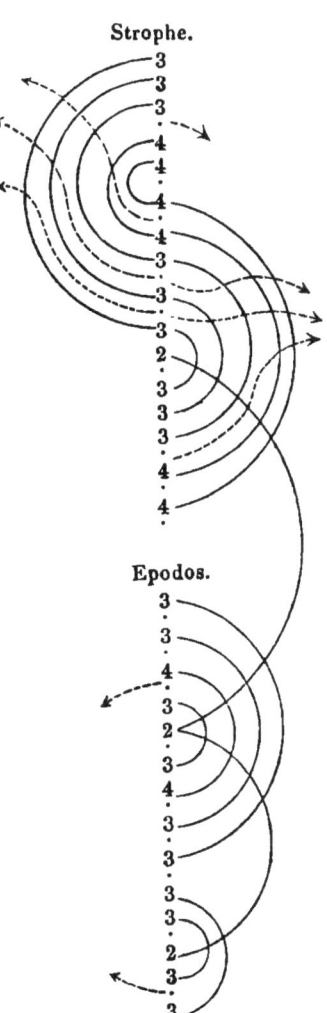

Ol. V.   Logaödisch-trochäisch.

Strophen.

Epoden.

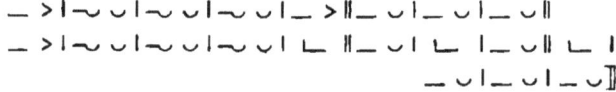

Str.   Ep.

Ol. VI. Dactylo-epitritisch.

Strophen.

I. _ : _ > | _ _ | _ > | _ _ ‖_ ◡ ◡|_ ◡ ◡ | _ ⌃ ‖
   _ ◡ ◡|_ ◡ ◡| _ _ |_ ◡ ◡| _ ⌃ ‖
   _ ◡ ◡|_ ◡ ◡| _ _ | _ > | _ _ ‖
   _ > | _ _ | _ > | _ _ ‖_ ◡ ◡|_ ◡ ◡| _ _]

II. _ : _ > | _ _ ‖_ ◡ ◡|_ ◡ ◡‖ _ > | _ ⌃]   5

III. ◡ : ⎵ | ⎵ | _ > | _ _ ‖ _ >· | _ _ ‖
                                 _ ◡ ◡|_ ◡ ◡| _ _ ‖
   _ ◡ ◡|_ ◡ ◡| _ _ ‖ _ > | _ _ ‖ _ > | _ _ |
                                 _ > | _ _ ‖

Epoden.

I. _ ◡ ◡|_ ◡ ◡| _ _ ‖ _ > | _ _ ‖_ ◡ ◡|_ ◡ ◡|_ ⌃]

II. _ > | _ _ | _ > | _ _ ‖_ ◡◡|_ ◡ ◡|_ ◡ ◡|_ _‖
                                 _ ◡ |_ ⌃]

III. _ ◡ ◡| _ _ |_ ◡ ◡| _ _ ‖ _ > | _ _ | _ > |_ ⌃‖
   _ > | _ _ | _ > | _ ⥋ ‖_ ◡ ◡|_ ◡ ◡| _ ⌃]

IV. _ ◡ ◡|_ ◡ ◡| _ _ ‖_ ◡ ◡|_ ◡ ◡ | _ ⌃ ‖   5
   _ ◡ ◡|_ ◡ ◡| _ _ ‖_ ◡ ◡|_ ◡ ◡ | _ ⌃]

V. _ > | ⎵ | _ > | _ _ ‖ _ > | _ _ | _ > |_ _]

Str.

I.   II.   III.
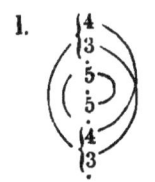
                  2
                  2
                  2

Ep.

I. 3   II.   III.   IV.   V.
   2   4   4   3   4
   3   4   4   3
      2 ἐπ.   4   3   3
               3 ἐπ.   3

Ol. VII.   Dactylo-epitritisch.

Strophen.

I. ∪∪⋮ ‒ ‒ | ‒ > | ‒ ‒ ‖ ‒ ∪ ∪ | ‒ ∪ ∪ | ‒ ⌃]

II.   ‒ > | ‒ > ‖ ‒ > | ‒ ‒ | ‒ > | ‒ ⌃ ‖
‒ ⋮ ‒ > | ‒ ⌃]

III.—IV. ≥⋮ ‒ > | ‒ ‒ ‖ ‒ > | ‒ ‒] ‒ ∪ ∪ | ‒ ∪ ∪ | ‒ ‒ ‖
.   ‒ ∪ ∪ | ‒ ∪ ∪ | ‒ ⌃]

5   V.   ‒ ∪ ∪ | ‒ ∪ ∪ | ‒ ‒ ‖ ‒ > | ‒ ‒ ‖ ‒ ∪ ∪ | ‒ ∪ ∪ |
‒ ⌃]

VI. ∪∪⋮ ‒ ‒ | ‒ > | ‒ ‒ ‖ ‒ ∪ ∪ | ‒ ∪ ∪ | ‒ ‒]

Epoden.

I. ‒ ∪ ∪ | ‒ ∪ ∪ | ‒ ‒ ‖ ‒ ∪ ∪ | ‒ ∪ ∪ | ‒ ‒ ‖ ‒ > | ‒ ⌃ ‖
‒ > | ‒ ‒ | ‒ > | ‒ ‒ ‖ ‒ ∪ ∪ | ‒ ∪ ∪ | ⊔ ‖ ‒ > |
‒ ⌃]

II. ‒ ∪ ∪ | ⊔ | ∪ ∪ > ‖ ‒ ∪ ∪ | ‒ ∪ ∪ | ‒ ‒ ‖ ‒ ∪ ∪ | ‒ ∪ ∪ |
‒ ⌃]

III. ‒ > | ‒ ‒ | ‒ > | ‒ ‒ ‖
5 ‒ ∪ ∪ | ‒ ∪ ∪ | ‒ > | ∪ ∪ > ‖ ‒ ‒ | ‒ ∪ ∪ | ‒ ∪ ∪ | ‒ ⌃]

IV. ∪ ∪ ⋮ ⊔ | ‒ ∪ ∪ | ‒ ∪ ∪ | ‒ ‒ ‖ ‒ > | ‒ ⌃ ‖
‒ > | ‒ ‒ | ‒ > | ‒ ‒ ‖ ‒ > | ‒ ‒]

Str.

I. ⋮3)3)   II. ⋮2)4)2)   III.—IV. ⋮2)2)3)3)   V. ⋮3)2)   VI. ⋮3)3)

Ep.

I ⋮3 πρ.   II. ⋮3)3)   III. ⋮4)4)4   IV. (4)2)4)2)

(3)2)4)3)2)

Ueber Str. Per. III.—IV.
vgl. §. 13, 2. 3.

Ol. VIII.   Dactylo-epitritisch.

Strophen.

I.   ‒ > | ‒ ‒ | ‒ ᴗ ᴗ | ‒ ᴗ ᴗ | ‒ ‒ ‖ ‒ > | ‒ ⌃ ‖
        ‒ ⋮ ‒ > | ‒ ‒ | ‒ ᴗ ᴗ | ‒ ᴗ ᴗ | ‒ ‒]]

II.   ‒ > | ‒ ‒ ‖ ‒ ᴗ ᴗ | ‒ ᴗ ᴗ | ‒ ‒ ‖ ‒ ᴗ ᴗ | ‒ ᴗ ᴗ | ‒ ‒ ‖
        ‒ ᴗ ᴗ | ‒ ᴗ ᴗ | ‒ ‒ ‖ ‒ > | ‒ ⌃]]

III.   ‒ ᴗ ᴗ | ‒ ᴗ ᴗ | ‒ ⌃ ‖   5
        ᴗ ᴗ ⋮ ‒ ‒ | ‒ > | ‒ ⌃ ‖
            ‒ > | ‒ ‒ | ‒ > | ‒ ⌃]]

Epoden.

I.   ‒ ⋮ ‒ ᴗ ᴗ | ‒ ᴗ ᴗ | ‒ ‒ | ‒ > | ‒ ‒ ‖
         ‒ ᴗ ᴗ | ‒ ᴗ ᴗ | ‒ ‒ ‖ ‒ ᴗ ᴗ | ‒ ᴗ ᴗ | ‒ ⌃ ‖
         ‒ ᴗ ᴗ | ‒ ᴗ ᴗ | ‒ ⋗ | ‒ > | ‒ ⌃]]

II.   ‒ ᴗ ᴗ | ‒ ᴗ ᴗ | ‒ ‒ ‖
         ‒ ᴗ ᴗ | ‒ ᴗ ᴗ | ‒ ‒ ‖ ‒ ᴗ ᴗ | ‒ ᴗ ᴗ | ‒ ‒]]   5

III.   ‒ ᴗ ᴗ | ‒ ᴗ ᴗ | ‒ ⋗ ‖ ‒ ᴗ ᴗ | ‒ ᴗ ᴗ | ‒ > ‖ ‒ > | ‒ ⌃]]

IV.   ‒ > | ⊔ ‖ ‒ ᴗ ᴗ | ‒ ᴗ ᴗ | ‒ ⌃ ‖
         ⋗ ⋮ ‒ > | ‒ ‒ ‖ ‒ > | ‒ ⌃]]

Str.

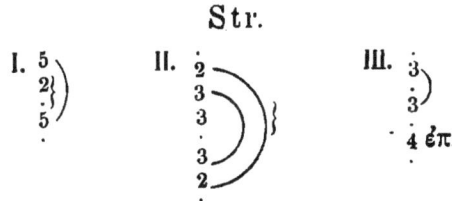

Ep.

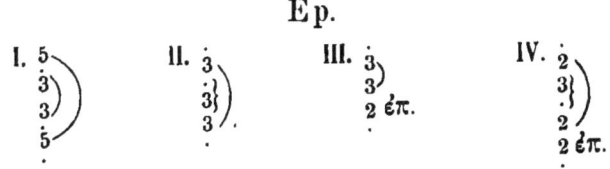

Ol. IX.   Logaōdisch.

Strophen.

I. ⏑⏑ ⋮ ⏓⏑⏑ |⏒⏑|⏒ ⋏‖
    ⏓ ⋮ ⏓⏑⏑ |⏒⏑| ⎣ ‖⏓ >|⏓⏑⏑|⏒⏑|⏒⏑|⏒⏑⏑]

II.   ⏒ ⋎ |⏓⏑⏑|⏒⏑|⏒ >‖⏓⏑⏑|⏒⏑⏑‖
      ⏒ >|⏓⏑⏑|⏒⏑|⏒ >‖⏓⏑⏑|⏒⏑⏑‖
      ⏒ ⋎ |⏓⏑⏑|⏒⏑|⏒ >‖⏓⏑⏑|⏒⏑⏑‖

5   ⏑⏑ ⏑|⏒ >|⏓⏑⏑|⏒ >‖⏓⏑⏑|⏒⏑⏑‖
      ⏒ ⋎ |⏓⏑⏑|⏒⏑|⏒ ⋏]

III. > ⋮ ⏓⏑⏑ |⏒ ⎣ ‖⏒ ⋏‖
    ⏑ ⋮ ⏓⏑⏑ |⏒⏑| ⎣ ‖⏒⏑|⏒ ⋏]

IV. > ⋮ ⏓⏑⏑ |⏒ ⎣ ‖⏒⏑|⏒ ⋎‖⏓⏑⏑|⏒⏑⏑]

Epoden.

I. ⏑ ⋮ ⏒⏑|⏒⏑|⏒⏑|⏒ ⋏‖
   ⏑⏑ ⋮ ⏒⏑|⏒⏑|⏒⏑| ⎣ |⏒ ⋏‖
   ⏑⏑ ⋮ ⏓⏑|⏒ ⎣ |⏒ ⋏‖
    > ⋮ ⏒ >|⏓⏑⏑|⏒⏑| ⎣ |⏒⏑‖

5   ⏓⏑|⏒ >|⏒ ⎣ |⏒⏑]

II. > ⋮ ⏓⏑|⏒⏓⏑⏑|⏓⏑|⏒ >|⏒ ⋏‖
   > ⋮ ⏒⏑|⏓⏑⏑|⏓⏑| ⎣ |⏒⏑]

III. > ⋮ ⏒⏑|⏒ >|⏒ ⏑‖⏓⏑|⏒ ⋎|⏒ ⏑‖⏓⏑|⏒⏑|⏒⏑]

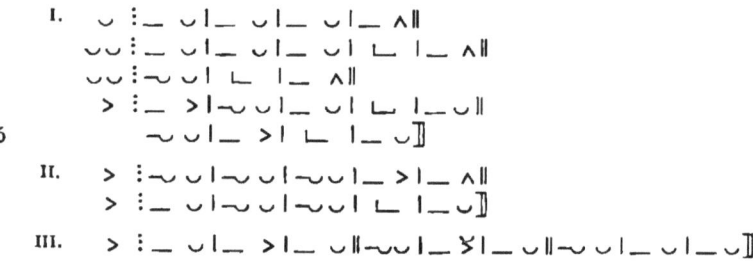

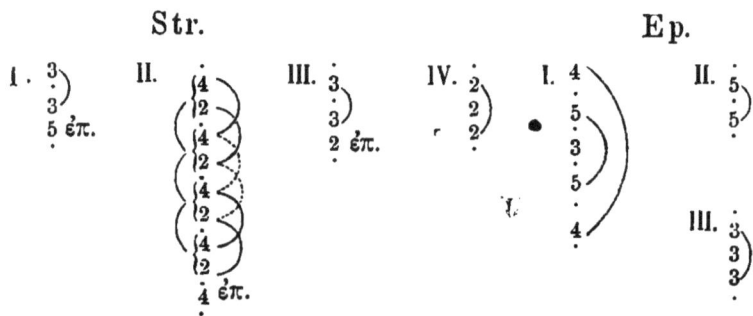

Ol. X. Dactylo - epitritisch.

Strophen.

I.   _ > | _ _ | _ ◡ ◡ | _ ◡ ◡ | _ _ ‖
   _ > | _ _ | _ ◡ ◡ | _ ◡ ◡ | _ ⌃]

II.   _ > | _ _ | _ ◡ ◡ | _ ⌃ ‖
    _ > | _ > | _ > | _ _ ‖ _ ◡ ◡ | _ ◡ ◡ | _ _ ‖
    _ > | _ _ | _ > | _ ⌃ ‖
    _ > | _ _ | _ > | _ > ‖ _ ◡ ◡ | _ ◡ ◡ | _ ⌃]   5

Epoden.

I.   _ ◡ ◡ | _ ◡ ◡ | _ _ | _ > | _ _ ‖
   _ ◡ ◡ | _ ◡ ◡ | _ _ ‖
    _ > | ⊔ | ◡ ◡ > | _ _ ‖ _ ◡ ◡ | _ ◡ ◡ | _ ⌃]

II.   _ > | _ _ | _ > | _ > ‖ _ > | _ ⌃ ‖
    _ > | _ _ | _ > | _ > ‖ _ > | _ ⌃]   5

III.   _ > | _ 𝄒 | _ > | _ ⌃ ‖
    _ ◡ ◡ | _ ◡ ◡ | _ _ ‖ _ > | _ _ | _ > | _ ⌃]

IV.   _ ◡ ◡ | _ _ | _ > | _ _ ‖
    _ > | _ > | _ > | ⊔ ‖ _ > | _ _ | _ > | _ _]

Str.

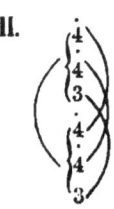

I. 5⟩
  5⟩

II.

Ep.

I. 5 πρ.
  3⟩
  4⟩
  3⟩

II.

III. 4
   3⟩
   4

IV. 4
   4⟩
   4

Ol. XI. Logaödisch.

Strophen.

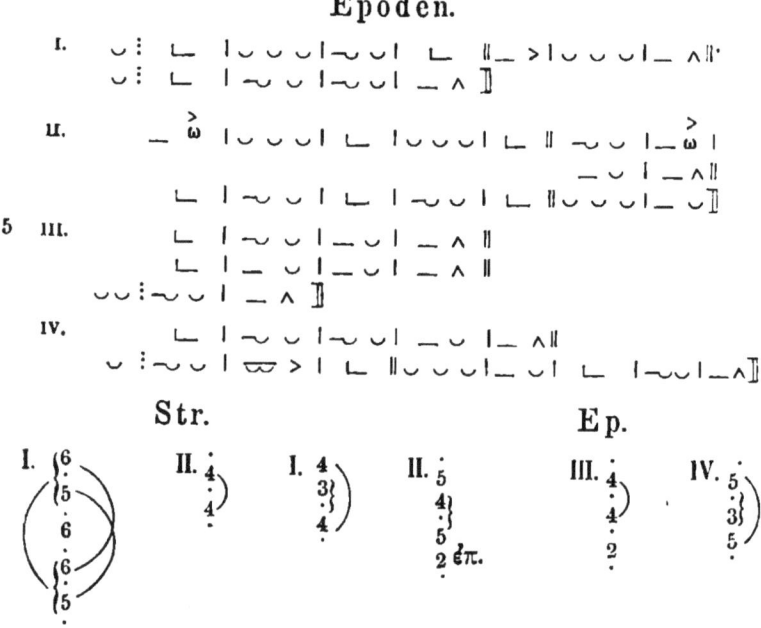

Epoden.

In V. 4, 5, 6, 8 der Epoden habe ich τονή in der ersten Silbe angenommen; diese wird von der Eurhythmie verlangt in V. 4 und 8. Auch kann es kein Zufall sein, dass in keiner der Epoden eine Kürze an erster Stelle dieser Verse vorkommt. — Ueber Ep. V. 3, K. 1 vgl. §. 7, 5.

Ol. XII.   Dactylo-epitritisch.

Strophen.

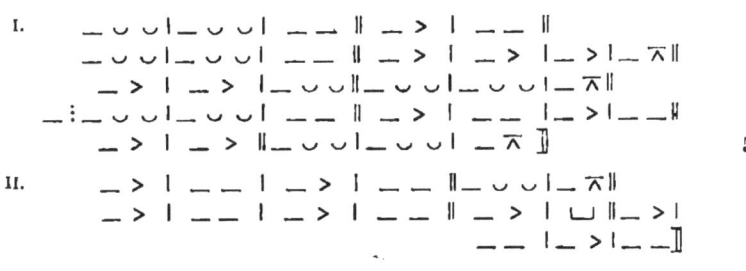

Epoden.

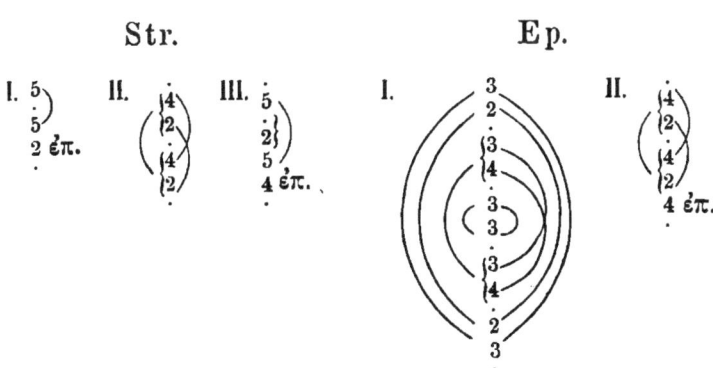

Ol. XIII. Logaödisch.

Strophen.

I. ⏑⏑ : ⏑⏑ | ⏒ | ⏑ ∧ ‖

2 : ⏑⏑ | ⏒ | ⏑⏑ | ⏑⏑ | ⏒ | ⏑ ∧ ‖

⏑ : ⏑⏑ | ⏑⏑⏑ | ⏒ | ⏒ | ⏑⏑ | ∧ ‖

⏒ | ⏑⏑ | ⏑⏑ | ⏑⏑ | ⏑⏑ | ∧ ‖

5   ⏑⏑ : ⏑⏑ | ⏒ | ⏑⏑ | ⏑⏑ | ⏒ | ∧]

II. 2 : ⏑⏑ | ⏑⏑ | ⏒ | ⏒ | ⏑⏑ | ⏒ ‖ ⏒ | ⏑⏑ |

⏑⏑ | ⏒ | ⏑⏑ | ∧]

III. 2 : ⏑⏑ | ⏑⏑ | ⏑ > | ⏑⏑ | ⏑⏑ | ⏑ ‖

⏑⏑ | ⏒ | ⏑⏑ | > | ⏑⏑ | ∧]

Epoden.

I.   > : ⏑⏑ | ⏑⏑ | ⏒ ‖ ⏑⏑ | ⏑⏑ | ⏑ > ‖ ⏑⏑ | ⏑⏑ ‖

⏑⏑ | ⏑ > ‖ ⏑⏑ | ⏑⏑ | ⏑ ∧]

II.   ⏑⏑ | ⏑ 2 | ⏑⏑ | ⏒ | ⏑⏑ | ⏑ > ‖

⏑⏑ | ⏑ > | ⏑⏑ | ⏑ → | ⏑⏑ | ∧]

5 III.   ⏑⏑ | ⏑ > | ⏑⏑ | ⏒ ‖ ⏒ | ⏑⏑ ⏑ | ⏑⏑ | ∧ ‖

⏑⏑ : ⏒ | ⏑⏑ | ⏒ | ⏒ | ⏑⏑ | ∧ ‖

⏑⏑ | ⏑ > | ⏑⏑ | ⏒ ‖ ⏑⏑ | ⏑ > | ⏑⏑ | ⏑]

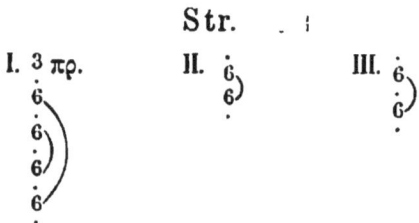

Str.

I. 3 πρ.
6.
6.
6.
6.

II. 6.
6.

III. 6.
6.

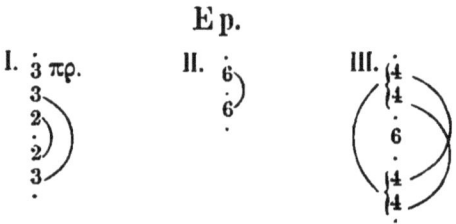

Ep.

I. 3 πρ.
3.
2.
2.
3.

II. 6.
6.

III. 4.
4.
6
4.
4.

Ol. XIV.   Logaödisch.

I. > : _ ◡ | ⌣ ◡ | _ ∧ ‖
   ◡ : _ ◡ | _ ◡ ‖ ⌣ ◡ | _ _ ◡ | _ ◡ | _ ◡ ‖
   ⌣ ◡ | _ ◡ ‖ _ ◡ | ⌣ ◡ | ⌞ | _ ∧]

II.   ◡ ◡ ◡ | ⌣ ◡ | _ ◡ | _ ◡ ‖ ⌣ ◡ | _ ◡ | _ ◡ | _ ∧ ‖
   ⌣ ◡ | _ ◡ | _ ◡ | ⌞ ‖ ⌞ | ⌣ ◡ | _ ◡ | _ ∧]   5

III.   ⌣ ◡ | _ ◡ | ⌞ | ⌣ ◡ | _ ∧ ‖
   ⌣ ◡ | ⌣ ◡ | _ ◡ | ⌣ ◡ | _ ◡]

IV.   _ ◡ | _ ◡ | ⌣⌣ > ‖ ⌣ ◡ | _ ◡ | _ ∧]

V.   ⌣ ◡ | ⌞ | _ ◡ | ⌞ ‖ _ ◡ | _ ◡ | _ ◡ | ⌞ ‖
                              ⌣ ◡ | _ ∧]

VI. > : _ ◡ | _ ◡ | ⌞ ‖ _ ◡ | ⌞ ‖ ⌣ ◡ | _ ◡ | _ ∧]   10

VII. ◡ : ⌣⌣ ◡ | _ > | _ ◡ | _ ∧ ‖
   ⌣ ◡ | _ ◡ | _ ◡ ‖ ⌣ ◡ | _ ◡ | _ ◡ | _ ◡]

I. 3 πρ.	II.	III.	IV.
$\binom{2}{4}$ $\binom{2}{4}$	$\binom{4}{4}$ $\binom{4}{4}$	$\binom{5}{5}$	$\binom{3}{3}$

V.	VI.	VII.
$\binom{4}{4}$ 2 ἐπ.	$\binom{3}{2}{3}$	$\binom{4}{3}{4}$

Schemata der pythischen Gesänge.

Pyth. I. Dactylo-epitritisch.

Strophen.

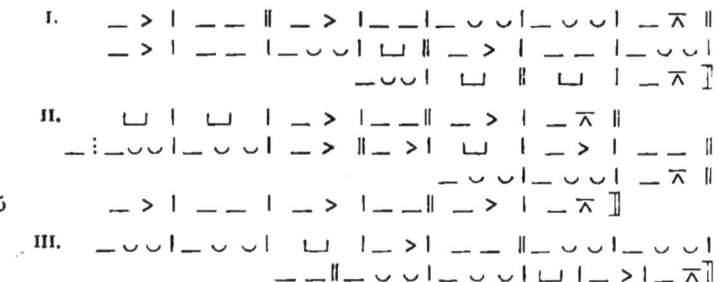

Epoden.

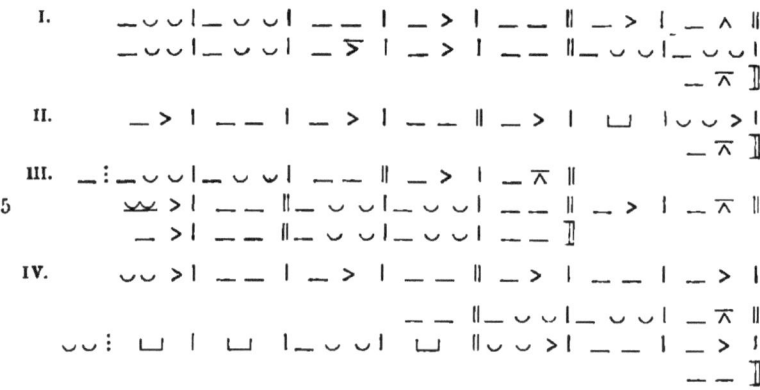

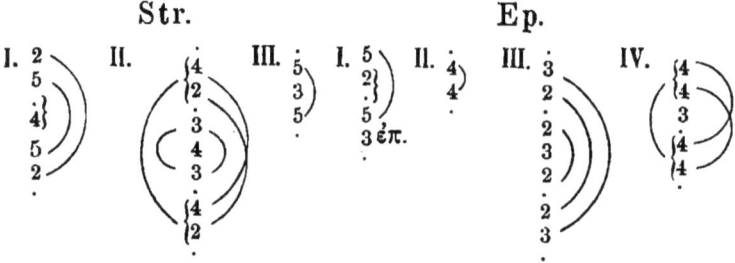

Pyth. II. Logaödisch.

Strophen.

I.   ᴗᴗᴗ | ᴗᴗᴗ | ‿ ᴗ | ‿ ᴗ ‖ ‿ ᴗ | ᴗᴗᴗ | ‿ ∧ ‖
      ᴗᴗᴗ | ᴖᴗ | ∟ ‖ ‿ ⅄ | ᴖᴗ | ‿ ᴗ | ‿ > ‖ ᴖᴗ |
                                      ‿ ᴗ | ‿ ∧ ⟧

II.   > ⦂ ᴖᴗ | ᴖᴗ | ᴖᴗ | ∟ | ‿ ᴗ | ‿ ∧ ‖
      ᴗᴗ | ᴖᴗ | ᴖᴗ | ‿ ᴗ ‖ ᴖᴗ | ᴖᴗ | ‿ ᴗ | ‿ ∧ ‖
      > ⦂ ‿ ᴗ | ᴗᴗᴗ | ‿ ᴗ | ᴖᴗ | ‿ ∧ ‖   5
      > ⦂ ‿ ᴗ | ᴗᴗᴗ | ‿ ᴗ | ᴖᴗ | ᴖᴗ | ‿ ∧ ‖
      ᴗᴗᴗ | ᴖᴗ | ∟ ‖ ᴗ ᴗ ᴗ | ∟ | ‿ ᴗ | ‿ ∧ ⟧

III. > ⦂ ᴖᴗ | ‿ ᴗ | ∟ ‖ ‿ ᴗ | ‿ ᴗ | ‿ ᴗ ‖ ᴖᴗ | ‿ ᴗ |
                                               ‿ ᴗ ⟧

Epoden.

I.—II. ᴗᴗᴗ | ᴖᴗ | ‿ ᴗ | ∟ ‖ ‿ ᴗ | ᴖᴗ | ‿ ᴗ | ∟ ⟧
        ᴖᴗ | ‿ ᴗ | ∟ ‖ ‿ ᴗ | ᴖᴗ | ‿ ∧ ⟧

III.   ᴗ ⦂ ∟ | ᴖᴗ | ‿ ᴗ | ∟ ‖ ᴗᴗᴗ | ᴖᴗ | ‿ ∧ ‖
        ᴗ ⦂ ∟ | ᴖᴗ | ‿ ᴗ | ∟ ‖ ᴗᴗᴗ | ᴖᴗ | ∟ ‖ ‿ ᴗ |
                                            ‿ ᴗ | ‿ ∧ ⟧

IV.   ᴗᴗᴗ | ᴖᴗ | ‿ ᴗ | ∟ ‖ ‿ ᴗ | ‿ ∧ ‖
        ⦂ ‿ ᴗ | ∟ ‖ ‿ > | ᴖᴗ | ‿ ᴗ | ∟ ‖ ‿ ᴗ | ‿ ∧ ⟧   5

V.   ᴗ ⦂ ∟ | ᴖᴗ | ∟ | ‿ ᴗ | ‿ ∧ ‖
        > ⦂ ‿ ᴗ | ᴖᴗ | ‿ ∧ ‖
        ᴗ ⦂ ∟ | ‿ ᴗ | ᴖᴗ | ‿ ᴗ | ‿ ᴗ ‖
        ᴗ ⦂ ᴖᴗ | ‿ ᴗ | ‿ ᴗ ⟧

Str.

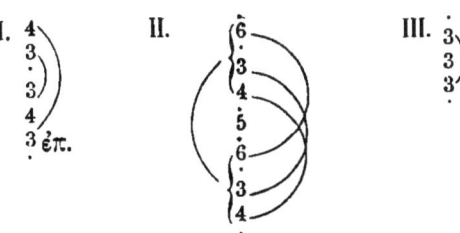

Ep.

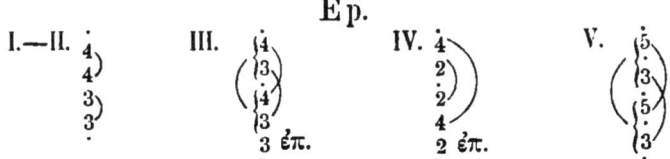

Pyth. III.   Dactylo-epitritisch.

Strophen.

I.   _ > | _ _ |_ ᴗ ᴗ|_ ᴗ ᴗ| _ ⌃ ‖
    _ > | _ _ |_ ᴗ ᴗ|_ ᴗ ᴗ| _ _ ‖_ > |_ _ |
                    _ > | _ ⌃ ⟧

II. _ ⫶ _ ᴗ ᴗ|_ ᴗ ᴗ| _ ⌃ ‖
    _ ᴗ ᴗ|_ ᴗ ᴗ|_ ᴗ ᴗ‖_ ᴗ ᴗ| _ ⌃ ⟧

5 III. _ ⫶ _ > | _ _ ‖ _ > | _ _ ‖_ ᴗ ᴗ|_ ⌃⟧

IV.   _ > | _ _ ‖_ ᴗ ᴗ|_ ᴗ ᴗ| _ _ ‖_ > |_ ⌃⟧

V.   _ᴗ ᴗ|_ ᴗ ᴗ| ⊔ | _ > | _ _ ‖_ > |_ _ |
                    _ > | _ ⌃ ‖
    _ᴗ ᴗ|_ ᴗ ᴗ| _ _ | _ > | _ _ ⟧

Epoden.

I.   _ > | _ _ |_ ᴗ ᴗ|_ ᴗ ᴗ| _ ⌃ ‖
    _ > | _ _ ‖ _ > | _ _ ‖ _ > |_ ⌃ ‖
    _ > | _ _ |_ ᴗ ᴗ|_ ᴗ ᴗ| _ _ ‖_ > |_ ⌃⟧

II.   _ > | _ ⌄ ‖_ ᴗ ᴗ|_ ᴗ ᴗ| _ _ ‖
5   _ ᴗ ᴗ|_ ᴗ ᴗ| _ _ ‖ _ > | _ _ ‖_ > |_ ⌃⟧

III.   _ ᴗ ᴗ|_ ᴗ ᴗ| _ _ | _ > | _ _ ‖_ > |_ ⌃ ‖
    _ ᴗ ᴗ|_ ᴗ ᴗ| _ _ ‖_ ᴗ ᴗ|_ ᴗ ᴗ|_ ⌃ ‖
    _ > | _ _ ‖_ ᴗ ᴗ|_ ᴗ ᴗ| _ _ |_ > |_ _ ⟧

IV. ᴗ ᴗ ⫶ _ᴗ ᴗ| _ _ ‖ _ > | _ _ ‖ _ > |_ ⌃⟧

Str.

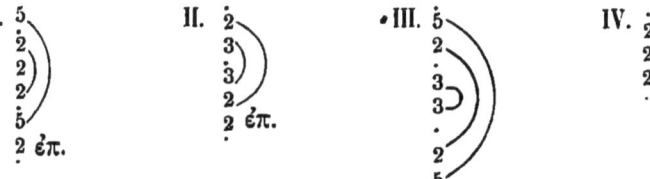

I. 5⟩   II. 3⟩   III. 2⟩   IV. 2⟩   V. 5⟩
  5⟩   3⟩   2⟩   3⟩   4⟩
  4 ἐπ.   2 ἐπ.   2⟩   2⟩   5⟩

Ep.

I. 5⟩   II. 2⟩   •III. 5⟩   IV. 2⟩
  2⟩   3⟩   2   2⟩
  2⟩   3⟩   3⟩   2
  2⟩   2   3⟩
  5⟩   2 ἐπ.   2
  2 ἐπ.   5

Pyth. IV.   Dactylo-epitritisch. •

Strophen.

I. _ > | _ _ | _ ᴗ ᴗ | _ ᴗ ᴗ | _ ⩘ ‖
   _ > | _ _ | _ ᴗ ᴗ | _ ᴗ ᴗ | _ _ ‖ _ > | _ _ ?
                    _ ᴗ ᴗ | _ ᴗ ᴗ | _ ⩘]
   _ > | _ _ | _ ᴗ ᴗ | _ ᴗ ᴗ | _ _ ‖ _ > | _ _ |
                          _ > | _ _]

II. _ ᴗ ᴗ | _ ᴗ ᴗ | _ ᴗ ᴗ ‖ ⊔ | ⊔ | _ > | _ _ ‖
   _ ᴗ ᴗ | _ ᴗ ᴗ | _ _ ‖ _ > | _ ⩗ | _ > | _ ⩘]   5

III. _ > | _ _ | _ > | _ _ ‖ _ ᴗ ᴗ | _ ᴗ ᴗ | _ ᴗ ᴗ |
                             _ ⩘ ‖
   _ > | _ _ | _ > | _ _ ‖ _ > | ⊔ | _ > |
                             _ ⩘ ‖
   ☰ > | _ _ | _ > | _ _]

Epoden.

I.   _ > | _ _ ‖ _ ᴗ ᴗ | _ ᴗ ᴗ | _ _ | _ > | _ _ ‖
                           _ > | _ ⩘]

II.   _ ᴗ ᴗ | _ ᴗ ᴗ | _ _ ‖ _ > | _ _ ‖ _ ᴗ ᴗ | _ ᴗ ᴗ |
                           _ ⩘]

III. _ : _ > | _ _ | _ > | _ _ ‖ _ ᴗ ᴗ | _ ᴗ ᴗ | _ ⩘ ‖
   _ ᴗ ᴗ | _ _ ‖ _ > | _ _ | _ > | _ _ ‖ _ ᴗ ᴗ |
                           _ ᴗ ᴗ | _ ⩘]

IV. _ : _ ᴗ ᴗ | _ ᴗ ᴗ | _ ᴗ ᴗ | _ _ ‖ _ > | _ _ ‖   5
   _ > | _ _ | _ > | _ _ ‖ _ ᴗ ᴗ | _ ⩘]

V.   _ > | _ ⩗ ‖ _ ᴗ ᴗ | _ ᴗ ᴗ | ⊔ ‖ _ > | _ _ ‖
                           _ > | _ _]

Str.

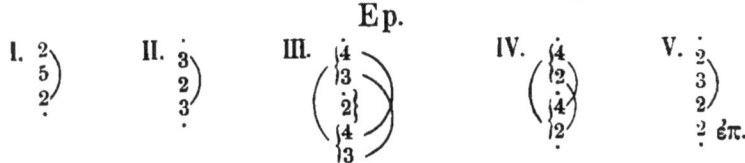

I. 5
  5
  5
  5
  4 ἐπ.

II. (3
   4
   4
   3
   4

III. (4
    4
    4
    4
    4 ἐπ.

Ep.

I. 2   II. 3   III. 4   IV. 4   V. 2
  5   2   3   2   3
  2   3   2   4   2
                4   2   2 ἐπ.
                3

Pyth. V. Päonisch und logaödisch.

Strophen.

Epoden.

V. 11—12 der Strophen werden in den Ausgaben fälschlich zu Einem Verse verbunden.

Pyth. VI.   Logaödisch.

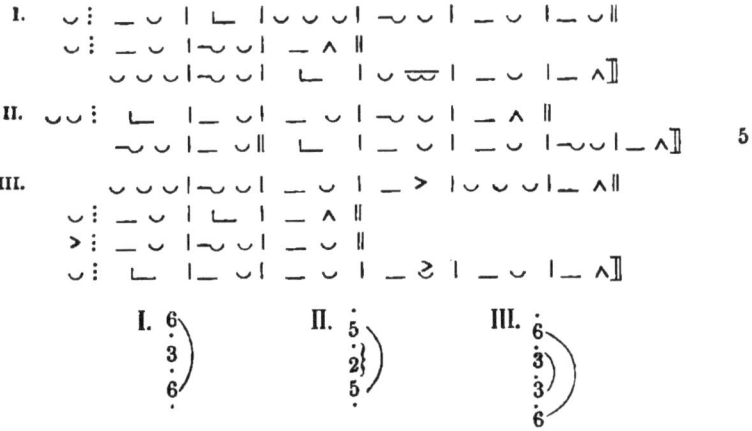

Ueber V. 3, Takt 4 siehe §. 3, 5.

Pyth. VII.   Logaödisch.

Strophen.

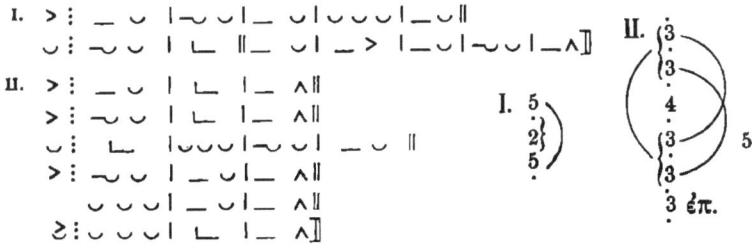

Epoden.

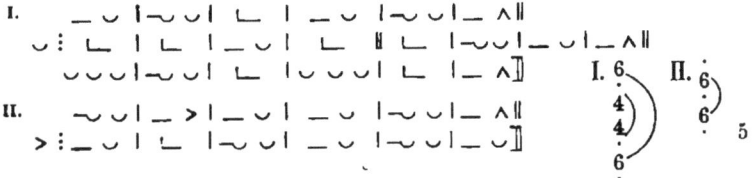

Pyth. VIII.   Logaödisch.

Strophen.

I.   ◡ ◡ ◡ | ‒◡◡ | ‒ ◡ | ‒ ∧‖
       ‒ ◡ | ‒◡◡ | ◡ ◡ ◡ | ‒ ∧〛

II.   > ⋮ ‒ ◡ | ‒◡◡ | ‒ ∧ ‖
     ◡ ⋮ ‒ ◡ | ⌐ ‖ ‒◡◡ | ‒ ◡ | ‒ ∧〛

5   III.   ‒◡◡ | ⌐ | ‒ ◡ | ‒ ◡‖‒◡◡ | ‒ ◡ | ‒ ∧‖
       ⋛ ⋮ ‒ ◡ | ‒◡◡ | ⌐ ‖ ‒◡ | ‒ ⋛ | ‒ ◡ | ‒ ∧‖
       ⋛ ⋮ ‒ ◡ | ‒ ⋛ | ‒ ◡ | ‒ ◡ | ‒ ∧〛

I. $\begin{cases} 4 \\ 4 \end{cases}$ II. $\begin{cases} 3 \\ 2 \\ 3 \end{cases}$ III. $\begin{cases} 4 \\ 3 \\ 3 \\ 4 \end{cases}$

$$5 = \acute{\epsilon}\pi.$$

Epoden.

I.   ◡ ⋮ ‒ ◡ | ‒◡◡ | ‒ ◡ | ⌐ ‖ ‒ ◡ | ‒ ◡ | ‒ ∧‖
    ⋛ ‒ ◡ | ‒◡◡ | ⌐ ‖ ‒ ⋛ | ‒◡◡ | ‒ ◡‖
     ‒ > | ‒◡◡ | ‒ ◡ | ‒ > ‖ ⌐ | ‒◡◡ | ‒ ◡〛

I.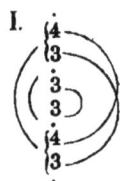

Pyth. IX.   Dactylo-epitritisch.

Strophen.

I. ◡ ◡ ⋮ ‒ > |‒ ◡ ◡|‒ ◡ ◡| ‒ ‒ ‖
           ‒ > | ‒ ‒ | ‒ > | ‒ ‒ | ‒ ⌅ ‖
    ◡ ◡ ⋮ ‒ > |‒ ◡ ◡|‒ ◡ ◡| ‒ ‒ ⟧

II.   ‒ ◡ ◡|‒ ◡ ◡| ‒ ‒ ‖‒ ◡ ◡|‒ ◡ ◡| ‒ ‒ ‖
           ‒ > | ‒ ‒ |‒ ◡ ◡|‒ ◡ ◡| ‒ ‒ ‖ ‒ > |‒ ‒ | 5
                              ‒ ◡ ◡|‒ ◡ ◡|‒ ⌅ ‖
          ‒ ◡ ◡|‒ ◡ ◡| ‒ ‒ ‖‒ ◡ ◡|‒ ◡ ◡|‒ ⌅ ⟧   .

III.   ‒ ⋮ ‒ ◡ ◡|‒ ◡ ◡| ‒ ‒. ‖
          ‒ ◡ ◡|‒ ◡ ◡| ⊔ ‖ ‒ > | ‒ ‒ | ‒ > |‒ ⌅ ⟧

IV.   ‒ > | ‒ ‒ | ‒ > | ‒ ‒ ‖ ‒ > | ‒ ‒ |‒ > |
                                             ‒ ‒ ⟧

Epoden.

•I.   ‒ ⋮ ‒ ◡ ◡|‒ ◡ ◡| ‒ ‒ | ‒ > |‒ ⌅ ‖
        ‒ ◡ ◡|‒ ◡ ◡| ‒ ‒ | ‒ > | ‒ ‒ ‖ ‒ > |‒ ‒ |
                              ‒ ◡ ◡|‒ ◡ ◡|‒ ⌅ ⟧

II.   > | ‒ ‒ ‖‒ ◡ ◡|‒ ◡ ◡| ‒ ‒ | ‒ > |‒ ⌅ ‖
          ‒ > | ‒ ‒ | ‒ > | ‒ ‒ ‖
          ‒ > | ‒ ‒ ‖‒ ◡ ◡|‒ ◡ ◡| ‒ ⊽ | ‒ > |‒ ⌅ ⟧ 5

III.   ‒ > | ‒ ‒ ‖‒ ◡ ◡|‒ ◡ ◡| ‒ ⌅ ‖
          ‒ > | ‒ ‒ ‖‒ ◡ ◡|‒ ◡ ◡| ‒ ‒ ‖ ‒ > |‒ ‒ |
                                             ‒ > |‒ ⌅ ⟧

IV.   ‒ ◡ ◡|‒ ◡ ◡| ‒ ⌅ ‖
          ⏝ > | ‒ ‒ ‖‒ ◡ ◡|‒ ◡ ◡| ‒ ‒ ⟧

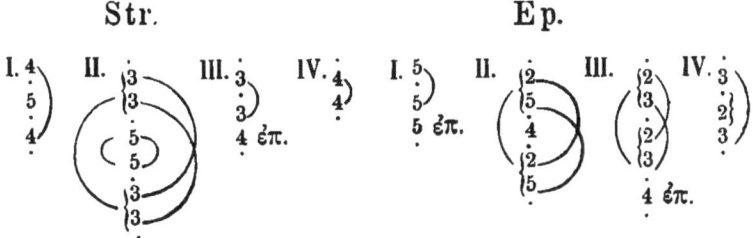

Str.   Ep.

I. 4   II. 3   III. 3   IV. 4   I. 5   II. 2   III. 2   IV. 3
   5   3   3   4   5   5   3   2
   4   5   3 ἐπ.   4   5 ἐπ.   4   2   3
            5   2   3
            3   5
            3   4 ἐπ.

Pyth. X. Logaödisch.

Strophen.

I.   — > | ⌣ ⌣ | — ⌣ ‖
    ⌣ ⋮ — > | ⌣ ⌣ | — ⌣ | ⌞ ‖ ⌣ ⌣ | ⌞ | — ⌣ | ∧ ‖
    ⌣ ⋮ ⌣ ⌣ | ⌣ ⌣ | — ⌝ ‖ ⌣ ⌣ | — ⌣ ⟧

II.   ⌣ ⋮ ⌞ | ⌣ ⌣ | — ⌝ ‖ ⌣ ⌣ | ⌞ | ⌞ ⌣ | ⌣ ⌣ | ⌞ ‖ — ⌣ |
                              — ⌣ | — ∧ ⟧

5 III.   ⌣ ⋮ ⌞ | ⌞ ⌣ | ⌞ ⌣ ‖ ⌣ ⌣ | ⌞ ⌣ | ⌞ ⌣ ‖
    ⌣ ⌣ ⋮ ⌣ ⌣ | ⌞ ⌣ | ⌞ ⌝ ‖ ⌞ ⌣ | ⌞ ⌣ | ⌞ ∧ ⟧

Epoden.

I. ⌝ ⋮ ⌣ ⌣ | ⌞ ‖ ⌞ > | ⌣ ⌣ | — ⌣ | — ∧ ‖
   ⌣ ⌣ | — ⌣ ⟧

II. > ⋮ ⌞ ⌣ | ⌣ ⌣ | ⌞ ‖ ⌣ ⌣ | ⌞ | — ⌣ | — ∧ ‖
   > ⋮ ⌞ ⌣ | ⌣ ⌣ | ⌞ | ⌞ ⌣ | — ∧ ‖
5   ⌝ ⋮ ⌞ ⌣ | ⌣ ⌣ | ⌞ ⌣ | ⌞ | — ∧ ‖
   ⌝ ⋮ ⌞ ⌣ | ⌞ ⌣ | ⌣ ⌣ | — ⌣ ‖ ⌞ | ⌞ ⌣ | — ∧ ⟧

Str.   Ep.

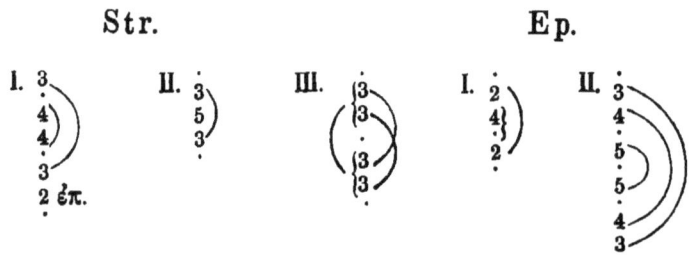

Pyth. XI. Logaōdisch.

Strophen.

I. (metrical notation)

II. (metrical notation)

III. (metrical notation)   5

Epoden.

I. (metrical notation)

II. (metrical notation)   5

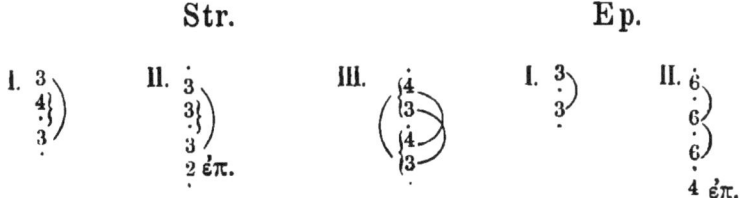

Str.			Ep.	
I. 3 / 4 / 3 / 3	II. 3 / 3 / 3 / 2 ἐπ.	III. (4 / 3 / 4 / 3)	I. 3 / 3	II. 6 / 6 / 6 / 4 ἐπ.

Pyth. XII.　　Dactylo - epitritisch.

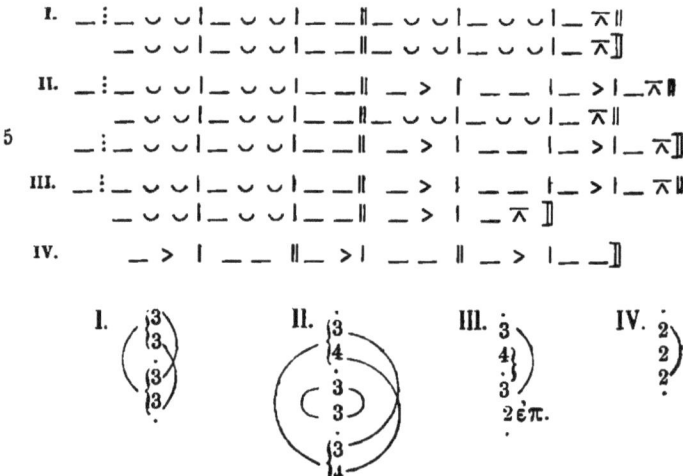

I.　_ ː _ ◡ ◡ | _ ◡ ◡ | _ _ ‖ _ ◡ ◡ | _ ◡ ◡ | _ ⩞ ‖
　　_ ◡ ◡ | _ ◡ ◡ | _ _ ‖ _ ◡ ◡ | _ ◡ ◡ | _ ⩞]]

II.　_ ː _ ◡ ◡ | _ ◡ ◡ | _ _ ‖ _ > | _ _ | _ > | _ ⩞ ‖
　　_ ◡ ◡ | _ ◡ ◡ | _ _ ‖ _ ◡ ◡ | _ ◡ ◡ | _ ⩞ ‖
5　_ ː _ ◡ ◡ | _ ◡ ◡ | _ _ ‖ _ > | _ _ | _ > | _ ⩞]]

III.　_ ː _ ◡ ◡ | _ ◡ ◡ | _ _ ‖ _ > | _ _ | _ > | _ ⩞ ‖
　　_ ◡ ◡ | _ ◡ ◡ | _ _ ‖ _ > | _ ⩞]]

IV.　　_ > | _ _ ‖ _ > | _ _ ‖ _ > | _ _]]

Schemata der nemeïschen Gesänge.

Nem. I. Dactylo-epitritisch.

Strophen.

I. _ ⋮ _ > | _ ꟾ | _ > | _ ⌒ ‖
   _ ⋮ _ > | _ _ | _ ∪ ∪ | _ ∪ ∪ | _ ⌒ ‖
   _ ∪ ∪ | _ ∪ ∪ | _ ⌒ ‖
   _ ⋮ _ > | _ _ | _ ∪ ∪ | _ ∪ ∪ | _ ⌒ ‖
   _ > | _ _ | _ > | _ ⌒]

II. _ ∪ ∪ | _ ∪ ∪ | _ ∪ ∪ | _ _ ‖ _ > | _ _ | _ > | _ ⌒ ‖   5
    _ > | _ _ | _ ∪ ∪ | _ ∪ ∪ | ⊔ ‖ _ > | _ _ | _ > |
    _ _ ‖ _ > | _ _ | _ > | _ ⌒]

Epoden.

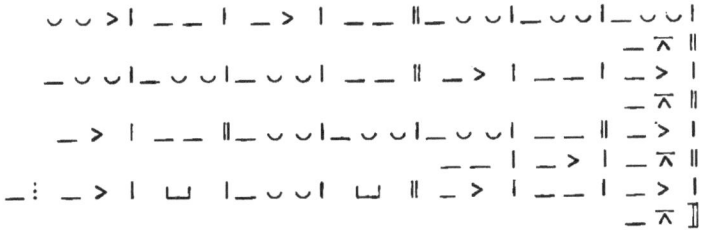

Str.   Ep.

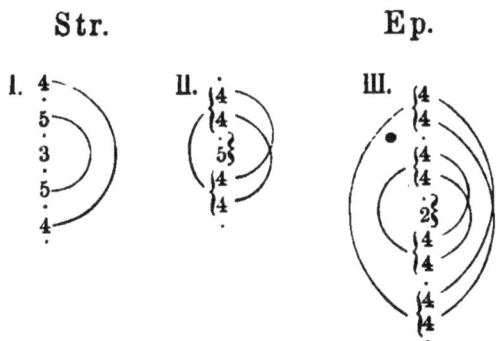

Nem. II. Logaödisch.

I. ⏑ ⋮ ⌐ | ⏑ ⌐ | ⏑ ⌐ | ⌐ ⋀ ‖
   _ ⋮ ⏑ ⏑ | _ ⏑ | _ ⏑ | _ ⏑]

II. _ ⥿ | ⏑ ⏑ | _ ⏑ ‖ ⋚ | ⏑ ⏑ | _ ⏑]

III. ⏑ ⏑ ⏑ | ⏑ ⏑ | _ ⏑ | ⌐ ‖ _ ⋗ | ⏑ ⏑ | _ ⏑ | ⌐ ‖ _ ⋚ |
5   ⏑ ⏑ | ⋚ | ⏑ ⏑ | _ ⏑]   ⏑ ⏑ | ⌐ | _ ⋀]

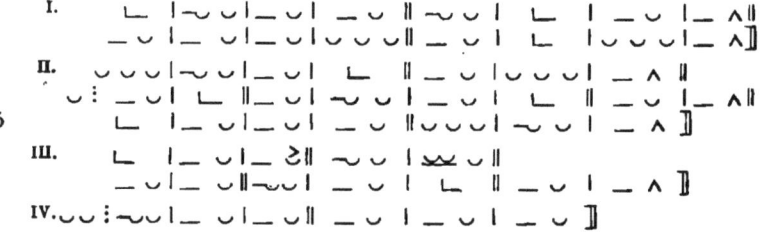

Nem. III. Logaödisch.

Strophen.

I.   ⌐ | ⏑ ⏑ | _ ⏑ | _ ⏑ ‖ ⏑ ⏑ | ⌐ | _ ⏑ | _ ⋀ ‖
   _ ⏑ | _ ⏑ | _ ⏑ | ⏑ ⏑ ⏑ ‖ _ ⏑ | ⌐ | ⏑ ⏑ ⏑ | _ ⋀]

II. ⏑ ⏑ ⏑ | ⏑ ⏑ | _ ⏑ | ⌐ ‖ _ ⏑ | ⏑ ⏑ ⏑ | _ ⋀ ‖
   ⏑ ⋮ _ ⏑ | ⌐ ‖ _ ⏑ | ⏑ ⏑ | _ ⏑ | ⌐ ‖ _ ⏑ | _ ⋀ ‖
5   ⌐ | _ ⏑ | _ ⏑ | _ ⏑ ‖ ⏑ ⏑ ⏑ | ⏑ ⏑ | _ ⋀]

III.   ⌐ | _ ⏑ | ⋚ ‖ ⏑ ⏑ | ⏑ ⏑ ‖
   _ ⏑ | ⏑ ‖ _ ⏑ | _ ⏑ | ⌐ ‖ _ ⏑ | _ ⋀]

IV. ⏑ ⏑ ⋮ ⏑ ⏑ | _ ⏑ | _ ⏑ ‖ _ ⏑ | _ ⏑ | _ ⏑]

Epoden.

I.   ⏑ ⏑ | _ ⏑ | ⏑ ⏑ | _ ⋚ | _ ⏑ | _ ⏑ ‖
   ⏑ ⋮ ⏑ ⏑ ⏑ | _ ⏑ | _ ⏑ | ⏑ ⏑ ⏑ | ⏑ ⏑ | _ ⏑ ‖ _ ⏑ | ⌐ |
          _ ⏑ | _ ⋀]

II.   _ ⏑ | ⏑ ⏑ | ⌐ ‖ _ ⏑ | ⏑ ⏑ | _ ⏑ ‖
   ⏑ ⏑ | _ ⏑ | _ ⏑ | ⏑ ⏑ | ⌐ ‖ _ ⏑ | ⏑ ⏑ | ⌐ ‖
       _ ⏑ | ⏑ ⏑ | _ ⋀]
5 III. ⏑ ⏑ ⋮ ⏑ ⏑ | _ ⏑ ‖ ⏑ ⏑ | ⏑ ⏑ | _ ⏑ | ⌐ ‖ _ ⏑ | _ ⋀]

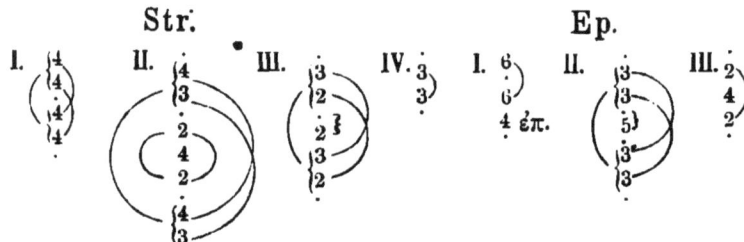

Nem. IV. Logaödisch.

I. ⌒: _ ⌒ |‿ ∪ | _ ∪ ‖ └ |‿ ∪ | _ ∧ ‖
    ⌒: _ ⌒ |‿ ∪ | _ ∧]]

II. >: _ ∪ |‿ ∪ | └ ‖ _ ⌒̄ | _ ∪ |‿ ∪ | _ ∧ ‖
        _ ∪ |‿ ∪ | _ ∪ ‖ _ ∪ |‿ ∪ | _ ∪ ‖
        _ ∪ | _ ∪ |‿ ∪ | _ ⌒ ‖ ‿ ∪ | _ ∪ | _ ∧]]   5

III.   _ ∪ | _ ∪ |‿ ∪ | _ ∪ ‖ ‿ ∪ | _ ∪ ‖
           ∪ ∪ ∪ |‿ ∪ | _ ∪ | _ ∧ ‖
        ⌒: ‿ ∪ | _ ∪ | _ ∪ | _ ∪]]

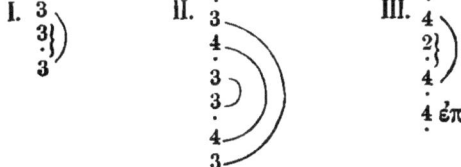

I. 3
   3)
   :3
   3

II. :
    3 ⌐
    4 |
    3 |
    3)
    :
    4 |
    3 ⌐

III. :
     4)
     2 }
     4 /
     4 ἐπ.
     :

Nem. V.   Dactylo-epitritisch.

Strophen.

I. _ː _ > | _ ≥ | _ > | ⊔ ‖ _ > | _ _ | _ > | _ _‖
                              _ ∪ ∪ | _ ∪ ∪ | _ _ | _ > | _ ⩘]

II.   _ ∪ ∪ | _ ∪ ∪ | _ _ ‖ _ ∪ ∪ | _ ∪ ∪ | _ > ‖ _ > | _ _ _]

III.   _ > | _ _ | _ > | _ _ ‖ _ > | _ ⩘ ‖
       _ː _ > | _ _ | _ > | ⤨ _ ‖ _ > | _ ⩘ ‖
5   _ː _ > | _ ⩒ | _ ∪ ∪ | _ ∪ ∪ | _ ⩘]

IV. _ː _ > | ⤨ _ | _ > | _ _ ‖ _ > | _ _ | _ > | _ _]

I. 4/4 ⟩   II. 3/3 ⟩   III. (4/2   IV. 4/4 ⟩
    5 ἐπ.   2 ἐπ.   (4/2
                                          5 ἐπ.

Epoden.

I. ⩒ː _ ∪ ∪ | _ ∪ ∪ | _ _ ‖ _ > | _ _ | _ > | _ _‖
       _ ∪ ∪ | _ ∪ ∪ | _ _ | _ > | _ _ ‖
       _ > | _ _ | _ > | _ _ ‖ _ ∪ ∪ | _ ∪ ∪ | _ _]

II.   _ > | _ ⩒ | _ > | _ ⩘ ‖
5   _ː _ > | _ _ | _ ∪ ∪ | ⊔ ‖ _ ∪ ∪ | _ ∪ ∪ | _ ≥ |
                                        _ > | _ ⩘]]

III.   ⊔ | _ ∪ ∪ | _ ∪ ∪ | _ _ ‖ _ > | _ ⩘ ‖
       _ > | _ _ ‖ _ ∪ ∪ | _ ∪ ∪ | _ ∪ ∪ | _ _ ‖ _ > |
                                                   _ _]]

I. 3/4/5/4/3 ⟩⟩   II. 4/4 ⟩   III. (4/2/2/4/2 ⟩⟩
                         5 ἐπ.

Die Tetrapodie Ep. V. 6 ist etwas ungewöhnlich, aber die in
V. 7 nicht minder, und um letztere ist gar nicht hinwegzukommen.

Nem. VI. Logaōdisch.

Strophen.

I. ∪ ⋮ ∟ | ∟ |‿∪‖ ‿∪ |‿∪| ∟ |∪∪∪|‿∧‖
‿∪ |‿∪|‿∪| ∟ ‖‿∪|‿∪|‿∪ |‿∧‖
∪ ∪ ∪|‿∿∪| ∟ ‖∪∪∪|‿∪|‿∪|‿∪ |‿∧]

II. ∪∪ ⋮ ‿∪ |‿∪| ∟ ‖∪∪∪| ‿⌒| ‿∪| ‿ ∧ ‖   5
∪∪ ⋮ ∟ |‿∪|‿∪| ‿∧ ‖
‿∪|‿∪|‿> ‖ ‿∪ | ∟ |∪∪∪| ‿∪]

III.   ‿∪ |⌣∪‖
⌒ ⋮ ‿∪|‿∪|‿∪‖ ‿∪ |‿∧]

I. {3/5 {4/4 {3/5   II. {3/4 {4 {3/4   III. {2 {3/2

Epoden.

I.   ‿∪| ∟ ‖‿∪|‿∪ | ∟ ‖∪∪∪|‿∧]

II.   ‿∪|∪∪∪‖‿∪| ‿ ∧]

III. > ⋮‿∪|‿∪|‿∪| ∟ |‿∪| ‿ ∧ ‖
‿∪|‿∪ | ∟ |⌒∪|‿∪| ‿ ∧ ‖
∟ |‿∪| ∟ |‿∪|‿∪| ‿ ∧]   5

IV. ⌣ ⋮ ‿∪| ‿ ∧ ‖
∪ ⋮ ‿∪| ‿∪]

V. ⌣ ⋮ ∟ |‿∪ |‿∪| ‿ ∧ ‖   '
> ⋮‿∪|‿∪|‿∪| ‿∧]

I. {2/3/2   II. {2/2   III. {6/6/6   IV. {2/2   V. {4/4

Nem. **VII.** Logaōdisch.

Strophen.

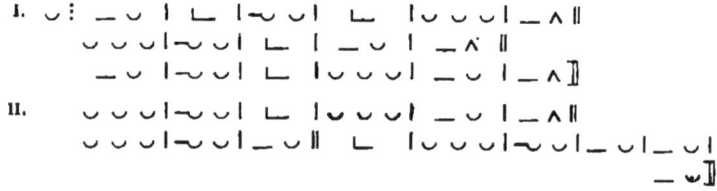

Epoden.

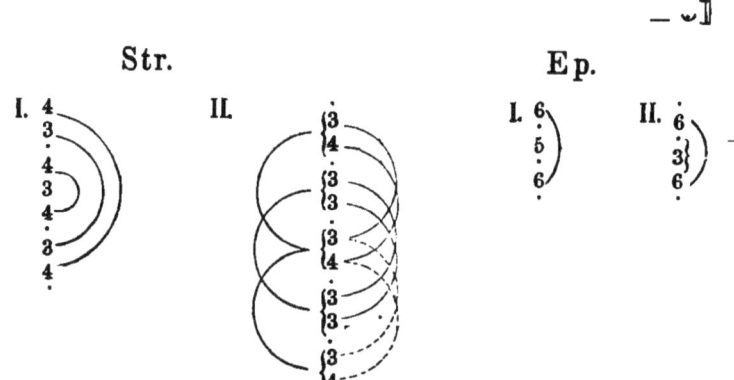

Nem. VIII. Dactylo - epitritisch.

Strophen.

I. _ > | _ ◡ ◡ | ⊔ | ⊔ ‖ _ > | _ _ | _ ◡ ◡ |
_ ◡ ◡ | _ _ ‖

_ > | _ ⏞ | _ > | _ _ ‖ _ > | _ _ | _ ◡ ◡ |
_ ⋏ ‖

_ > | _ ≥ | _ > | _ _ ‖ _ > | _ _ | _ ◡ ◡ |
_ ◡ ◡ | _ ⋏]

II. ◡ ◡ ⁝ _ ◡ ◡ | _ _ | _ > | ⊔ ‖ _ ◡ ◡ | _ ◡ ◡ | _ _ ‖
_ > | _ ≥ | _ > | ⊔ ‖ _ > | _ ≥ | _ > | 5
_ _]

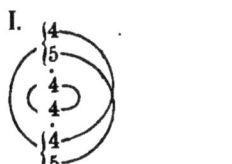

Epoden.

I. _ ⁝ _ ◡ ◡ | _ ◡ ◡ | ⊔ | _ > | _ _ ‖ _ > | _ ⋏ ‖
_ > | _ _ | _ ◡ ◡ | _ ◡ ◡ | _ ⋏ ‖

◡ ◡ ⁝ ⊔ | _ > | _ _ | _ ◡ ◡ ‖ _ ◡ ◡ | _ ≥ | _ > |
_ ⋏ ‖

_ ⁝ _ > | _ _ | _ > | _ > | _ ⋏ ‖
_ > | _ _ ‖ _ ◡ ◡ | _ ◡ ◡ | ⊔ | _ > | _ ⋏] 5

II. _ > ‚ | _ _ | _ ◡ ◡ ‖ ⊔ | _ > | _ > ‖
_ ◡ ◡ | _ ◡ ◡ | _ _]

III. _ > | _ _ | _ > | _ _ ‖ _ > | _ _ ‖ _ > ‖
_ _ | _ > | _ _]

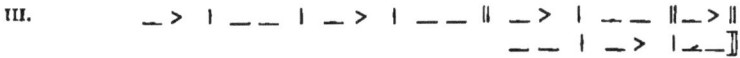

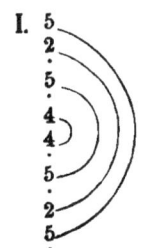

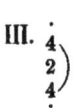

Nem. IX.   Dactylo-epitritisch.

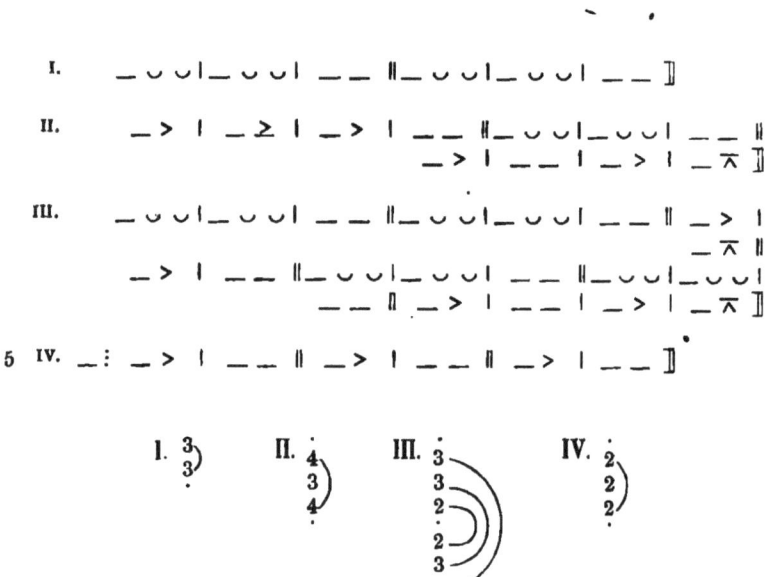

Nem. X.   Dactylo - epitritisch.

Strophen.

I. ◡ ◡ : _ ◡ ◡ | _ > | _ ≥ ‖ _ > | _ _ | _ ◡ ◡ | _ ◡ ◡ |
                                                    _ ⊼ ‖
   _ > | _ _ | _ ◡ ◡ | _ ◡ ◡ | _ _ ‖ _ ◡ ◡ | _ ◡ ◡ |
                                                    _ ⊼]

II.   _ > | _ _ | _ ◡ ◡ | _ ◡ ◡ | _ ⊼ ‖
           _ > | _ ≥ ‖ _ ◡ ◡ | _ ◡ ◡ | _ _ ‖ _ > | _ ∧ ‖
           _ > | _ _ | _ ◡ ◡ | _ ◡ ◡ | _ ≥ ‖ _ ◡ ◡ | _ ◡ ◡ | 5
                                                    _ ∧]

III.   _ > | _ _ | _ > | _ _ ‖ _ > | ◡_◡ | _ > |
                   _ _ ‖ _ > | _ _ | _ > | _ ⊼]

Epoden.

I. _ > | _ _ ‖ _ ◡ ◡ | _ ◡ ◡ | _ _ | _ > | _ ⊼ ‖
    _ > | _ _ ‖ _ ◡ ◡ | _ ◡ ◡ | _ _ | _ > | _ ⊼]

II. _ ◡ ◡ | _ ◡ ◡ | _ _ ‖ _ ◡ ◡ | _ ◡ ◡ | _ ⊼]

III. _ ◡ ◡ | _ ◡ ◡ | _ _ ‖ _ > | _ _]
     _ > | _ _ ‖ _ > | _ _ ‖ _ ◡ ◡ | _ ◡ ◡ | _ _]   5

IV. ◡ ◡ > | ◡_◡ | _ > | ◡_◡ ‖ _ ◡ ◡ | _ ◡ ◡ | _ _ ‖ _ > |
                   _ _ | _ > | _ ⊼]

Str.

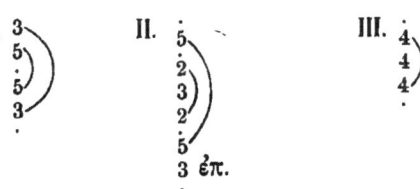

I. 3ᷓ
   5⸌
   ·5⸍
   3⸜
   ·

II. ·5ᷓ
    2⸌
    3⸍
    2⸜
    ·5
    3 ἐπ.

III. ·4ᷓ
     4⸍
     4⸜
     ·

Ep.

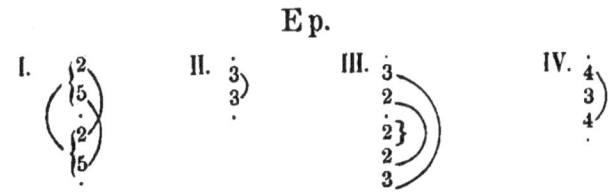

I. ·2ᷓ
   5⸌
   ·2
   5⸜

II. ·3ᷓ
    3⸍
    ·

III. 3ᷓ
     2
     ·2}
     2
     3

IV. ·4ᷓ
    3⸍
    4⸜
    ·

Nem. XI. Dactylo-epitritisch.

Strophen.

I.   — > | — — |— ◡ ◡|— ◡ ◡| — ≥ ‖ — > | — ⌅ ‖
     — > | — — ‖ — > | — — |— ◡ ◡|— ◡ ◡| — ⌅]

II. — ◡ ◡|— ◡ ◡| — — ‖— ◡ ◡|— ◡ ◡| — ⌅]

III.   — > | — — ‖ — > | — — ‖ — > | — ⌅]

5 IV. — ◡ ◡| ⎵ ‖ — > | ⎵ | — > | — — ‖— ◡ ◡|
                            — ⌅]

Epoden.

I. — ◡ ◡|— ◡ ◡| — — ‖— ◡ ◡|— ◡ ◡| — ⌅ ‖
    — > | — — ‖— ◡ ◡|— ◡ ◡| — — ‖ — > |— ⌅‖
  — ◡ ◡|— ◡ ◡| — — ‖— ◡ ◡|— ◡ ◡| — ⌅]

II. — ◡ ◡|— ◡ ◡| — — ‖— ◡ ◡| ⎵ | — > |— ⌅‖
5   — > | — — ‖ — > | — — ‖ — > | — ⌅ ‖
    — > | ⎵ | — > | — — ‖— ◡ ◡|— ◡ ◡|— ⌅]

Str.

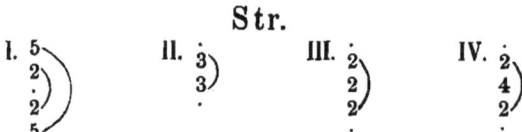

I. 5 2 2 5   II. 3 3   III. 2 2 2   IV. 2 4 2

Ep.

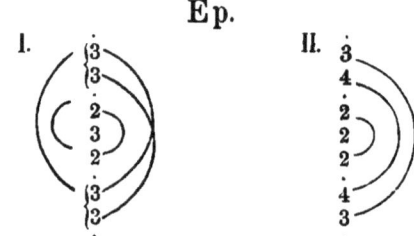

I. 3 3 2 3 2 3 3   II. 3 4 2 2 2 4 3

Schemata der isthmischen Gesänge.

Isthm. I.   Dactylo-epitritisch.

Strophen.

I. ‒ ◡ ◡ | ‒ ◡ ◡ | ‒ ‒ | ‒ > | ‒ ‒ ‖
     ‒ ◡ ◡ | ‒ ◡ ◡ | ‒ ‒ | ‒ > | ‒ ⩟]]

II.   ‒ > | ‒ ‒ | ‒ ◡ ◡ | ‒ ◡ ◡ | ‒ ‒ ‖
        ‒ ◡ ◡ | ‒ ◡ ◡ | ‒ ⩟ ‖
     ⋛: ‒ > | ‒ ‒ | ‒ ◡ ◡ | ‒ ◡ ◡ | ‒ ⩟]]   5

III.   ‒ > | ‒ ‒ ‖ ‒ ◡ ◡ | ‒ ◡ ◡ | ⊔ ‖ ‒ ◡ ◡ | ⊔ ‖
            ‒ > | ‒ ‒ | ‒ > | ‒ ⩟]]

Epoden.

I. ‒: ‒ > | ‒ ‒ ‖ ‒ ◡ ◡ | ‒ ◡ ◡ | ‒ ‒ ‖ ‒ > | ‒ ⩟]]

II.   ‒ ◡ ◡ | ‒ ◡ ◡ | ‒ ‒ ‖ ‒ ◡ ◡ | ‒ ◡ ◡ | ‒ ‒ ‖ ‒ > |
            ‒ ⩟]]

III.   ‒ ◡ ◡ | ‒ ◡ ◡ | ‒ ‒ ‖ ‒ > | ‒ ‒ | ‒ ◡ ◡ | ‒ ⩟ ‖
     ‒: ‒ > | ‒ ‒ | ‒ ◡ ◡ | ⊔ ‖ ‒ > | ‒ ‒ | ‒ > |
                                              ‒ ‒ ‖
     : ‒ > | ‒ ‒ | ‒ > | ‒ ⋛ ‖ ‒ ◡ ◡ | ‒ ◡ ◡ | ‒ ‒ ‖   5
            ‒ > | ‒ ‒ | ‒ > | ‒ ‒]]

Str.

I. 5⟩   II. 5⟩   III. 2⟩
    5⟩   3 ⟩   3 ⟩
                  5⟩   2⟩ 4 ἐπ.

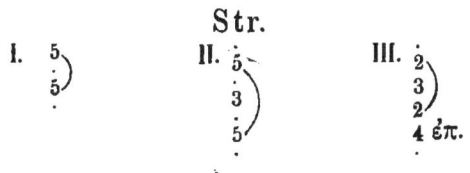

Ep.

I. 2⟩   II. 3⟩   III. 3
    3⟩   3⟩   4
    2⟩   2 ἐπ.   4
                                 4
                                 4
                                 3
                                 4 ἐπ.

27*

Isthm. II. Dactylo-epitritisch.

Strophen.

I. _ : _ ∪ ∪ | _ ∪ ∪ | _ ≥ ‖ _ > | _ _ | _ > | _ ⋏ ‖
    _ > | _ _ ‖ _ > | ⌣ | _ > | . _ ‖ _ ∪ ∪ |
               _ ∪ ∪ | _ ⋏]]

II.   _ > | _ _ | _ > | _ _ ‖ _ ∪ ∪ | _ ∪ ∪ | _ _ ‖
    _ ∪ ∪ | _ ∪ ∪ | _ ≥ ‖ _ > | _ ≥ | _ > | _ _ ‖
          _ > | _ _ | _ > | _ _]]

Epoden.

I.   _ ∪ ∪ | _ ∪ ∪ | _ ⋏ ‖
  _ : _ ∪ ∪ | _ ∪ ∪ | _ ≥ | _ > | _ ⋏ ‖
  _ ∪ ∪ | _ ∪ ∪ | _ _ | _ > | _ _]]

II.   _ > | _ _ | _ > | _ _ ‖
    _ > | _ ≥ ‖ _ > | _ _ | _ ∪ ∪ | _ ⋏]]

III.   _ > | _ _ ‖ _ ∪ ∪ | _ ∪ ∪ | _ _ | ∪ ∪ > | ⌣ ‖
              _ > | _ _]]

5

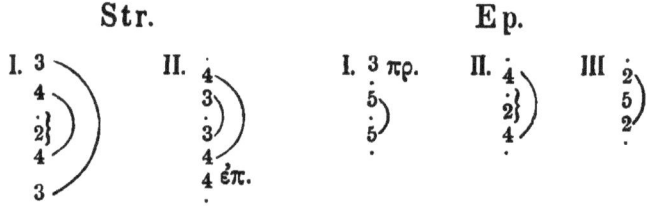

Str.

I. 3
4
2}
4
3

II. 4
3
3
4
4 ἐπ.

Ep.

I. 3 πρ.
5
5

II. 4
2}
4

III. 2
5
2

Isthm. III.   Dactylo - epitritisch.

Strophen.

I.   _ > | _ ≥ | _ > | _ ≥ ‖ _ > | _ _ | _ > |
                                        _ _]

II.   _ > | _ _ ‖ _ ∪ ∪ | _ ∪ ∪ | _ ≥ ‖ _ > | _ ⩘]

III. _ ∪ ∪ | ⩙ ∪ ∪ | _ ≥ | _ > | _ _ ‖
      _ ∪ ∪ | _ ∪ ∪ | _ _ | _ > | _ _]

IV.   _ > | _ _ | _ > | _ _ ‖ _ ∪ ∪ | _ ∪ ∪ | _ ∪ ∪ | 5
                                        ⊔ ‖ _ > | _ _]

V.   _ > | _ _ ‖ _ > | _ _ ‖ _ > | _ _]

Epoden.

I.   _ ⋮ _ ∪ ∪ | _ ∪ ∪ | _ _ ‖ _ ∪ ∪ | _ ⩘ ‖
     _ ∪ ∪ | _ ∪ ∪ | _ _]

II.   _ > | _ ≥ | _ > | _ ⩘ ‖
     _ ⋮ _ > | _ ≥ | _ > | _ ⩘]

III. _ ⋮ _ ∪ ∪ | _ ∪ ∪ | _ _ ‖ _ > | _ _ | _ > | _ _ ‖ _ > | 5
                                        _ _ | _ > | _ _ ‖
     _ ⋮ _ ∪ ∪ | _ ∪ ∪ | ⊔ ‖ _ > | _ ≥ | _ > | _ _ ‖ _ > |
                                        _ _ | _ > | ⩙ _ ‖ _ > | _ ⩘]

Str.

I. 4/4)   II. ⋮2/3/2.)   III. ⋮5/5.)   IV. ⋮4/4/2 ἐπ.)   V. ⋮2/2/2.)

Ep.

I. 3/2/3.)   II. ⋮4/4.)   III.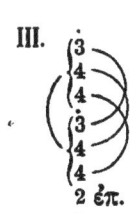

Isthm. IV.   Dactylo-epitritisch.

Strophen.

I.   _ > | _ ≥ | _ ◡ ◡ | _ ◡ ◡ | _ _ ‖
◡ ◡ > | _ ≥ ‖ _ > | _ ≥ ‖ _ ◡ ◡ | _ ⌅ ‖
_ > | _ _ | _ ◡ ◡ | _ ◡ ◡ | _ _ ⟧

II. _ ◡ ◡ | _ ◡ ◡ | _ ⌅ ‖
5   _ > | _ _ ‖ _ ◡ ◡ | _ ◡ ◡ | _ _ ⟧ .

III. ◡ ◡ > | _ _ | _ > | _ _ ‖ _ > | _ _ | _ ◡ ◡ |
◡ ‖ _ > | _ _ | _ > | _ ⟧

Epoden.

I.   _ > | _ _ | _ ◡ ◡ | _ ◡ ◡ | _ _ ‖
_ > | _ _ ‖ _ > | _ _ ‖ _ > | _ ⌅ ‖
_ > | _ _ | _ ◡ ◡ | _ ◡ ◡ | _ ⌅ ‖
_ > | ◡ | _ ◡ ◡ | _ ⌅ ⟧

5 II. _ > | _ _ ‖ _ > | _ _ | _ ◡ ◡ | _ ⌅ ‖
◡ ◡ > | _ _ | _ ◡ ◡ | _ ◡ ◡ | _ _ ‖
_ > | _ _ | _ ◡ ◡ | _ ◡ ◡ | _ ⌅ ‖
_ ◡ ◡ | _ ◡ ◡ | _ ◡ ◡ | _ _ ‖ _ > | _ ⌅ ‖
_ ◡ ◡ | _ ◡ ◡ | _ _ | _ > | _ _ ⟧

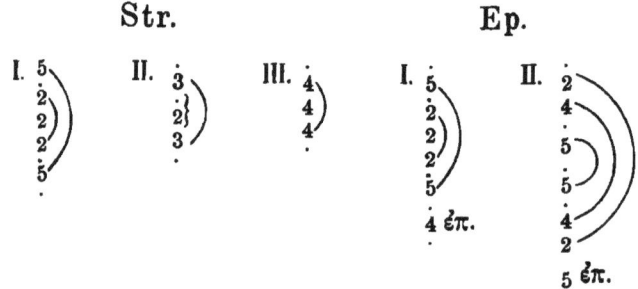

    Str.   **Ep.**

I. 5   II. 3   III. 4   I. 5   II. 2
  2   2   4   2   4
  2   3   4   2   5
  2   2   5
  5   5   4
                     4 ἐπ.   2
                            5 ἐπ.

Isthm. V. Dactylo-epitritisch.

Strophen.

I. _ ː_ > | _ _ |_ ᴗ ᴗ|_ ᴗ ᴗ| _ ⩘ ‖
   _ > | _ ⩵ ‖ _ > | _ _ |_ ᴗ ᴗ| _ ⩘ ‖
   _ > | _ _ | _ > | _ _ ‖_ ᴗ ᴗ|_ ᴗ ᴗ|_ ᴗ ᴗ|
         _ _ ‖ _ > | _ _ ‖
   _ > | _ ⩵ |_ ᴗ ᴗ|_ ᴗ ᴗ| _ ⩘ ⟧

II.   _ > | _ _ | _ > | _ ⩘ ‖   5
   _ ᴗ ᴗ|_ ᴗ ᴗ| _ _ | _ > | _ _ ‖_ ᴗ ᴗ| _ ⩘ ‖
   ᴗ ᴗ >| _ _ ‖ _ > | _ _ ‖ ⩗ > | _ ⩘ ‖
  _ ː _ > | _ _ ‖_ ᴗ ᴗ|_ ᴗ ᴗ| _ _ | _ > | _ ⩘ ‖
  _ ː _ > | _ _ | _ > | _ _ ⟧

Epoden.

I.   _ >|_ _|_ ᴗ ᴗ|_ ᴗ ᴗ| _ ⩘ ‖
   _ >|_ _|_ ᴗ ᴗ|_ ᴗ ᴗ| _ _ ⟧

II.   _ >|_ _‖ _ > | _ _ |_ ᴗ ᴗ|_ ᴗ ᴗ|_ ⩘‖
   _ >|_ _| _ > | _ _ ‖_ ᴗ ᴗ|_ ᴗ ᴗ|_ ⩶‖_ >|
           _ _‖
   _ >|_ _| _ > | _ _ ‖_ ᴗ ᴗ|_ ᴗ ᴗ|_ ⩘‖ 5
  _ ː_ >|_ _|_ ᴗ ᴗ|_ ᴗ ᴗ| _ _ ‖ _ > |_ ⩘⟧

III.   _ >|_ _‖_ ᴗ ᴗ|_ ᴗ ᴗ| ⌣ ‖ _ > | ⌣ ‖_ >|
         _ _ |_ >|_ ⩘⟧

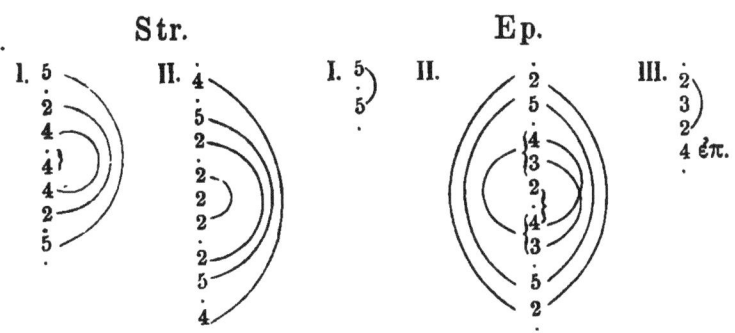

Str.   Ep.

Isthm. VI. Logaödisch.

· Strophen.

```
I.  ⌣ ⌣ ⋮ ~ ⌣ |‒ ⌣ |‒ ⌣ |‒ ⌣ ‖
   ⋛ ⋮ ~ ⌣ |‒ ⌣ |‒ ⌣ |‒ ⌣ | ∟ ‖‒ ⌣ |‒ ∧ ‖
   > ⋮ ‒ ⌣ | ⋛ | ~ ⌣ |‒ ⌣ |‒ ⌣ ‖
   > ⋮ ~ ⌣ |‒ ⌣ |‒ ⌣ |‒ ⌣ ]]
5 II.  > ⋮ ∟ | ~ ⌣ |‒ ⌣ |‒ > ‖ ~ ⌣ |‒ ⌣ |‒ ⌣ |‒ ⌣ ‖ ~ ⌣ |
                    ‒ > | ‒ ⌣ |‒ ⌣ |‒ ∧ ]]
```

Epoden.

```
I.  ‒ ⌣ | ~ ⌣ |‒ ⌣ |‒ ⌣ |‒ ⌣ |‒ ∧ ‖
   > ⋮ ~ ⌣ |‒ ⌣ | ∟ | ~ ⌣ | ∟ |‒ ∧ ]]
II.  > ⋮ ~ ⌣ |‒ ⌣ |‒ ∧ ‖
   ⌣ ⌣ ⋮ ~ ⌣ |‒ ⌣ |‒ ⌣ | ∟ | ‒ ∧ ‖
5   ‒ ⌣ | ~ ⌣ |‒ ⌣ ‖‒ ⌣ | ~ ⌣ |‒ ⌣ |‒ ∧ ]]
III.  ~ ⌣ | ∟ |‒ ⌣ ‖
   > ⋮ ~ ⌣ | ∟ ‖‒ ⌣ | ~ ⌣ |‒ ∧ ]]
```

Str.   Ep.

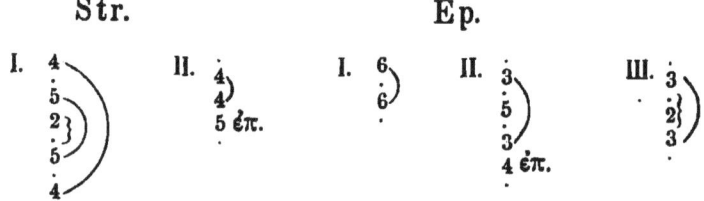

I. 4   II. 4   I. 6   II. 3   III. 3
   5   4   6   5   2
   2   5 ἐπ.   3   3
   5   4 ἐπ.
   4

Isthm. VII. Logaödisch.

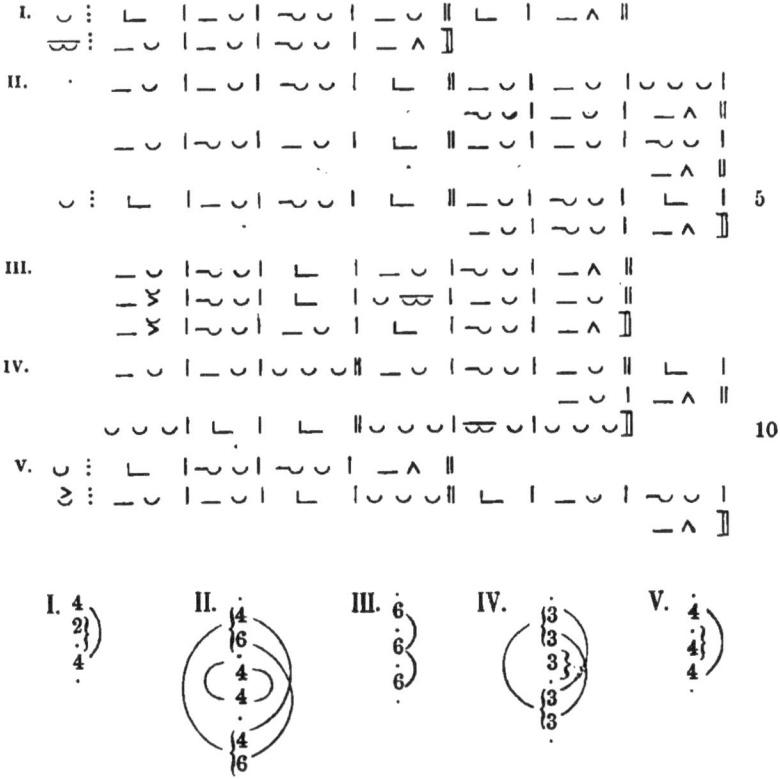

Wegen des Taktes ⌣ ⌣⌣ in V. 7 vgl. §. 3, 5. und wegen zweier Kola in V. 9 und 12, die auf einen Tribrachys ausgehen, vgl. V. 10 und §. 16, 1, V.

Schemata der grösseren Pindarischen Fragmente.

Isthm. Fr. 4. Dactylo-epitritisch.

I.   _ > | _ > | _ > | _ _ ‖ _ > | _ _ | _ > | _ ⌐ ‖
   _ : _ > | _ > | _ ∪ ∪ | _ _ ‖
   _ : _ ∪ ∪ | _ ∪ ∪ | _ ⌐ ⟧

II.   _ > | _ _ | _ ∪ ∪ | ⊔ ‖ _ > | _ ⌐ ‖
   _ ∪ ∪ | _ _ | _ > | _ _ ⟧

III.   _ ∪ ∪ | _ ∪ ∪ | _ _ | _ > | _ _ ‖ _ > | ⊔ | _ ∪ ∪ |
     _ ⌐ ‖
   _ : _ > | _ _ | _ ∪ ∪ | _ ∪ ∪ | _ _ ‖ _ > | _ > | _ > |
     _ _ ⟧

I. 4 4 . 4 . 3 ἐπ.
II. . 4 2 . 4 .
III. . 5 4 . 5 4 .

V. 7 und 8 der gewöhnlichen Eintheilung habe ich vereinigt.

Hymn. Fr. 1. 2. Dactylo-epitritisch.

I.   _: _ > | _ _ |_ ∪ ∪|_ ∪ ∪|_ ⌒‖
    _: _ > | _ _ |_ ∪ ∪|_ ∪ ∪|_ _‖
    _:_ ∪ ∪|_ ∪ ∪| _ _]

II.   _ > | _ _.|_ ∪ ∪|_ ∪ ∪|_ ⌒‖
    _: _ > | _ _ |_ ∪ ∪|_ ∪ ∪|_ _‖   5
    _ > | _ _ |_ ∪ ∪|_ ∪ ∪|_ _‖_ ∪ ∪|_ ∪ ∪|
                                      _ _]

I. 5)
   5)
   3 ἐπ.

II. ;)
   5)
   5)
   3 ἐπ.

Pros. Fr. 1. Dactylo-epitritisch.

I.   _: _ > | _ _ |_ ∪ ∪|_ ∪ ∪| _ ⌒ ‖
    _: _ > | _ _ |_ ∪ ∪|_ ∪ ∪| _ _]

II. _:_ ∪ ∪|_ ∪ ∪| _ _ ‖ _ > | _ _ ‖_ ∪ ∪|_ ∪ ∪|
                                      _ ⌒]

III. _: _ > | _ _ |_ ∪ ∪|_ ∪ ∪| _ _ ‖ _ > | _ > |
                            _ ∪ ∪|_ ∪ ∪| _ _ ‖
    _ ∪ ∪|_ ∪ ∪| _ _]   5

IV. _: _ > | _ _ |_ ∪ ∪| _ ⌒ ‖
    _ > | _ _ | _ > | _ _ ‖_ ∪ ∪|_ ∪ ∪| _ _]

V.   _ ∪ ∪|_ ∪ ∪| _ _ ‖_ ∪ ∪|_ ∪ ∪| _ _]

I. 5)
   ;)
   5)

II. ;)
   3)
   2)
   3)

III. ;)
   5)
   5)
   3 ἐπ.

IV. ;)
   4)
   4)
   3 ἐπ.

V. ;)
   3)
   3)

Dith. Fr. 3. Logaödisch.

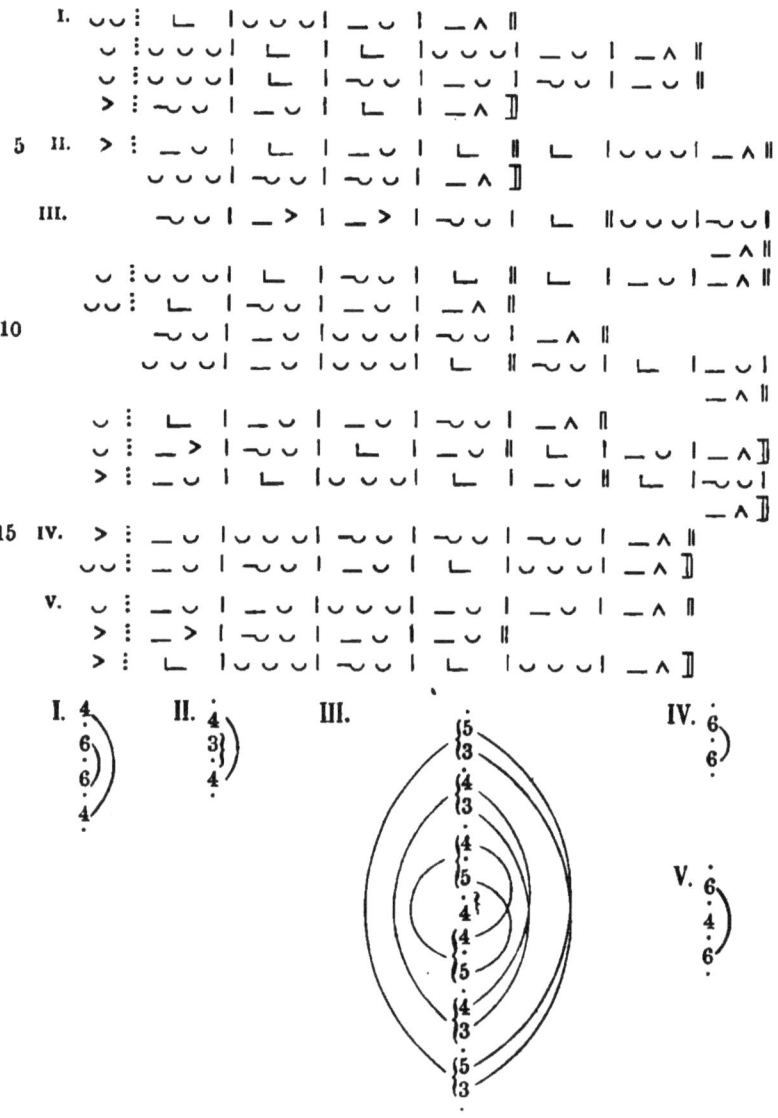

V. 10 der gewöhnlichen Eintheilung ist in zwei Verse zerlegt worden.

Skol. Fr. 1. Dactylo-epitritisch.

I. ⌣: _ > | _ > |_ ⌣ ⌣|_ ⌣ ⌣| _ _ ‖ _ > | _ _ |
                                _ > | _ _ ‖
    _ > | _ _ |_ ⌣ ⌣| _ ⌃]

II.   _ > | _ _ | _ > | _ _ ‖
     _ ⌣ ⌣|_ ⌣ ⌣| _ _ ‖_ ⌣ ⌣|_ ⌣ ⌣|_ ⌃‖
    _: _ > | _ _ | _ > | _ _]
    _: _ > | _ > |_ ⌣ ⌣|_ ⌣ ⌣| _ ⌃]

III.   ⌣ ⌣ > | _ _ |⌣ ⌣ > | ⊔ ‖ _ > | _ _‖
     _ > | _ _ |_ ⌣ ⌣| ⊔ ‖ _ > | _ _‖_ > |
                         _ _ |_ > |_ ⌃]

    I. 5 πρ.   II. 4   III. 4
       4   3   2
       4   3   4
                       4   2
                       5 ἐπ.   4 ἐπ.

Skol. 2. Dactylo-epitritisch.

Strophen.

I. _: _ ⌣ ⌣|_ ⌣ ⌣| ⊔ ‖ _ > | _ _‖_ ⌣ ⌣|_ ⌣ ⌣|
                                      _ ⌃]

II.   _ ⌣ ⌣|_ ⌣ ⌣| _ _ | _ > | _ _‖ _ > | _ _ |
                             _ > | _ ⌃ ‖
    _: _ > | _ _ |_ ⌣ ⌣|_ ⌣ ⌣|_ _‖ _ > | ⊔ |
        _ > | _ > ‖ _ > | _ _ | _ > | _ ⌃]

Epoden.

    _: _ > | _ _ |_ ⌣ ⌣|_ ⌣ ⌣|_ _‖_ ⌣ ⌣|_ ⌣ ⌣|
                                    _ _ ‖
    _ ⌣ ⌣|_ ⌣ ⌣| _ _ | _ > | _ _‖
    _ ⌣ ⌣|_ ⌣ ⌣| _ > | _ ⌃]

      Str.   Ep.
    I. 3   II. 5   5
       2   4   3
       3   5   5
                     4   4 ἐπ.
                     4 ἐπ.

In beiden Skolien sind die Verse etwas anders als in den Ausgaben abgetheilt.

Druck von F. A. Brockhaus in Leipzig.

Berichtigungen.

S. 3, Z. 5 v. u. l. _ ⊼‖ st. _ ⅄‖
  Z. 3 v. u. l. _ ⊼‖ st. _ _‖
 33, Z. 20 l. Pentapodie.
 64, Z. 4 l. ἐναριθμῶ.
  Z. 11 l. βροτῶν.
  Z. 12 l. μακαρίζω.
111, Z. 23 l. 5 st. 4 und 4 st. 5.
121, Z. 3 eine Länge (—) im Anfange zu ergänzen.
146, Z. 2 l. Parodos.
  Z. 20 l. οἷον.
153, die Bogen in Fig. I zu setzen wie Fig. III, S. 169.
154, Z. 13 l. δαΐξω.
164, Z. 13 l. ξὺν.
170, Z. 29 l. K. 12.
172, Z. 5 l. πικρὰς.
174, Z. 3 l. εὖτ'.
181, Z. 6 ergänze im Anfang einen Trochäus: _ ◡ |
  Z. 2, ferner S. 183, S. 19 und S. 235, Z. 11 l. γειτονιῶσ'.
194, Z. 23 l. ὑπερβαρής.
198, Z. 3 l. καταλῆξαι.
208, Z. 6 v. u. l. ἐποθένϧ'.
222, letzte Zeile v. u. l. ζ' st. ς'.
235, Z. 24 l. οὐριοστάταν.
243, Z. 3 (4) l. |_ ◡‖ st. ‖◡ ◡‖
283, Str. ζ', V. 3. Für den ersten Doppelstrich (‖) ist ein einfacher (|) zu setzen.
289, Str. α', V. 6 l. |∟ | st. |_|
296, Z. 9 l. γεμόντων.